Widerruf von Einwilligungen beim Recht am eigenen Bild

Schriften zum Medien-, Urheber- und Wirtschaftsrecht

Herausgegeben von Prof. Dr. Georgios Gounalakis

Band 31

PETER LANG

Meike Kirschner

Widerruf von Einwilligungen beim Recht am eigenen Bild

PETER LANG

Bibliografische Information der Deutschen Nationalbibliothek
Die Deutsche Nationalbibliothek verzeichnet diese Publikation in der Deutschen Nationalbibliografie; detaillierte bibliografische Daten sind im Internet über http://dnb.d-nb.de abrufbar.

Zugl.: Marburg, Univ., Diss., 2020

Gedruckt auf alterungsbeständigem,
säurefreiem Papier.

D 4
ISSN 1867-1012
ISBN 978-3-631-84830-2 (Print)
E-ISBN 978-3-631-86992-5 (E-PDF)
E-ISBN 978-3-631-86993-2 (EPUB)
DOI 10.3726/b19274

PL Academic Research ist ein Imprint der Peter Lang GmbH.
Peter Lang – Berlin · Bern · Bruxelles · New York ·
Oxford · Warszawa · Wien

Diese Publikation wurde begutachtet.

www.peterlang.com

Gedacht sei des Bildes, das wir in glücklicher Zeit fertigen ließen, auf dem nun unser Blick in friedvoller Erinnerung ruht mit dem Gedanken: Wie gut, dass ich das Bild habe!

Hugo Keyssner, 1896

Vorwort

Die vorliegende Arbeit hat der Philipps-Universität Marburg im Jahr 2020 als Dissertation vorgelegen. Literaturaktualisierungen und Rechtsprechungseinarbeitungen beruhen im Wesentlichen auf dem Stand März 2020.

An erster Stelle gebührt mein ganz besonderer und herzlicher Dank meinem Doktorvater Herrn Prof. Dr. Georgios Gounalakis, der mir mit seinen hochgeschätzten Anregungen stets hilfreich zur Seite stand. In diesem Sinne gebührt auch ein herzlicher Dank Herrn Professor Dr. Michael Kling, für die rasche Erstellung des Zweitgutachtens.

Weiterhin möchte ich mich bei meinen fleißigen „Korrekturlesern“ und insbesondere Frau Dr. Valérie Kornemann bedanken, ohne die diese Arbeit nicht zu Stande gekommen wäre.

Meinen Eltern danke ich innig für ihren immerwährenden Zuspruch und ihre stetige Unterstützung in allen Lebenslagen. Ihnen ist diese Arbeit gewidmet.

Inhalt

Einleitung

A. Einführung in die Problematik

Menschen posieren bereitwillig für Bildaufnahmen, laden Fotos und Videos von sich und anderen auf sozialen Plattformen wie Facebook, Instagram, und Youtube[1] hoch oder verschicken diese Aufnahmen über Medienkanäle wie Whatsapp an Freunde und Bekannte. Manch einer hat vielleicht auch schon vor der Kamera ein Interview gegeben, gegen Entgelt sein Konterfei für Werbeaufnahmen zur Verfügung gestellt oder sich (gar unbekleidet) in einer Zeitschrift abbilden lassen. All diese Fallbeispiele, so verschiedenartig sie auch sein mögen, betreffen denselben Eingriffsgegenstand: das Recht am eigenen Bild. Dieses ist in den §§ 22–24 Kunsturhebergesetz (KUG) einfachgesetzlich verankert und heute zudem als Teilausschnitt des allgemeinen Persönlichkeitsrechts anerkannt.

Nach § 22 S. 1 KUG dürfen Bildnisse nur mit Einwilligung des Abgebildeten verbreitet oder öffentlich zur Schau gestellt werden. Die Herstellung der Bildaufnahme ist von dieser Vorschrift nicht erfasst, kann aber gleichwohl im Anwendungsbereich des Datenschutzrechts oder als Eingriff in das allgemeine Persönlichkeitsrecht ebenfalls eine Einwilligungserklärung erfordern.

Im Moment einer (konkludenten) Einwilligungserteilung machen sich Abgebildete jedoch häufig keine Gedanken darüber, dass sie zu einem späteren Zeitpunkt mit einer Publizierung und Verbreitung ihres Bildnisses bzw. dem Umstand, dass jemand anderes über die entsprechende Aufnahme verfügt, nicht mehr einverstanden sein könnten.[2] Gerade im Zeitalter sozialer Netzwerke und Neuer Medien ist im Umgang mit fremden und eigenen Bildnissen eine gewisse Hastigkeit und Leichtfertigkeit zu verzeichnen. Dabei können sich durch veröffentlichte, verbreitete oder schlicht existente Bildnisse für den Betroffenen und sein Leben gravierende Auswirkungen und Folgen ergeben. Daneben kann auch eine vormals wohlüberlegte Einwilligungserteilung zu einem späteren Zeitpunkt den Interessen des Abgebildeten zuwiderlaufen, wenn er sich, etwa aufgrund eines Wandels seiner Persönlichkeit oder inneren Einstellung, heute anders entscheiden würde.

Doch wie verhält es sich, wenn der zunächst Einwilligende sich später, aus welchen Gründen auch immer, von seiner vormals erteilten Einwilligung wieder

---

1 Zu den Einzelheiten unter Kapitel 1, A. IV.

2 Vgl. *Vetter*, AfP 2017, 127.

lösen möchte? Ist eine einmal erteilte Einwilligung in Eingriffe in das Recht am eigenen Bild widerrufbar?

Während Einwilligungen in die Herstellung (oder Speicherung) von Bildnissen, die den datenschutzrechtlichen Bestimmungen unterliegen, unter den Voraussetzungen des Art. 7 Abs. 3 DSGVO widerrufen werden können, fehlt eine mit der Einwilligung nach § 22 S. 1 KUG korrespondierende Widerrufsregelung im Kunsturhebergesetz. Ist hierin die gesetzgeberische Intention zu erkennen, Einwilligungserklärungen beim Recht am eigenen Bild unwiderruflich auszugestalten? Schließlich hat der Gesetzgeber an anderen Stellen, etwa im Zivilrecht[3] und Urheberrecht[4], die Möglichkeit eines Einwilligungswiderrufs explizit normiert.

In Literatur und Rechtsprechung ist seit Langem streitig, ob und unter welchen Voraussetzungen die Einwilligung, vor allem eine solche nach § 22 S. 1 KUG, widerruflich ist. Die Praxis der Gerichte entspricht dabei der Vielfalt der Meinungen in der Literatur. Verkompliziert wird die rechtliche Beurteilung dadurch, dass schon die Rechtsnatur der Einwilligung selbst, die einem Widerruf naturgemäß vorgeschaltet ist, höchst umstritten ist. Sowohl ihre Rechtswirkungen als auch ihre Rechtsnatur können daher nicht eindeutig bestimmt werden. Abgesehen von der umfassenden Abhandlung „*Volenti non fit iniuria*" von Ansgar Ohly, sowie der Dissertation von Dasch speziell zur Einwilligung beim Recht am eigenen Bild gibt es jedoch kaum tiefer gehende Auseinandersetzungen mit der Rechtsfigur der Einwilligung.

Bei der Suche nach einer dogmatisch vertretbaren und insbesondere auch interessensgerechten Lösung gilt es, eine Vielzahl von Aspekten zu berücksichtigen. Mit einer pauschalen Bejahung oder Verneinung eines Widerrufsrechts ist es nicht getan. Einwilligungen in Eingriffe in das Recht am eigenen Bild können in den verschiedensten Lebenslagen und Situationen erteilt werden. Für verschiedene Konstellationen können sich unterschiedliche Folgeproblematiken ergeben. So kann etwa ein Einwilligungsempfänger im konkreten Fall auf den Bestand der Einwilligung vertraut haben und in diesem Vertrauen besonders schutzwürdig sein. Welche Anforderungen können und müssen also an ein Recht zum Widerruf gestellt werden, um sowohl dem Betroffenen, als auch den Einwilligungs- bzw. Widerrufsempfänger, effektiv und bestmöglich zu schützen? Besondere Schwierigkeiten bestehen außerdem, wenn der Abgebildete für die

3 Siehe vor allem § 130 Abs. 1 S. 2, § 671 Abs. 1 und § 530 BGB.

4 § 42 UrhG statuiert zwar kein Widerrufsrecht, jedoch ein Rückrufsrecht des Nutzungsrechts an einem Werk wegen gewandelter Überzeugungen.

nun widerrufene Einwilligung seinerzeit ein Entgelt erhalten hat. Denn hieran anknüpfend stellt sich die Frage, ob ein solches zurückbezahlt werden muss und wenn ja, in welcher Höhe. Nicht eindeutig ist außerdem die Rechtsfolge eines Widerrufs. Besteht ein Anspruch auf vollständige Löschung bzw. Vernichtung, oder muss möglicherweise schon die Unkenntlichmachung der eigenen Person auf der Abbildung, etwa durch Retuschen oder Verpixelungen, als milderes Mittel für ausreichend erachtet werden?

Die weitgehende Unklarheit über die Zulässigkeit und etwaige Rechtsfolgen eines Widerrufes der Einwilligung beim Recht am eigenen Bild erstaunt vor dem Hintergrund, dass mit dem (besonderen) Persönlichkeitsrecht ein hohes Schutzgut im Raum steht. Zudem kommt diesem Interesse aufgrund der vielfältigen digitalen Möglichkeiten zur Verbreitung solcher Aufnahmen, die durch das Internet breite Massen erreichen können, immer größere Bedeutung zu. Die Relevanz der Thematik ist somit enorm.

Zwei aktuelle obergerichtliche Entscheidungen haben die Problematik um den Einwilligungswiderruf beim Recht am eigenen Bild jüngst wieder ins Zentrum des öffentlichen Interesses gerückt. So hatte der BGH in einem Fall zu urteilen, in dem es um das Schicksal intimer Bild- und Filmaufnahmen nach Beziehungsende ging[5], während das BAG sich mit der Frage auseinandersetzen musste, ob der klagende Arbeitnehmer einen Anspruch auf Unterlassung der weiteren Veröffentlichung eines auch ihn zeigenden Videos auf der Homepage des beklagten Arbeitgebers hat, zu dessen Aufnahme er seinerzeit einwilligte.[6] Aus den Entscheidungsgründen wird jeweils deutlich, dass sich die Gerichte zur dogmatischen Herleitung des von ihnen gewünschten Ergebnisses nicht auf eine eindeutige gesetzliche Grundlage stützen konnten, sondern sich vor allem Analogien und konstruiert wirkender Auslegungen bedienen mussten. Urteilsbegründung und gegenwärtige Gesetzeslage geben demzufolge Anlass zur kritischen Betrachtung.

B. Rechtlicher Rahmen

I. Kunsturhebergesetz

Gesetzlich verankert ist das Recht am eigenen Bild in den §§ 22-24 des Gesetzes betreffend das Urheberrecht an Werken der bildenden Künste und der Gesetzlich verankert ist das Recht am eigenen Bild in den §§ 22-24 des Gesetzes betreffend

5 BGHZ 207, 163.
6 BAGE 150, 195.

das Urheberrecht an Werken der bildenden Künste und der Photographie (Kunsturhebergesetzetz – KUG) vom 09.01.1907.[7] Ergänzende Vorschriften finden sich in den §§ 33, 37, 38, 42-48 sowie § 50 KUG. Diese Vorschriften sind im Zuge der Neufassung des Urheberrechts im Jahre 1965 ausdrücklich aufrechterhalten worden, § 141 Nr. 5 UrhG, da die Neuregelung des Rechts am eigenen Bild einer Gesamtkodifikation des zivilrechtlichen Persönlichkeitsschutzes überlassen werden sollte, zu der es bis heute nicht gekommen ist.[8]

Strafrechtlich wird das Recht am eigenen Bild durch § 33 KUG geschützt, indem das unbefugte Verbreiten bzw. öffentliche Zurschaustellen von Bildnissen mit Freiheitsstrafe von bis zu einem Jahr oder Geldstrafe geahndet wird. Ergänzend wird durch § 201a StGB auch die Herstellung und Verwertung unbefugter Bildaufnahmen von Personen, die sich in einer Wohnung oder einem gegen Einblick geschützten Raum befinden, sanktioniert. [9]

Zentrale Vorschrift im Kunsturhebergesetz ist § 22 S. 1 KUG, wonach Bildnisse nur mit Einwilligung des Abgebildeten verbreitet oder öffentlich zur Schau gestellt werden dürfen. Die Einwilligung ist damit der zentrale Faktor im Rahmen des Bildnisschutzes. Soweit nicht einer der Ausnahmetatbestände der §§ 23, 24 KUG greift, ist die Rechtmäßigkeit der Verbreitung oder öffentlichen Zurschaustellung eines Bildnisses an ihr zu messen.

Die Möglichkeit eines Widerrufs einer nach § 22 S. 1 KUG erteilten Einwilligung soll schwerpunktmäßiger Gegenstand der vorliegenden Arbeit sein. Der hinter einem Widerruf stehende Wunsch nach einer Unterlassung der weiteren Verwendung einer Bildaufnahme bzw. ihrer Zerstörung, Beseitigung oder Löschung tangiert dabei auch andere Rechtsgebiete und Rechtsnormen, die bei der Prüfung berücksichtigt werden müssen. Denn mit einem entsprechenden Vorgehen wird gleichzeitig die Einwilligung in die Herstellung der entsprechenden Aufnahme eliminiert. Die Herstellung einer Bildaufnahme ist jedoch gerade nicht vom Anwendungsbereich des Kunsturhebergesetzes erfasst. Zudem werden zur Begründung eines Widerrufsrechts Vorschriften aus dem Zivilrecht, Urheberrecht und Verlagsrecht analog herangezogen, sodass auch diese näher betrachtet werden müssen. Bei der Beleuchtung der Thematik des Einwilligungswiderrufs muss aus diesem Grund ein Blick über den Tellerrand des Kunsturhebergesetzes hinaus geworfen werden.

---

7 RGBl. 1907 Seite 7.

8 Amtliche Begründung des Regierungsentwurfs zum Urhebergesetz – BT-Drucks. IV/270, S. 116.

9 Siehe hierzu *Schertz,* AfP 2005, 421.

II. Datenschutzrecht

Zunächst ist zu untersuchen, welcher Bedeutungsgehalt dem Kunsturhebergesetz und damit auch der Vorschrift des § 22 S. 1 KUG nach Inkrafttreten der Datenschutzgrundverordnung[10] (DSGVO) im Frühjahr 2016 überhaupt noch zukommt. Die Datenschutzgrundverordnung ist nach Ablauf einer zweijährigen Übergangsfrist seit dem 25.05.2018 in allen EU-Mitgliedstaaten unmittelbar anwendbar. Zeitgleich ist auch das neue Bundesdatenschutzgesetz[11] in Kraft getreten. Dieses ergänzt, konkretisiert und modifiziert die Datenschutzgrundverordnung, findet aber keine Anwendung, soweit die Datenschutzgrundverordnung unmittelbar gilt, § 1 Abs. 5 BDSG.[12]

Das Inkrafttreten der Datenschutzgrundverordnung hat das Kunsturhebergesetz in seinen Grundfesten erschüttert, haben doch beide Gesetzeswerke den Anspruch, die Selbstbestimmung des Einzelnen hinsichtlich der Darstellung seiner Person zu wahren.[13] An dieser Stelle muss daher das Verhältnis zwischen Datenschutzgesetzen (Datenschutzgrundverordnung und Bundesdatenschutzgesetz) zum Kunsturhebergesetz aufgeschlüsselt werden. Insbesondere ist zu klären, inwieweit dem nationalen Gesetzgeber neben der Datenschutzgrundverordnung ein eigenständiger Regelungsspielraum verbleibt, oder ob nationale Regelungen wie das Kunsturhebergesetz – als im weiteren Sinne datenschutzrechtliche Regelung – im Anwendungsbereich der Datenschutzgrundverordnung verdrängt werden. Eine Abgrenzung ist praktisch bedeutsam, da sich die Regelungen hinsichtlich der Einwilligung, ihrer Form, ihrer Widerruflichkeit sowie der gesetzlichen Erlaubnistatbestände unterscheiden.[14]

1. Personenbildnisse im Anwendungsbereich des Datenschutzrechts

Personenbildnisse fallen sowohl in den Anwendungsbereich des Kunsturhebergesetzes als auch der Datenschutzgrundverordnung, da sie personenbezogene

---

10 Verordnung (EU) 2016/679 des europäischen Parlaments und des Rates vom 27. April 2016 zum Schutz natürlicher Personen bei der Verarbeitung personenbezogener Daten, zum freien Datenverkehr und zur Aufhebung der Richtlinie 95/46/EG (Datenschutz-Grundverordnung).

11 Bundesdatenschutzgesetz vom 30. Juni 2017 (BGBl. I S. 2097), zuletzt geändert durch Artikel 12 des Gesetzes vom 20. November 2019 (BGBl. I S. 1626).

12 Als EU-Verordnung hat die DSGVO grundsätzlich Vorrang gegenüber nationalem Recht.

13 *Gierschmann*, in: Gierschmann/Schlender/Stentzel/Veil, DSGVO, Art. 7 Rn. 20.

14 Siehe hierzu *Hansen/Brechtel*, GRUR-Prax 2018, 369.

Daten im Sinne des Art. 4 Nr. 1 DSGVO darstellen, wenn eine Identifizierbarkeit aufgrund der Gesichtszüge oder sonstigen körperlichen Merkmale gegeben ist.[15] Die von § 22 S. 1 KUG geregelten Verhaltensweisen des Verbreitens und öffentlichen Zurschaustellens fallen ebenso in den Anwendungsbereich der Datenschutzgrundverordnung.[16] Denn sie können eine Verarbeitung[17] personenbezogener Daten im Sinne des Art. 4 Nr. 2 DSGVO darstellen.[18] Mit der in Art. 6 Abs. 1 lit. a DSGVO normierten Einwilligung ist wie in § 22 S. 1 KUG außerdem eine Rechtsgrundlage für die Veröffentlichung eines Personenfotos (als Verarbeitungsvorgang hinsichtlich personenbezogener Daten) vorgesehen.[19] Das Kunsturhebergesetz steht damit in einem Spannungsverhältnis zur Datenschutzgrundverordnung, welche als europäische Verordnung grundsätzlich Anwendungsvorrang gegenüber dem nationalen Recht der Mitgliedstaaten genießt.[20] Zu beachten ist die sogenannte Haushaltsausnahme nach Art. 2 Abs. 2 lit. c DSGVO, wonach die Verordnung keine Anwendung auf die Verarbeitung personenbezogener Daten durch natürliche Personen zur Ausübung ausschließlich persönlicher oder familiärer Tätigkeiten findet.

2. *Anwendungsvorrang des Kunsturhebergesetzes*

Eine dem § 1 Abs. 3 S. 1 BDSG a. F. vergleichbare Regelung, nach welcher Rechtsvorschriften des Bundes, (die auf personenbezogene Daten einschließlich deren Veröffentlichung anzuwenden waren), den Vorschriften des Bundesdatenschutzgesetzes vorgehen sollten, ist heute weder in der Datenschutzgrundverordnung, noch in anderen nationalen Gesetzen vorzufinden.[21] Grundsätzlich könnte demnach eine Verdrängung der §§ 22 ff. KUG durch das europäische Sekundärrecht stattfinden, da diesem Anwendungsvorrang gegenüber nationalen

---

15 *Engels*, in: BeckOK Urheberrecht, § 22 KUG Rn. 10b; *Benedikt/Kranig*, ZD 2019, 4; *Klein*, Personenbilder, S. 145; *Krüger/Wiencke*, MMR 2019, 76 (77); *Ziebarth/Elsaß*, ZUM 2018, 578.

16 *Benedikt/Kranig*, ZD 2019, 4. Die DSGVO geht jedoch weit über diese von § 22 KUG erfassten Tathandlungen hinaus und erfasst gerade jede denkbare Verwendung personenbezogener Daten, siehe hierzu ausführlich *Klein*, Personenbilder, S. 148.

17 Verarbeitung im Sinne des Art. 4 Nr. 2 DSGVO meint die „Erhebung und Speicherung personenbezogener Daten, also die Fixierung der Fotografie auf einem Datenträger", zur Definition siehe *Krüger/Wiencke*, MMR 2019, 76 (77).

18 *Klein*, Personenbilder, S. 148; *Ziebarth/Elsaß*, ZUM 2018, 578 (579).

19 *Hansen/Brechtel*, GRUR-Prax 2018, 369.

20 *Krüger/Wiencke*, MMR 2019, 76 (77).

21 Vgl. *Benedikt/Kranig*, ZD 2019, 4.

Bestimmungen zukommt. Etwas anderes gilt jedoch dann, wenn die Datenschutzgrundverordnung den Mitgliedstaaten für bestimmte Bereiche einen Gestaltungsspielraum zubilligt.[22] In der Tat erlaubt die Datenschutzgrundverordnung den Mitgliedstaaten an diversen Stellen weiterhin, nationale Regelungen vorzusehen, in dem es an mehreren Stellen sog. Öffnungsklauseln vorsieht.[23] Für Bildnisse könnte eine solche „obligatorische Spezifizierungsklausel" mit Art. 85 DSGVO gegeben sein.[24]

Im Hinblick auf Bildnisveröffentlichung zu journalistischen Zwecken besteht weitgehend Einigkeit darüber, dass Art. 85 Abs. 2 DSGVO eine Öffnungsklausel darstellt und die §§ 22, 23 KUG insoweit eine Ausnahme gegenüber der Datenschutzgrundverordnung normieren.[25]

Zu dem Verhältnis von Datenschutzgrundverordnung und Kunsturhebergesetz hat das OLG Köln[26] Stellung bezogen. In der Sache hatte das OLG in dem der Entscheidung zugrunde liegenden Fall ausgeführt, dass es bei einem Fernsehbeitrag keiner Einwilligung nach der Datenschutzgrundverordnung bedürfe, da das Ausstrahlen eines Personenbildnisses in einem Fernsehbeitrag von § 23 KUG gedeckt sei. Diese Annahme beruhte auf dem Verständnis, dass das Kunsturhebergesetz im Rahmen der Öffnungsklausel nach Art. 85 Abs. 2 DSGVO eine Ausnahme zur Datenschutzgrundverordnung darstelle und somit auch nach deren Inkrafttreten weiterhin anwendbar sei. Nach dem OLG Köln würden der Regelung in Art. 85 DSGVO auch keine europarechtlichen Bedenken entgegenstehen. Denn diese würde nur die Erforderlichkeit der Herbeiführung praktischer Konkordanz zwischen Datenschutz und Informations- und Äußerungsfreiheit feststellen, jedoch keine materiellen Vorgaben machen. Ziel der Vorschrift sei es gerade, Konflikte zu vermeiden. Auch das Kunsturhebergesetz ziele auf einen solchen Ausgleich zwischen den Rechten des Betroffenen und dem öffentlichen Informationsinteresse ab und enthalte diesbezüglich mit den §§ 22, 23 Abs. 1 KUG ein ausdifferenziertes Abwägungssystem. Das Kunsturhebergesetz füge sich daher inhaltlich in das System der Datenschutzgrundverordnung und insbesondere in die Öffnungsklausel des Art. 85 Abs. 2 DSGVO ein.

---

22 *Benedikt/Kranig*, ZD 2019, 4.

23 *Krüger/Wiencke*, MMR 2019, 76 (77); *Piltz*, BDSG, S. 1.

24 *Benedikt/Kranig*, ZD 2019, 4; *Selmayr/Ehmann*, in: Ehmann/Selmayr, DSGVO, Einf. Rn. 85.

25 *Reuter/Schwarz*, ZUM 2020, 31 m. w. N.

26 OLG Köln, Beschl. v. 18.06.2018 – 15 W 27/18, GRUR-RS 2018, 12712.

Unklar bleibt, ob daneben Art. 85 (1), dessen Regelungsauftrag sich gerade nicht auf eine Datenverarbeitung zu journalistischen, künstlerischen oder wissenschaftlichen Zwecken beschränkt, als eigenständige, weitere Öffnungsklausel zu werten ist und damit auch ein Anwendungsvorrang des Kunsturhebergesetzes für andere Zwecke besteht. [27]

Mittlerweile hat der Deutsche Bundestag zu dieser Thematik eine Stellungnahme verfasst, und vermag mit dieser Ausarbeitung zu teils widersprüchlichen Angaben auf der Webseite des Bundesministeriums des Inneren, Klarheit zu verschaffen. Hierzu führte er aus:

> *„Aus den angeführten Gründen ist es demgegenüber vorzugswürdig, Art. 85 I DSGVO als eigenständige Öffnungsklausel zu verstehen. Auf dieser Grundlage verbliebe auch bei diesen Sachverhalten weiterhin ein Anwendungsbereich für die äußerungsrechtlichen §§ 22, 23 KUG und das hierzu von der deutschen Rechtsprechung entwickelte „Case law", das zukünftig allerdings am Maßstab der europäischen Grundrechte zu messen sein wird. Abschließend kann hierüber nur der EuGH entscheiden."*[28]

Nach all dem muss von einem Anwendungsvorrang der §§ 22, 23 KUG gegenüber den datenschutzrechtlichen Bestimmungen ausgegangen werden. Allerdings können die Vorschriften des Kunsturhebergesetzes aufgrund ihres beschränkten Anwendungsbereichs die Vorschriften der Datenschutzgrundverordnung nur im Hinblick auf die Veröffentlichung und Verbreitung von Bildnissen verdrängen.[29]

3. *Exkurs: Das Herstellen von Personenaufnahmen*

Im Kunsturhebergesetz selbst ist die Herstellung von Personenaufnahmen nicht erfasst, sodass dieses grundsätzlich keinen Schutz bietet gegen das Anfertigen von Fotografien und Videoaufnahmen oder sonstigen Handlungsformen, die eine Fixierung der äußeren Erscheinung ermöglichen.[30] Gesetzlich geregelt

---

27 Strittig, siehe zum Meinungsstand *Hansen/Brechtel*, GRUR-Prax 2018, 369 (370); *Krüger/Wiencke*, MMR 2019, 76 (78); Benedikt/Kranig, ZD 2019, 4 (5). Bejahend: *Lauber-Rönsberg*, in: Götting/Schertz/Seitz, Handbuch Persönlichkeitsrecht, § 22 Rn. 49; *Lauber-Rönsberg/Hartlaub*, NJW 2017, 1057 (1061 f.); *Ziebarth/Elsaß*, ZUM 2018, 578 (582).

28 Ausarbeitung des deutschen Bundestages zum Verhältnis der Datenschutz-Grundverordnung zum Kunsturhebergesetz vom 16.05.2018, Az.: WD 3-3000-156/18.

29 *Lauber-Rönsberg/Hartlaub*, NJW 2017, 1057 (1059); *Reuter/Schwarz*, ZUM 2020, 31 (32); *Ziebarth/Elsaß*, ZUM 2018, 578 (584).

30 Siehe nur *Schertz*, in: Götting/Schertz/Seitz, Handbuch Persönlichkeitsrecht, § 11 Rn. 9 und § 12 Rn. 9. *Gertzen*, Strafrechtlicher Schutz, S. 7, sieht den Grund hierfür

wurde die Herstellung von Bildaufnahmen lediglich durch den durch das 36. Strafänderungsgesetz vom 30.07.2004 neu eingefügten § 201a StGB. Schutzlos standen Betroffene bislang jedoch nicht da, da eine derartige Begehungsweise eine Verletzung des nach § 823 BGB geschützten allgemeinen Persönlichkeitsrechts begründen konnte.[31] Entscheidendes Kriterium bei der Beurteilung der Zulässigkeit der Herstellung von Personenaufnahmen war, ob eine spätere Veröffentlichung des Bildnisses gerechtfertigt sein könnte. Wenn dies der Fall war, galt auch die Herstellung der Aufnahme als zulässig.[32] Nach Inkrafttreten der Datenschutzgrundverordnung erscheint eine solche Betrachtungsweise nicht mehr vertretbar. Der pauschale Verweis auf das allgemeine Persönlichkeitsrecht ist für die zu erreichende praktische Konkordanz auf Normebene nicht ausreichend.[33] In einigen Landesgesetzen (beispielsweise für Rundfunk und Presse) wurden als Abhilfemaßnahme bereits ausdrückliche, die Herstellung und Speicherung von Bildnissen erfassende Regelungen erlassen. Dementsprechend findet die Datenschutzgrundverordnung in diesem Umfang keine Anwendung auf vor- und nachgelagerte Verarbeitungsphasen, wenn dies zu journalistischen Zwecken erfolgt. Außerhalb dieser Landesgesetze ist mangels einschlägiger nationaler Rechtsgrundlage die Herstellung und Speicherung von Bildnissen ausschließlich an der Datenschutzgrundverordnung (soweit ihr Anwendungsbereich eröffnet ist) zu messen.[34] Mangels Rechtsgrundlage im Kunsturhebergesetz verbleibt es insoweit also bei dem in Art. 6 Abs. 1 DSGVO vorgegebenen Maßstab.[35]

III. Zivilrecht und Zivilprozessrecht

Bietet das Kunsturhebergesetz keinen ausreichenden Schutz, kann wegen Verletzungen des Rechts am eigenen Bild auf die §§ 823, 1004 BGB zurückgegriffen

---

in den damaligen technischen Gegebenheiten, unter welchen die Herstellung einer Bildaufnahme noch vergleichsweise lange (Belichtungs-)Zeiten erforderte und somit die heutzutage gefürchteten Schnappschüsse gar nicht zuließen.

31 Siehe zur Frage, ob das Herstellen von Personenfotografien einen Eingriff in das allgemeine Persönlichkeitsrecht darstellen kann, die kritische Begutachtung von *Mann,* AfP 2013, 16 (17 ff.).

32 BGHZ 24, 200 – Spätheimkehrer; *Reuter/Schwarz*, ZUM 2020, 31 (32); *Soppe*, ZUM 2019, 467 (471).

33 Siehe hierzu *Ziebarth/Elsaß*, ZUM 2018, 578 (584); *Reuter/Schwarz*, ZUM 2020, 31 (32).

34 *Reuter/Schwarz*, ZUM 2020, 31 (32 f.).

35 *Ziebarth/Elsaß*, ZUM 2018, 578 (584); *Reuter/Schwarz*, ZUM 2020, 31.

werden.[36] Keinen ausreichenden Schutz bietet das Kunsturhebergesetz, wie ausgeführt, etwa für die Herstellung von Personenaufnahmen. Ist auch der Anwendungsbereich der Datenschutzgrundverordnung nicht eröffnet, kann eine Verletzung des allgemeinen Persönlichkeitsrechts relevant werden. Als „Mutterrecht" erfasst dieses sowohl das Recht am eigenen Bild als auch das Recht auf informationelle Selbstbestimmung.

Zudem sind auch die Rechtsfolgen einer Verletzung des Rechts am eigenen Bild im Kunsturhebergesetz nur lückenhaft geregelt, sodass heute hinsichtlich Schadensersatz- und Unterlassungsansprüchen auf die §§ 823, 1004 BGB zurückgegriffen wird.[37] Die Vollstreckung solcher Ansprüche richtet sich wiederum nach den Vorschriften der Zivilprozessordnung.

IV. Verfassungsrecht

Die Frage nach der Widerrufbarkeit einer Einwilligung im Sinne des § 22 S. 1 KUG muss auch verfassungsrechtliche Erwägungen berücksichtigen.

Durch Art. 1 Abs. 1, Art. 2 Abs. 1 GG wird das allgemeine Persönlichkeitsrecht mit seinerseits differenzierten Ausformungen als Grundrecht gewährleistet.[38] Es ist eine den speziellen Freiheitsrechten nahekommende Grundrechtsgarantie.[39] Dieses verfassungsrechtliche Persönlichkeitsrecht darf jedoch nicht mit dem zivilrechtlichen verwechselt werden.[40] Denn seine Funktion besteht in erster Linie aus der Abwehr hoheitlicher Eingriffe. Das zivilrechtliche Persönlichkeitsrecht muss zwar auf rechtlicher Ebene denselben Schutzgehalt aufweisen, kann aber darüber hinausgehen.[41] Auf der einen Seite garantiert es die Möglichkeit autonomer Selbstentfaltung durch Abschirmung eines privaten Bereichs und Sicherung der Vertraulichkeit der Interaktion, auf der anderen aber auch die nach außen gerichtete Selbstdarstellung.[42] Ebenfalls als gewährleistet anzusehen sind die diesen beiden Komponenten vorgelagerten Grundbedingungen

---

36 *Engels*, in: BeckOK Urheberrecht, § 22 KUG Rn. 10.1.

37 *Tausch*, Persönlichkeitsrechtsverletzung, S. 65.

38 BVerfGE 34, 238, (246) – Tonband; BVerfGE 35, 202 (224) – Lebach; *Dreier*, in: Dreier, GG, Art. 2 Abs. 1 Rn. 69; *Di Fabio*, in: Maunz/Dürig, GG, Art. 2 Abs. 1 Rn. 19; *Schnabel*, ZUM 2008, 657 (657 f.).

39 *Dreier*, in: Dreier, GG, Art. 2 Abs. 1 Rn. 69.

40 *Bartnik*, Bildnisschutz, S. 20; *Fromlowitz*, Urheberpersönlichkeitsrecht, S. 62; *Jarass*, NJW 1989, 857; *Piltz*, Soziale Netzwerke, S. 9.

41 *Rixecker*, in: MünchKomm BGB, Anh. § 12 Rn 4; siehe auch *Piltz*, Soziale Netzwerke, S. 9.

42 *Dreier*, in: Dreier, GG, Art. 2 Abs. 1 Rn. 70.

freier Entfaltung der Persönlichkeit, wie etwa das Recht auf informationelle Selbstbestimmung.[43]

Für die vorliegende Arbeit relevant ist vor allem die Fallgruppe der Selbstdarstellung in der Öffentlichkeit, da es in dieser Ausprägung auch das Recht am eigenen Bild erfasst.[44] Das Recht am eigenen Bild wird demnach als Teil des in Art. 1 Abs. 1 und Art. 2 Abs. 1 GG angelegten Grundrechts auf Menschenwürde und freie Entfaltung der Persönlichkeit erachtet.[45] Es kann zudem auch als Konkretisierung des Rechts auf informationelle Selbstbestimmung angesehen werden[46], weil das spezifische Schutzbedürfnis vor allem aus den technischen Möglichkeiten herrührt, *„das Erscheinungsbild eines Menschen in einer bestimmten Situation von diesem abzulösen, datenmäßig zu fixieren und jederzeit vor einem unüberschaubaren Personenkreis zu reproduzieren“*.[47] Immer häufiger wird das Recht am eigenen Bild daher als Unterfall des Rechts auf informationelle Selbstbestimmung verstanden.[48]

C. Gang der Untersuchung

Die Arbeit gliedert sich in fünf Hauptkapitel, deren maßgeblicher Inhalt im Folgenden kurz dargestellt werden soll:

> Die Untersuchung der Frage, ob eine Einwilligung in Eingriffe in das Recht am eigenen Bild widerrufen werden kann, erfordert in einem ersten Schritt, dass das Objekt des Eingriffs, dessen Schutz der Widerruf letztlich wieder aufleben lassen soll, rechtlich und dogmatisch eingeordnet wird. Der erste Teil der Arbeit widmet sich daher einer Untersuchung des Rechts am eigenen Bild als solchem. Denn nur ein tief gehendes Verständnis über seine Rechtsnatur und spezifischen Eigenschafen gibt Aufschluss darüber, ob und inwieweit dieses durch Zulassung einer Widerrufsmöglichkeit geschützt werden kann und muss. Dabei ist eine Auseinandersetzung mit seiner (historischen) Entwicklung und Begründung als besonderes Persönlichkeitsrecht unumgänglich, um es in seinen ganzen Facetten nachvollziehen zu können. Ebenso muss sein Verhältnis zum allgemeinen Persönlichkeitsrecht geklärt werden.

43 *Dreier*, in: Dreier, GG, Art. 2 Abs. 1 Rn. 70.

44 BVerfGE 87, 334 (340) – Fernsehaufnahme im Gerichtssaal I; BVerfGE 97, 228 (268) – Kurzberichterstattung; *Dreier*, in: Dreier, GG, Art. 2 Abs. 1 Rn. 72; *Di Fabio*, in: Maunz/Dürig, GG, Art. 2 Abs. 1 Rn. 193.

45 BVerfGE 34, 238 (246) – Tonband; BVerfGE 35, 202 (224) – Lebach.

46 *Di Fabio*, in: Maunz/Dürig, GG, Art. 2 (1) Rn. 193.

47 BVerfGE 101, 361 (381) – Caroline v. Monaco II; BGH, Urt. v. 14.05.1991 – 1 StR 699/90, NJW 1991, 2651.

48 *Di Fabio*, in: Maunz/Dürig, GG, Art. 2 Rn. 193; *Lauber-Rönsberg/Hartlaub*, NJW 2017, 1057 (1058).

Zugleich ist es in diesem Sinnzusammenhang erforderlich, auf die Wirkung eines Bildnisses einzugehen. Dies meint zum einen den Eindruck im Sinne einer Suggestion, welche das Bildnis bei seinen Betrachtern auslöst. Zum anderen erfasst dieser Aspekt die Beleuchtung derjenigen Auswirkungen, welche die Existenz eines Bildnisses, schon sein bloßes Vorhandensein, für den jeweiligen Abgebildeten haben kann. Schließlich geht es dem Abgebildeten in erster Linie um die Beseitigung ebendieser Effekte, wenn er den Widerruf seiner vormals erteilten Einwilligung erklärt.

Im zweiten Teil der Arbeit werden sodann die rechtlichen und dogmatischen Grundlagen der Einwilligung dargestellt. Dies erfordert, die Einwilligung als ein facettenreiches Rechtsinstitut zu begreifen. Aus diesem Grund sollen an dieser Stelle einzelne Erscheinungsformen der Einwilligung nach § 22 S. 1 KUG dargestellt werden. Der Schwerpunkt wird dabei auf der Erörterung der Rechtswirkung und Rechtsnatur der Einwilligung liegen, da dieser Aspekt für die Beurteilung einer mit der Einwilligung korrespondierenden Widerrufsmöglichkeit von enormer Relevanz ist.

Der dritte Teil der Arbeit befasst sich mit der Möglichkeit zum Widerruf einer Einwilligung im Sinne des § 22 KUG. Dabei soll zunächst auf die in Literatur und Rechtsprechung entwickelten Grundsätze und Lösungsansätze eingegangen werden. Im Ergebnis sollen dann Kriterien herausgearbeitet und entwickelt werden, die eine Orientierungshilfe bei der Beurteilung der Wirksamkeit eines Widerrufs geben. Zu diesem Zweck sollen bereits gesetzlich kodifizierte Widerrufsmöglichkeiten im Hinblick auf eine mögliche analoge Heranziehung untersucht werden. Ebenfalls zu klären ist in diesem dritten Teil, welche Anforderungen an eine etwaige zulässige Widerrufserklärung zu stellen sind. Hierbei muss insbesondere untersucht werden, welche Form und welchen Erklärungsinhalt eine solche Erklärung bedarf und wem gegenüber sie ausgesprochen werden muss.

Sodann kann und soll im vierten Teil auf die Rechtsfolgen des Widerrufs eingegangen und hierbei auch prozessuale Besonderheiten bei der Durchsetzung von Unterlassungs- Löschungs- und Beseitigungsansprüchen aufgezeigt werden.

Den Schlussteil der Arbeit bildet eine Zusammenfassung der wichtigsten Thesen sowie ein Vorschlag zur gesetzlichen Verankerung der entwickelten Lösungsansätze.

Kapitel 1: Das Recht am eigenen Bild als Gegenstand des Eingriffs

Das menschliche Erscheinungsbild gilt als eines der wichtigsten Elemente der Persönlichkeit, weil es besondere Eigenschaften der Person zeigt und sie somit von anderen unterscheidet und abhebt.[49] Vor diesem Hintergrund ist es wenig erstaunlich, dass die Mehrheit der deutschen Bevölkerung ihr eigenes Abbild als hohes Gut erachtet. Ganz selbstverständlich werden die Meisten für sich ein Recht proklamieren, nach welchem sie nicht gegen ihren Willen fotografiert werden dürfen und nachdem auch rechtmäßig angefertigte Aufnahmen nur mit ihrem Einverständnis zulässig veröffentlicht und verbreitet werden können. Der Laie wird entgegenstehende Handlungsweisen als Eingriff in sein „Recht am eigenen Bild“ empfinden.

Das ist nur teilweise richtig, denn rechtlich betrachtet, ist hier zwischen zwei verschiedenen Eingriffsarten zu unterscheiden: Das Herstellen von Personenfotos kann einen Verstoß gegen das Datenschutzrecht begründen oder eine Verletzung des allgemeinen Persönlichkeitsrechts aus Art. 2 (1) GG i. V. m. Art. 1 (1) GG darstellen,[50] ein Eingriff in das gesetzlich kodifizierte Recht am eigenen Bild wird hierdurch jedoch nicht begründet. Dies ist erst durch die Verbreitung oder öffentliche Zurschaustellung solcher (rechtmäßig oder rechtswidrig hergestellter) Aufnahmen der Fall, wenn dies ohne Einwilligung der betroffenen Person erfolgt, § 22 S. 1 KUG und kein Ausnahmefall der §§ 23 f. KUG vorliegt. Vor diesem Hintergrund lässt sich das Recht am eigenen Bild definieren als *„das ausschließliche Recht des Menschen, über die Verbreitung und öffentliche Schaustellung seines Bildnisses zu entscheiden.“*[51] Dementsprechend soll das allgemeine Persönlichkeitsrecht einem Kontrollverlust, der zwangsläufig mit der bloßen Herstellung einer Bildaufnahme einhergeht, präventiv entgegenwirken, während das Recht am eigenen Bild die Interessen des Abgebildeten an einem bereits angefertigten Bildnis schützt.

---

49 Siehe nur *Hager*, in: Staudinger, BGB, C. Das Persönlichkeitsrecht Rn. 151 m. w. N.

50 Dies kann nach der Rechtsprechung des BGH auch dann der Fall sein, wenn die Herstellung der Aufnahme ohne nachweisbare Veröffentlichungsabsicht erfolgt. Siehe hierzu etwa BGH, Urt. v. 25.04.1995 – VI ZR 272/94, GRUR 1995, 621.

51 Ständige Rechtsprechung, siehe nur BGHZ 20, 345 – Paul Dahlke; siehe auch *Götting*, in: Schricker/Loewenheim, Urheberrecht, § 22 KUG Rn. 7.

Das Recht am eigenen Bild ist als eine besondere Ausprägung des allgemeinen Persönlichkeitsrechts geschaffen worden.[52] Dies ergibt sich bereits aus den Gesetzesmaterialien. [53] Bemerkenswert daran ist, dass zum Zeitpunkt der Begründung dieses besonderen Persönlichkeitsrechts das allgemeine Persönlichkeitsrecht selbst noch gar nicht anerkannt worden dar.

A. Die Entwicklung des Bildnisschutzes in Deutschland

Die persönlichkeitsrechtlichen Interessen eines Abgebildeten wurden nicht immer (gesetzlich) geschützt. Sowohl die Anerkennung des allgemeinen als auch die Schaffung der besonderen Persönlichkeitsrechte, unterliefen teils langwierigen Prozessen.

Im Folgenden soll die historische Entwicklung des Bildnisschutzes in der Bundesrepublik skizziert werden, da sich hieraus für die heutige Betrachtung wertvolle Aufschlüsse ergeben. Beginnend mit der Schaffung des Rechts am eigenen Bild als besonderes Persönlichkeitsrecht, soll im Weiteren auch die parallel hierzu verlaufene Entwicklung des allgemeinen Persönlichkeitsrechts, durch die der Bildnisschutz faktisch erweitert worden ist,[54] und schlussendlich das Verhältnis beider Rechtsinstitute zueinander dargestellt werden.

I. Entwicklung des Rechts am eigenen Bild als besonderes Persönlichkeitsrecht

1. Entwicklung der Fotografie als Ausgangspunkt

Der Gedanke, einer Person durch Anerkennung eines Rechts am eigenen Bild die Kontrolle über die eigene Abbildung ihres äußeren Erscheinungsbildes zu gewähren, begann sich ab Mitte des vorletzten Jahrhunderts allmählich zu entwickeln. Das hängt naturgemäß damit zusammen, dass es sich beim Bildnisschutz insgesamt um eine Thematik neueren Datums handelt. Das Bedürfnis

52 Dies Qualifizierung als besonderes Persönlichkeitsrecht ist heute unbestritten. Anstatt vieler siehe etwa: *Fricke*, in: Wandtke/Bullinger, Urheberrecht, § 22 KUG Rn. 3 m. w. N.

53 Amtliche Begründung des Regierungsentwurfs zum KUG in: Stenografische Berichte über die Verhandlungen des Reichstags, 11. Legislaturperiode, II. Session, 2. Anlageband Seite 1540: Der Mangel eines Rechts am eigenen Bild erscheine „*mit der allgemeinen Rechtsordnung und der Achtung, welche die Persönlichkeit beanspruchen darf, nicht vereinbar*" und Gesetzesmaterialien Anlagenband S. 4685: Es werde jetzt „*ein neues Persönlichkeitsrecht in dem Gesetz festgelegt.*"

54 So *Bartnik*, Bildnisschutz, S. 13.

nach einer Anerkennung eines Rechts am eigenen Bild kam erst durch die Erfindung der Fotografie im 19. Jahrhundert allmählich auf.

Im Jahr 1816 schaffte es der Franzose Joseph Nicéphore Niépce, ein Abbild einer Landschaft auf einer Chlorsilberplatte nach einer Belichtungszeit von acht Stunden herzustellen. 1835 gelang es dem Engländer William Henry Fox Talbot, die Belichtungszeit auf zwei bis drei Stunden zu verkürzen. Hierbei wandte er erstmals in der Geschichte der Fotografie das sog. Negativ-Positiv-Verfahren an, mit welchem es fortan möglich war, von einer Aufnahme beliebig viele Abzüge zu machen. Dieses Verfahren perfektionierte er im Laufe der Zeit, sodass es ihm schlussendlich möglich war, Bilder mit nur einer Minute Belichtungszeit zu erstellen. Offizielle Geburtsstunde war ungeachtet der vorherigen Errungenschaften jedoch das Jahr 1839, als der Franzose Louis-Jacques-Mandé Daguerre in Paris die Silberplatten-Technik erfand. Einen weiteren wichtigen Schritt in der Geschichte der Fotografie stellte die Entwicklung der Trockenplatte durch den Engländer Richard Leach Maddox im Jahr 1871 dar, deren Empfindlichkeit sieben Jahre später noch von Charles Bennet verbessert wurde. Von diesem Punkt an ging die Entwicklung der Fotografie stetig und unaufhaltsam voran.[55]

Der Gedanke an Bildaufnahmen war jedoch zunächst von der Begeisterung über den technischen Fortschritt geprägt und überlagerte in gewisser Weise die damit zusammenhängenden Problematiken. So hielt Keyssner 1896 in seiner Abhandlung über das Recht am eigenen Bilde euphemistisch fest:

> *„Gedacht sei des Bildes, das wir in glücklicher Zeit fertigen ließen, auf dem nun unser Blick in friedvoller Erinnerung ruht mit dem Gedanken: Wie gut, dass ich das Bild habe!“* [56]

Dieses Zitat verdeutlicht, dass es sich bei Fotografien um Mittel handelte, vergangene Momente, Gegebenheiten und kostbare Erinnerungen aufzubewahren. Ein Foto war für die Menschen ein wertvolles Erinnerungsstück. Bildaufnahmen wurden meist nur zu besonderen Anlässen gefertigt. Kameras und Bildentwicklung waren kostspielig. Vielleicht war es gerade dieses verklärte Verständnis von Bildnissen, das den Gesetzgeber bei der Schaffung des Kunsturhebergesetzes im Jahr 1907 gar nicht in den Sinn kommen ließ, dass man Einwilligungen in Eingriffe in das Recht am eigenen Bild möglicherweise später einmal widerrufen möchte.

---

55 Ausführlich zur Geschichte der Fotografie siehe *Hempel*, in: Castendyk, Fotorecht, S. 27 ff; zur Geschichte der digitalen Fotografie siehe außerdem *Herbort,* Digitale Bildnisse, S. 15 ff; außerdem *Seifert*, NJW 1999, 1889 (1890).

56 *Keyssner*, Recht am eigenen Bilde, S. 2.

Um die Jahrhundertwende herum wurden verschiedene Aufnahmeformate hervorgebracht, die immer kleiner und damit einhergehend auch immer lichtempfindlicher wurden. Ein wichtiger Meilenstein war die Einführung der ersten Farbfilme im Jahr 1936 durch die Firmen Agfa und Kodak. Die technischen Neuerungen, insbesondere die kurzen Belichtungszeiten, hatten zur Konsequenz, dass Aufnahmen auch gegen den Willen einer Person oder sogar ohne ihr Wissen angefertigt werden konnten, da diese nun nicht mehr minutenlang für eine Aufnahme posieren mussten, sondern sogar in Alltagssituationen abgelichtet werden konnten. Die Gefahr für Persönlichkeitsrechtsverletzungen steigerte sich mit dieser Entwicklung erheblich. Auch Bismarck soll sich schon durch Fotografen belästigt gefühlt und dazu gesagt haben: „*Die Kerle lauern einem überall auf mit ihren Knipsapparaten*", (...) man wisse nicht, „*ob man fotografiert oder erschossen wird*".[57] Tatsächlich gab ebendieser den wichtigsten Anstoßpunkt für die Begründung des Rechts am eigenen Bild.

2. *Erste gesetzliche Kodifizierungen*

Bereits im Jahr 1857 legte der Börsenverein Deutscher Buchhändler den Entwurf eines Urheberrechtsgesetzes vor, in welchem mit § 46 Abs. 5 ein Vorschlag zu einer gesetzlichen Regelung des Bildnisschutzes enthalten war. Danach sollte dem Eigentümer eines Bildes das Recht eingeräumt werden, Nachbildungen zu verbieten, wobei hierdurch impliziert wurde, dass der Eigentümer auch zugleich der Abgebildete ist.[58] 1869 legte der Börsenverein dem Norddeutschen Bund einen modifizierten Entwurf vor, wonach nun generell ein erweiterter Schutz des Porträtierten anerkannt werden sollte.[59] Diese Fassung wurde jedoch von der Reichstagskommission abgelehnt.[60]

Erstmals ins geltende Recht Eingang gefunden hat der Gedanke des Bildnisschutzes im bayerischen Gesetz zum Schutz der Urheberrechte an literarischen Erzeugnissen und der Kunst vom 28. Juni 1865.[61] In § 35 dieses Gesetzes wurde bestimmt, dass bei Bildnissen (Portraits) das Recht zur Vervielfältigung auf den Besteller übergeht, anders als beim Erwerb des Eigentums an einem

57 *Machtan*, Bismarcks Tod, S. 152.

58 Siehe hierzu *Osterrieth*, Bemerkungen zum Entwurf eines Gesetzes betreffend das Urheberrecht an Werken der Photographie, S. 70 f., zitiert nach *Götting*, Persönlichkeitsrechte als Vermögensrechte, S. 16; *Ruppel*, Bildnisschutz, S. 6.

59 *Ruppel*, Bildnisschutz, S. 6.

60 *Osiander*, Recht am eigenen Bild, S. 14.

61 Gesetzblatt für das Königreich Bayern, 1863-1869, S. 66.

Kunstwerk, wodurch das Vervielfältigungsrecht gerade nicht erlangt werden sollte.[62] Ähnliche Regelungen enthielten die Urheberrechtsgesetze vom 9. und 10. Januar 1876.[63] Diese Vorschriften bezweckten einen gesetzlichen Schutz des Bestellers des Bildes, der ein persönliches Interesse daran habe, dass sein Bildnis nicht ohne bzw. gegen seinen Willen der Öffentlichkeit zugänglich gemacht wird.[64] Allerdings unterstellten diese Regelungen eine Identität zwischen Besteller und Abgebildetem.[65] Die sich hieraus ergebende Schutzlücke zeigte sich in der Folge in einigen Urteilen des Reichsgerichts, in denen sich dieses streng an den Wortlaut der Bestimmung hielt und demnach dem Abgebildeten Rechte an dem Bild absprach, wenn er nicht gleichzeitig der Besteller war, obwohl nicht die Interessen des Bestellers, sondern die des Abgebildeten verletzt waren.[66] Diese unbefriedigenden Entscheidungen führten vor Augen, dass die bestehende Rechtslage im Hinblick auf den angestrebten Bildnisschutz unzureichend war, sodass diese und die damit einhergehenden Diskussionen in der Literatur den Weg für eine gesetzliche Normierung ebneten.[67] Gleichzeitig wurde Ende des 19. Jahrhunderts die unbefugte Herstellung und Veröffentlichung von Bildaufnahmen immer mehr zu einem (juristischen) Problem.[68] Vor allem zwei Fälle, die dem Reichsgericht zur Entscheidung vorlagen, machten die Notwendigkeit einer gesetzlichen Normierung des Bildnisschutzes evident. So hatte das Reichsgericht im Jahr 1898 zunächst über die heimlich aufgenommene Fotografie einer Dame im Badekostüm, welche auf Briefbeschwerern abgedruckt und verkauft worden war, zu befinden. Mangels anderer zur Verfügung stehender gesetzlicher Grundlagen blieb dem Gericht bloß die Möglichkeit, die „Täter" wegen Beleidigung, § 185 StGB, zu bestrafen.[69] Den endgültigen Anstoßpunkt für die Kodifizierung des Bildnisschutzes gab jedoch, wie oben bereits angedeutet, der ehemalige Reichskanzler Otto von Bismarck.[70] Nachdem Bismarck am 30. Juli 1898 in

---

62 Vgl. *Specht,* in: Dreier/Schulze, Urheberrechtsgesetz, vor § 22 KUG Rn. 2.

63 Siehe hierzu RGBl. 1876, S. 59 und RGBl. 1876, S. 62.

64 *Temuulen*, Recht am eigenen Bild, S. 29.

65 Nähere Ausführungen zum Hintergrund der Regelung zu finden bei Götting, Persönlichkeitsrechte als Vermögensrechte, S. 16.

66 RGSt 33, 295.

67 Der Begriff des „Rechts am eigenen Bild" wurde dabei ganz maßgeblich auch von Keyssner geprägt, der sich mit dieser Thematik als einer der ersten fundiert und wissenschaftlich auseinandersetzte, siehe hierzu *Keyssner*, Das Recht am eigenen Bilde.

68 *Eglinski*, Bildberichterstattung, S. 4.

69 RG, Urt. v. 29.11.1898 D. 4098/98 VIII 8145 – Dame im Badekostüm, abgedruckt bei *Kohler,* Das Eigenbild im Recht, S. 32 f.

70 Siehe hierzu etwa *Sedelmeier*, AfP 1999, 450 und *Seifert*, NJW 1999, 1889.

Friedrichsruh im Sachsenwald bei Hamburg verstarb, drangen zwei Fotografen in das Sterbezimmer des damaligen Reichskanzlers ein und fotografierten dessen Leichnam. Ihr Versuch, das Abbild des toten Bismarcks kommerziell zu verwerten, schlug jedoch fehl. Denn Bismarcks Sohn Herbert erreichte nur wenige Tage später die sofortige Beschlagnahme der Aufnahmen und das AG Hamburg erließ eine einstweilige Verfügung, die den beiden Fotografen die Verbreitung des Fotos untersagte. Berufung und Revision blieben ohne Erfolg. Das Reichsgericht führte hierzu aus, dass es *„mit dem natürlichen Rechtsgefühl unvereinbar (sei), dass jemand das unangefochten behalte, was er durch eine widerrechtliche Handlung erlangt (...)*".[71]

3. Verankerung im Kunsturhebergesetz

Auf dem 26. und 27. Deutschen Juristentag von 1904 und 1905 wurde infolgedessen die Thematik des Bildnisschutzes ausgiebig thematisiert und von den Teilnehmern eine gesetzliche Normierung im Ergebnis begrüßt. Im Jahr 1907 wurden sodann im Zuge von Reformarbeiten die Regelungen über den Bildnisschutz geschaffen, welche fortan im Kunsturhebergesetz angesiedelt wurden. Bismarck wird vor diesem zeitgeschichtlichen Hintergrund auch als *„Pate der Normierung des postmortalen Bildnisschutzes*" bezeichnet.[72]

Durch die Neuregelung des Urheberrechts im Jahr 1965 wurde das Kunsturhebergesetz nur aufgehoben, *„soweit es nicht den Schutz von Bildnissen betrifft*", § 141 Nr. 5 UrhG. Die Intention dahinter war, dass die Neuregelung des Rechts am eigenen Bild einer Gesamtkodifikation des zivilrechtlichen Persönlichkeitsrechts überlassen werden sollte.[73] Dies ist jedoch bis heute nicht erfolgt.

Da die Materie des Bildnisschutzes ihrer Rechtsnatur nach eigentlich im Bürgerlichen Recht anzusiedeln ist, gab es die Überlegung, das Recht am eigenen Bild im Anschluss an § 12 BGB, der ein allgemeines Persönlichkeitsrecht enthalten sollte, zusammen mit den weiteren Persönlichkeitsrechten, einzugliedern. Unter dem Druck der Presse wurde der Entwurf jedoch wieder verworfen.[74] Die Ansiedelung im Kunsturhebergesetz erfolgte daher (bewusst) systemwidrig, da

---

71 RGZ 45, 170 (173) – Bismarck auf dem Totenbett.

72 Zu dieser Bezeichnung siehe *Ernst-Moll*, GRUR 1996, 558.

73 Amtliche Begründung des Regierungsentwurfs zum Urhebergesetz – BT-Drucks. IV/270, abgedruckt bei *Haertel/Schiefler*, Urheberrechtsgesetz, S. 118.

74 *Ersdiek*, UFITA 29. Band, 1959, 1 (3) spricht in diesem Zusammenhang von einem „Feldzug gegen Presse"; *Specht*, in: Dreier/Schulze, Urheberrechtsgesetz, vor § 22 KUG Rn. 2; *Fromlowitz*, Urheberpersönlichkeitsrecht, S. 33.

das Recht am eigenen Bild kein Urheberrecht, sondern ein Persönlichkeitsrecht ist. Die Verortung beruhte vielmehr auf der rein praktischen Überlegung, dass mit dem Recht am eigenen Bild oftmals Beschränkungen des Urheberrechts einhergehen, weshalb die Verankerung im Bereich des Urheberrechts vorgenommen worden ist.[75] Diese Besonderheit muss im Auge behalten werden, wenn es an späterer Stelle um die Anwendbarkeit bestimmter Rechtsgrundsätze oder die analoge Heranziehung von Normen zur Begründung eines Rechts auf Widerruf gehen wird.

Das in den §§ 22 ff. KUG spezialgesetzlich verankerte besondere Persönlichkeitsrecht erfasst einzig Eingriffe in das Recht am eigenen Bild, die auf eine Verbreitung oder Veröffentlichung des Bildnisses abzielen. Das bloße Herstellen bzw. Anfertigen eines Bildnisses wird hiervon gerade nicht erfasst. Um den Betroffenen vor derartigen Handlungen zu schützen, bedurfte es zunächst der Anerkennung des allgemeinen Persönlichkeitsrechts. Dass die deutsche juristische Lehre klar zwischen allgemeinem und besonderem Persönlichkeitsrecht unterscheidet, muss auch bei der Beantwortung der Frage nach der Widerruflichkeit von Einwilligungen in Eingriffe in das Recht am eigenen Bild beachtet werden. Es ist insbesondere zu klären, ob eine Einwilligung in das bloße Anfertigen und Herstellen möglicherweise leichter zu widerrufen ist, als eine Einwilligung in das Verbreiten und Veröffentlichen.

II. Die Entwicklung des allgemeinen Persönlichkeitsrechts

Die Anerkennung des allgemeinen Persönlichkeitsrechts erfolgte zeitlich nach der Begründung des Rechts am eigenen Bild als besonderem Persönlichkeitsrecht. Die Entwicklung beider Rechtsinstitute verlief parallel und grundsätzlich unabhängig voneinander. Ein umfassender Persönlichkeitsschutz hat bis heute im Bürgerlichen Gesetzbuch keine feste Verankerung gefunden. Der seinerzeit von dem Reichsgericht aufgestellte Grundsatz, dass ein „*allgemeines subjektives Persönlichkeitsrecht (...) dem geltenden Bürgerlichen Rechte fremd*“ sei, ist heute dennoch nicht mehr zutreffend. [76]

75 Siehe hierzu BGHZ 20, 345 – Paul Dahlke; *Soehring/Hoene*, in: Soehring/Hoene, Presserecht, § 9 Rn. 4.

76 RGZ 69, 401 (403) – Nietzsche Briefe.

1. Forderung nach Persönlichkeitsschutz im Schrifttum

Der Begriff der Persönlichkeit selbst ist eine Sprachschöpfung, die auf das späte 18. Jahrhundert zurückgeführt wird. [77] Schon im 19. Jahrhundert gab es das Bewusstsein, dass mit der jeweiligen Persönlichkeit auch Rechte verknüpft sein müssen.[78] Diskutiert wurde in der rechtswissenschaftlichen Lehre dabei vor allem die Frage, ob ein Recht an der eigenen Person anerkannt werden soll.[79] Die Philosophie Kants soll dabei einen entscheidenden Beitrag zur Etablierung eines „Rechts der Persönlichkeit“ geleistet haben.[80] Insbesondere Gareis, Gierke und Kohler haben sich schon früh für die Anerkennung eines allgemeinen Persönlichkeitsrechts eingesetzt und werden heute zu Recht als Pioniere des Persönlichkeitsschutzes gefeiert. Daneben sprachen sich auch andere Stimmen in der Literatur im späten 19. Jahrhundert hierfür aus.[81] Der Etablierung eines Persönlichkeitsschutzes standen allerdings auch kritische Stimmen gegenüber. Passend hierzu hielt Reinhardt noch im Jahr 1931 fest: *„Mit dem Persönlichkeitsrecht hat es eine besondere Bewandtnis: von den einen leidenschaftlich verfochten, von den anderen für ein Phantom gehalten, schwebt es zwischen begeisterter Anerkennung und gänzlicher Ablehnung“*.[82]

2. Versuch einer gesetzlichen Kodifizierung

Die Gedanken zur Anerkennung und gesetzlichen Kodifizierung eines allgemeinen Persönlichkeitsrechts im Bürgerlichen Gesetzbuch wurden zunächst auch von der Gesetzgebungskommission aufgegriffen. So zeigt eine historische Analyse[83] der Gesetzgebungsarbeiten zu § 823 Abs. 1 BGB, dass die 1. Kommission

---

77 Zum Hervortreten der Persönlichkeit in der Rechtsgeschichte: *Holzhauer*, in: Erichsen/Kollhosser/Welp, Recht der Persönlichkeit, S. 51 ff.

78 Siehe zur dogmatischen Begründung des allgemeinen Persönlichkeitsrechts in der Literatur die umfassende Darstellung bei Simon, allgemeines Persönlichkeitsrecht, S. 168 ff.

79 Siehe zur Begriffsgeschichte *Kannowski*, in: Staudinger, BGB, Einl. zum BGB, Vorbem. zu § 1 Rn. 19.

80 *Klippel*, Persönlichkeit und Freiheit, S. 248.

81 *Von Gierke*, Deutsches Privatrecht, Bd. 1, S. 702 ff und Bd. 3, S. 887 ff; *Gareis*, in: FS für Schirmer, S. 61 ff; *Neuner*, Privatrechtsverhältnisse, S. 17.

82 *Reinhardt*, Persönlichkeitsrecht, S. 1.

83 Siehe zu dieser Thematik *Simon*, allgemeines Persönlichkeitsrecht, S. 155 ff.; *Reinhardt*, JZ 1959, 41; *Bartnik*, Bildnisschutz, S. 16 ff; *Fromlowitz*, Urheberpersönlichkeitsrecht, S. 25 ff.

der Weiterentwicklung von Persönlichkeitsrechten grundsätzlich zugeneigt war. Auch wenn das allgemeine Persönlichkeitsrecht als solches von ihr noch nicht anerkannt wurde, sah der endgültige Entwurf zu § 704 (dem Vorläufer des § 823 BGB), immerhin einen deliktischen Ehrenschutz vor.[84] Insbesondere die zweite Kommission war jedoch der Ansicht, dass es *„der herrschenden Volksauffassung widerstrebe, die immateriellen Lebensgüter auf gleiche Linie mit Vermögensgütern zu stellen und einen ideellen Schaden mit Geld aufzuwiegen"*.[85] Aus diesem Grund sah sie auch davon ab, die Ehre in den Katalog der deliktisch geschützten Rechte in § 823 Abs. 1 BGB aufzunehmen.[86] Hintergrund dieser Entscheidung war wohl vor allem die noch stark wirkende Lehre Savignys, nach welcher ein Recht an der eigenen Persönlichkeit abgelehnt wurde, weil sich ein privates Recht vom Rechtsinhaber unterscheiden lassen müsse und ein Recht an sich selbst als denklogisch ausgeschlossen erachtet wurde.[87] Der Schutz der Persönlichkeit wurde vor diesem Hintergrund als eine Aufgabe des Strafrechts deklariert.[88] Dementsprechend gelangte der 1959 im Bundestag vorgelegte Gesetzesentwurf zum Schutz der Persönlichkeit nie über das Stadium einer Gesetzesvorlage hinaus.[89]

3. *Anerkennung durch Leserbriefentscheidung des BGH*

Mangels Gesetzesbestimmung über ein allgemeines Persönlichkeitsrecht hat das Reichsgericht seinerzeit die Anerkennung eines solchen Rechts in ständiger Rechtsprechung abgelehnt.[90]

---

84 Siehe *Mugdan*, Materialien, Bd. II, S. 406, Prot. 728.

85 *Mugdan,* Materialien, Bd. II, S. 517, Prot. 1247.

86 Nach *Balthasar*, Privatsphäre, S. 105 (Fn. 135) ist fraglich, ob der Gesetzgeber die Ehre bewusst von den geschützten Rechtsgütern ausgeschlossen hat. Auch *Kastl,* Das allgemeine Persönlichkeitsrecht, S. 86, widerspricht der Schlussfolgerung vieler Autoren, dass sich die 2. Kommission bewusst gegen einen deliktischen Ehrenschutz und damit zugleich gegen einen deliktischen Schutz des allgemeinen Persönlichkeitsrechts entschieden habe unter Hinweis darauf, dass sich kein Indiz für sachliche Bedenken der Kommission ergebe und vielmehr redaktionelle Gründe ursächlich seien.

87 Vgl. *Savigny*, System des heutigen Römischen Rechts, Band 1, S. 334 ff. *Beater*, Medienrecht, Rn. 382 bewertet die Entscheidung des historischen Gesetzgebers im Hinblick auf die damaligen Gegenbenheiten als seinerzeit angemessen.

88 *Helle*, Besondere Persönlichkeitsrechte, S. 4.

89 *Balthasar*, Privatsphäre, S. 109.

90 RGZ 69, 4031 (404) – Nietsche Briefe; RGZ 123, 312 (320).

Der Durchbruch für die Anerkennung des allgemeinen Persönlichkeitsrechts kam erst mit der Leserbriefentscheidung des BGH im Jahr 1954 und damit nur wenige Jahre nach Verabschiedung des Grundgesetzes.[91] In diesem Grundsatzurteil ging es um die ungenehmigte Veröffentlichung privater Aufzeichnungen. Ein Verlag hatte einen Zeitungsartikel über den zur damaligen Zeit in der Öffentlichkeit durchaus bekannten vormaligen Reichsbankpräsidenten und Reichswirtschaftsminister Hjalmar Schacht veröffentlicht. Der von ihm mandatierte Rechtsanwalt verlangte den Abdruck einer Berichtigung bestimmter in dem Artikel gemachter Äußerungen nach § 11 des damaligen Hamburgischen Landespressegesetzes. Der Verlag veröffentlichte dieses Anwaltsschreiben in gekürzter Fassung unter der Rubrik „Leserbriefe", zusammen mit unterschiedlichen Lesermeinungen der Wochenzeitschrift. In diesem Vorgehen sah das Gericht eine Verletzung der jeden Menschen schützenden Geheimsphäre und in der veränderten Wiedergabe der Aufzeichnung die Verletzung der persönlichkeitsrechtlichen Eigensphäre. Dem auf Widerruf gerichteten Klagebegehren hat der BGH aufgrund der fortwirkenden Beeinträchtigung der Veröffentlichung in vollem Umfang stattgegeben. Er hat in seiner Urteilsbegründung ausdrücklich klargestellt, dass nach Verabschiedung des Grundgesetzes, durch dessen Art. 1 und 2 die Menschenwürde und das Recht auf freie Entfaltung seiner Persönlichkeit auch als privates, von jedermann zu achtendes Recht anerkannt worden ist, auch das allgemeine Persönlichkeitsrecht, als ein verfassungsmäßig gewährleistetes Grundrecht angesehen werden muss. Der BGH hatte erkannt, dass die besonderen Persönlichkeitsrechte für sich allein keinen ausreichenden Schutz boten, sondern nur Name und Bildnis erfassten. Zur Schließung der sich hieraus ergebenden Schutzlücken hat der BGH dementsprechend durch die Anerkennung des allgemeinen Persönlichkeitsrechts erstmals eine umfassende, generalklauselartige Grundlage des Persönlichkeitsschutzes geschaffen, die als „sonstiges Recht" nach § 823 Abs. 1 BGB auch an das bestehende System angeknüpft ist.[92] Die Herleitung hierzu entnahm er aus Art. 2 Abs. 1, Art. 1 A bs. 1 GG, entwickelte das allgemeine Persönlichkeitsrecht also gerade nicht aus dem bereits existierenden fragmentarischen Persönlichkeitsschutz im Wege eines Rückschlusses vom besonderen auf das allgemeine Prinzip, sodass auf diese Weise auch der verfassungsrechtlich gebotene Schutz der Persönlichkeit im Zivilrecht gewährleistet werden konnte. [93] Methodisch betrachtet handelt es sich

91 BGHZ 13, 334 – Leserbriefe.
92 BGHZ 30, 7 – Caterina Valente.
93 BGHZ 13, 334 – Leserbriefe.

hierbei um einen Anwendungsfall der „mittelbaren Drittwirkung“ von Grundrechten im Privatrecht.[94]

Seit der Leserbrief-Entscheidung ist das allgemeine Persönlichkeitsrecht also ein verfassungsmäßig garantiertes Grundrecht und gewährleistet als solches gegenüber jedermann den Schutz der Menschenwürde und das Recht auf freie Entfaltung der Persönlichkeit.[95]

In der Literatur wurde diese Entscheidung positiv aufgenommen und als Wendepunkt begrüßt. Die gegen die Entscheidung vorgebrachte Kritik[96] wandte sich nicht gegen das Ergebnis an sich, sondern gegen die methodische Herleitung. So wurde zum Teil die Grenze der „schöpferischen Rechtsfindung“ als überschritten angesehen und eine gesetzliche Grundlage gefordert.[97] Letztlich wurde das Bundesverfassungsgericht hinsichtlich der Frage zurate gezogen, ob die vom Bundesgerichtshof vorgenommene Rechtsfortbildung noch mit der Bindung an Recht und Gesetz gemäß § 20 Abs. 3 GG vereinbar sei, was dieses ausdrücklich bestätigte.[98] Die Leserbrief-Entscheidung kann damit als Geburtsstunde des allgemeinen Persönlichkeitsrechts bezeichnet werden.

4. *Das allgemeine Persönlichkeitsrecht nach heutigem Verständnis*

Eine allgemeingültige und exakte Definition dessen, was man unter dem allgemeinen Persönlichkeitsrecht versteht, ist schon deshalb nicht möglich, weil es hierfür an einer Klarheit verschaffenden rechtlichen Grundlage mangelt und das Verständnis maßgeblich von den von Literatur und Rechtsprechung entwickelten Grundsätzen abhängt. Es handelt sich um ein Grundrecht, welches den Rechtsträger vor rechtswidrigen Eingriffen in seine Freiheitsrechte schützen soll.[99]

---

94 *Saenger/Klass*, in: Erman, BGB, Anhang § 12 Rn. 2; *Lange*, in: jurisPK-BGB, § 823 (1) Rn. 28; *Wanckel*, Persönlichkeitsschutz, S. 88.

95 *Von Strobl-Albeg*, in: Wenzel, Bildberichterstattung, Kapitel 7 Rn 3.

96 Siehe etwa Urteilsanmerkung von Larenz zur Herrenreiterentscheidung, *Larenz*, NJW 1958, 827 (828): „*So sehr auch ich die Zulässigkeit einer Genugtuung in allen schwerwiegenden Fällen einer Persönlichkeitsrechtsverletzung begrüßen würde, so wenig vermag ich mich davon zu überzeugen, daß eine solche Genugtuung schon nach geltendem Recht möglich sei.*“ Zu weiteren kritischen Stimmen in der Literatur siehe *Jarass*, NJW 1089, 857 (858), dort Fn. 13.

97 Siehe hierzu *Balthasar*, Privatsphäre, S. 109.

98 BVerfGE 30, 173 – Mephisto, BVerfGE 34, 269 – Soraya; BVerfGE 35, 202 – Lebach; BVerfG, Beschl. v. 08.04.1999 – 1 BvR 2126/93 – Greenpeace.

99 *Jipp*, Vorverhalten, S. 19.

Nach heutigem Verständnis ist das allgemeine Persönlichkeitsrecht ein Auffangtatbestand.[100] Seine Grundlage wird in dem verfassungsrechtlichen Schutzauftrag der Art. 1 Abs. 1, 2 Abs. 1 GG sowie dem menschenrechtlichen Schutzauftrag des Art. 8 Nr. 1 EMRK gesehen.[101] Hieraus erwächst das verfassungsrechtliche Gebot, eine Gefährdung der menschlichen Würde sowie der freien Entfaltung der Persönlichkeit und des Privat- und Familienlebens durch die Schaffung von angemessenen Schutzmöglichkeiten zu begegnen.[102]

Sein Zweck ist es in erster Linie, den Einzelnen vor einer Gefährdung seiner immateriellen Integrität und Selbstbestimmung zu schützen (statischer Aspekt) sowie jedem Individuum einen autonomen Bereich eigener Lebensgestaltung zuzugestehen, in welchem er seine Individualität ungestört und unter Ausschluss anderer entwickeln und wahrnehmen kann (dynamischer Aspekt).[103]

a) Das allgemeine Persönlichkeitsrecht als Rahmenrecht

Durch seine Unbestimmtheit wird das allgemeine Persönlichkeitsrecht auch als Rahmenrecht bezeichnet, welches, anders als die in § 823 Abs. 1 BGB genannten Rechte und Rechtsgüter, keinen bestimmten Schutzbereich aufweist, dessen Verletzung die Rechtswidrigkeit indizieren könnte.[104] Es ist insoweit ein offener Tatbestand, der (außer im Fall von evidenten Eingriffen) eine durch umfassende Güter- und Interessensabwägung vorzunehmende Konkretisierung im Einzelfall bedarf.[105] Hierdurch unterscheidet es sich auch gerade vom Recht am eigenen Bild, bei welchem Eingriffe die Rechtswidrigkeit bereits indizieren. Im Rahmen der Güter- und Interessenabwägung sind Grundrechte Dritter, etwa auf Meinungs- und Pressefreiheit aus Art. 5 GG, im Wege der praktischen Konkordanz in Einklang zu bringen.[106] Diese Rechte wiederum unterliegen gemäß

---

100 Siehe etwa *Helle*, Besondere Persönlichkeitsrechte, S. 65; *Specht*, in: Dreier/Schulze, Urheberrechtsgesetz, § 22 KUG Rn. 5; *Mann*, in: Spindler/Schuster, Recht der elektronischen Medien, § 823 Rn. 6.

101 Siehe nur *Rixecker*, in: MünchKomm, BGB, Anhang § 12 Rn. 2.

102 *Rixecker*, in: MünchKomm, BGB, Anhang § 12 Rn. 2.

103 BGHZ 131, 332 (337) – Caroline von Monaco III; *Götting*, in Götting/Schertz/Seitz, Handbuch Persönlichkeitsrecht, § 1 Rn. 3; *Rixecker*, in: MünchKomm BGB, Anhang § 12 Rn. 3.

104 BGHZ 74, 9 – Offenbarungseid, *Balthasar*, Privatsphäre, S. 113; *Lange*, in: jurisPK-BGB, § 823 Rn. 65; *Neumann-Duesberg*, VersR 1991, 957.

105 Götting verwendet in diesem Kontext den Begriff „entwicklungsoffener Rahmentatbestand", siehe *Götting*, in Götting/Schertz/Seitz, Handbuch Persönlichkeitsrecht, § 1 Rn. 2.

106 *Balthasar*, Privatsphäre, S. 113; *Lange*, in: jurisPK-BGB, § 823 Rn. 65.

Art. 5 Abs. 2 GG ihrerseits den Beschränkungen aus den allgemeinen Gesetzen und damit auch den §§ 22, 23 KUG.

Durch seine generalklauselartige Weite ist das allgemeine Persönlichkeitsrecht im Hinblick auf dynamische Entwicklungsprozesse, denen der Persönlichkeitsschutz aufgrund technologischer und gesellschaftlicher Veränderungen stetig ausgesetzt ist, besonders flexibel. Gleichzeitig widerspricht dieser Umstand dem mit der Kodifikationsidee verbundenen Bestreben nach Rechtssicherheit.[107] Gerade in dieser „Konturenlosigkeit" des allgemeinen Persönlichkeitsrechts wird seine besondere Schwäche gesehen.[108] Gleichzeitig liegt hierin aber auch sein Vorteil. Denn Formen des menschlichen Zusammenlebens und die Art und Weise der menschlichen Kommunikationen unterliegen einem Wandel. Inhalt und Ausformung des allgemeinen Persönlichkeitsrechts ändern sich ständig. Es muss daher akzeptiert werden, dass bei der Gestaltung des privatrechtlichen Persönlichkeitsschutzes Abwägungen im Einzelfall unvermeidlich sind.[109]

b) Schutzgüter

Mangels gesetzlicher Kodifizierung des allgemeinen Persönlichkeitsrechts ist der Schutz des Individuums in diesem Bereich (für die deutsche Rechtsordnung eher unüblich) im Wesentlichen Gerichtsentscheidungen zu entnehmen.

In den Jahren nach der Leserbriefentscheidung hat der BGH die Existenz des allgemeinen Persönlichkeitsrechts in einer Vielzahl von Fällen bestätigt.[110] Anhand dieser einzelnen Fälle hat die Rechtsprechung die verschiedenen Ausprägungen des allgemeinen Persönlichkeitsrechts herausgearbeitet und präzisiert. BGH und BVerfG nehmen grundsätzlich eine Einteilung in verschiedene Sphären[111] mit unterschiedlicher Schutzintensität[112] vor und üben auf dieser Grundlage jeweils Güterabwägungen zur Entscheidung im Einzelfall aus.[113] Unterschieden wird grundsätzlich (wenn auch mit unterschiedlichen

107 *Götting*, in: Götting/Schertz/Seitz, Handbuch Persönlichkeitsrecht, § 1 Rn. 2; *Müller*, Verletzung des Persönlichkeitsrechts, S. 21.

108 BGHZ 24, 72 (78) – Krankenkassenpapiere; BGHZ 30, 7 (11) – Caterina Valente; *Helle*, Besondere Persönlichkeitsrechte, S. 6.

109 *Damm/Rehbock*, Widerruf, Rn. 19.

110 Festigung der Rechtsprechung durch BGHZ 24, 72 (79) – Krankenkassenpapiere. Weitere Vertiefung des Persönlichkeitsschutzes durch BGHZ 26, 349 – Herrenreiter.

111 Angelehnt an die nach *Hubmann*, Das Persönlichkeitsrecht, S. 268 ff. begründete Sphärentheorie.

112 *Piltz*, Soziale Netzwerke, S. 11.

113 Siehe hierzu die Ausführungen von *Kastl*, Das allgemeine Persönlichkeitsrecht, S. 238.

Terminologien) zwischen der stets unantastbaren Intimsphäre, der Geheim- und Privatsphäre sowie der Sozialsphäre.[114] Eine tiefer gehende Auseinandersetzung mit der Sphärentheorie soll an dieser Stelle jedoch unterbleiben und diese erst an gegebener Stelle wieder aufgegriffen werden.

Daneben hat das Bundesverfassungsgericht weitere Schutzgüter herausgearbeitet,[115] von denen vor allem die persönliche Ehre,[116] das Verfügungsrecht über die Darstellung der eigenen Person,[117] das Recht am eigenen Bild sowie das Recht auf informationelle Selbstbestimmung[118] für diese Arbeit von besonderer Relevanz sind. Diese Güter sind wiederum in unterschiedlichen Maßen schutzwürdig und schutzbedürftig.[119]

III. Das Verhältnis des Rechts am eigenen Bild zum allgemeinen Persönlichkeitsrecht

Die Euphorie über die Anerkennung des allgemeinen Persönlichkeitsrechts war anfangs so groß, dass vereinzelt vertreten wurde, dass das allgemeine Persönlichkeitsrecht des Rechts am eigenen Bild derartig durchdringe und überlagere, dass dieses letztlich obsolet und aufgelöst sei.[120] Das wirft die Frage nach dem heutigen Verständnis des allgemeinen Persönlichkeitsrechts sowie den für diese Arbeit relevanten besonderen Persönlichkeitsrechten, insbesondere dem Recht am eigenen Bild, auf. Gehen die besonderen Regelungen in Tatbestand und Rechtsfolgenanordnung der allgemeinen Bestimmung stets vor,[121] oder begründen diese einen „Sonderschutz", der einen bestimmten Ausschnitt des Persönlichkeitsrechts detaillierter erfasst, ohne den aus dem allgemeinen Persönlichkeitsrecht folgenden Schutz zu beschneiden?

Die Rechtsprechung hat vereinzelt irreführend davon gesprochen, dass das allgemeine Persönlichkeitsrecht ein Auffangtatbestand sei, welches grundsätzlich

---

114 *Götting*, in: Götting/Schertz/Seitz, Handbuch Persönlichkeitsrecht, § 1 Rn. 5 f.; *Kastl*, Das allgemeine Persönlichkeitsrecht, S. 238.

115 Siehe hierzu etwa *Jarass*, NJW 1989, 857 (858 f.); *Schertz*, NJW 2013, 721 (722 f.); *Piltz*, Soziale Netzwerke, S. 11.

116 BVerfGE 54, 208 – Böll.

117 BVerfGE 35, 202 – Lebach.

118 BVerfGE 65, 1 –Volkszählung.

119 Vgl. etwa BGH, Urt. v. 25.10.2011 – VI ZR 332/09, GRUR 2012, 422; *von Pentz*, AfP 2017, 102 (103).

120 So *Helle*, Besondere Persönlichkeitsrechte, S. 6 f.

121 So etwa *Fromlowitz*, Urheberpersönlichkeitsrecht, S. 66.

hinter die sondergesetzlichen Regelungen der besonderen Persönlichkeitsrechte zurücktrete. Richtig und auch gemeint ist wohl, dass grundsätzlich für jedes besondere Persönlichkeitsrecht gesondert geprüft werden muss, ob ein Rückgriff auf das allgemeine Persönlichkeitsrecht im Einzelfall möglich ist, oder ob die Vorschrift insoweit eine Sperrwirkung entfaltet. Es ist zu prüfen, ob der Gesetzgeber im Einzelfall einen tatbestandlichen oder nach Rechtsfolgen weitergehenden Schutz ausschließen wollte.[122] Allgemein gilt, dass das Bestehen einer sondergesetzlichen Regelung das Persönlichkeitsrecht nicht schwächen und so zu einer Unterschreitung des verfassungsrechtlichen Gebotes führen darf.[123]

Besondere Persönlichkeitsrechte, die schon vor Anerkennung des allgemeinen Persönlichkeitsrechts bestanden, wozu auch das Recht am eigenen Bild zählt, entfalten eine Sperrwirkung grundsätzlich nicht. Dem liegt zugrunde, dass sich die Rechtsprechung bei jener Rechtsfortbildung gerade über die limitierende Funktion dieser Vorschriften hinwegsetzte. Dies hat zur Konsequenz, dass die einzelnen Rechtsfolgen mit dem allgemeinen Persönlichkeitsrecht in Einklang zu bringen sind.[124] Nach Auffassung von Helle dagegen gehen die besonderen Persönlichkeitsrechte auf Tatbestandsebene stets vor; sie seien insoweit lex speciales.[125] Dies gelte aber nicht für die Rechtsfolgenebene. Dies ergebe sich schon daraus, dass der immaterielle Schadenersatzanspruch von Rechtsprechung und Literatur als Rechtsfolge nunmehr allein dem allgemeinen Persönlichkeitsrecht zugeordnet werde.[126]

Bei Verletzungen des Rechts am eigenen Bild kommt das allgemeine Persönlichkeitsrecht immer dann zum Tragen, wenn es im Zusammenhang mit der Verwendung eines Bildnisses um eine Persönlichkeitsrechtsverletzung geht, die nicht vom Schutzbereich der Sonderregelung erfasst wird.[127] Das allgemeine Persönlichkeitsrecht greift etwa dann, wenn es um die unerlaubte Anfertigung eines Bildnisses geht, da die §§ 22–24 KUG lediglich die Verbreitung und öffentliche Zurschaustellung regeln. So führt der BGH aus, dass auch Personen der Zeitgeschichte es nicht zu dulden haben, dass von ihnen innerhalb ihrer privaten Sphäre ohne ihr Wissen und gegen ihren Willen Bildaufnahmen zum Zweck der

---

122 *Rixecker*, in: MünchKomm BGB, Anh. § 12 Rn. 9.

123 *Rixecker*, in: MünchKomm BGB, Anh. § 12 Rn. 9.

124 *Neuner*, Jus 2015, 961 (963) unter Verweis auf BGHZ 24, 200 (208 ff.) – Spätheimkehrer.

125 *Helle*, Besondere Persönlichkeitsrechte, S. 40; so auch *Schulenberg*, in: Schwartmann, Praxishandbuch, Kapitel 9 Rn. 102.

126 *Helle*, Besondere Persönlichkeitsrechte, S. 40.

127 *Schertz*, in: Götting/Schertz/Seitz, Handbuch Persönlichkeitsrecht, § 11 Rn. 9; *Neukamm*, Bildnisschutz, S. 88

Veröffentlichung angefertigt werden, was nicht aus §§ 22 KUG folge, „*wohl aber aus dem allgemeinen Persönlichkeitsrecht als eines einheitlichen, ursprünglichen Rechtes, das in der Persönlichkeit als solcher begründet ist und gegen alle Verletzungen der Eigensphäre der Persönlichkeit schützt, die nicht durch höherwertige Interessen geboten sind.*“[128]

IV. Neue Herausforderungen für den Bildnisschutz durch Neue Medien und Techniken

Zu beleuchten gilt es weiterhin, welchen Problembereichen sich das Recht am eigenen Bild heutzutage gegenübersieht, die zum Zeitpunkt der Kodifizierung der §§ 22 ff. KUG noch nicht absehbar waren. Insbesondere ist die Erkenntnis darüber von Nöten, wie sich der Mensch in der heutigen (Medien-)Gesellschaft bewegt.[129] Denn nur ein grundsätzliches Verständnis über die Art und Weise, wie mit Bildnissen in der digitalen Welt umgegangen wird, ermöglicht eine kritische Reflexion zur Thematik des Bildnisschutzes.

Neue Herausforderungen für den Bildnisschutz sind insbesondere durch das Aufkommen des Internets, zum anderen durch die Entwicklung neuer Technologien, vor allem Smartphones mit integrierten Kameras, entstanden.

1. Bildaufnahmen als Massenprodukte

Heutzutage ist fast jedes Mobiltelefon mit einer integrierten Kamera ausgestattet. Das ermöglicht es uns, Aufnahmen in fast jeder Lebenssituation in Sekundenschnelle anzufertigen. Einhergehend mit der ständigen Verfügbarkeit von Kameras hat ein Trend hin zum „Massenprodukt“ Foto eingesetzt.[130] Während früher die Herstellung von (Personen-)Fotos mit Kosten und Aufwand verknüpft war, machen wir uns heute eher Gedanken über genügend Speicherplatz. Von den meisten wird es als normal empfunden, dass Aufnahmen von ihnen auch in alltäglichen Situationen angefertigt und möglicherweise über soziale Medien öffentlich publiziert oder im Freundes- und Bekanntenkreis zirkuliert werden. Damit geht die Problematik um die permanente Verfügbarkeit von Aufnahmegeräten zur Herstellung von Personenaufnahmen mit der Publizierung und Verbreitung im Internet Hand in Hand.

---

128 BGHZ 24, 200 – Spätheimkehrer.
129 *Schertz*, NJW 2013, 721.
130 *Herbort*, Digitale Bildnisse, S. 24.

2. *Internet und Soziale Netzwerke*

a) *Verändertes Kommunikationsverhalten*

Zweifelsohne hat das Internet das Kommunikationsverhalten der Menschen gänzlich verändert.[131] Während in vergangenen Zeiten die Trennung zwischen Privatleben und Öffentlichkeit strikter war, wird heute die Zurschaustellung der eigenen oder fremden Privatsphäre, sei es im Fernsehen, Internet oder sonstigen Medien, fast schon als selbstverständlich und alltäglich erachtet. Das gilt im besonderen Maße für die sogenannte „Generation Internet,"[132] die mit dem Internet als Medium aufgewachsen ist.[133] Neuen Gefahren sieht sich das Recht am eigenen Bild insbesondere durch soziale Netzwerke ausgesetzt, die nicht nur junge Nutzer zur Selbst, aber auch Fremdinszenierung animieren und verleiten.

Soziale Netzwerke sind auf den Austausch und die Verbreitung von Informationen und Meinungen über das Internet unter aktiver Einbeziehung der jeweiligen Nutzer ausgerichtet.[134] Es gibt eine Vielzahl von verschiedenen Plattformen, die sich auf diverse Bereiche fokussieren und unterschiedliche Interessen bedienen. Während bei den einen die Kommunikation im Vordergrund steht, ermöglichen andere den Austausch oder das Hochladen (Zurschaustellen) von Bildern, Videos oder sonstigen Inhalten.[135] Zu nennen sind etwa Blogs und Mikroblogs wie Twitter oder Instagram, Content Communities wie zum Beispiel Youtube und TikTok sowie soziale Netzwerke,[136] wie beispielsweise Facebook.[137]

Während es bei Twitter, YouTube und TikTok primär um die einseitige Zurverfügungstellung von medialen Inhalten geht, sind soziale Netzwerke eher im Sinne einer Kommunikationsplattform zu verstehen.[138] Für die vorliegende Arbeit spielen vor allem Facebook, Instagram, Youtube, TikTok und der

131 Siehe hierzu auch *Seibel*, Soziale Netzwerke, S. 26.

132 Der US-amerikanische Autor Marc Prensky prägte hierzu die Begriffe „digital native", sowie „digital immigrants" zur Bezeichnung der älteren Generation, die erst im Erwachsenenalter an das Internet als neues Medium herangeführt worden ist, siehe hierzu Prensky, Digital Natives, Digital Immigrants, online abrufbar unter https://www.marcprensky.com/writing/Prensky%20-%20Digital%20Natives,%20Digital%20Immigrants%20-%20Part1.pdf.

133 *Ohly*, AfP 2011, 428 (428 f.).

134 *Fierdag*, in: Götting/Lauber-Rönsberg, Aktuelle Entwicklungen, S. 54; *Vetter*, AfP 2017, 127.

135 Vgl. *Seibel*, Soziale Netzwerke, S. 2.

136 Siehe hierzu die Definition bei *Seibel*, Soziale Netzwerke, S. 6.

137 *Vetter*, AfP 2017, 127 (128).

138 Siehe zur Funktionsweise sozialer Netzwerke ausführlich *Vetter*, AfP 2017, 127 (128).

Nachrichtendienst Whatsapp eine Rolle, weil bei diesen Plattformen das Hochladen und Versenden oder schlicht die Kommunikation mittels Bildern und Videos im Vordergrund steht.

b) Selbst- und Fremdinszenierung in der Online-Welt

Korrespondierend mit dem Aufkommen sozialer Netzwerke geht ein immer stärker ausgeprägtes Bedürfnis nach Selbstinszenierung im Internet einher. Zugrunde liegendes Motiv ist dabei meist das Streben nach Akzeptanz und Anerkennung im Netz.[139] Soziale Medien stellen eine geeignete Plattform da, um seine eigene Rolle in der virtuellen Gesellschaft selbst zu bestimmen.[140] Chance und Risiko zugleich ist es dabei, dass sich durch das Internet die soziale Reichweite deutlich erhöht hat.[141] Nicht selten kommt es dabei vor, dass das gedrehte Video oder das gepostete Bild Spott und Hämereaktionen auslösen. „*Berühmt oder gemobbt in 15 Sekunden*" titelte etwa die Süddeutsche Zeitung in einem Artikel[142] über das Videoportal TikTok, bei welchem Nutzer kurze, mit dem Handy gedrehte Videos von sich (etwa bei Tanzeinlagen) über die App bereitstellen und sich für die eigene Inszenierung „Likes" und Aufmerksamkeit erhoffen. Für die vorliegende Arbeit spielt jedoch vielmehr die Fremdinszenierung eine Rolle, die oft mit der Selbstinszenierung einhergeht. Denn dem Menschen geht es darum, als Teil eines sozialen Gefüges wahrgenommen zu werden. Nicht zuletzt deswegen werden über den eigenen Account auch andere Personen zeigenden Bildaufnahmen (häufig mit konkludentem Einverständnis der Abgebildeten) bereitgestellt.

3. Werteverschiebung durch das Internet und Neue Medien?

Technische Neuerungen haben unsere Gesellschaft und gerade auch das Verständnis von Individuum und Öffentlichkeit epochal verändert. Internet und Massenmedien ersetzen den Menschen ein Stück weit gelebte Gesellschaft.[143] Menschen wollen sich gerade in diesem Rahmen und Umfeld mitteilen, behaupten, präsentieren, unterhalten und unterhalten werden.[144] Frühere

---

139 *Seibel,* Soziale Netzwerke, S. 38.

140 *Seibel,* Soziale Netzwerke, S. 38.

141 Vgl. *Ohly* AfP 2011, 428 (429).

142 „Berühmt oder gemobbt in 15 Sekunden", Artikel der Süddeutschen Zeitung vom 12. Februar 2019, online abrufbar unter https://www.sueddeutsche.de/digital/tiktok-video-app-tipps-1.4326540.

143 *Di Fabio,* AfP 1999, 126.

144 Vgl. hierzu *Di Fabio,* AfP 1999, 126.

gesellschaftliche Tabus werden heute nicht mehr als solche empfunden und insoweit ganz aufgegeben. Persönlichkeitsschutz hängt jedoch immer auch von dem Persönlichkeitsbild ab, das wir selbst entwerfen.[145] Schertz fragt richtigerweise nicht nur danach, ob die technischen Entwicklungen die rechtlichen Schutzmechanismen überholt haben, sondern außerdem, ob das Individuum überhaupt noch geschützt werden will.[146] Konkret geht es hierbei um das veränderte Eigenverhalten des Menschen und die Art und Weise, wie dies die heutige Gesellschaft und Anschauungen verändert. Entspricht also die Zulassung eines Widerrufsrechts betreffend Einwilligungen in Eingriffe in das Recht am eigenen Bild im Einzelfall überhaupt dem Interesse der Gesellschaft, oder haben die Neuen Medien insoweit zu einer Werteverschiebung geführt?

V. Zwischenergebnis und kritische Würdigung

Das Bedürfnis nach der Anerkennung eines Widerrufsrechts ist größer denn je. Das Persönlichkeitsrecht und gerade auch das Recht am eigenen Bild ist heute mehr und vor allem tiefergreifenderen Gefahren ausgesetzt,[147] als zu Beginn seiner Entwicklung. Durch das Internet als Massenkommunikationsmittel, die ständige Verfügbarkeit von Kameras, die heute quasi ein jeder in seinem Smartphone mit sich trägt, oder durch technische Möglichkeiten zur Bildbearbeitung bzw. Manipulation, können wahre und unwahre personenbezogene Daten leichter erfasst und breiten Massen zugänglich gemacht werden.[148] Die zunehmend als normal und alltäglich empfundene Aufnahme durch Kameras oder auch die Inszenierung von Personen auf Portalen wie Instagram, Facebook und TikTok haben die Menschen dabei vor allem auch zu einer gewissen Leichtfertigkeit hinsichtlich der Zurschaustellung und Preisgabe ihrer Bildnisse in der Öffentlichkeit verleitet. Aber nicht nur im öffentlichen Raum, sondern auch in privaten Beziehungen untereinander werden eigene oder fremde Bildnisse über zur Verfügung stehende Kanäle wie WhatsApp in Windeseile verschickt, ohne dass sich der Absender vorher groß Gedanken darüber macht. Insgesamt ist ein sorgloserer, unbekümmerterer und zum Teil auch rücksichtsloserer Umgang mit den eigenen oder fremden Persönlichkeitsrechten zu verzeichnen. Zudem verführt die durch die technischen Möglichkeiten bewirkte Einfachheit dazu, dass das Anfertigen, Versenden, Veröffentlichen und Verbreiten eigener und fremder

145 *Di Fabio*, AfP 1999, 126 (131).
146 *Schertz*, NJW 2013, 721.
147 *Brost/Rodenbeck*, AfP 2016, 495.
148 *Golla/Herbort*, GRUR 2015, 648; *Vetter*, AfP 2017, 127.

Bildnisse impulsiver und vorschneller erfolgt als noch zu früheren Zeiten. Mit diesem erhöhten Gefährdungspotenzial geht zwangsläufig auch ein gesteigertes Schutzbedürfnis einher. Der durch die Schaffung des Rechts am eigenen Bild als besonderes Persönlichkeitsrecht sowie die Anerkennung eines allgemeinen Persönlichkeitsrechts zunächst geschaffener Schutz ist für die heute im Raum stehenden Gefährdungen nicht mehr zeitgemäß oder ausreichend. Gerade der oben geschilderten Hastigkeit muss der Gesetzgeber mit Mitteln begegnen, die eine solche Handhabung im Bedarfsfall wieder rückgängig machen kann, sodass eine möglicherweise nicht gut bedachte Entscheidung nicht zu einer permanent hinzunehmenden Persönlichkeitsbeeinträchtigung führen muss.

Die Analyse der Rechtsinstitute des allgemeinen und besonderen Persönlichkeitsrechts hat gezeigt, dass ihre Existenz zur Gewährleistung des Schutzes der Persönlichkeit von zentraler Bedeutung ist. Vor dem Bestehen der nun allgemein anerkannten gesetzlichen Schutzmechanismen wurde die Rechtslage als unzureichend empfunden.

Allgemeines und besonderes Persönlichkeitsrecht hat im Laufe ihrer Entwicklung einen Wandel vollzogen, da sich nicht nur das Verständnis über die schutzwürdige Persönlichkeit an sich verändert hat, sondern daneben auch das Gefahrenpotenzial durch fortschreitende Technik erheblich maximiert worden ist. Während die Streitfälle um das Jahr 1900 sich in erster Linie zwischen Studiofotografen und Abgebildeten abgespielt haben dürften, so sind es heute solche zwischen Privatperson und Massenmedien.[149]

Die Tatsache, dass der Gesetzgeber den Widerruf einer Einwilligung nach § 22 S. 1 KUG gerade nicht gesetzlich geregelt hat, kann schwerlich als Indikator für eine nicht bestehende Notwendigkeit oder gar einen entgegenstehenden Willen des Gesetzgebers herangezogen werden. Dieser Umstand belegt allenfalls, dass eine Widerrufregelung im Jahre 1907, also zum Zeitpunkt der Schaffung des Kunsturhebergesetzes, nicht bedacht worden ist. Das ist wenig verwunderlich, gab es doch zu diesem Zeitpunkt weder Fernsehen, Internet, Handykameras noch eine Bildberichtserstattung vergleichbar mit dem heutigen Ausmaß.[150]

---

149 So auch *Steinhauer*, Das eigene Bild, S. 21.

150 Siehe hierzu *Sedelmeier*, AfP 1999, 450.

B. Schutzgut und Wesen des Rechts am eigenen Bild

I. Schutz der Persönlichkeit

Sowohl das allgemeine, als auch das besondere Persönlichkeitsrecht (und somit auch das Recht am eigenen Bild) bezwecken in erster Linie den Schutz der Persönlichkeit des Einzelnen.[151] Im Bürgerlichen Gesetzbuch ist der Persönlichkeitsbegriff an keiner Stelle definiert. Eine Begriffsbestimmung erweist sich als schwierig, da man hierzu eine Wesensbestimmung des Menschen vornehmen müsste. Hierauf kommt es für die vorliegende Arbeit aber auch nicht an, sodass bewusst darauf verzichtet wird, den Menschen zu charakterisieren. Insgesamt wird der Persönlichkeitsbegriff mit den individuellen Anlagen der Person, ihrem individuellen Bewusstsein und Willen sowie der Einmaligkeit des Individuums in Zusammenhang gestellt.[152] Landwehr weist darauf hin, dass unter Persönlichkeit mehr zu verstehen ist als die bloße Rechtsfähigkeit einer Person, wohl aber sei Rechtsfähigkeit Teil der Persönlichkeit.[153] Wichtig ist das Verständnis darüber, dass die Persönlichkeit keine statische Größe ist, sondern sich im Laufe der Zeit entwickelt und verändert, insoweit also einem permanenten dynamischen Entwicklungsprozess unterworfen ist.[154]

Anders als das allgemeine Persönlichkeitsrecht schützen die besonderen Persönlichkeitsrechte nur einzelne Rechtsgüter der Person und nicht deren Gesamtpersönlichkeit.[155] Das betroffene Schutzgut, nämlich das Bildnis jeder natürlichen Person, lässt sich präziser fassen, als es beim allgemeinen Persönlichkeitsrecht der Fall ist.[156] Das Eigenbild und die Herrschaft über dieses sind Teil der Persönlichkeit.[157] Das besondere Schutzbedürfnis des Einzelnen ergibt sich aus der grundsätzlich bestehenden Möglichkeit, das Erscheinungsbild eines Menschen von ihm abzulösen und zu fixieren sowie einer unbegrenzten Personenzahl zugänglich zu machen.[158] Diese Gegebenheit stellt für das

---

151 *Helle*, Besondere Persönlichkeitsrechte, S. 37. Gemeint ist damit nicht der Schutz der Identität, vgl. hierzu *Meyer*, Identität und virtuelle Identiät, S. 103.

152 Siehe zum Begriff der Persönlichkeit ausführlich *Beuthien/Schmölz*, Persönlichkeitsschutz, S. 7 ff. sowie auch *Westermann*, Person und Persönlichkeit, S. 5 ff.

153 *Landwehr*, Recht am eigenen Bild, S. 17.

154 *Götting*, in: Schricker/Loewenheim, Urheberrecht, § 22 KUG Rn. 41.

155 *Ahrens*, Medienberichterstattung, Rn. 120.

156 Siehe zu einer Definition des personenrechtlichen Begriffes des eigenen Bildes *Landwehr*, Recht am eigenen Bild, S. 3.

157 *Reinhardt*, JZ 1959, 41 (43).

158 BverfGE 101, 361 – Caroline v. Monaco II; *Dreyer* in Dreyer/Kotthoff/Meckel/Hentsch, Urheberrecht, KUG Einleitung, Rn. 1.

Persönlichkeitsrecht eine spezifische Gefährdung dar, welche einen spezialgesetzlichen Schutz rechtfertigt und auch erforderlich macht. Der Schutz der Persönlichkeit kann in diesem Kontext als das übergeordnete Leitmotiv des Rechts am eigenen Bild angesehen werden. Hiervon ist das durch §§ 22 KUG rechtlich geschützte Interesse zu unterscheiden, das im Ergebnis zwar dem Persönlichkeitsschutz dient, mit diesem aber nicht gleichgesetzt werden kann.

II. Das rechtlich geschützte Interesse

Die Frage, welches rechtlich geschützte Interesse Gegenstand des Bildnisschutzes ist, wurde kontrovers diskutiert. Für die vorliegende Arbeit ist deren Klärung von unerlässlicher Bedeutung, da ein Einwilligungswiderruf letztlich darauf abzielt, das rechtlich geschützte Interesse, auf welches mit der Erteilung der Einwilligung eingewirkt wird, wieder aufleben zu lassen. Der Widerruf ist insoweit ein Mittel zur Beseitigung der Folgen einer Persönlichkeitsrechtsverletzung. Ohne ein tiefer gehendes Verständnis über den Inhalt und Umfang des zu schützenden Rechtsguts kann im Einzelfall kaum beurteilt werden, ob ein Einwilligungswiderruf erforderlich und zielführend ist. Zu fragen ist demnach nach dem Schutzobjekt bzw. dem geschützten Interesse des Rechts am eigenen Bild.

Von der älteren Rechtsprechung, aber auch von vereinzelten Stimmen im Schrifttum,[159] wurden die Ehre und das Schamgefühl als schützenswerte Interessen angesehen.[160] Ein solches Verständnis widerspricht jedoch schon dem Wortlaut des § 22 S. 1 KUG, welcher die Einwilligung als zentrales Element des Bildnisschutzes deutlich hervorhebt. Es wird gerade nicht zwischen verschiedenen Arten von Abbildungen unterschieden, sodass neutralen Bildnissen der gleiche Schutz zugesprochen wird, wie beispielsweise intimen Aufnahmen.[161]

Andere wiederum sahen in einer ungenehmigten Bildnisveröffentlichung die Privatsphäre des Einzelnen verletzt.[162] Ruppel setzt dieser Auffassung entgegen, dass eine klare Trennung zwischen Öffentlichkeit und Privatsphäre im Bereich des Bildnisschutzes nicht gezogen werden kann, da sich beide Bereiche teilweise überlappen und so die Grenzen verschwimmen.[163]

---

159 *Kohler,* Das Eigenbild im Recht, S. 17.

160 RG, Urt. v. 29.11.1898 D. 4098/98 VIII 8145 – Dame im Badekostüm, abgedruckt bei *Kohler,* Das Eigenbild im Recht, S. 32 f.

161 Ähnlich: *Landwehr*, Recht am eigenen Bild, S. 14.

162 *Hubmann*, Das Persönlichkeitsrecht, S. 298, *Hubmann*, JZ 1957, 521 (525).

163 *Ruppel*, Bildnisschutz, S. 18.

Vertreten wurde daneben insbesondere von Neumann-Duesberg, dass das Recht am eigenen Bild das Anonymitätsinteresse des jeweiligen Individuums schütze.[164] Hiernach soll sich das allgemeine Persönlichkeitsrecht in eine Reihe besonderer Persönlichkeitsrechte aufgliedern lassen. Er konstituiert ein besonderes Persönlichkeitsrecht auf Anonymität,[165] angelehnt an das US-amerikanische "right of privacy" und erachtet das Recht am eigenen Bild wiederum als ein Unterfall dessen. Dies ist nicht überzeugend.[166] Richtig ist, dass der Betroffene im Einzelfall sein Recht am eigenen Bild geltend macht, da er anonym sein möchte und seine Abbildung grundsätzlich nicht der Öffentlichkeit preisgegeben werden soll.[167] Allerdings gibt es ebenso Fälle, in denen der Abgebildete nicht gegen die Publikation seines Bildes schlechthin ist, sondern sich gegen die konkrete Art und Weise (etwa der Verwendung des Bildnisses als Reklame) wehrt. Das Recht am eigenen Bild bezweckt damit zwar auch den Schutz der Anonymität, geht jedoch weit über dieses Ziel hinaus.[168]

Keyssner erkannte schon früh den Zusammenhang des Bildnisschutzes mit der inneren Entscheidungsbefugnis des Abgebildeten und kommt daher dem heutigen Verständnis vom geschützten Interesse durchaus nahe. Nach seiner Auffassung habe jeder Einzelne ein umfassendes Herrschaftsrecht über das eigene Erscheinungsbild: „*Jedweder ist seines Bildes Herr*".[169] Er gewährt dem Individuum ein Eigentumsrecht an seinem Abbild. Ein solches Verständnis bedingt jedoch zwangsläufig, dass eine Subjekt-Objekt-Beziehung[170] zwischen dem Einzelnen und seinem Abbild konstruiert wird. Es erscheint schon begrifflich nicht

---

164 *Neumann-Duesberg*, JZ 1960, 115 (116 und 118); siehe auch *Müller*, Verletzung des Persönlichkeitsrechts, S. 53.

165 Siehe zum Begriff der Anonymität *Bäumler*, in: Bäumler/von Mutius, Anonymität im Internet, Einleitung Rn. 1.

166 Unklar ist, ob Neumann-Duesberg diese Auffassung mittlerweile selbst aufgegeben hat. In einer Veröffentlichung aus dem Jahr 1991 setzte er sich mit Helles Kritik in seiner Abhandlung zu den besonderen Persönlichkeitsrechten auseinander und stellte hierzu lediglich in der Vergangenheitsform sprechend fest „Ich nahm ein besonderes Persönlichkeitsrecht auf Anonymität an", ohne hierzu noch einmal Stellung zu nehmen, siehe hierzu *Neumann-Duesberg*, VersR 1991, 957 (961).

167 Siehe etwa OLG Karlsruhe, Urt. v. 14.10.1998 – 6 U 120/97, NJW-RR 1999, 1699 (1700) –Wachkomapatient.

168 So auch *Ruppel*, Bildnisschutz, S. 19.

169 *Keyssner*, Das Recht am eigenen Bilde, S. 31.

170 Siehe hierzu *Dasch*, Die Einwilligung, S. 6; sowie *Müller*, Verletzung des Persönlichkeitsrechts, S. 39.

möglich, Eigentum an sich selbst und den mit der eigenen Person verknüpften Rechten zu haben.

Die heutige Rechtsprechung charakterisiert den Inhalt des Rechts am eigenen Bild als das ausschließliche Recht des Abgebildeten, darüber zu entscheiden, ob, wann und unter welchen Umständen sein Bildnis der Öffentlichkeit zugänglich gemacht werden darf. [171] Schutzgut des Rechts am eigenen Bild ist demnach das Selbstbestimmungsrecht des Abgebildeten hinsichtlich der Verbreitung und öffentlichen Zurschaustellung seines Bildnisses.[172] Bei einer unzulässigen Bildnisverbreitung- oder Veröffentlichung handelt es sich dementsprechend um „*Eingriffe in die Freiheit der Selbstbestimmung und der freien Betätigung der Persönlichkeit*".[173] Etwas polemisch hat der BGH in der bekannten Herrenreiter-Entscheidung eine ungenehmigte Bildnisveröffentlichung- bzw. Verbreitung als „*Freiheitsberaubung im Bereich eigenverantwortlicher Willensentschließung*" bezeichnet.[174]

Das Selbstbestimmungsrecht als Schutzzweck wird von der Rechtsprechung einhellig und von der Literatur[175] weit überwiegend[176] anerkannt. Die Vorschrift des § 22 S. 1 KUG ist demnach Ausdruck der Freiheit der Person in ihrem höchstpersönlichen Lebensbereich, zu welchem das äußere Erscheinungsbild

171 Siehe nur BGHZ 20 345 – Paul Dahlke, BGH, Urt. v. 10.11.1961 – I ZR 78/60, GRUR 1962, 211 – Hochzeitsbild, BGH, Urt. v. 16.09.1966- VI ZR 268/64, GRUR 1967, 205 – Vor unserer eigenen Tür; BGH, Urt. v. 14.10.1986 – VI ZR 10/86, GRUR 1987, 128 – NENA.

172 Ständige Rechtsprechung, siehe nur BGH, Urt. v. 26.06.1979 – VI ZR 108/78, GRUR 1979, 732 – Fußballtor; BGH, Urt. v. 14.04.1992 – VI ZR 285/91, GRUR 1992, 557 – Fuchsberger; *Helle*, Besondere Persönlichkeitsrechte, S. 47; *Götting*, in: Schricker/Loewenheim, Urheberrecht, § 22 KUG Rn. 7; *Reinhardt*, JZ 1959, 41 (43); *Tausch*, Persönlichkeitsrechtsverletzung, S. 63. Schlicht nicht zutreffend ist die Behauptung von Temuleen, Das Recht am eigenen Bild, S. 76, nach welcher die herrschende Meinung in der Literatur das Anonymitätsinteresse der abgebildeten Person als Schutzgut des Rechts am eigenen Bild qualifiziere.

173 Siehe nur BGHZ 26, 349 – Herrenreiter.

174 Vor dem Hintergrund der Begründung eines Anspruchs auf Schadensersatz analog § 847 BGB a. F. der damals eine Entschädigung in Geld wegen Freiheitsentziehung zum Inhalt hatte.

175 Siehe etwa *Beater*, Medienrecht, Rn. 1325; *Damm/Rehbock*, Widerruf, Rn. 129; *Schertz* in Götting/Schertz/Seitz, Handbuch Persönlichkeitsrecht, § 12 Rn. 1; *Helle*, Besondere Persönlichkeitsrechte, S. 47.

176 Andere Auffassung soweit ersichtlich nur *Müller*, Verletzung des Persönlichkeitsrechts, der von einer Vielzahl von geschützten Einzelinteressen ausgeht, S. 53-71.

des Menschen zu zählen ist.[177] Das bedeutet jedoch nicht, dass der Einzelne zugleich einen Anspruch darauf hat, nur so in der Öffentlichkeit dargestellt zu werden, „*wie er sich selbst sieht oder von anderen gesehen werden möchte*".[178] Das Selbstbestimmungsrecht, das § 22 S. 1 KUG dem Abgebildeten in Bezug auf die Publizierung und Verbreitung seines Erscheinungsbildes zubilligt, darf nicht mit einem „*allgemeinen und umfassenden Verfügungsrecht über die Darstellung der eigenen Person*" gleichgesetzt werden.[179]

Auch wenn das Recht am eigenen Bild in erster Linie auf den Schutz der Persönlichkeit abzielt, ist nicht ausgeschlossen, dass daneben auch wirtschaftliche Interessen einer Person geschützt sein können.[180] Denn der Schutz der Persönlichkeit ist lediglich Motiv und Anlass des Gesetzgebers bei der Schaffung der §§ 22 KUG ff. gewesen, sodass eine tatsächliche Persönlichkeitsverletzung nicht einmal vorliegen muss.[181] Dieser Aspekt wird insbesondere bei der Einordnung des Rechts am eigenen Bild als Vermögensrecht relevant werden.[182]

III. Vorverlagerung des Persönlichkeitsschutzes

Das wesentliche Charakteristikum der besonderen Persönlichkeitsrechte und damit auch des Rechts am eigenen Bild wird in Abgrenzung zum generalklauselartigen allgemeinen Persönlichkeitsrecht, das stets einer Konkretisierung und Abgrenzung im Einzelfall bedarf, darin gesehen, dass der Gesetzgeber bei diesem bereits die erforderliche Konkretisierung bzw. Kategorienbildung vorgenommen hat, sodass Eingriffe in dieses Recht die Rechtswidrigkeit indizieren.[183] Nicht maßgeblich ist, ob im Einzelfall tatsächlich persönlichkeitsrechtliche Interessen beeinträchtigt werden.[184] Eine Abwägung der konkreten Interessen wird nur vorgenommen, soweit die Tatbestände dies ausdrücklich vorsehen, wie zum Beispiel nach § 23 Abs. 2 S. 2 KUG.

---

177 BGHZ 26, 349 – Herrenreiter.

178 Ständige Rechtsprechung, siehe etwa BVerfG, Urt. v. 08.04.1999 – 1 BvR 2126/93, NJW 1999, 2358 –Greenpeace, BverfGE 120, 180 – Caroline v. Monaco III; *Damm/Rehbock*, Widerruf, Rn. 129; *Schulenberg*, in: Schwartmann, Praxishandbuch, Kapitel 9 Rn. 102.

179 BVerfGE 120, 180 – Caroline v. Monaco III.

180 *Helle*, Besondere Persönlichkeitsrechte, S. 37.

181 *Helle*, Besondere Persönlichkeitsrechte, S. 38.

182 Siehe hierzu Kapitel 1 Abschnitt E.

183 *Dasch*, Die Einwilligung, S. 4; *Götting*, Persönlichkeitsrechte als Vermögensrechte, S. 24; *Helle*, Besondere Persönlichkeitsrechte, S. 38.

184 *Götting*, Persönlichkeitsrechte als Vermögensrechte, S. 24.

Durch diese Vorverlagerung wird der Persönlichkeitsschutz erheblich verstärkt, was vor dem Hintergrund der besonderen Gefährdung und starken Verletzbarkeit der Persönlichkeit durch Bildveröffentlichungen seine Rechtfertigung findet.[185] Denn, wie bereits ausgeführt, ist das Bildnis einer Person eines der wichtigsten Elemente der Persönlichkeit, weil es ihre besonderen Eigenschaften zeigt und sie von ihresgleichen unterscheidet.[186] Die Veröffentlichung eines Personenbildnisses begründet damit stets eine rechtfertigungsbedürftige Beschränkung ihres allgemeinen Persönlichkeitsrechts.[187] Umgekehrt bedeutet dies aber auch, dass kein rechtswidriger Eingriff vorliegt, wenn die beanstandete Handlung den Tatbestand nicht erfüllt.[188]

Diese starken Schutzbemühungen um die Freiheit der Selbstdarstellung und auch die Intention des Gesetzgebers, einen möglichst umfassenden Bildnisschutz zu gewährleisten, sollte später bei der Beurteilung der Frage der Zulässigkeit eines Widerrufsrechts hinsichtlich erteilter Einwilligungen in Eingriffe in das Recht am eigenen Bild unbedingt im Blick behalten werden. Denn sie indizieren die hohe Bedeutung, die das Abbild einer Person für jedermann besitzt und belegen den Willen des Gesetzgebers, Persönlichkeitsrechtsverletzungen durch Eingriffe in das Bildnisrecht schon im Vorfeld zu vermeiden.

IV. Räumlicher und zeitlicher Schutzumfang

1. Räumlicher Schutzbereich

Die §§ 22, 23 KUG entfalten ihre Schutzwirkung nur auf dem Gebiet der Bundesrepublik, sind aber innerhalb dieses Gebietes gegenüber ausländischen Regelungen exklusiv und allein gültig.[189] Dies führt unweigerlich zu enormen Abgrenzungsschwierigkeiten, da der Verbreitungsumfang der Medien nicht vor den Landesgrenzen haltmacht.[190] Vielmehr sind ausländische Printmedien auch im deutschen Inland ansässig und andersrum deutsche im Ausland. Zudem sind Internetseiten weltweit abrufbar.[191] Unterschiedliche Wertevorstellungen und

185 *Helle,* Besondere Persönlichkeitsrechte, S. 47.

186 EGMR (I. Sektion), Urt. v. 16.01.2014 – 13258/09, AfP 2015, 137 – Lillo-Stenberg/Norwegen; *Bamberger,* in: BeckOK BGB, § 12 Rn. 128.

187 *Schemmer,* in: BeckOK GG, Art. 5 Rn. 123.1.

188 *Helle,* Besondere Persönlichkeitsrechte, S. 39.

189 *Von Strobl-Albeg,* in: Wenzel, Bildberichterstattung, Kapitel 7 Rn. 143.

190 *Förster* plädiert für eine Internationale Vereinheitlichung der Grundsätze des Bildnisschutzes, siehe hierzu Neue juristische Internetpraxis, 7 (8).

191 *Von Strobl-Albeg,* in: Wenzel, Bildberichterstattung, Kapitel 7 Rn. 143.

Anschauungen können darüber hinaus zu Beurteilungsschwierigkeiten über das Vorliegen einer Persönlichkeitsrechtsverletzung führen.[192] Auch für die Frage der Durchsetzung eines etwaigen bestehenden Widerrufsrechts hat diese Problematik ganz erhebliche Auswirkungen, nicht zuletzt aufgrund etwaiger Vollstreckungsschwierigkeiten von ausländischen Urteilen im Inland und umgekehrt. Es stellt sich hier die Frage nach der gerichtlichen Zuständigkeit, wenn ein Bildnis gleich in mehreren Vertragsstaaten der EU oder sogar weltweit verbreitet wird.

2. Zeitlicher Schutzumfang

Gemäß § 22 S. 3 KUG bedarf es nach dem Tod des Abgebildeten bis zum Ablauf von zehn Jahren der Einwilligung der Angehörigen des Abgebildeten, wenn dessen Bildnis verbreitet oder öffentlich zur Schau gestellt werden soll. Der Schutz des Rechts am eigenen Bild endet daher nicht mit dem Tod des Abgebildeten, sondern besteht zunächst fort. Dies gilt gleichermaßen für die ideellen-, als auch die kommerziellen Interessen des verstorbenen Abgebildeten.[193] Hinsichtlich der Fristberechnung ist streitig, ob eine solche gemäß § 29 KUG,[194] oder nach § 186 ff. BGB[195] zu berechnen ist. Nicht an die Zehnjahresfrist gebunden ist dagegen der grundrechtlich gewährleistete Schutz der Menschenwürde. Der Betroffene wird mit seinem Ableben nicht schutzlos, wenngleich sein allgemeines Persönlichkeitsrecht mit dem Tode untergeht. Denn auch nach seiner Lebenszeit darf der Einzelne nicht in seinem allgemeinen Achtungsanspruch verletzt oder auf sonstige Weise erniedrigt oder herabgewürdigt werden.[196]

V. Zwischenergebnis

Zweifelslos gehört das Recht am eigenen Bild zu den Persönlichkeitsrechten, die am engsten mit der Person verknüpft sind, da das äußere Erscheinungsbild, anders als etwa der Name, nicht von dieser abstrahierbar ist.[197] Dieser Umstand

---

192 Vgl. *Hoeren*, ZRP 2010, 251 (252) der das Zusammentreffen kultureller Wertungen im Internet als „Clash of values" bezeichnet.

193 BGHZ 169, 193 – Kinski-Klaus.de; BGH, Urt. v. 17.11.1960- I ZR 87/59, GRUR 1961, 138 – Familie Schölermann; *von Strobl-Albeg*, in: Wenzel, Bildberichterstattung, Kapitel 7 Rn. 151.

194 So *Osterrieth/Marawitz*, Urheberrecht, Anm. VI 2 zu § 22 KUG.

195 So etwa *Götting*, in: Schricker/Loewenheim, Urheberrecht, § 22 KUG Rn. 55 und *von Strobl-Albeg*, in: Wenzel, Bildberichterstattung, Kapitel 7 Rn. 151.

196 BVerfGE 30, 173 – Mephisto.

197 *Götting*, Persönlichkeitsrechte als Vermögensrechte, S. 12.

begründet die Notwendigkeit, dem Individuum in einem gewissen Rahmen die Freiheit seiner Selbstdarstellung zuzubilligen.

Die Persönlichkeit befindet sich in einem fortlaufenden Entwicklungsprozess. Dies schon deshalb, weil der Mensch als soziales Wesen in die Gesellschaft eingebunden ist und von ihr geprägt wird. Die menschliche Identität wird durch die Interaktion mit anderen geformt.[198] Ansichten, Überzeugungen oder Verhaltensmuster eines Menschen ändern sich im Laufe der Zeit. So kann eine Person zu einem früheren Zeitpunkt mit einer sie verkörpernden Abbildung völlig im Reinen sein, da diese insoweit wiedergibt, was sie auch darstellen soll, jedoch im Laufe der Zeit durch gewandelte Überzeugungen nicht mehr im Einklang mit dem stehen, wie die abgebildete Person nunmehr wahrgenommen werden möchte. Man denke hier beispielsweise an Abbildungen, bei denen eine politische oder auch religiöse Gesinnung zum Ausdruck gebracht wird, mit der sich der Betroffene später schlicht nicht mehr identifizieren kann. Schon Landwehr erkannte, dass die Entwicklung des Menschen mit dem „Gut des eigenen Bildes" in Zusammenhang steht und dieses beeinflusst.[199] Dieser Aspekt sollte im Hinterkopf behalten werden, wenn es zu der Untersuchung der dieser Arbeit zugrunde liegenden Frage einer etwaigen Widerrufsmöglichkeit von ursprünglich erteilten Einwilligungen in Eingriffe in das Recht am eigenen Bild kommt.

C. Bildnisse und ihre Wirkungen

Im nächsten Schritt muss untersucht werden, welche Arten von Bildnissen den (gesetzlichen) Schutzbestimmungen unterfallen. Es wird sich zeigen, dass die Qualifizierung als „Bildnis" bestimmten Anforderungen unterliegt. In diesem Sinnzusammenhang soll sodann auf die Funktion und Wirkungsweise von Bildnissen eingegangen werden. Denn die Beurteilung, ob im Einzelfall der Widerruf zum Schutz der Persönlichkeit erforderlich und geboten ist, setzt Verständnis darüber voraus, welche Assoziationen ein Bildnis bei seinen Betrachtern erzeugen kann. Weiterhin muss eruiert werden, welche Auswirkungen und Folgen sich für den Betroffenen und sein Leben ergeben können, wenn ihm ein Einwilligungswiderruf verwehrt wird. Zu denken ist etwa an psychische Belastungen oder auch tatsächliche Konsequenzen, wie beispielsweise Nachteile bei Bewerbungsverfahren oder ein Arbeitsplatzverlust.

---

198 *Meyer,* Identität und virtuelle Identität, S. 49.
199 *Landwehr,* Recht am eigenen Bild, S. 35.

I. Der Bildnisbegriff des § 22 KUG

Der Gesetzgeber unterscheidet zwischen dem in § 23 Abs. 1 Nr. 2, 3 KUG genannten „Bild“ als Oberbegriff und dem ansonsten im Kunsturhebergesetz verwendeten Begriff „Bildnis“. Gegenstand des Rechts am eigenen Bild kann nur ein Bildnis sein.[200]

Nach der amtlichen Begründung zum Kunsturhebergesetz ist ein Bildnis die Darstellung der Person in ihrer wirklichen, dem Leben entsprechenden Erscheinung.[201] Gemeint ist damit die Darstellung der äußeren Erscheinung einer oder mehrerer Personen in einer für Dritte erkennbaren Weise,[202] nicht jedoch von Tieren, Sachen oder Ausschnitten aus Geschehensabläufen.[203] Ist der Abgebildete nur Beiwerk neben einer Landschaft oder sonstigen Örtlichkeit, liegt kein Bildnis im Sinne des § 22 KUG vor.

Die Abbildungen von Lebenden und von Toten, sowie Totenmasken, werden gleichermaßen geschützt, wie der amtlichen Begründung zu entnehmen ist. Dieser Umstand geht wohl auf den Fall Bismarck zurück, der letztlich Anlass für die Schaffung des Kunsturhebergesetzes gewesen ist. Dogmatisch ist dem jedoch entgegen zu halten, dass das Recht am eigenen Bild als besonderes Persönlichkeitsrecht mit dem Tod des Betroffenen untergeht.[204] Richtiger erscheint es demnach davon auszugehen, dass Abbildungen von Toten keinen Bildnisschutz genießen, die Verbreitung solcher Abbildungen aber gegen die Menschenwürde verstoßen kann.[205] Juristische Personen können nicht durch Bildnisse abgebildet werden, sodass sie auch keinen Bildnisschutz genießen können.[206]

Interessant ist, dass nach der Rechtsprechung des BGH eine Abbildung des Doppelgängers einer berühmten Persönlichkeit als Bildnis der berühmten Person anzusehen ist, wenn durch die Abbildung der Eindruck erweckt wird, bei

---

200 *Herrmann*, in: BeckOK Medienrecht, § 22 KUG Rn. 1; *Steffen*, in: Löffler, Presserecht, § 6 LPG Rn. 121.

201 Amtliche Begründung zum Kunsturhebergesetz, S. 31.

202 OLG Hamburg, Urt. v. 13.01.2004 – 7 U 43/03, ZUM 2004, 309; *von Strobl-Albeg*, in: Wenzel, Bildberichterstattung, Kapitel 7 Rn 11; *Schulenberg*, in: Schwartmann, Praxishandbuch, Kapitel 9 Rn. 103.

203 *Hager*, in: Staudinger, BGB, C. Das Persönlichkeitsrecht, Rn. 152 m. w. N.

204 Vgl. BVerfGE 30, 173 – Mephisto.

205 *Von Stobl-Albeg*, in: Wenzel, Bildberichterstattung, Kapitel 7 Rn. 13; a. A. OLG Hamburg, Entsch. v. 07.07.1983 – 3 U 7/83, AfP 1983, 466 – Oktoberfest Attentäter.

206 *Hager*, in: *Staudinger*, BGB, C. Das Persönlichkeitsrecht Rn. 152; *Tausch*, Persönlichkeitsrechtsverletzung, S. 67 m. w. N.

dem Doppelgänger handele es sich um die berühmte Person selbst.[207] Im Schrifttum wird hier zum Teil einschränkend vertreten, dass bei der Darstellung einer real existierenden Person durch einen Schauspieler ein Bildnis dieser Person nur dann vorliegen würde, wenn sich die reale Person und der Schauspieler ähnlich sähen.[208] Die Sichtweise des BGH in der „Der blaue Engel"- Entscheidung, in welcher die nachgestellte Filmszene einer von Marlene Dietrich gespielten Rolle durch ein lediglich ähnlich aussehendes Model als Bildnis von Marlene Dietrich eingestuft wurde, wird insoweit kritisiert, da sich die Gesichtszüge des Models erkennbar von Marlene Dietrich unterscheiden. Denn in diesem Fall werde lediglich eine Assoziation mit der Abbildung des Originalschauspielers hervorgerufen, ein Bildnis im Sinne des § 22 KUG liege jedoch nicht vor.[209] Argumentatorisch angeführt wird in diesem Zusammenhang, dass ein Bildnis nicht einer anderen Person „zugerechnet" werden könne, da dies gegen die Menschwürde verstoße.[210] Vorzugswürdig scheint hier die Auffassung, ein Bildnis zumindest dann anzunehmen, wenn das Bildnis des Doubles zum Zwecke der Täuschung hergestellt und verwendet wird.[211] Denn nur insoweit ist der Schutzzweck des § 22 KUG auch tangiert. Gleiches gilt für Fälle, in denen ein Foto durch Retuschierungen so verändert wird, dass für den Betrachter der Eindruck entsteht, eine bestimmte Person sei abgebildet.[212] Unproblematisch sind die Fälle, in denen lediglich der Typus einer bestimmten Person abgebildet wird,[213] oder (zufällige) Ähnlichkeiten und Übereinstimmungen im Aussehen bestehen. Hier wird das Vorliegen eines Bildnisses der Person, die dem tatsächlich Abgebildeten ähnlich sieht, einhellig verneint.[214] Fraglich ist, ob der Begriff des Bildnisses

---

207 BGH, Urt. v. 01.12.1999 – I ZR 226/97, GRUR 2000, 715 (716 f) – Der blaue Engel; Götting, GRUR 2004, 801 (802); *Schulenberg,* in: Schwartmann, Praxishandbuch, Kapitel 9 Rn. 105; *Fricke,* in: Wandtke/Bullinger, Urheberrecht, § 22 KUG Rn. 6. Ausführlich zur Werbung mit dem Doppelgänger eines Prominenten siehe *Pietzko,* AfP 1988, 209 (209 ff.).

208 *Fricke,* in: Wandtke/Bullinger, Urheberrecht, § 22 KUG Rn. 6.

209 *Fricke,* in: Wandtke/Bullinger, Urheberrecht, § 22 KUG Rn. 60.

210 *Helle,* Besondere Persönlichkeitsrechte, S. 108, ablehnend hierzu *Bartnik,* Bildnisschutz, S. 60.

211 *Hager,* in: Staudinger, BGB, C. Das Persönlichkeitsrecht Rn. 154.

212 *Hager,* in: Staudinger, BGB C. Das Persönlichkeitsrecht Rn. 154.

213 LG Hamburg, Urt. v. 05.08.2011 – 324 O 134/11, NJW-RR 2011, 1677; *Götting,* in: Schricker/Loewenheim, Urheberrecht, § 22 KUG Rn. 21.

214 *Specht,* in: Dreier/Schulze, Urheberrechtsgesetz, § 22 KUG Rn. 2; *Fricke,* in: Wandtke/Bullinger, Urheberrecht, § 22 KUG Rn. 6.

auch ganz allgemein das Lebens-und Charakterbild[215] einer Person erfasst. Unter einem solchen wird die Darstellung von Charakter, Schicksal oder Leben einer Person, insbesondere in einem Bühnenstück oder Film bezeichnet. Ein Großteil der Rechtsprechung und Literatur wendet hierauf die Vorschriften zum Bildnisschutz an.[216]

An dieser Stelle sollte im Auge behalten werden, dass sich hinsichtlich der Auffassung, bei der Abbildung eines Doppelgängers handele es sich um ein Bildnis der dargestellten Person, erhebliche Konsequenzen für die Beurteilung einer Widerrufsmöglichkeit ergeben dürften. Zumindest kann ein Widerrufsrecht wohl kaum der berühmten Person selbst zugesprochen werden, da schon keine Einwilligung in den Eingriff in das Recht am eigenen Bild erteilt worden ist, die widerrufen werden könnte. Unklar ist allerdings, ob dem Doppelgänger selbst eine Möglichkeit zum Widerruf verbleibt, oder ob er aufgrund der Tatsache, dass die Abbildung darauf abzielt, eine andere Person darzustellen, aus dem Schutzbereich herausfällt.

Bei der Abbildung eines Schauspielers in seiner spezifischen (Film-)Rolle soll sowohl ein Bildnis des Schauspielers selbst (vorausgesetzt er bleibt irgendwie erkennbar[217]) als auch des Dargestellten vorliegen.[218] Auch für diese Konstellation ist zu untersuchen, wem eine Widerrufsmöglichkeit zugesprochen werden kann und muss. Insbesondere hinsichtlich des fiktiven, durch den Schauspieler verkörperten Charakter des Dargestellten, muss geprüft werden, ob ein solches Recht zumindest dem kreativen Schöpfer dieser Kunstfigur zugesprochen werden kann, oder ob dies dem Schutzgut des Rechts am eigenen Bild, nämlich der Bewahrung der Kontrolle über die eigene Selbstdarstellung, zuwider läuft.

Nicht maßgeblich ist die (technische) Art der Darstellung bzw. in welchem Medium diese erfolgt.[219] Der Bildnisschutz erstreckt sich gerade auf sämtliche Formen der Abbildung.[220] Bildnisse können daher auch Zeichnungen, Gemälde,

---

215 *Schertz* spricht in diesem Zusammenhang umgangssprachlich von einem „Recht an der eigenen Biographie", siehe hierzu ZUM 1998, 757 (760).

216 BVerfGE 35, 202 – Lebach; BGHZ 26, 52 – Sherlock Holmes; nach *Schertz* sei gerade jegliche Darstellung einer Person von § 22 KUG erfasst, ZUM 1998, 757 (760).

217 BGH, Urt. v. 01.12.1999- I ZR 226/97, GRUR 2000, 715 (716 f) – Der blaue Engel; BGH, Urt. v. 17.11.1960- I ZR 87/59, GRUR 1961, 138 – Familie Schölermann.

218 Vgl. etwa BGHZ 26, 52- Sherlock Holmes; *Specht,* in: Dreier/Schulze, Urheberrechtsgesetz, § 22 Rn. 2.

219 *Götting*, in: Schricker/Loewenheim, Urheberrecht, § 22 KUG Rn. 15; *Fricke*, in: Wandtke/Bullinger, Urheberrecht, § 22 KUG Rn. 5.

220 Anstatt vieler: *Götting*, in: Schricker/Loewenheim, Urheberrecht, § 22 KUG Rn. 15

Karikaturen und Totenmasken sein.[221] Figürliche Darstellungen, etwa in Form von Puppen, Skulpturen oder Abbildungen auf Gedenkmünzen, kommen ebenfalls als Bildnis in Betracht.[222] Dagegen unterfallen Röntgen- und Ultraschallaufnahmen sowie Tomografien dem allgemeinen Persönlichkeitsrecht.

Hieraus folgt, dass sich ein etwaiger möglicher Widerruf in seinen Rechtsfolgen an die Art der Abbildung bzw. ihrer Verkörperung anpassen muss. Denn während sich der Widerruf einer Einwilligung in Bildaufnahmen durch Fotografien unter anderem auch auf das Löschen der zugehörigen Daten auf technischen Geräten richtet, muss insbesondere bei den verkörperten Darstellungen ein anderer Weg zur Durchsetzung des gewünschten Erfolgs bestritten werden. Hierauf wird bei der Erörterung der Rechtsfolgen des Widerrufs noch umfassend einzugehen sein.

II. Erkennbarkeit

Entscheidendes Kriterium für das Vorliegen eines Bildnisses ist die Erkennbarkeit des einzelnen Abgebildeten.[223] Erkennbarkeit einer Person ergibt sich in der Regel durch die Darstellung ihrer Gesichtszüge,[224] jedoch können auch andere Merkmale einer Person, wie etwa ein spezielles Gebrechen, typischerweise getragenes Kleidungsstück[225] oder eine Tätowierung die Erkennbarkeit bedingen.[226]

Für die Annahme einer Erkennbarkeit ist es ausreichend, wenn der Abgebildete den begründeten Anlass zur Annahme hat, er könne möglicherweise

---

221 Siehe *Specht*, in: Dreier/Schulze, Urheberrechtsgesetz, § 22 KUG Rn. 1 m. w. N.

222 *Specht*, in; Dreier/Schulze, Urheberrechtsgesetz, § 22 KUG Rn. 1.

223 Siehe nur BGHZ 26, 349 – Herrenreiter; BGH, Urt. v. 09.06.1965 – Ib ZR 126/63, GRUR 1966, 102 – Spielgefährtin I; BGH, Urt. v. 26.06.1979 – VI ZR 108/78, GRUR 1979, 732 – Torwart; *von Strobl-Albeg*, in: Wenzel, Bildberichterstattung, Kapitel 7 Rn. 16; eingehend dazu: *Rehbock/Mensch*, FS für Damm, S. 141.

224 *Engels*, in: BeckOK Urheberrecht, § 22 KUG Rn. 23; *Götting*, in: Schricker/Loewenheim, Urheberrecht, § 22 KUG Rn. 16.

225 Z.B. die Perrücke von Comedian Atze Schröder.

226 Zur Erkennbarkeit eines von hinten fotografierten Torwarts: BGH, Urt. v. 26. 06.1979 – VI ZR 108/78, GRUR 1979, 732 – Torwart; Namensnennung für Erkennbarkeit nicht unbedingt erforderlich: OLG Köln, Urt. v. 27.05.2014 – 15 U 3/14; ZUM 2014, 902; *Engels,* in: BeckOK Urheberrecht, § 22 KUG Rn. 22 ff.; *Specht*, in: Dreier/Schulze, Urheberrechtsgesetz, § 22 KUG Rn. 3; *Götting*, in: Schricker/Loewenheim, Urheberrecht, § 22 KUG Rn. 16.

von Dritten erkannt werden.[227] Es kommt daher nicht auf das Verständnis des Durchschnittslesers oder -zuschauers an.[228] Erforderlich ist insoweit aber die Erkennbarkeit für einen Bekanntenkreis,[229] wohingegen die Identifizierbarkeit durch den engsten Freundes- und Familienkreis nicht ausreichen soll, da die Erkennbarkeit mindestens für einen Personenkreis bestehen müsse, den der Betroffene nicht ohne Weiteres selbst unterrichten bzw. überschauen könne und gerade diesem gegenüber die Freiheit bestehen müsse, über seine private Eigensphäre und Anonymität zu verfügen.[230] Der Beweis, dass Außenstehende den Abgebildeten tatsächlich erkannt haben, ist nicht erforderlich, und eines solchen Beweises bedarf es insbesondere dann nicht, wenn dieser unzumutbar erscheint.[231] Die Erkennbarkeit wird dadurch bestätigt, wenn der Abgebildete von Dritten auf die Veröffentlichung des Bildnisses angesprochen wurde.[232]

Für Bildnisse aus dem Bereich der Intimsphäre wird eine Erkennbarkeit stets bejaht, da jederzeit mit der Aufdeckung durch einen anderen gerechnet werden muss.[233] Außerdem ist bei solchen Abbildungen das nicht gestattete Verbreiten bereits unter dem Gesichtspunkt der Persönlichkeitsrechtsverletzung rechtswidrig.[234]

Eine Erkennbarkeit kann sich daneben aus den begleitenden Umständen ergeben, auch wenn die Abbildung allein eine Identifizierung des Betroffenen nicht ermöglicht.[235] So bejaht die Rechtsprechung eine Erkennbarkeit aufgrund begleitender Umstände, wenn ein Zusammenhang mit einer früheren

---

227 BGH, Urt. v. 10.11.1961 – I ZR 78/60, GRUR 1962, 211 – Hochzeitsbild; *Specht*, in: Dreier/Schulze, Urheberrechtsgesetz, § 22 KUG Rn. 3; *Götting*, in: Schricker/Loewenheim, Urheberrecht, § 22 KUG Rn. 25.

228 *Fricke*, in: Wandtke/Bullinger, Urheberrecht, § 22 KUG Rn. 7; siehe auch BVerfG, Beschluss v. 14.07.2004 – 1 BvR 263/03 für den vergleichbaren Fall einer Persönlichkeitsrechtsverletzung durch einen Zeitungsartikel.

229 Siehe etwa OLG Stuttgart, Urt. v. 02.04.2014 – 4 U 174/13, GRUR-RR 2015, 80; zur Erkennbarkeit im Rahmen von sozialen Netzwerken wie Facebook siehe *Tausch*, Persönlichkeitsrechtsverletzung, S. 72.

230 *Specht*, in: Dreier/Schulze, Urheberrechtsgesetz, § 22 KUG Rn. 3.

231 *Engels*, in: BeckOK Urheberrecht, § 22 KUG Rn. 22.

232 BGH, Urt. v. 10.12.1991 – VI ZR 53/91, GRUR 1992, 201; OLG München, Urt. v. 21.12.1981 – 21 U 3951/81, AfP 1983, 276 – Amerikanische Liebesschulen.

233 BGH, Urt. v. 02.07.1974 – VI ZR 121/73, GRUR 1975, 561 – Nacktaufnahme; *Hager*, in: Staudinger, BGB, C. Das Persönlichkeitsrecht Rn. 153.

234 *Von Strobl-Albeg*, in: Wenzel, Bildberichterstattung, Kapitel 7 Rn. 16.

235 *Specht*, in: Dreier/Schulze, Urheberrechtsgesetz, § 22 KUG Rn. 3; *Fricke*, in: Wandtke/Bullinger, Urheberrecht, § 22 KUG Rn. 7.

Veröffentlichung besteht,[236] bei paralleler Namensnennung,[237] oder sonstigen Hinweisen im Text,[238] oder auch wenn eine mit abgebildete Person,[239] oder Sache[240] identifiziert werden kann, die Rückschlüsse auf andere abgebildete Personen zulässt. Von Stimmen im Schrifttum wird diesbezüglich kritisiert, dass der Bildnisschutz nach §§ 22 ff. KUG nicht mit den persönlichkeitsrechtlichen Fragen des Anonymitätsschutzes vermengt werden dürfe.[241] Denn die Vorschrift schütze allein das äußere Erscheinungsbild, nicht aber die Persönlichkeit des Betroffenen im Übrigen.[242]

Retuschen, Verpixelungen der Gesichtszüge, kleine Bildausschnitte und selbst Augenbalken beseitigen die Erkennbarkeit nicht zwangsläufig.[243] Ebenso wenig die Veränderung der betroffenen Person im Laufe der Zeit, etwa durch Alter oder Krankheit. Denn die Erkennbarkeit kann sich dennoch aus den weiteren Gesichtszügen und den Begleitumständen ergeben. [244]

Ist eine Erkennbarkeit nicht (mehr) gegeben, kommen keine Ansprüche wegen der Verletzung des Rechts am eigenen Bild in Betracht.[245] Denkbar bleibt aber das Bestehen von Ansprüchen wegen des als Auffangtatbestand wirkenden allgemeinen Persönlichkeitsrecht.[246]

Diese Annahme führt unweigerlich zu der Frage, ob die Vornahme von Maßnahmen wie Retuschen und Verpixelungen als milderes Mittel gegenüber einer gänzlichen Unterlassung der weiteren Verwendung des Bildnisses bzw. einer Herausgabe oder vollständigen Vernichtung vordergründig im Rahmen eines

---

236 BGH, Urt. v. 26. 06.1979 – VI ZR 108/78, GRUR 1979, 732 – Torwart.

237 BGH, Urt. v. 09.06.1965 – Ib ZR 126/63, GRUR 1966, 102 – Spielgefährtin I.

238 OLG München, Urt. v. 21.12. 1981 – 21 U 3951/81, AfP 1983, 276 – Amerikanische Liebesschulen.

239 OLG Frankfurt am Main, Urt. v. 12.07.1991 – 25 U 87/90, NJW 1992, 441 (442).

240 OLG Düsseldorf, Urt. v. 30.09.1969- 20 U 80/69, GRUR 1970, 618 – Schleppjagd.

241 *Fricke*, in: Wandtke/Bullinger, Urheberrecht, § 22 KUG Rn. 7.

242 *Fricke*, in: Wandtke/Bullinger, Urheberrecht, § 22 KUG Rn. 7.

243 Erkennbarkeit trotz Retusche der Gesichtszüge: BGHZ 26, 349 – Herrenreiter; trotz Verpixelung zu erkennen: OLG Stuttgart, Urt. v. 02.04.2014 – 4 U 174/13, GRUR-RR 2015, 80 und OLG Saarbrücken, Urt. v. 29.04.2009 – 5 U 465/08-63, AfP 2010, 81; *Engels*, in: BeckOK Urheberrecht, § 22 KUG Rn. 26; *Specht*, in: Dreier/Schulze, Urheberrechtsgesetz, § 22 KUG Rn. 3.

244 BGHZ 187, 354 – Jahrhundertmörder; BGH, Urt. v. 10.11.1961 – I ZR 78/60, GRUR 1962, 211 – Hochzeitsbild; *Götting*, in: Schricker/Loewenheim, Urheberrecht, § 22 KUG Rn. 18.

245 *Engels*, in: BeckOK Urheberrecht, § 22 KUG Rn. 27.

246 *Engels*, in: BeckOK Urheberrecht, § 22 KUG Rn. 27.

etwaigen Widerrufsrechts geltend gemacht werden müssen. Damit korrespondiert die oben angerissene Problematik, ob sich die Rechtsfolge eines Widerrufs in denjenigen Fallgestaltungen, in denen sich die Erkennbarkeit lediglich aus den begleitenden Umständen, nicht aber aus der Abbildung selbst ergibt, im Sinne einer restriktiven Handhabung darauf beschränken muss, lediglich die begleitenden Umstände zu beseitigen. Konkret würde dies bedeuten, dass der Betroffene lediglich die Entfernung des Begleittextes oder Ähnliches fordern dürfte. Dies wird noch zu untersuchen sein.

III. Wirkungsweisen von Bildnissen und konkrete Auswirkungen für Abgebildete

Was löst das Betrachten eines Bildnisses beim Betrachter aus und welche Auswirkungen können sich für den Abgebildeten durch die Existenz seines Bildnisses ergeben? Die Erörterung dieser Fragestellung ist für die vorliegende Arbeit von zentraler Bedeutung. Denn erst wenn im Einzelnen nachvollzogen werden kann, welche Konsequenzen psychischer und tatsächlicher Art sich für den Abgebildeten ergeben können, ist es möglich, eine billige Entscheidung hinsichtlich der Zulassung eines Einwilligungswiderrufs zu finden.

Im Folgenden sollen zunächst die Wirkungsweise im Sinne einer bestimmten Assoziation beim jeweiligen Betrachter sowie spezifische Eigenschaften von Bildern an sich erläutert werden, bevor hieran anknüpfend die tatsächlichen Folgen, die ein veröffentlichtes, verbreitetes oder auch schlicht existentes Bildnis für den Abgebildeten haben können, dargestellt werden.

1. Starke Wirkungsweise und hohe Glaubwürdigkeit

Bilder (an dieser Stelle sei eine Vermischung der Termini von Bild und Bildnis erlaubt) werden anders wahrgenommen als Worte und Texte.[247] Sie sollen generell emotionaler und stärker als Worte wirken, da sie eine Suggestivkraft besitzen.[248] Sie sind einprägsamer und häufig besser geeignet, emotionale Wirkungen zu erzeugen.[249] Mit ihnen können besonders schnell aussagekräftige und persönliche Informationen weitergegeben werden.[250] Sie können, ebenso wie

247 Zum Wirkungsunterschied zwischen Fernsehen und Hörfunk siehe *Beater*, Medienrecht, Rn. 1306.

248 *Boehme-Neßler*, Bilderrecht, S. 69; *Beater*, Medienrecht, Rn. 1305.

249 *Beater*, Medienrecht, Rn. 1305; *Herbort*, Digitale Bildnisse, S. 21.

250 *Herbort*, Digitale Bildnisse, S. 4.

Wortäußerungen, Tatsachenangaben oder Meinungen darstellen oder (unzulässige) Schmähkritik sein.[251] Der Aussagegehalt einer Fotografie kann sich auch in Verbindung mit einer Bildunterschrift ergeben.[252]

Bilder sind konkret im Sinne von „sinnlich-stofflich," da sie sinnlich wahrnehmbar sind. Damit geht ein gewisser Grad an Individualität einher. So ist die fotografische Ablichtung einer Person viel individueller und unverwechselbarer, als eine verbale Beschreibung derselben.[253] Außerdem besitzen Bilder eine größere Überzeugungskraft als Worte und Texte, denen insofern eine „persuasive Kraft" zukommt. Sie besitzen eine besonders hohe Glaubwürdigkeit. [254] Das, was auf einem Bild abgebildet ist, wird als „wahr" oder „tatsächlich" erachtet. *„Fotos suggerieren Authentizität und die Betrachter gehen davon aus, dass die abgebildete Person in Wirklichkeit so aussieht.*"[255] Im Alltag gilt ein Bild meist als Beweis und auch in Gerichtsverfahren kommt ihnen ein Beweiswert zu. Dabei kann angesichts der heute bestehenden technischen Möglichkeiten dem Erfahrungssatz, wonach eine Fotografie mit dem tatsächlichen Erscheinungsbild des Abgebildeten übereinstimmt,[256] nur noch bedingt gefolgt werden. In philosophischen Abhandlungen wird hierzu festgestellt, dass Bilder etwas zeigen, was sie selber nicht sind.[257]

Unterschieden werden muss hinsichtlich der Wirkungsweise zwischen bewegten (Film und Video) und unbewegten (Fotos, Zeichnungen, Skulpturen) Bildern, da die erstgenannte Kategorie einen noch höheren Anschein von Authentizität und Echtheit durch das vermeintliche „Miterleben" vermittelt.[258]

2. *Assoziationen als Ausdruck eines subjektiven Betrachteranteils*

Bilder lösen beim Betrachter bestimmte Assoziationen aus. Diese Assoziationen hängen von der Persönlichkeit des jeweiligen Betrachters ab und sind meist Ausdruck seiner subjektiven Prägung und Gesinnung. Anders als beispielsweise Worte, lassen Bilder mehr Interpretation und Deutung zu.[259] Dasselbe Bild ist

251 Vgl. hierzu *Beater*, AfP 2005, 133 (135).
252 *Von Becker*, AfP 2005, 247 (248).
253 *Boehme-Neßler*, Bilderrecht, S. 65.
254 *Beater*, AfP 2005, 133; *Eglinski*, Bildberichterstattung, S. 7.
255 BVerfG, Beschl. v. 14.02.2005 – 1 BvR 240/04, GRUR 2005, 500 – Ron Sommer I.
256 So noch BGH, Urt. v. 10.11.1961 – I ZR 78/60, GRUR 1962, 211 – Hochzeitsbild.
257 *Brandt*, Die Wirklichkeit des Bildes, S. 129; *Schulz*, Ordnungen der Bilder, S. 90.
258 *Beater*, Medienrecht, Rn. 1310; *Beater*, AfP 2005, 134; *Herbort*, Digitale Bildnisse, S. 22.
259 *Herbort*, Digitale Bildnisse, S. 19.

geeignet, ganz verschiedenartige Assoziationen bei seinen Betrachtern hervorzurufen. Dies hat zur Folge, dass Bilder vieldeutig sind.[260] Was ein Bild bedeutet ist daher niemals objektiv bestimmbar, sondern hängt allein von der visuellen Wahrnehmung durch den Betrachter ab, sodass sich hierbei Abweichungen ergeben können.[261] Es gibt sozusagen einen „Betrachteranteil" bei der Wahrnehmung und Interpretation von Bildern.[262] Als Paradebeispiel für eine mehrdeutige Mimik gilt das Lächeln der Mona Lisa, deren Gesichtsausdruck von verschiedenen Betrachtern andersartig, nämlich als froh oder traurig, eingestuft wird. Zudem kann dasselbe Bildnis einer Person von unterschiedlichen Betrachtern als attraktiv oder auch weniger attraktiv, despektierlich oder völlig harmlos eingestuft werden. Häufig wird außerdem der Abgebildete selbst sein eigenes Bildnis kritischer betrachten als jemand Außenstehendes und damit vielleicht umso eher ein Bildnis als unangenehm oder gar demütigend empfinden.

3. *Bildaufnahme als Momentaufnahme*

Eine Bildaufnahme ist immer nur eine Momentaufnahme, bei welchem das Gesamtgeschehen nicht, zumindest nicht vollständig, wiedergegeben werden kann. Ein Beispiel hierfür ist etwa die Aufnahme, die vom britischen Premierminister Boris Johnson im Élysée-Palast bei einem Treffen mit Frankreichs Präsidenten Emmanuel Macron angefertigt worden ist, auf welchem dieser den Fuß auf den Beistelltisch abstützt. Die isolierte Verbreitung dieses Bildnisses führte bei der betrachtenden Bevölkerung zunächst zu dem Eindruck, dass sich dieser im Rahmen des Treffens unangemessen oder gar rüpelhaft benommen habe. Tatsächlich hatte Johnson, (wohl scherzhaft) den Fuß lediglich für den Bruchteil einer Sekunde dort abgestützt, was sich erst aus von dem Gespräch angefertigten Videoaufnahmen ergab. Dieser Aspekt, zusammen mit der zuvor erwähnten besonders hohen Glaubwürdigkeit eines Bildes, kann für Abgebildete im Einzelfall gefährlich sein. Der Betrachter, der nur einen winzigen Augenblick eines Gesamtzusammenhangs vor Augen geführt bekommt, wird wohlmöglich hieraus (vorschnell) Schlüsse ziehen und diese als „wahr" und „gegeben" hinnehmen.

---

260 *Boehme-Neßler*, Bilderrecht, S. 76; *von Becker* bezeichnet Fotografien als „vollkommen deutungsoffen", AfP 2005, 247 (249).

261 *Boehme-Neßler*, Bilderrecht, S. 58 und 66.

262 *Boehme-Neßler*, Bilderrecht, S. 67; so auch *von Becker*, AfP 2005, 247 (248).

4. *Folgen und Konsequenzen durch Bildnisse*

Die tatsächlichen Folgen und Konsequenzen, die das Existieren eines (veröffentlichten und verbreiteten) Bildnisses für den Betroffenen haben können, sind vielfältig und können an dieser Stelle nicht vollständig dargestellt werden. Natürlich sind Personenbildnisse per se nichts Schlechtes und können insbesondere auch für den Abgebildeten ideelle als auch wirtschaftliche Werte aufweisen. Im heutigen Zeitalter der „Bilderflut" werden einzelne Aufnahmen ohnehin keine besonders große Beachtung geschenkt, sie gehen in digitalen Alben, auf Social-Media-Seiten oder auch in digitalen Medien schlicht in der breiten Masse unter. Dennoch gibt es immer wieder Aufnahmen, die entweder global, regional oder im eigenen Bekanntenkreis, negative Schlagzeilen machen oder zumindest den Abgebildeten ins (öffentliche) Interesse rücken. Zudem gibt es solche Personenbildnisse, die dem Abgebildeten erst im Nachhinein aufgrund eines Wandels seiner Lebenseinstellung und Persönlichkeit missfallen und aus diesem Grund nachteilige Konsequenzen für ihn haben können.

a) *Herrschaftsmacht durch Verfügungsgewalt über ein Bildnis*

Schon die Existenz eines Bildnisses, ohne dass dieses verbreitet oder öffentlich zur Schau gestellt sein muss, kann je nach Art und Darstellung bereits nachteilig für den Betroffenen sein. Denn durch Bildaufnahme, sei es durch Fotografien, Videoaufnahmen oder andere Aufnahmeformate, wird das äußere Erscheinungsbild einer Person fixiert, womit auch die Gefahr einhergeht, dass die festgehaltene Lebenssituation einem unerwünschten Personenkreis zugänglich gemacht werden kann.[263] Wer das Foto eines anderen besitzt, erlangt zwangsläufig eine gewisse Herrschaftsmacht über ihn, hat „etwas in der Hand".[264] Er kann diese Verfügungsgewalt über die fremde Erscheinung zum Nachteil dieser Person ausnutzen, etwa indem er das Bild in einem Kontext öffentlich macht und herumzeigt, der dem Abgebildeten unangenehm ist, oder indem er Manipulationen an dieser Aufnahme vornimmt. Vor allem auch aus der Reproduzierbarkeit und der damit einhergehenden Verbreitungsmöglichkeiten läuft der Abgebildete schnell Gefahr, der breiten Masse der Öffentlichkeit ungewollt preisgegeben und somit aus seiner Anonymität herausgerissen zu werden.[265] Diese Problematik hat schon Rietschel erkannt, der im Jahr 1903 bemerkte: „*Wie unendlich leicht*

---

263 *Götting*, in: Schricker/Loewenheim, Urheberrecht, § 22 KUG Rn. 1.
264 Vgl. etwa *Reinhardt*, JZ 1959, 41 (43).
265 *Götting*, in Schricker/Loewenheim, Urheberrecht, § 22 KUG Rn. 1.

hat die Photographie es gemacht, sich das Bild irgendeiner beliebigen Person zu verschaffen, und wie sehr hat sie dadurch dem Mißbrauch des Portraits Vorschub geleistet. Seit dem Abkommen der Momentphotographie ist alles anders geworden; niemand ist sich mehr sicher, dass nicht die intimsten Vorgänge seines Privatlebens an die Öffentlichkeit gezerrt und in absolut zuverlässigen Bildern der Neugierde der Menge preisgeben werden."[266] Auch neutralen Personenbildnissen wohnt diese innere Gefährdungslage bei, da auch diese aus dem Kontext herausgerissen werden können.[267] So wollen Eltern das Bildnis ihres Kindes nicht auf kinderpornographischen Seiten im Internet veröffentlicht wissen und niemand möchte gerne gegen seinen Willen als Werbegesicht einer Marke/politischen Partei abgebildet werden, mit der er sich nicht identifiziert, ganz gleich wie schön er die Bildaufnahme an sich findet.

Die innewohnende Gefahr einer Bildnispublizierung ist erhöht, wenn sich das Verhältnis zu dem Besitzer der Aufnahme grundlegend verändert. Nicht selten landen Fälle vor Gericht, in denen sich verschmähte Liebschaften nach Beendigung der Beziehung am jeweiligen Partner rächen wollen, und die zuvor im gegenseitigen Einverständnis gemachten und versendeten Aufnahmen gegen den Willen und oft auch ohne Wissen des Abgebildeten im Internet publizieren. Das Existieren eines Bildnisses ist daher in jedem Fall nicht lediglich vorteilhaft, sondern birgt die Gefahr kontextloser und ungewollter Publizierung und Verbreitung in sich.

Aus diesem Umstand ergibt sich möglicherweise, dass der Widerruf einer Einwilligung die Beseitigung bzw. Vernichtung der Aufnahme insgesamt zur Folge haben muss.

b) Nachteilige Konsequenzen im Einzelfall

Die äußere Erscheinung kennzeichnet als identitätsbildendes Merkmal jeden Menschen und kann Aufschluss über geistig-seelische Bestandteile der Persönlichkeit geben.[268] Durch die Veröffentlichung oder Verbreitung eines Bildnisses wird der Einzelne einer mehr oder minder großen Öffentlichkeit preisgegeben. Das kann die Privat- oder Intimsphäre der abgebildeten Person positiv, aber auch negativ tangieren. Insbesondere für das (Privat-)Leben des Betroffenen können sich hierdurch erhebliche Konsequenzen ergeben. Das hängt zwangsläufig von der Art der Abbildung, dem Ausmaß der Veröffentlichung/Verbreitung

---

266 *Rietschel,* AcP 1903, 94, (144 f.).

267 *Herbort,* Digitale Bildnisse, S. 23.

268 *Temuulen,* Das Recht am eigenen Bild, S. 13.

sowie der jeweiligen Person des Abgebildeten ab. Im Zeitalter des Internets und den damit verbundenen neuen technischen Möglichkeiten, Bildnisse der breiten Masse zugänglich zu machen und auf diese Weise eine (globale) Prangerwirkung zu erzeugen, bestehen jedoch besondere Risiken für das Recht am eigenen Bild. [269] Gerade Minderjährige sind häufig nicht in der Lage, die Konsequenzen, die sich aus der Existenz sowie insbesondere Publizierung und Verbreitung eines Bildnisses ergeben können, vollständig zu erfassen.[270]

(i) Kränkungen und Beleidigungen

Ganz grundsätzlich ist es zunächst einmal vorstellbar, dass sich der Betroffene an der Publizierung seines Bildnisses und der damit einhergehenden Wahrnehmung von der Öffentlichkeit derart stört, dass er emotionale Schäden bis zu schweren Depressionen erleidet. Ein Bildnis kann, je nach Inhalt der Darstellung, einem Abgebildeten zu einem späteren Zeitpunkt äußerst unangenehm sein. Klassische Fälle sind etwa von Jugendlichen in sozialen Netzwerken hochgeladene Bilder, die sie bei exzessiven Feiern zeigen. Denkbar ist es vor allem, dass das Bildnis Reaktionen von Mitmenschen hervorruft, die den Abgebildeten kränken. Insbesondere Minderjährige sehen sich hierbei der Gefahr von Mobbing und Cybermobbing ausgesetzt.[271]

In Extremfällen kann eine veröffentlichte oder verbreitete Aufnahme eine große Empörungswelle in der Öffentlichkeit auslösen. Abgebildete werden in solchen Fällen nicht selten massiv verbal beleidigt und zum Teil auch bedroht. So in einem Fall, bei dem sich ein Paar innig küssend vor einem von ihm erlegten Löwen in Südafrika hatte ablichten lassen. Die entsprechende Aufnahme hatte der Safari Anbieter auf seiner Facebook-Seite veröffentlicht, woraufhin das Paar verbal massiv attackiert worden war. [272]

269 *Förster*, Neue juristische Internet-Praxis 2004, 7; *Piltz*, Soziale Netzwerke, S. 192.
270 So auch *Ohly*, AfP 2011, 428 (431).
271 *Vetter*, AfP 2017, 127 (131); vgl. *Ohly*, AfP 2011, 428.
272 Siehe hierzu den Zeitungsartikel vom 15. Juli 2019 „Pärchen posiert küssend hinter einem erlegten Löwen in der Kalahari Wüste" des Magazins Stern, zu finden unter https://www.stern.de/panorama/weltgeschehen/suedafrika--paerchen-jagt-und-toetet-loewen-und-feiert-mit-einem-kuss-foto-8800920.html.

(ii) Arbeitsplatzverlust/Nachteile im Bewerbungsverfahren

Außerdem können sich negative Folgen tatsächlicher Art, wie etwa nachteilige Auswirkungen im Bewerbungsverfahren,[273] oder ein Arbeitsplatzverlust für den Betroffenen ergeben. Gerade Kinder und Jugendliche bedenken oft nicht, dass potenzielle Arbeitgeber auch soziale Netzwerke bei der Bewerberauswahl prüfen und so manches Bild entsprechende negative Konsequenzen nach sich zieht.[274]

Es ist bereits mehrfach vorgekommen, dass ein auf sozialen Medienkanälen hochgeladenes Foto für den Abgebildeten den Verlust seines Arbeitsverhältnisses zum Resultat hatte. Zwar ist der Arbeitgeber zum Schutze der Privatsphäre grundsätzlich nicht berechtigt, aus dem privaten Verhalten seiner Arbeitnehmer arbeitsrechtliche Konsequenzen zu ziehen. Dies gilt jedoch dann nicht, wenn sich das private Verhalten im Einzelfall störend auf das Arbeitsverhältnis auswirkt. So wurde etwa einem Lageristen gekündigt, der auf Facebook ein Hochzeitsfoto veröffentlicht hatte, auf welchem er seine hochschwangere Frau auf Händen durch ein Herz trug. Zum Zeitpunkt dieses Ereignisses war er bereits einige Wochen wegen eines Bandscheibenvorfalls krankgeschrieben und von der Arbeit freigestellt, weil er keine schweren Kisten heben könne.[275] Vom Arbeitsgericht wurde festgestellt, dass das Heben der Ehefrau gegen die Pflicht des Arbeitnehmers, sich nicht genesungswidrig zu verhalten, verstoßen habe.[276] Auch wenn in diesem Fall der gekündigte Arbeitnehmer das Foto auf seinem eigenen Kanal hochgeladen hatte, ist es genauso gut denkbar, dass ein anwesender Hochzeitsgast entsprechendes Bildmaterial veröffentlicht und auf diese Weise dem Arbeitgeber zugänglich gemacht wird.

Auch die Mutter einer Teilnehmerin des RTL-Formats „Das Dschungelcamp" hatte eine Kündigung ihrer Stelle als Lehrkraft erhalten, nachdem sie trotz Krankschreibung ihre Tochter zum Dreh nach Australien begleitete und auf entsprechenden Aufnahmen zu sehen war. Das Verwaltungsgericht Lüneburg bestätigte die Kündigung, weil das Vertrauen des Dienstherrn und der Allgemeinheit aufgrund des ungerechtfertigten Fernbleibens vom Dienst verloren gegangen sei. Gerade Angestellte im öffentlichen Dienst, die eine besondere Vorbildrolle

---

273 *Fierdag*, in: Götting/Lauber-Rönsberg, Aktuelle Entwicklungen, S. 55 dort Fn 9; *Vetter*, AfP 2017, 127 (131).

274 *Wagner*, Recht auf Vergessen im Internet, S. 46.

275 ArbG Krefeld, 3 Ca 1384/13.

276 Der Rechtsstreit ist letztlich durch Vergleich beendet worden, dem Arbeitnehmer wurde in der Folge gegen Abfindung ordentlich gekündigt. Eine Entscheidung ist in der Sache daher nicht ergangen.

zukommt, sowie Arbeitnehmer, welche eine besonders herausragende Position innerhalb des Unternehmens ausüben, können nicht ohne Weiteres Bildnisse von sich in Internet und anderen Medien veröffentlichen (lassen), wenn die Aufnahme sich negativ auf das Arbeitsverhältnis auswirkt oder dem Unternehmen Schaden zufügt. Daher ist insbesondere Vorsicht geboten bei Aufnahmen, die eine politische Gesinnung zum Ausdruck bringen.

(iii) Sonstige Konsequenzen

In Extremfällen kann eine veröffentlichte oder verbreitete Bildaufnahme auch die Einleitung eines strafrechtlichen Ermittlungsverfahrens nach sich ziehen. Hier sei der Fall zu erwähnen, bei welchem ein Bischof der sog. Piusbruderschaft in einem Interview mit einem schwedischen Fernsehsender den Holocaust geleugnet und im Nachgang nicht nur in Deutschland ein erhebliches Medienecho hervorgerufen hat.[277] Als Folge seiner volksverhetzenden Äußerungen in dem auch im Internet veröffentlichten Videointerview hat die Staatsanwaltschaft Regensburg seinerzeit einen Strafbefehl gegen den Piusbischof erlassen.[278]

Auch das Jugendamt wurde bereits aufgrund von ausgestrahlten Fernsehaufnahmen eingeschaltet. So etwa im Fall einer Teilnehmerin der RTL-Show „Das Sommerhaus der Stars". Nachdem die Kandidatin in dem dortigen Format durch ihre impulsive Art und viel Fluchen auffiel, hatten Zuschauer dem Jugendamt eine Gefahr der Kindswohlgefährdung gemeldet.[279]

IV. Zwischenergebnis

Es ist aufgrund des Betrachteranteils für den Abgebildeten manchmal schwer abschätzbar, welche Reaktionen eine Veröffentlichung oder Verbreitung seines Bildnisses bzw. die ihn zeigende Bildaufnahme bei den Betrachtern auslösen wird. So mag für den Abgebildeten, der den Gesamtzusammenhang der Aufnahme kennt, zunächst nicht offenkundig sein, dass die Aufnahme von einem

---

277 Der Widerruf der entsprechend für das Fernsehinterview erteilten Einwilligung war Gegenstand des Verfahrens LG Nürnberg-Fürth, Beschl. v. 06.02.2009 – 11 O 762/09, AfP 2009, 178.

278 Siehe hierzu den Artikel der Zeit „Williamson zu Geldstrafe verurteilt" vom 16. April 2010, online abrufbar unter https://www.zeit.de/gesellschaft/zeitgeschehen/2010-04/williamson-holocaust-urteil.

279 Der Fall ist nachzulesen im Artikel des Sterns „Entwarnung im Konflikt um ihre Tochter" vom 06. Februar 2020, online abrufbar unter https://www.stern.de/lifestyle/leute/elena-miras--entwarnung-im-konflikt-um-ihre-tochter-9125350.html.

Großteil der Betrachter ganz anders wahrgenommen oder gedeutet werden könnte, als er es selbst tut. Möglicherweise hat er also nur eine Veröffentlichungseinwilligung erteilt, weil er sich hiervon in erster Linie positive Reaktionen erhofft hat. Bleiben diese aus, oder erntet er im Gegenteil sogar Kritik und Unverständnis, hat er möglicherweise ein berechtigtes Interesse daran, seine vormalige Einschätzung zu seinem Bildnis zu überdenken und demgemäß seine Einwilligung zu widerrufen.

Zudem können sich auch die eigenen subjektiven Einstellungen im Laufe der Zeit ändern. Die Persönlichkeit ist keine statische Größe, sondern befindet sich in einem fortlaufenden Wandel. Insbesondere bei Akt- und Intimaufnahmen kommt es vor, dass betroffene Abgebildete im Laufe der Zeit die damalige Freizügigkeit bereuen.

Eine weitere denkbare Variante besteht darin, dass sich äußere Gegebenheiten geändert haben, wodurch das Bildnis in einen anderen Kotext gerückt wird. Das Werbegesicht einer Marke kann etwa von Aufkommen von Skandalen und Kritiken rund um das Unternehmen, denen er zuvor die Verwendung seines Bildnisses zu Werbezwecken gestattet hat, betroffen sein. Gleiches gilt für ein Parteimitglied, das mit seinem Bildnis wohlmöglich über Jahre für eine Partei kandidiert hat, wenn die Partei zwischenzeitlich in eine politische Richtung abdriftet, die mit seinen politischen und moralischen Überzeugungen nicht mehr übereinstimmt. Insbesondere wenn Bildnisse im Kontext von politischen, religiösen, und/oder wirtschaftlichen Zwecken verwendet werden, besteht die Gefahr, dass bei dem Betrachter der Eindruck erweckt wird, dass sich die abgebildete Person sich hiermit auch identifiziere.[280] Zudem muss hier erwähnt werden, dass auch gesellschaftliche Auffassungen und Ansichten dem Wandel der Zeit unterliegen.

Die obenstehenden Ausführungen haben gezeigt, dass die Veröffentlichung oder Verbreitung eines Bildnisses erhebliche Konsequenzen für den Einzelnen haben kann, die nicht immer vorhersehbar sind. Es muss daher grundsätzlich möglich sein, in Ausnahmefällen eine vormals erteilte Einwilligung zum Schutze der eigenen Persönlichkeit und Lebensweise zu überdenken und im Ergebnis zurückzunehmen. Die Reaktion von Mitmenschen, sowie sonstige Folgen, können sich schädlich auf die Persönlichkeit und das Leben des Einzelnen auswirken. Es liegt auf der Hand, dass niemand es zu dulden hat, wegen eines Bildnisses verbal beleidigt und bedroht zu werden. Ebenso wenig wird es zumutbar sein, dass jemand wegen einer kursierenden Aufnahme seine berufliche Zukunft

280 Temuulen, Das Recht am eigenen Bild, S. 13.

beeinträchtigt und keine Möglichkeit hat, hiergegen vorzugehen. Dabei muss von Fall zu Fall beurteilt werden, ob ein bestimmtes Bildnis im Einzelfall tatsächlich geeignet ist, eine Persönlichkeitsverletzung des Abgebildeten herbeizuführen, sei es durch Reaktionen von außen, oder aber durch eine Beeinträchtigung des eigenen subjektiven Empfindens.

V. Bedeutung und Funktion von Bildnissen

Auf der anderen Seite darf aber nicht die Bedeutung von Bildnissen für die Allgemeinheit und insbesondere den Empfänger der Einwilligung übersehen werden. Bilder und Bildnisse sind wegen ihrer oben beschriebenen besonderen Wirkungen und Eigenschaften in unserer heutigen Gesellschaft von enormer Relevanz. Die gegenwärtige Kultur wird nicht ganz zu Unrecht als „Kultur der Bilderflut" bezeichnet.[281]

1. Illustration, Dokumentation und Information durch Bildnisse

Für die Medien sind Bilder wichtige Instrumente zur Illustration, Dokumentation und Information ihrer Zuschauer, Nutzer und Leser.[282] Gerade die Verwendung von Personenbildern ist ein gern eingesetztes Mittel zur Erlangung von Aufmerksamkeit.[283] Der wirtschaftliche Erfolg von Massenmedien geht mit der Verwendung von entsprechendem Bildmaterial einher. Besonders deutlich wird das am Beispiel der Boulevardblätter, welche die Aufmerksamkeit der Laufkundschaft in erster Linie durch die Verwendung entsprechender Bilder bzw. Bildnisse unter den Schlagzeilen auf sich zu ziehen versuchen.[284] Die im Axel-Springer Verlag publizierte Boulevardzeitung „Bild" ist mit diesem Konzept sogar zur größten Tageszeitung Deutschlands aufgestiegen. Einschlägige Zeitungen und Magazine werden zum Teil nur wegen der in ihnen enthaltenen Abbildungen gekauft. Auch Fernsehkanäle können durch das Zeigen bestimmter Aufnahmen Zuschauer für sich gewinnen und in den Bann ziehen. Für die Medienwelt haben Bildaufnahmen aus diesem Grund in erster Linie eine enorme wirtschaftliche Bedeutung, die wohl kaum überschätzt werden kann.

---

281 Siehe hierzu *Schulz*, Ordnungen der Bilder, S. 15.

282 Siehe zu diesen Funktionen ausführlich *Beater*, AfP 2005, 134 ff; *Herbort*, Digitale Bildnisse, S. 18 ff; *Eglinski*, Bildberichterstattung, S. 32.

283 *Beater*, Medienrecht, Rn. 1321.

284 *Beater*, AfP 2005, 134.

2. *Merchandising durch Bildnisse*

Personenbildnisse werden besonders häufig zu Werbezwecken genutzt. Dies betrifft zum einen Abbildungen von prominenten Persönlichkeiten, aber auch Bildnisse von Normalbürgern werden zu diesen Zwecken verwendet. Insbesondere bei der Werbung mit den Abbildungen Prominenter lässt sich eine besondere Aufmerksamkeit beim Publikum erzielen, sodass etwa der Absatz des beworbenen Produkts besonders gesteigert werden kann. Mit einer entsprechenden Verwendung gehen jedoch oftmals hohe Kosten einher, da die Anfertigung, Gestaltung und schlussendlich Publizierung oder Verbreitung eines Bildnisses zu Werbezwecken aufwendig sein kann. Bildnisse im Bereich der Werbung und des Merchandisings haben damit vor allem eine wirtschaftliche Bedeutung für den Einwilligungsempfänger.

3. *Ideelle Bedeutung von Bildnissen*

Daneben kommt Bildern und Bildnissen in privaten und sozialen Geflechten eine erhebliche Relevanz zu. Dabei haben diese vor allem eine ideelle Bedeutung. Sie werden zum eigenen Andenken, zum Profilieren gegenüber Anderen oder auch zu reinen Dokumentations- und Informationszwecken angefertigt und insbesondere über soziale Medienkanäle veröffentlicht und verbreitet. Die Bedeutung der jeweiligen Aufnahmen hängt dabei ganz maßgeblich von der Art der Abbildung sowie dem Motiv hinter der entsprechenden Publizierung ab. Einhergehend mit den heute bestehenden Möglichkeiten, in fast allen Lebenssituationen Aufnahmen, etwa mit dem Smartphone, in sekundenschnelle anzufertigen, ist jedoch eine regelrechte „Bilderflut" zu verzeichnen. Damit ist der ideelle Wert vieler Bildnisse deutlich geringer als noch zu früheren Zeiten, in denen das Anfertigen von Bildern mit einem deutlichen Mehr an Aufwand und Kosten verbunden war.

4. *Sonstige Funktion von Bildnissen*

Je nach Art der Verwendung und Person des Abgebildeten oder Einwilligungsempfängers können Bildnisse verschiedenartige Funktionen haben und mit ihrer Verwendung unterschiedliche Ziele verfolgt werden, die an dieser Stelle nicht abschließend dargestellt werden können. Für Unternehmen ist die Verwendung von Personenbildnissen ein wichtiger Bestandteil ihrer Öffentlichkeitsarbeit. Auf sozialen Netzwerken, firmeneigenen Newslettern oder der eigenen Homepage werden Veranstaltungen fast immer mit Fotos der Gäste ausgeschmückt.[285]

---

285 *Ziebarth/Elsaß*, ZUM 2018, 578.

Außerdem können Bildnisse für wissenschaftliche Zwecke wertvoll sein, etwa wenn mit ihnen besondere Krankheitsausprägungen dokumentiert oder analysiert werden.

5. *Zwischenergebnis*

Ganz allgemein kann der Grundsatz aufgestellt werden, dass einer Aufnahme eine umso größere Bedeutung zukommt, je eher sie als Ausdruck eines zeitgeschichtlichen Geschehens in der gleichen Art nicht noch einmal angefertigt oder nachgestellt werden kann, ohne ihre Bedeutung zu verlieren. Es liegt auf der Hand, dass manche Aufnahmen einen höheren Seltenheitswert haben als andere, womit zwangsläufig auch das Interesse desjenigen korrespondiert, der das entsprechende Bildnis in Einklang mit § 22 S. 1 KUG erlaubt verwendet. Zudem kann ein Bildnis per se oder auch infolge einer aufwendigen Produktion und Bearbeitung wirtschaftlich oder künstlerisch wertvoll sein. Diese Aspekte müssen bei der Beurteilung der Widerrufbarkeit von Einwilligungen in Eingriffe in das Recht am eigenen Bild Berücksichtigung finden.

Bereits hieraus ergibt sich, dass das Vorliegen eines Widerrufsrechts nicht allein von Gründen und Motiven in der Person des Abgebildeten abhängig gemacht werden darf, sondern dass auch möglicherweise berechtigte Interessen und insbesondere Vertrauensschutzgesichtspunkte eines Einwilligungsempfängers mit in die Waagschale einer etwaigen Abwägung geworfen werden müssen, hinter der das Interesse des Abgebildeten an einem Einwilligungswiderruf zurückstehen kann.

D) Verbreiten und öffentliches Zurschaustellen von Bildnissen, § 22 S. 1 KUG

Nach § 22 S. 1 KUG dürfen Bildnisse (nur) mit Einwilligung des Abgebildeten verbreitet oder öffentlich zur Schau gestellt werden. Durch einen Widerruf der Einwilligung möchte der Abgebildete sein Einverständnis mit diesen Handlungen und der damit einhergehenden Publizierung des Bildnisses wieder rückgängig machen. Eine entsprechende Rückabwicklung kann jedoch, je nach Art und Weise der Eingriffshandlung, mehr oder weniger aufwendig und in Einzelfällen sogar schwerlich realisierbar sein.

Im Folgenden skizziert werden, welche konkreten Verhaltensweisen von einem Verbreiten oder öffentlichem Zurschaustellen erfasst sind. Auf dieser Basis kann dann bestimmt werden, wie die Rechtsfolgen eines Widerrufs im Einzelfall ausgestaltet sein müssen, um dem Abgebildeten zu seinen Interessen, nämlich der umfassenden Beseitigung, Entfernung oder Zerstörung des jeweiligen Bildnisses, zu verhelfen.

I. Verbreiten von Bildnissen

Unter einer Verbreitungshandlung versteht man grundsätzlich jede Form der Weitergabe von körperlichen Exemplaren von Bildnissen, gleich welcher Art, an Dritte. [286]

Die Weitergabe muss nicht zwangsläufig in einem klassischen Überreichen liegen, sondern kann auch durch andere Handlungsvarianten, wie etwa durch Veröffentlichungen in Zeitschriften, Büchern, Postkarten oder auf Werbeträgern bestehen.[287] Erfasst ist damit auch die Überreichung von digitalen Kopien auf Datenträgern wie USB-Sticks, sowie das Versenden via E-Mail erfasst.[288] Entscheidend ist insoweit allein, dass durch die Tathandlung das Risiko einer nicht mehr zu kontrollierenden Kenntnisnahme geschaffen wird.[289] Auf kommerzielle Zwecke kommt es dabei nicht an, sodass auch die unentgeltliche Hergabe von Bildnissen umfasst ist.[290]

Anders als ein Verbreiten im Sinne des § 17 Abs. 1 UrhG, ist gerade auch ein Verbreiten des Bildnisses im privaten Bereich erfasst.[291] Die zur Verfügung Stellung des Bildnisses für die Öffentlichkeit ist nicht maßgeblich. Denn schon die Weitergabe an eine Einzelperson führt dazu, dass dem Abgebildeten die Kontrolle und die Selbstbestimmung hinsichtlich der Verfügungsgewalt über das Bildnis entzogen wird.[292]

II Öffentliches Zurschaustellen

Zurschaustellung ist die öffentliche Sichtbarmachung eines Bildnisses.[293] Der etwas altertümliche Begriff entspricht den technischen Möglichkeiten der

286 *Specht*, in: Dreier/Schulze, Urheberrechtsgesetz, § 22 KUG Rn. 9; *Hager*, in: Staudinger, BGB C. Das Persönlichkeitsrecht, Rn. 157.

287 *Specht*, in: Dreier/Schulze, Urheberrechtsgesetz, § 22 KUG Rn. 9.

288 *Engels*, in: BeckOK Urheberrecht, § 22 KUG Rn. 51.

289 *Fricke*, in: Wandtke/Bullinger, Urheberrecht, § 22 KUG Rn. 8.

290 *Specht*, in: Dreier/Schulze, Urheberrechtsgesetz, § 22 KUG Rn. 9; *Engels*, in: BeckOK Urheberrecht, § 22 KUG Rn. 52.

291 *Engels*, in: BeckOK Urheberrecht, § 22 KUG Rn. 51; *Fricke*, in: Wandtke/Bullinger, Urheberrecht, § 22 KUG Rn. 8.

292 *Specht*, in: Dreier/Schulze, Urheberrechtsgesetz, § 22 KUG Rn. 9.

293 *Hager*, in: Staudinger, BGB, C. Das Persönlichkeitsrecht, Rn. 157.

unkörperlichen Sichtbarmachung eines Bildnisses, wie sie zum Zeitpunkt der Einführung des Kunsturhebergesetzes bestanden haben, ist aber freilich nicht auf die damaligen Verwertungsmöglichkeiten begrenzt.[294] Definiert werden kann das öffentliche Zurschaustellen heute ganz allgemein als die Verschaffung der Möglichkeit an Dritte, das Bildnis wahrzunehmen, etwa in dem man es in einem Schaufenster, Museum, oder Fernsehen ausstellt bzw. ausstrahlt.[295] Anders als beim Verbreiten genügt es nicht, das Bildnis einem Einzelnen zu zeigen. Der Personenkreis muss vielmehr ausgedehnt, aber weder individuell, noch der Zahl nach beschränkt sein.[296]

Zur näheren Bestimmung des Begriffs Öffentlichkeit kann man auf die Definition in § 15 Abs. 3 UrhG zurückgreifen.[297] Danach ist eine Wiedergabe öffentlich, wenn sie für eine Mehrzahl von Mitgliedern der Öffentlichkeit bestimmt ist. Zur Öffentlichkeit gehört jeder, der nicht mit demjenigen, der das Werk verwertet, oder mit den anderen Personen, denen das Werk in unkörperlicher Form wahrnehmbar oder zugänglich gemacht wird, durch persönliche Beziehungen verbunden ist. Nach diesen Grundsätzen liegt eine öffentliche Zurschaustellung im Sinne des § 22 S. 1 KUG vor, wenn sie gegenüber mehreren Personen erfolgt, außer dieser Personenkreis ist bestimmt abgegrenzt und die Personen sind durch gegenseitige Beziehungen oder Beziehungen zum Veranstalter persönlich untereinander verbunden.[298] Das Herumzeigen unter Arbeitskollegen kann das Merkmal der Öffentlichkeit jedoch erfüllen.[299] Denn es steht nicht zwangsläufig fest, dass Arbeitskollegen auch persönlich untereinander verbunden sind.

Anders als bei der Verbreitungshandlung kann der Begriff des Zurschaustellens auch urheberrechtlich verstanden werden. Daher stellt insbesondere die Wiedergabe in Film und Fernsehen sowie die Wiedergabe im Internet im Sinne von § 19a UrhG, ein Zurschaustellen dar.[300]

Problematisch, da bislang gerichtlich nicht entschieden, ist die Frage, wann im Rahmen sozialer Netzwerke eine öffentliche Zurschaustellung von Bildnissen

294 *Specht*, in: Dreier/Schulze, Urheberrechtsgesetz, § 22 KUG Rn. 10.
295 *Specht,* in: Dreier/Schulze, Urheberrechtsgesetz, § 22 KUG Rn. 10.
296 *Hager*, in: Staudinger, BGB, C. Das Persönlichkeitsrecht, Rn. 157.
297 *Specht*, in: Dreier/Schulze, Urheberrechtsgesetz, § 22 KUG Rn. 10; *Tausch,* Persönlichkeitsrechtsverletzung, S. 82.
298 *Engels*, in: BeckOK Urheberrecht, § 22 KUG Rn. 54.
299 LG Oldenburg, Urt. v. 21.04.1988 – 5 S 1656/87, GRUR 1988, 694 (695) – Grillfest.
300 *Engels,* in: BeckOK Urheberrecht, § 22 KUG Rn. 54.

angenommen werden muss.[301] Dabei besteht gerade hier die Gefahr, dass Nutzer außer ihren eigenen Profilbildern auch Bildnisse anderer Personen mit einstellen, auf ihrem Profil sichtbar machen und dabei nicht selten eine beachtliche Reichweite erreichen.[302] Da in den Profileinstellungen die Sichtbarkeit dieser Bildnisse für bestimmte Personen eingeschränkt werden kann, ist die Frage, ob durch das Hochladen an sich bereits eine Zurschaustellung stattfindet, pauschal nicht zu beantworten.

Im Zusammenhang mit der Haftung für Hyperlinks ist zu klären, ob eine öffentliche Zurschaustellung im Sinne des § 22 S. 1 KUG auch dann vorliegt, wenn lediglich eine Verlinkung auf ein auf einer anderen Website vorgehaltenes Bildnis vorgenommen wird.[303] Die vorzugswürdige Meinung geht davon aus, dass dies nicht der Fall sei. Schließlich mache derjenige, der einen Hyperlink setzt, nur das Auffinden eines Bildnisses möglich, ohne dieses zugleich selbst zur Schau zu stellen. Demjenigen, der verlinkt, sei es in den meisten Fällen schwer möglich, oder zumindest unzumutbar, zu überprüfen, ob alle Bildnisse auf der Website, auf die sich die Verlinkung bezieht, rechtmäßig veröffentlicht, also von einer Einwilligung des Abgebildeten gedeckt sind.[304] Aus diesem Grund könne durch das schlichte Setzen eines Hyperlinks keine Verletzung des Rechts am eigenen Bild begründet werden.[305]

---

301 *Engels*, in: BeckOK Urheberrecht, § 22 KUG Rn. 54; *Ohly*, AfP 2011, 428 (430); zu dieser Problematik eingehend *Piltz*, Soziale Netzwerke, S. 193 ff. sowie *Tausch*, Persönlichkeitsrechtsverletzung, S. 84 ff.

302 Zu einer differenzierten Betrachtung des Begriffs „öffentlich" im Rahmen sozialer Netzwerke siehe *Piltz*, Soziale Netzwerke, S. 194 ff, der eine öffentliche Zurschaustellung im Sinne des § 22 S. 1 KUG nur dann annimmt, wenn das Bildnis über den Kreis der direkten eigenen „Freunde" hinaus weiteren Personen zugänglich gemacht wird. Ob dieses Verständnis im Hinblick auf die Tatsache, dass auch der eigene „online Freundeskreis" eine erhebliche Anzahl von Personen erhalten kann, zielführend ist, ist fraglich; kritisch zu dieser Sichtweise auch *Tausch*, Persönlichkeitsrechtsverletzung, S. 87 ff; siehe außerdem *Vetter*, AfP 2017, 127 (130).

303 Siehe hierzu *Petershagen*, NJW 2011, 705, der in dem Setzen von Hyperlinks keine öffentliche Zurschaustellung im Sinne des § 22 S. 1 KUG sieht, sowie *Tausch*, Persönlichkeitsrechtsverletzung, S. 81.

304 *Wimmers/Schulz*, K&R 2007, 533 (534).

305 *Ohrmann*, Der Schutz der Persönlichkeit in Online-Medien, S. 54.

III. Exkurs und Abgrenzung: Das (unbefugte) Herstellen eines Bildnisses

Umstritten ist, ob der Wortlaut des § 22 S. 1 KUG auch die bloße Aufnahme eines Bildnisses verbietet. Dies ist mit der herrschenden Meinung abzulehnen. Dafür spricht vor allem das strafrechtliche Analogieverbot. Abzulehnen ist demnach die Auffassung, die eigenmächtige Herstellung eines Bildnisses sei insofern von § 22 S. 1 KUG erfasst, als dass die Verbreitung hierdurch vorbereitet werde.[306] Die sich hieraus ergebende Schutzlücke sollte durch das im Jahr 1959 geplante, aber nie verabschiedete, Persönlichkeitsrechtsschutzgesetz[307] geschlossen werden. Nach dem Scheitern dieser Gesetzesinitiative sind in den deutschen Gesetzen nur ganz vereinzelt positivrechtliche Bestimmungen im Bereich der Bildnisanfertigung aufgenommen worden. Solche finden sich etwa in §§ 81b und 100c StPO, 46 OWIG, 3 Ausländergesetz und 12a Versammlungsgesetz. Zudem sind nach § 169 GVG Ton- und Filmaufnahmen zum Zwecke der öffentlichen Vorführung oder der Veröffentlichung ihres Inhalts während einer Gerichtsverhandlung nicht statthaft.

Denkbar ist allerdings, dass das Herstellen des Bildnisses das allgemeine Persönlichkeitsrecht des Abgebildeten verletzt. Dies ist insbesondere bei heimlichen Aufnahmen der Fall.[308] Letztlich ist die Frage, ob und in welchem Umfang bereits die bloße Herstellung eines Bildnisses einen rechtswidrigen Eingriff in das Persönlichkeitsrecht des Betroffenen darstellt, eine Einzelfallentscheidung, die nur unter Würdigung aller Umstände, sowie der Vornahme einer Güter- und Interessensabwägung, die alle rechtlichen und insbesondere auch die verfassungsrechtlichen Positionen der Beteiligten berücksichtigt, ermittelt werden kann.[309]

Im Anwendungsbereich der Datenschutzgrundverordnung stellt das Herstellen eines Personenfotos eine Verarbeitung personenbezogener Daten dar, sodass hierfür ein Verbot mit Erlaubnisvorbehalt gilt. Nach der sog. Haushaltsausnahme des Art. 2 Abs. 2 lit. c DSGVO gilt die Datenschutzgrundverordnung aber nicht, wenn die Bildaufnahme durch eine natürliche Person zur Ausübung persönlicher oder familiärer Tätigkeiten geschossen wird. Nach Erwägungsgrund

---

306 So OLG Oldenburg, Urt. v. 18.01.1963- 1 Ss 323/62, NJW 1963, 920, ablehnend OLG Hamburg, Urt v. 14.04.1972 – 1 Ws 84/72, NJW 1972, 1290.

307 BT-Drucks. 3/1237.

308 *Ernst*, AfP 2015 401-407.

309 *Von Strobl-Albeg*, in: *Wenzel*, Bildberichterstattung, Kapitel 7 Rn. 28; siehe zur Darstellung des Streitstands, wann bereits die Herstellung einer Personenaufnahme als rechtswidrig anzusehen ist, *Tausch*, Persönlichkeitsrechtsverletzung, S. 138.

18 zur Datenschutzgrundverordnung könnte die Nutzung sozialer Netze und Onlinetätigkeiten als eine solche persönliche oder familiäre Tätigkeit gelten. Dies wird wohl auch davon abhängig gemacht werden müssen, ob der Account öffentlich zugänglich ist und wie hoch die Reichweite (Anzahl der „Freunde" oder „Follower") ist.

IV. Zwischenergebnis

Die jeweilige Form der Verbreitung oder öffentlichen Zurschaustellung kann das Recht am eigenen Bild unterschiedlich stark tangieren. So ist etwa ein Fernsehbeitrag aufgrund der besonders großen Reichweite im Hinblick auf eine Persönlichkeitsrechtsverletzung des Betroffenen als schwerwiegender einzustufen, als eine Publizierung in und über andere Medien.[310] Auch dieser Umstand muss im Rahmen einer etwaigen vorzunehmenden Interessensabwägung im Rahmen der Prüfung des Widerrufsrechts berücksichtigt werden.

E) Das Recht am eigenen Bild als Vermögensrecht

Die Einordnung des Rechts am eigenen Bild als ein besonderes Persönlichkeitsrecht wirft die Frage auf, ob es damit zugleich dem Schutz materieller Interessen dienen kann, insoweit also auch Vermögensrecht ist. Für die vorliegende Arbeit ist die damit verbundene rechtliche Einordnung bedeutsam, da bei einer Zulässigkeit der Verwertung der vermögensrechtlichen Aspekte des Rechts am eigenen Bild die Auswirkungen auf den Einwilligungswiderruf geklärt werden müssen. Denn nach vorangegangener kommerzieller Verwertung können sich im Zuge eines Widerrufs der Einwilligung Rückabwicklungsschwierigkeiten mit zum Teil gravierenden finanziellen Folgen ergeben. Dies betrifft in erster Linie Fallkonstellationen, in denen Einwilligungen gegen ein entsprechendes Entgelt erteilt worden sind. Muss beispielsweise ein Fotomodel bei unterstellt wirksamen Widerruf der Einwilligung die erhaltene Vergütung zurückzahlen und wenn ja, in welcher Höhe? Korrespondiert die Höhe eines etwaigen Rückzahlungsanspruchs mit der Dauer, die der Einwilligungsempfänger das Bildnis tatsächlich nutzen konnte? Mit der Problematik um einen etwaigen Vermögensgehalt des Rechts am eigenen Bild hängt außerdem die Frage zusammen, ob derjenige, der trotz wirksamen Widerrufs das Bildnis bzw. die Aufnahmen unbefugt weiterverwendet, die hieraus erlangten Vorteile behalten darf, oder ob der Verletzte an den Vorteilen in irgendeiner Form beteiligt werden muss. Die Qualifizierung des

310 Vgl. *Beater*, Medienrecht, Rn. 1311.

Rechts am eigenen Bild als Vermögensrecht wirft daneben auch ganz grundsätzlich die Frage auf, ob zur Sicherung seiner Verkehrsfähigkeit der Widerruf einer Einwilligung ganz ausgeschlossen sein muss. Denn es scheint gerechtfertigt, dass derjenige, der seine Persönlichkeitsrechte kommerziell verwerten lässt, sich grundsätzlich dem Prinzip des pacta sunt servanda[311] unterwerfen muss.[312] Zum Teil wird dementsprechend die grundsätzliche Unwiderruflichkeit einer Einwilligung nach § 22 S. 1 KUG mit Blick auf ihre Kommerzialisierung begründet.[313]

Für die Beantwortung der oben aufgeworfenen Fragen ist die Einordnung des Rechts am eigenen Bild als Vermögensrecht unumgänglich. Dabei ist es nicht nur erforderlich zu klären, was genau Gegenstand der kommerziellen Verwertung beim Recht am eigenen Bild ist, sondern es muss darüber hinaus bestimmt werden, auf welche Art und Weise eine entsprechende Nutzung des Bildnisses durch Dritte rechtlich ausgestaltet sein kann. Nur so ist es möglich, einen geeigneten Ansatz für eine Berechnung der im Einzelfall rückabzuwickelnden Kosten zu finden.

I. Gegenstand der kommerziellen Verwertung beim Recht am eigenen Bild

Um zu klären, ob Persönlichkeitsrechte zugleich als Vermögensrechte begriffen werden können, ist zunächst zu untersuchen, was unter dem Begriff „Vermögen" in rechtlicher Hinsicht zu verstehen ist. Ein einheitlicher Vermögensbegriff kann in der Rechtsordnung nicht ausgemacht werden. Dies, weil sich Inhalt und Tragweite an der Funktion des jeweiligen Rechtsgebiets beziehungsweise der jeweiligen Norm orientieren.[314] Ganz grundsätzlich versteht man unter Vermögen die Summe alle geldwerten Rechte und Güter einer Person, mithin alle rechtlich geschützten Positionen von wirtschaftlichem Wert.[315] Kann dem Recht am eigenen Bild ein Vermögenswert im Sinne dieser Definition zukommen?

Neben dem Gebrauch eines Bildnisses zu Werbezwecken ist es auch denkbar, dass das wirtschaftliche Interesse der abgebildeten Person sich auf eine andere Verwertungsart, nämlich die Einsetzung des Bildnisses zur Kennzeichnung bestimmter Waren oder Dienstleistungen richtet.[316] Nach § 3 MarkenG ist es

311 Zum Begriff siehe *Weller*, Vertragstreue, S. 37 f.

312 *Götting*, Persönlichkeitsrechte als Vermögensrechte, S. 150.

313 *Götting*, in: Schricker/Loewenheim, Urheberrecht, § 22 KUG Rn. 41.

314 *Köhler*, BGB AT, § 22 Rn. 9, *Medicus/Petersen*, BGB AT, Rn. 1198.

315 BGHZ 89, 137 (140); *Köhler*, BGB AT, § 22 Rn. 9, *Medicus/Petersen*, BGB AT, Rn. 1198.

316 *Temuulen*, Das Recht am eigenen Bild, S. 144 f.

zulässig, das Bild einer Person als Bestandteil der Marke zu verwenden. Dies wirft unweigerlich die Frage auf, ob das Abbild mit der Person untrennbar verbunden ist, oder als selbstständiger Gegenstand erachtet werden muss, der einen gewissen Grad an Verkehrsfähigkeit besitzt.

Nicht einheitlich beurteilt wird schon die Frage, was genau Gegenstand der kommerziellen Verwertung beim eigenen Bildnis ist. Wichtig ist zunächst die Unterscheidung zwischen Personen (Rechtssubjekte) und Gegenständen (Rechtsobjekte). Verfügungsgegenstand kann schon aufgrund der Menschenwürde niemals die menschliche Person selbst sein.[317] Gegenstand im Sinne des zivilrechtlichen Verständnisses ist alles, was nicht Bestandteil der Persönlichkeit ist und als abgrenzbares Etwas außerhalb der Person steht.[318] Die Persönlichkeit ist dementsprechend kein außerhalb der Person stehender Gegenstand, sondern wesentlicher Bestandteil der Person selbst. Dagegen ist das Abbild der Person und damit auch das durch dieses geformte Persönlichkeitsrecht ein Gegenstand im Sinne des Bürgerlichen Gesetzbuchs.[319] Vor diesem Hintergrund wird vereinzelt auf das Persönlichkeitsbild im Sinne eines Images, welches die Person in der Gesellschaft genießt, als Gegenstand der kommerziellen Nutzung abgestellt.[320] Dieses von der Persönlichkeit zu unterscheidende Persönlichkeitsbild, also der Eindruck, den die Persönlichkeit bei den Mitmenschen erzeugt, soll ein vermögenswertes Persönlichkeitsgut darstellen. Nur in Bezug auf dieses stehe dem Einzelnen ein Persönlichkeitsgüterrecht zu, welches vermögensrechtlich geschützt sei. Ein Recht zur wirtschaftlichen Verwertung der eigenen Persönlichkeit bestehe dagegen nicht.[321]

Das Image bzw. die Prominenz einer Person scheint jedoch als Anknüpfungspunkt für eine vermögensrechtliche Zuweisung nicht schon deshalb ungeeignet, weil es im Einzelfall schwierig zu bestimmen ist, welches Image eine Person aufweist und ab wann eine Person prominent ist.[322] Es sind vielmehr die Kennzeichen einer Person beziehungsweise alle die Person betreffenden Informationen, wie etwa ihr Bildnis, der Name, ihre Stimme, ihre Lebensgeschichte, schlechthin all die Person betreffenden Informationen, die sich im Einzelfall als wirtschaftlich

---

317 *Forkel*, GRUR 1988, 491 (498).

318 *Beuthien/Schmölz*, Persönlichkeitsschutz, S. 19.

319 *Beuthien/Schmölz*, Persönlichkeitsschutz, S. 24.

320 *Beuthien*, NJW 2003, 1220 (1222).

321 Vgl. *Beuthien*, NJW 2003, 1220 (1222); näher dazu *Beuthien/Schmölz*, Persönlichkeitsschutz, S. 25 ff.

322 *Ahn*, Die Zuweisung, S. 30.

wertvoll erweisen können.[323] Verwertende Unternehmen greifen daher nur mittelbar auf das Persönlichkeitsbild bzw. Image der abgebildeten Person zu, dass als solches mit dem Bildnis verbunden ist, indem sie dieses Identitätsmerkmal verwenden.[324]

Das Verständnis, das dem Recht am eigenen Bild ein Vermögenswert zukommen kann, mag schwerfallen, weil es im Unterschied zu herkömmlichen Waren, Dienstleistungen oder künstlerischen Werken nicht das Ergebnis eines Arbeitsprozesses innerhalb einer bestimmten Arbeitszeit ist. Das Abbild einer Person ist vielmehr Ergebnis einer individuellen Produktion und Reproduktion eines Menschen.[325] Dennoch unterliegt es den gleichen Bedingungen von Angebot und Nachfrage und wird als unkörperliche Ware kommerzialisiert, etwa in dem es gegen eine Vergütung genutzt oder „verkauft" werden kann.[326] Persönlichen Daten kommt ein wirtschaftlicher Wert zu, denn über die vermögensrechtliche Qualität entscheidet in erster Linie der Marktmechanismus, und nicht das Recht.[327]

II. Persönlichkeitsrechte als Vermögensrechte?

Die Tatsache, dass als Ergebnis der obenstehenden Ausführungen festgehalten werden kann, dass dem Recht am eigenen Bild als solchem ein Vermögenswert zukommt, bedeutet nicht zwangsläufig, dass dieser auch dem Schutz der Rechtsordnung untersteht.[328]

1. Dogma der Unverzichtbarkeit, Unveräußerlichkeit und Unübertragbarkeit

Die gesetzliche Regelung des § 22 S. 1 KUG selbst sieht keine Beschränkung auf bestimmte Interessen vor, sondern gewährt dem Abgebildeten unabhängig von seinen Motiven die Entscheidungsbefugnis hinsichtlich der Veröffentlichung und Verbreitung seines Bildnisses. § 22 S. 2 KUG begründet sogar eine gesetzliche Fiktion indem statuiert wird, dass eine Einwilligung im Zweifel als erteilt

323 *Rixecker*, in: MünchKomm BGB, Anhang § 12 Rn. 3; *Unseld* spricht in diesem Zusammenhang von einer Kommerzialisierung personenbezogener Daten, GRUR 2011, 982.

324 Siehe hierzu *Ahn*, Zuweisungsgehalt, S. 45; *Freitag*, GRUR 1994, 345 (348); *Götting*, GRUR 2004, 801 (804).

325 *Wandtke*, MMR 2017, 6, (8).

326 *Wandtke*, MMR 2017, 6, (8).

327 *Wandtke*, MMR 2017, 6, (8).

328 So auch *Peukert*, ZUM 2000, 710 (713)

gilt, wenn der Abgebildete dafür, dass er sich abbilden ließ, eine Entlohnung erhalten hat.

Dennoch ist nach dem allgemeinen Rechtsbewusstsein und teilweise in der Rechtsdogmatik (wohl auf die Naturrechtslehre Kants zurückgehend) das Verständnis verankert, dass Persönlichkeitsrechte den „antithetischen Gegensatz" zu Vermögensrechten darstellen.[329] Sie seien nicht dem Schutz gegenständlicher, materieller Werte zu dienen bestimmt, sondern bezögen sich auf immaterielle und ideelle Güter wie die Ehre, das Ansehen und die Privatsphäre des Einzelnen.[330] Hieraus resultierte die Annahme, dass eine „unauflösliche Verknüpfung" der geschützten Rechtsgüter mit der Person bestehe, weshalb Persönlichkeitsrechte generell als unverzichtbar, unveräußerlich und demnach auch unübertragbar galten.[331] Das Recht am eigenen Bild wurde von dieser Annahme nicht ausgenommen.[332] Dennoch gab es schon früh Stimmen, die dieses unumstößliche Dogma infrage stellten.[333] Bereits 1895 stellte etwa der bedeutende Persönlichkeitsrechtsforscher Gierke fest, dass manche Persönlichkeitsrechte zugleich auch Vermögensrechte seien.[334] Auch Keyssner, der das Recht am eigenen Bild als Herrschaftsrecht einordnete, bejahte, an dieses Verständnis anknüpfend, eine vermögensrechtliche Komponente desselben.[335]

2. *Wandel der Anschauungen über die Qualifizierung von Persönlichkeitsrechten als Vermögensrechte*

Aus heutiger Sicht lässt sich die These einer Unvereinbarkeit von persönlichkeitsrechtlichen und vermögensrechtlichen Aspekten in einem Rechtsgut nicht mehr aufrechterhalten.[336]

Der Wandel der Anschauungen über das Verhältnis von Persönlichkeits- und Vermögensrechten ging vor allem mit den fortschreitenden technischen

329 Vgl. *Krneta*, GRUR Int 1996, 298 (299).

330 *Götting*, Persönlichkeitsrechte als Vermögensrechte, S. 6.

331 *Götting*, Persönlichkeitsrechte als Vermögensrechte, S. 1.

332 Siehe hierzu *Krneta*, GRUR Int 1996, 298.

333 Vgl. etwa Keyßner, Das Recht am eigenen Bilde, S. 26.

334 *Von Gierke*, Deutsches Privatrecht, 1. Bd. S. 706.

335 *Keyssner*, Das Recht am eigenen Bilde, S. 26.

336 Tatsächlich ergab sich bereits aus den Entscheidungen, welche die Impulse für die Normierung des § 22 KUG setzten, dass das Recht am eigenen Bild keinesfalls lediglich ideeller Natur ist, siehe hierzu die beispielhafte Aufzählung bei *Krneta*, GRUR Int 1996, 298 (299).

Möglichkeiten sowie der zunehmenden Vermarktung des Bildnisses Prominenter einher.[337] Die sog. Leitbildwerbung mit diversen Stars und berühmten Persönlichkeiten aus verschiedenen Bereichen hat insoweit zu einer Interessensverschiebung geführt.[338] Es ließ sich nicht mehr bestreiten, dass etwa der Name und das Bildnis unter Umständen einen erheblichen Vermögenswert besitzen können.[339] Heute ist die Vermarktung der Persönlichkeit durch Massenmedien ein alltägliches Phänomen geworden.[340] Die Vermarktung von Identitätsmerkmalen wie dem eigenen Konterfei ist so weit verbreitet, dass nicht nur Prominente, sondern selbst Normalbürger hiervon betroffen sind bzw. von einer kommerziellen Verwertung Gebrauch machen. Bildnisse sind zu einer handelbaren Ware geworden.[341] Die wesentlichsten Verwertungsformen hierbei sind Werbung, Merchandising und Erzeugnisse der Massenmedien.[342]

Schon lange geht es daher nicht um das „Ob" der Kommerzialisierung, sondern vielmehr um die Frage, wer befugt ist, wie und in welchem Ausmaß über die Kommerzialisierung zu entscheiden.[343]

3. *Anerkennung des Vermögenswerts des Rechts am eigenen Bild durch den BGH*

Letztlich war es der BGH, der den Vermögenswert des Rechts am eigenen Bild ausdrücklich anerkannt hat.[344] So war in der Mephisto-Entscheidung des BGH davon die Rede, dass *„das Persönlichkeitsrecht auch vermögenswerte Bestandteile"* aufweise und in der Paul-Dahlke-Entscheidung hat der BGH das Recht am eigenen Bild als *„vermögenswertes Ausschließlichkeitsrecht"* bezeichnet.[345] Aber erst durch die „Marlene Diedrich Entscheidung"[346] und die parallel hierzu ergangene „Der Blaue Engel Entscheidung"[347] wurde erstmals ausdrücklich

337 Siehe zu verschiedenen Erscheinungsformen der wirtschaftlichen Nutzung von Bildnissen Prominenter *Schertz*, AfP 2000, 495.

338 *Götting*, Persönlichkeitsrechte als Vermögensrechte, S. 1.

339 *Götting*, Persönlichkeitsrechte als Vermögensrechte, S. 7.

340 *Ahn*, Zuweisungsgehalt, S. 21; *Beuthien/Schmölz*, Persönlichkeitsschutz, S. 1.

341 Vgl. *Götting*, in: Götting/Lauber-Rönsberg, Aktuelle Entwicklungen, S. 12.

342 *Ahn*, Zuweisungsgehalt, S. 22.

343 *Götting*, in: Götting/Lauber-Rönsberg, Aktuelle Entwicklungen, S. 12.

344 Kritisch hierzu *Heitmann*, Der Schutz der materiellen Interessen, S. 63; sowie *Mestmäcker*, JZ 1958, 521, (525).

345 BGHZ 20, 345 (345 ff.) – Paul Dahlke.

346 BGHZ 143, 214 – Marlene Dietrich.

347 BGH, Urt. v. 01.12.1999 – I ZR 226/97, ZUM 2000, 589 – Der blaue Engel.

klargestellt, dass das allgemeine Persönlichkeitsrecht und auch seine besonderen Ausprägungen einen vermögensrechtlichen Gehalt aufweisen, da sie neben dem Schutz ideeller Interessen zugleich auch die vermögenswerten Interessen einer Person schützen sollen.[348] Begründet wurde diese Entscheidung unter anderem mit der aus der Kommerzialisierung resultierenden Ablösung der vermögenswerten Bestandteile des Persönlichkeitsrechts.[349] Damit steht bis heute fest, dass die Begriffe Persönlichkeitsrecht und Vermögensrecht keine gegenläufige, sich ausschließende Bedeutung haben, sondern sich ein und dasselbe Recht vielmehr beiden Kategorien zuordnen lässt.[350] Das allgemeine Persönlichkeitsrecht, wie auch das Recht am eigenen Bild, schützen damit auch die vermögenswerten Interessen der Person.[351] Damit ist ein Recht auf kommerzielle Selbstbestimmung anerkannt.[352]

III. Die Vererblichkeit des Rechts am eigenen Bild

Der Umstand, dass das Recht am eigenen Bild vermögenswerte Bestandteile enthält, wirft die Frage nach ihrem Schicksal, insbesondere nach dem Tod des Abgebildeten auf. Eine Regelung hierzu ist im Kunsturhebergesetz nicht aufgenommen worden. Allerdings wird heute eine Vererbbarkeit als Ausschnitt der vermögenswerten Teile des postmortalen Persönlichkeitsrechts angenommen.[353]

Seit der Marlene-Dietrich Entscheidung ist anerkannt, dass die vermögenswerten Bestandteile des (besonderen) Persönlichkeitsrechts vererblich sind und von den jeweiligen Erben in vollem Umfang wie Nutzungsrechte geltend gemacht werden können. Das tragende Argument hierfür in dieser Entscheidung war, dass die Anerkennung der Vererblichkeit geboten sei, um den Schutz gegenüber einer kommerziellen Nutzung von Namen, Bildnis und sonstigen Persönlichkeitsmerkmalen des Verstorbenen durch Nichtberechtigte sicherzustellen.

---

348 *Ahrens*, in: FS für Erdmann, S. 3; *Brändel*, in: FS für Erdmann, S. 50; *Götting*, NJW 2001, 585; *Jung*, AfP 2005, 323; *Reber*, ZUM 2004, 708 (709).

349 Kritisch zu dieser Entscheidung *Helle*, AfP 2013, 288 (296), der vor allem einen Widerspruch zu § 22 S. 3 und 4 KUG sieht.

350 *Götting*, NJW 2001, 585.

351 *Götting*, Persönlichkeitsrechte als Vermögensrechte, S. 134 ff; *Beater*, Medienrecht, Rn. 393.

352 *Beater*, Medienrecht, Rn. 393.

353 *Götting*, in: Schricker/Loewenheim, Urheberrecht, § 22 KUG Rn. 62; *Engels*, in: BeckOK Urheberrecht, § 22 KUG Rn. 62.

Zutreffend geht die herrschende Meinung auch heute von einer Vererblichkeit der vermögenswerten Komponente des allgemeinen Persönlichkeitsrechts wie auch des Rechts am eigenen Bild aus.[354] Da nach § 1922 BGB grundsätzlich alle Vermögenswerte vererblich sind, ist es nur stringent, auch die vermögensrechtlichen Bestandteile des allgemeinen Persönlichkeitsrechts und insbesondere auch des Rechts am eigenen Bild den erbrechtlichen Grundsätzen zu unterwerfen.[355] Dieser Umstand ist jedoch im Hinblick auf die Regelung des § 22 S. 3 KUG nicht unproblematisch. Dieser Vorschrift entsprechend bedarf es bis zum Ablauf von zehn Jahren nach dem Tod des Abgebildeten hinsichtlich einer etwaigen Verbreitung oder Veröffentlichung des Bildnisses eines verstorbenen Abgebildeten der Einwilligung seiner Angehörigen.[356] Während nach dieser Vorschrift also die Angehörigen zur Wahrnehmung der nachwirkenden ideellen Interessen des Verstorbenen befugt sind, geht die vermögensrechtliche Komponente des (besonderen) Persönlichkeitsrechts auf die Erben über. Hieraus resultiert ein „post mortem Dualismus" hinsichtlich der Anspruchsberechtigung im Verletzungsfall.[357] Möchte ein Dritter das Bildnis des Verstorbenen nutzen, besteht für die Dauer von zehn Jahren insoweit ein Abstimmungserfordernis zwischen Erben, Angehörigen und dem verwertungswilligen Dritten.[358] Dieser Umstand zieht auch im Hinblick auf einen möglichen Einwilligungswiderruf eine komplizierte Rechtslage nach sich, wenn nämlich die vermögenswerten Aspekte betroffen sind.[359]

IV. Die Übertragbarkeit des Rechts am eigenen Bild

1. *Thematik in der Rechtsprechung bislang offengelassen*

Fraglich und vom BGH bislang offen gelassen worden ist dagegen, ob die vermögenswerten Teile des Persönlichkeitsrechts durch Rechtsgeschäft unter Lebenden übertragen werden können. Das hätte zwangsläufig für den Widerruf

---

354 *Seifert*, NJW 1999, 1889 (1895).

355 Der BGH begründet das Gebot der Vererblichkeit in der Marlene Dietrich Entscheidung nicht mit einer Subsumtion unter den Vermögensbegriff im Sinne des § 1922 BGB, sondern stellt allein auf den Schutz des postmortalen Persönlichkeitsrechts ab.

356 In § 22 S. 4 KUG ist definiert, wer als Angehöriger im Sinne der Norm gilt.

357 Siehe hierzu Brändel, in: FS für Erdmann, S. 58 f.; *Jung*, AfP 2005, 317 (318).

358 *Jung*, AfP 2005, 317 (321).

359 Noch komplizierter kann es unter Umständen werden, wenn neben den Angehörigen durch Bevollmächtigung noch eine weitere Person einwilligungsbefugt ist. Siehe zu dieser Konstellation ausführlich *Müller*, ZUM 2002, 202.

einer Einwilligung zur Gestattung der kommerziellen Nutzung des Bildnisses Auswirkungen.

In der Marlene-Dietrich Entscheidung hat der BGH zwar die vermögenswerte Komponente des Rechts am eigenen Bild ausdrücklich anerkannt, sich jedoch nicht zur Frage der Übertragbarkeit seiner vermögenswerten Bestandteile zu Lebzeiten des Abgebildeten geäußert. Gelegenheit zur Klarstellung hätte der BGH in der NENA-Entscheidung gehabt. Dort musste er sich mit einem Vertrag befassen, in dem die Musikerin zum Zwecke des Merchandisings einer Gesellschaft sämtliche Rechte für die kommerzielle Nutzung ihres *„akustischen und optischen Umfeldes erforderlichen Rechte, insbesondere das Recht am eigenen Bild* (...)" übertrug. Die Gesellschaft schloss hierzu mit Herstellern von Fanartikeln entgeltliche Lizenzverträge ab, damit diese ihre Produkte mit dem Abbild Nenas bedrucken konnten. Die Beklagte in diesem Rechtsstreit bot solche Artikel jedoch eigenmächtig, also ohne Einwilligung Nenas oder der betrauten Gesellschaft an, sodass sie von der Gesellschaft auf Entschädigung in Höhe der Mindestlizenzgebühr, die die Lizenzbewerber für gewöhnlich zu entrichten haben, in Anspruch genommen wurde. Der Klage wurde stattgegeben und § 812 BGB als Anspruchsgrundlage herangezogen. Dabei betonte der BGH, dass es um eine Forderung auf Zahlung einer Gebühr wegen der unerlaubten Auswertung des Bildnisses von Nena gehe und es dabei auf die umstrittene Frage, ob die Übertragung des Rechts am eigenen Bild wegen seines Rechtscharakters als Persönlichkeitsrecht ausgeschlossen sei, nicht ankäme. Der BGH hat zu der Frage, ob die Gesellschaft auch mit Erfolg einen Unterlassungsanspruch gegen den Verletzer hätte geltend machen, können in dieser Entscheidung ausgeklammert. Eine Unterlassungsklage hätte nur Erfolg haben können, wenn man das Recht am eigenen Bild an sich als übertragbar ansieht und zumindest die Möglichkeit bejaht, dass andere wirksam zur Rechtsausübung ermächtigt werden können, denn Unterlassungsansprüche selbst sind gerade nicht übertragbar.

Damit ist bis heute nicht höchstrichterlich geklärt, inwieweit Persönlichkeitsrechte übertragbar sind oder zumindest gegenständliche Nutzungsrechte an ihnen eingeräumt werden können.[360] Anerkannt ist lediglich, dass die vermögenswerten Bestandteile des Persönlichkeitsrechts nicht in gleicher Weise unauflöslich an die Person des Rechtsträgers gebunden sind, wie die ideellen Bestandteile desselben Rechts.[361] Für die vorliegende Arbeit ist die Klärung

360 Übertragbarkeit bejahend: OLG Karlsruhe, Urt. v. 31.03.1983 – 4 U 179/81, BeckRS 2010, 9609; verneinend: wohl *Schack*, AcP 1995, 594 (600); *Helle*, Besondere Persönlichkeitsrechte, S. 51 f.

361 *Specht*, in: Dreier/Schulze, Urheberrechtsgesetz, § 22 KUG Rn. 36.

solcher Rechtsfragen durchaus von Bedeutung, da sie unweigerlich mit der Frage, welche Konsequenz eine vertragliche Einräumung an Berechtigungen für ein etwaiges Widerrufsrecht haben könnte, zusammenhängen. Insbesondere muss geprüft werden, ob die Übertragbarkeit der vermögenswerten Bestandteile des Persönlichkeitsrechts dazu führt, dass ein etwaiger Zessionar als Widerrufsberechtigter erachtet werden muss.

2. *Auseinandersetzung mit dem Begriff der Übertragbarkeit*

Auf der Suche nach der dogmatisch vorzugswürdigen Lösung muss untersucht werden, wie der Begriff der Übertragung beim Recht am eigenen Bild zu verstehen ist. [362] Ausgangspunkt der nachstehenden Überlegungen ist dabei die Unterscheidung zwischen translativen und konstitutiven Rechtsübertragungen. Die translative Übertragung geht mit einem vollständigen Rechtsverlust am Gegenstand einher, während bei einer lediglich konstitutiven Übertragung ein mit dem Mutterrecht weiterhin verbundenes Tochterrecht entsteht.[363] Aufgrund dieser natürlichen Verbundenheit darf der Erwerber des konstitutiv übertragenen Rechts seine hieraus abgeleiteten Befugnisse nur unter Berücksichtigung der Interessen des Mutterrechtsinhabers ausüben.[364]

Vom Ergebnis her muss es vor dem Hintergrund der zunehmenden Kommerzialisierung und auch dem Umstand, dass insbesondere berühmte Personen ein anerkennenswertes Interesse daran haben, ihre durch Leistung erlangte Popularität und Bekanntheit in irgendeiner Weise wirtschaftlich zu verwerten, zumindest die Einräumung einer Nutzungsbefugnis als vermögensrechtliche Komponente möglich sein, der eine dingliche bzw. quasi-dingliche Wirkung zukommt.[365]

Heutzutage werden im Bereich des Personenmerchandisings[366] zur Verwertung von Bildnissen mit Verlegern, Herausgebern und sonstigen Unternehmern oftmals Lizenzverträge, Agenturverträge oder Exklusivverträge geschlossen.[367]

Unstrittig ist wohl, dass der Rechtsinhaber hinsichtlich der Verwertung seines Persönlichkeitsrechts schuldrechtlich wirksame (Lizenz-)Verträge schließen, mittels welcher er etwa die Kommerzialisierung seines Bildnisses vornehmen kann.[368]

---

362 Siehe auch *Unseld,* GRUR 2011, 982 (983).

363 Vgl. *Unseld,* GRUR 2011, 982 (983).

364 *Forkel,* Gebundene Rechtsübertragung, S. 39 ff.; *Unseld,* GRUR 2011, 982 (983).

365 *Hubmann,* Das Persönlichkeitsrecht, S. 221; *Ullmann,* AfP 1999, 209 (210).

366 *Seitz,* NJW 1999, 1940.

367 *Unseld,* GRUR 2011, 982; siehe speziell zu diversen Verträgen und Vertagstypen bei (bezahlten) Models *Kötz/Gabriel-Jürgens,* Honorare und Recht für Models, Kapitel 1.7.

368 So etwa *Jung,* AfP 2005, 317.

Es geht also gar nicht darum, dingliche Rechte am „immaterialgüterrechtsfähigen Gegenstand“ der Person oder Persönlichkeit zu erlangen, es werden lediglich Rechte zur Nutzung personenbezogener Daten, wie dem Bildnis, erteilt.[369]

Vorzugswürdig erscheint vor diesem Hintergrund Forkels Modell von einer „gebundenen“. Nach diesem können Persönlichkeitsrechte zwar nicht unbeschränkt vollständig übertragen werden, jedoch Teilrechte in Form von Nutzungsbefugnissen von dem „Stammrecht“ abgespalten werden.[370] Dabei findet keine Aufspaltung zwischen ideellen und kommerziellen Interessen im Sinne der dualistischen Theorie statt. [371] Vielmehr stellt das allgemeine Persönlichkeitsrecht ein einheitliches Rahmenrecht dar, das in gleichem Maße dem Schutz ideeller Interessen zu dienen bestimmt ist, wie es auch den Schutz materieller Interessen erfasst. Beide Interessen sind nicht trennscharf voneinander zu unterscheiden, sondern gehen fließend ineinander über.[372] Eine Übertragbarkeit im Sinne eines translativen Verständnisses erscheint schon aufgrund des daraus resultierenden vollständigen Rechtsverlusts zu weitreichend.[373] Eine faktische Ablösung des Rechts am eigenen Bild von der Person seines Rechtsträgers steht insoweit in einem eklatanten Widerspruch zu dem den Persönlichkeitsrechten anhaftenden Merkmal der Höchstpersönlichkeit.[374] Die herrschende Meinung geht demnach entsprechend eines monistischen Verständnisses von einer lediglich konstitutiven Übertragung der vermögenswerten Bestandteile aus.[375]

---

369 *Unseld,* GRUR 2011, 982 (984).

370 Vgl. *Forkel,* GRUR 1988, 491 (495 ff.); *Götting,* Persönlichkeitsrechte als Vermögensrechte, S. 162 ff.; *Götting,* GRUR 2004, 801 (805); *Jung,* AfP 2005, 317; *Peukert,* ZUM 2000, 710 (716); *Unseld,* GRUR 2011, 982 (988).

371 Nach *Krneta* ist eine Einteilung in ideelle oder vermögensrechtliche Bestandteile des Persönlichkeitsrechts nicht zielführend, da das Recht am eigenen Bild für die Mehrheit der Bevölkerung ohnehin wertneutral sei. Sie hält insoweit ein System von effektiven und durchsetzbaren Abwehrechten für ausreichend, GRUR Int. 1996, 298 (305).

372 *Götting,* Persönlichkeitsrechte als Vermögensrechte, S. 139; *Götting,* GRUR 2004, 801 (804).

373 Vgl. *Forkel,* GRUR 1988, 491 (492).

374 Vgl. *Götting,* Persönlichkeitsrechte als Vermögensrechte, S. 43.

375 *Götting,* Persönlichkeitsrechte als Vermögensrechte, S. 275 ff; *Forkel,* GRUR 1988, 491 (496 und 498); für eine uneingeschränkte Übertragbarkeit der Verwertungsrechte am Bildnis und damit Abspaltbarkeit als persönlichkeitsbezogene Immaterialgüterrechte *Beuthien/Schmölz,* Persönlichkeitsschutz, S. 63 und *Ullmann,* AfP 1999, 209 (213).

Kapitel 2: Die Einwilligung in Eingriffe in das Recht am eigenen Bild

Nach § 22 S. 1 KUG ist das Verbreiten oder öffentliche Zurschaustellen eines Bildnisses nur zulässig, soweit der Abgebildete in die entsprechende Handlung eingewilligt hat, oder einer der Ausnahmetatbestände des § 23 KUG greift. In § 22 S. 2 KUG wird dabei widerleglich vermutet, dass die Einwilligung im Zweifel als erteilt gilt, wenn die Anfertigung des Bildnisses entgeltlich erfolgt ist. Die Verbreitung und die öffentliche Zurschaustellung von Bildnissen ohne Vorliegen einer wirksamen Einwilligung werden strafrechtlich durch § 33 i. V. m. §§ 22, 23 KUG geschützt.

A. Methodisches Vorgehen

Die Einwilligung nach § 22 S. 1 KUG ist Dreh- und Angelpunkt dieser Arbeit, da der Widerruf darauf abzielt, die durch sie geäußerte Willensentscheidung zurückzunehmen und ihre Folgen zu beseitigen. Ob ein solches Recht des Erklärenden besteht, hängt eng mit der Frage zusammen, wie die Einwilligung rechtlich und dogmatisch einzuordnen ist. Insbesondere muss geklärt werden, welche Verbindlichkeit eine Einwilligung nach § 22 S. 1 KUG für den Einwilligungserklärenden hat, inwieweit durch sie also eine endgültige Gestaltung der Rechtslage erfolgt. Sieht man den Widerruf als unmittelbares Gegenstück, als actus contrarius zur Einwilligung, ergeben sich wiederum wertvolle Aufschlüsse für die rechtliche Qualifizierung des Widerrufs selbst. Vor diesem Hintergrund ist es Ziel dieses Kapitels, die Wirkung und Rechtsnatur der Einwilligung nach § 22 S. 1 KUG präzise herauszuarbeiten.

Für eine umfassende rechtliche Analyse ist es dabei unumgänglich, die Einwilligung als ein in seiner konkreten Form variierendes Rechtsinstitut zu begreifen. Zu diesem Zweck beginnt dieses Kapitel mit einer Darstellung der wesentlichsten Erscheinungsformen der Einwilligung. Daran anknüpfend soll eine Begriffsbestimmung der Einwilligung bzw. eine terminologische Einordnung erfolgen.

Schwerpunktmäßig sollen sodann Funktion und Wirkungsweise der Einwilligung nach § 22 S. 1 KUG sowie ihre Rechtsnatur geklärt werden. Insbesondere die Rechtsnatur ist seit jeher stark umstritten und wird auch in der Rechtsprechung nicht einheitlich beurteilt. Dies gilt gleichermaßen für die Einwilligung im allgemeinen Zivilrecht als auch für die persönlichkeitsrechtliche Einwilligung nach § 22 S. 1 KUG. Der Streit wirkt sich inhaltlich vor allem auf die Frage aus, ob die Regeln des Bürgerlichen Gesetzbuchs über Rechtsgeschäfte auf die Einwilligung angewendet werden können. Dies hat zwangsläufig enorme Auswirkungen auf die Fragen nach der Zulässigkeit und der Rechtsfolgen eines möglichen Einwilligungswiderrufs. Viele der Theorien leiden darunter, dass sie keine umfassende Bestandsaufnahme der vielfältigen Anwendungsfälle dieses Rechtsinstituts darstellen, sondern sich vielmehr bewusst oder unbewusst auf ein Rechtsgebiet beschränken. Für jede Theorie muss daher grundsätzlich geprüft werden, ob sie sämtlichen Anwendungsfällen gerecht wird bzw. überhaupt erfassen soll.

B. Erscheinungsformen der Einwilligung nach § 22 S. 1 KUG

I. Vielseitigkeit und Diversität von Einwilligungserklärungen

Einwilligungen in Eingriffe in das Recht am eigenen Bild werden in den verschiedensten Situationen und aus den unterschiedlichsten Beweggründen erteilt. Jede Einwilligung ist ein Stück weit einzigartig, da nicht nur Anlass und Motiv einer gewissen Diversität unterliegen, sondern sich die Eingriffsintensität der Einwilligung immer nach dem konkreten Bildnis und dem diesen zugrunde liegenden Umständen bestimmt. So können Einwilligungen je nach Art des Bildnisses unterschiedlich starke oder schwache Eingriffe in das eigene Persönlichkeitsrecht legitimieren. Denn zwangsläufig wird etwa durch intime Bildnisse das Persönlichkeitsrecht stärker tangiert als etwa durch eine vergleichsweise harmlose Aufnahme von der letzten Geburtstagsfeier. Die Art der Abbildung, also das konkret Dargestellte, korrespondiert auf diese Weise mit dem Maß an Schutzbedürftigkeit. Daneben geben auch die der Einwilligung zugrunde liegenden Umstände dieser ihr spezifisches Gepräge. Einwilligungen können etwa vor und nach reichlich Überlegungszeit, unter Druck oder aus freien Stücken, sowie aus altruistischen Motiven, oder zur Erlangung bestimmter (geldwerter) Vorteile erteilt werden. In letzterem Fall sind sie meist in einem vertraglichen Rahmen erteilt worden. Die Vorschrift des § 22 KUG umfasst gleichwohl sämtliche Erscheinungsformen der Einwilligung, ungeachtet ihrer Besonderheiten im Einzelfall. Hieraus lässt sich umgekehrt jedoch nicht schließen, dass die genannten Aspekte bei der Frage nach der Widerrufbarkeit der Einwilligung keine Berücksichtigung finden dürfen. Es ist im Gegenteil sogar unumgänglich, die der Einwilligung zugrunde liegenden Umstände kritisch zu beleuchten und zu bewerten, um eine angemessene Beurteilung hinsichtlich der Wirksamkeit eines Widerrufs abgegeben zu können.

Die Rechtsprechung hat seit jeher das Vorliegen bestimmter Umstände als Indikator für eine Persönlichkeitsrechtsverletzung angesehen, aufgrund welcher ein Einwilligungswiderruf letztlich als wirksam erachtet wurde. Dieser Aspekt soll jedoch erst bei der Behandlung des Widerrufs im nachfolgenden Kapitel wieder aufgegriffen werden. Die in diesem Abschnitt gewonnenen Erkenntnisse dienen dann der Herausarbeitung von Indizien und Anhaltspunkten, die eine den Widerruf begründende Persönlichkeitsrechtsverletzung wahrscheinlich erscheinen lassen. Dennoch ist es systematisch sinnvoll, die Erscheinungsformen der Einwilligung vorab in diesem Kapitel zu rubrizieren und nicht erst bei der Behandlung des Widerrufs. Zum einen rechtfertigt es der Sinnzusammenhang mit der Einwilligung an sich, die Erscheinungsformen der Einwilligung an dieser Stelle zu behandeln. Zum anderen geben die verschiedenen Erscheinungsformen der Einwilligung wertvolle Aufschlüsse über Wesen und Rechtsnatur der Einwilligung.

II. Darstellung der wesentlichsten Erscheinungsformen

Eine Darstellung sämtlicher Erscheinungsformen der Einwilligung in Eingriffe in das Recht am eigenen Bild ist aufgrund der Vielzahl von Formen, die sie annehmen kann, kaum möglich. Ganz grundsätzlich ergeben sich unterschiedliche Ausformungen, wenn man danach fragt, in welchem Kontext (1) und unter welchen Begleitumständen (2) eine Einwilligung erteilt worden ist. Die Übergänge hierbei sind fließend.

1. Anlass und Kontext der Einwilligungserteilung

Eine wichtige Unterteilung ergibt sich zunächst aus dem Kontext der Einwilligungserteilung. Hier ist insbesondere danach zu unterscheiden, ob die Einwilligung isoliert erteilt worden, oder in einen vertraglichen Rahmen eingebettet ist. Denkbar sind hier vor allem Einwilligungen in einem rein privaten Kontext, Einwilligungen im Rahmen eines Arbeitsverhältnisses, Einwilligungen gegenüber öffentlichkeitswirksamen Medien sowie Einwilligungen gegenüber sonstigen Dritten. Einwilligungen in Bildniseingriffe werden daneben in sämtlichen Sphären der menschlichen Interaktion erteilt. In kaum einem Lebensbereich ist es ungewöhnlich, dass Bildaufnahmen von Personen angefertigt und in irgendeiner Form veröffentlicht oder verbreitet werden. Das schließt beispielsweise Schul- und Sportveranstaltungen oder öffentliche Veranstaltungen ein. Der Kontext, in dem Einwilligungen in Eingriffe in das Recht am eigenen Bild erklärt werden, ist dabei so vielfältig wie das Leben selbst.

Je nachdem, wem gegenüber eine Einwilligung erteilt worden ist, ergibt sich wiederum Aufschluss über Anlass und Motiv der Einwilligungserteilung. Das Motiv hinter der Einwilligung ist ein Faktor, der den Charakter der Einwilligung im konkreten Fall maßgeblich beeinflusst. Auch innerhalb dieser Kategorie ist es aufgrund der Diversität der menschlichen Beweggründe nicht möglich, eine abschließende Aufzählung vorzunehmen.

a) isoliert erteilte Einwilligung

Als isolierte Einwilligung[376] soll hier eine solche Einwilligung verstanden werden, die unabhängig von dem Erhalt einer Gegenleistung und somit nicht in einem vertraglichen Rahmen erteilt worden ist.

(i) Einwilligung in familiären und sozialen Sphären

Ein sehr häufiger Anwendungsfall innerhalb dieser Kategorie ist die Erteilung von Einwilligungen in die Veröffentlichung und Verbreitung von Bildnissen in familiären und sozialen Sphären. Es ist mittlerweile alltäglich, dass Aufnahmen von Freunden, Bekannten und Verwandten auf sozialen Medienkanälen hochgeladen oder über solche verschickt werden. Die Bilderflut auf Portalen wie zum Beispiel Facebook und Instagram ist Ausdruck dessen. Abgebildete machen sich über etwaige rechtliche Konsequenzen einer (konkludenten) Einwilligungserteilung häufig schon deshalb keine Gedanken, weil sie damit rechnen, dass ihr Bildnis auf entsprechende Bitte entfernt werden würde.

Die Motive, die hinter solchen Einwilligungen stecken, sind oftmals rein ideeller Natur. Dem Abgebildeten wird es in vielen Fällen schlicht darum gehen, von anderen als Mitglied eines sozialen Gefüges wahrgenommen zu werden. Denkbar ist auch, dass dem Abgebildeten die Existenz seines Bildnisses und seine entsprechende Verbreitung und Veröffentlichung schlicht egal sind oder er mit seiner Zustimmung einem Mitabgebildeten einen Gefallen tun möchte, der auf der Aufnahme möglicherweise viel besser getroffen ist als er selbst.

(ii) Einwilligungen im Rahmen eines Arbeitsverhältnisses

Ein weiterer großer Bereich entfällt auf Einwilligungen, die im Rahmen eines Arbeitsverhältnisses erteilt werden. So haben etwa viele Kanzleien und Unternehmen eine Personenkartei auf ihrer Homepage, in der die jeweiligen Angestellten bzw. Führungspersönlichkeiten porträtiert werden. Häufig kommt es

376 Zum Begriff siehe *Dasch,* Die Einwilligung, S. 87.

daneben auch vor, dass Aufnahmen von Betriebsveranstaltungen und sonstigen Firmenevents auf der Firmenwebseite oder auch anderen Medienkanälen (zu Marketing- und Werbezwecken), hochgestellt werden. Die wenigsten Arbeitnehmer werden dabei eine Anfrage ihres Arbeitgebers (schon um nicht als problematisch oder schwierig zu gelten) hinsichtlich des Anfertigens und Hochladens eines Profilbildes auf der firmeneigenen Webseite ablehnen. Auch wenn die Parteien in diesem Fall durch das Arbeitsverhältnis miteinander verbunden sind, ist in den meisten Fällen von einer isoliert erteilten Einwilligung auszugehen. Denn die Einwilligung wird gerade nicht gegen ein Entgelt oder einen sonstigen geldwerten Vorteil erklärt, sondern wird von den meisten Betroffenen eher als eine Art Nebenpflicht aus dem Arbeitsverhältnis aufgefasst.

(iii) Einwilligung im Rahmen eines ärztlichen Behandlungsverhältnisses

Die Einwilligung kann auch im Rahmen eines ärztlichen Behandlungsverhältnisses erteilt werden. So werden etwa zur Visualisierung von Krankheitsbildern, Behandlungsverfahren und intraoperativen Situationen Abbildungen von Patienten angefertigt und genutzt.[377] Hierbei kann der abgebildete Patient eine Einwilligung zur Anfertigung solcher Aufnahmen, sowie die anschließende Verwendung und Veröffentlichung durch den Arzt erteilen. Oftmals werden solche Abbildungen zur Veranschaulichung und Erklärung bestimmter Krankheitsbilder im Internet, in Fachzeitschriften oder bei Fachvorträgen genutzt, oder auch potenziellen Patienten im Behandlungszimmer als „Vorher-Nachher-Vergleich" vorgeführt. Auch wenn die meisten Patientenbildnisse entsprechend unkenntlich gemacht werden, gibt es hin und wieder Aufnahmen, in denen eine Erkennbarkeit im Sinne des § 22 KUG zu bejahen ist. Die Einwilligungserteilung hat für den Patienten in diesem Fall vor allem den Zweck, die gewünschte medizinische oder kosmetische Behandlung durch den Arzt zu erreichen. Für Letzteren hat die Einwilligung in erster Linie einen „wissenschaftlichen" Wert. Dieser Wert ist umso größer, je außergewöhnlicher die abgebildete Erkrankung bzw. die als unerwünscht empfundene körperliche Abweichung des Patienten ist. Es bleibt zu prüfen, ob dieser Aspekt bei der Widerrufbarkeit solcher Einwilligungen eine Rolle spielt.

377 Vgl. hierzu das Recht am eigenen Bild, enthalten in Deutsche medizinische Wochenschrift, Bd. 143, 2018, Nr. 09: 683-684.

(iv) Einwilligung zum Hochladen des Bildnisses in sozialen Netzwerken

Die Einwilligung in das Hochladen eines Bildnisses in sozialen Netzwerken oder sonstigen Kommunikationsplattformen ist eigentlich keine weitere Kategorie, sondern umfasst gerade die zuvor genannten Fallgruppen. Denn Social-Media-Kanäle werden heute nicht nur von Privatpersonen genutzt, sondern beispielsweise auch von Unternehmen, Vereinen und Ärzten zum Zwecke des Online-Marketings.

Es darf nicht übersehen werden, dass in diesem Kontext zwischen verschiedenen Einwilligungserklärungen zu unterscheiden ist. Zu nennen ist hier zunächst die oben bereits erwähnte Einwilligung eines Abgebildeten gegenüber einem Dritten zum Hochladen des Bildnisses durch diesen, etwa auf dessen Social-Media-Kanal. Zum anderen darf aber nicht vergessen werden, dass der Hochladende selber, unabhängig davon, ob er sein eigenes oder ein fremdes Bildnis hochlädt, eine Einwilligung gegenüber der jeweiligen Plattform (beispielsweise Facebook oder Instagram) erteilt.[378] Denn in den AGBs der jeweiligen Betreiberportale finden sich meist Klauseln, nach welchen dem Portalbetreiber ein Nutzungsrecht für alle vom Nutzer geposteten Inhalte übertragen wird, welche auch nach der Löschung einzelner Inhalte oder des gesamten Profils erhalten bleiben, soweit die Inhalte von Dritten geteilt wurden.[379] Wird das Bildnis von dem Abgebildeten selbst auf die Plattform hochgeladen, liegt kein tatbestandliches Verbreiten oder öffentliches Zurschaustellen durch das soziale Netzwerk selbst vor.

Jedoch handeln die Betreiber von Suchmaschinen wie Google tatbestandsmäßig und bedürfen einer Einwilligung nach § 22 S. 1 KUG, wenn sie das Bildnis als Suchergebnis einer Internetrecherche präsentieren.[380] Zusammen mit der Einstellung eines Bildnisses auf einer öffentlich zugänglichen Internetplattform wird jedoch zumindest konkludent auch eine Einwilligung in den Zugriff von Suchmaschinen erteilt.[381] Dies zumindest dann, wenn der Abgebildete trotz ihm eingeräumter Möglichkeit einer Sperre gegenüber Suchmaschinen keinen Gebrauch macht.

---

378 Siehe hierzu *von Strobl-Albeg*, in: Wenzel, Bildberichterstattung, Kapitel 7 Rn. 172.

379 *Vetter*, AfP 2017, 127 (131).

380 Siehe hierzu *Ohly*, GRUR 2012, 983 (992).

381 OLG Köln, Urt. v. 09.02.2010 – 15 U 107/09, ZUM 2010, 706.

b) *Vertragliche Einwilligung*

Im Gegensatz zu den isoliert erteilten Einwilligungen stehen solche, die in einem vertraglichen Kontext eingebunden sind. Diese Einwilligungen stehen im Zusammenhang mit der rechtlichen Einordnung des Rechts am eigenen Bild als Vermögensrecht. Der Erklärende ist sich in diesen Fällen bewusst, dass seiner Abbildung ein Vermögenswert innewohnt und möchte mit seiner Einwilligung die Nutzung gegen entsprechende Vergütung ermöglichen. Die Einwilligung wird als Instrument zum Zwecke der Kommerzialisierung der vermögensrechtlichen Komponente des Rechts am eigenen Bild genutzt. Der Einwilligende erhält als Gegenleistung für die Gestattung der Nutzung seines Abbildes, also für die Erteilung der Einwilligung, eine Vergütung oder einen sonstigen geldwerten Vorteil. Die Einwilligung nach § 22 S. 1 KUG ist die Erklärung, die den Nutzungsvertrag über das Bildnis zustande bringt. Beispielhaft zu nennen sind hier etwa Einwilligungen, die gegenüber publizierenden Medien wie Zeitschriftenmagazinen oder TV-Sendern erteilt werden, insbesondere Abbildungen von Models zu Werbezwecken, das Zeigen von Spielfilmen mit bezahlten Schauspielern, Reality-TV-Formate oder sonstige Fernsehsendungen.

Die Erlangung finanzieller oder sonstiger Vorteile kann ein starker Anreiz für die Erteilung einer Einwilligung nach § 22 KUG sein. Eine der wichtigsten Fallgruppe ist hier sicherlich die Ablichtung von Models durch Berufsfotografen gegen ein Entgelt und die hieran oft anschließende Verwertung der Bildnisse durch Agenturen in den Medien. Hierbei muss im Auge behalten werden, dass die Einwilligung in die Anfertigung (gegenüber dem Berufsfotografen) und die Einwilligung in die Verbreitung des Bildnisses (gegenüber der Agentur) streng zu unterscheiden sind. Es liegen somit oftmals zwei verschiedene Einwilligungserklärungen und damit auch zwei potenzielle Widerrufsgründe und Widerrufsgegner vor.

Die Entscheidung zur Einwilligungserteilung kann mehr oder weniger gut überlegt sein, aber möglicherweise auch unter Druck oder aus einer sonstigen Not heraus erteilt werden. Dennoch wird sie eher selten spontan oder impulsiv erteilt. Dies schon deshalb, weil derartige Erklärungen oft schriftlich fixiert und entsprechende Honorare ausgehandelt werden.

Als Folge einer solchen Einwilligungserklärung entsteht beim Empfänger ein gewisser Vertrauenstatbestand, da er dem Grundsatz pacta sunt servanda entsprechend auf das Bestehen der Einwilligung vertraut. Gerade bei der kommerziellen Nutzung von Bildnissen werden sodann weitere Aufwendungen und Vermögensdispositionen getätigt, die zum Zwecke der optimalen Nutzung des Bildnisses erforderlich sind. So müssen etwa Fernsehformate aufwendig und kostspielig produziert und Printmedien unter Verwendung des Bildnisses gedruckt werden. Auch die Verwendung des Bildnisses in Printmedien und/ oder Social-Media-Kanälen verursacht erheblich Set-up- und Bearbeitungskosten. Es entstehen demnach Folgekosten, die den Einwilligungsempfänger im Hinblick auf sein Vertrauen auf den Bestand der Einwilligung besonders schutzwürdig erscheinen lassen.

3. *Begleitumstände der Einwilligung*

Auch die der Einwilligungserteilung zugrunde liegenden Begleitumstände geben dieser ein besonderes Gepräge, welches für die Frage ihrer Widerruflichkeit eine zentrale Rolle spielen kann. Die Einwilligung kann etwa unter dem Eindruck von Gewalt und Drohung (wohl eher seltene Konstellationen) als auch unter dem Eindruck sozialen Zwangs oder als Ausfluss eines tatsächlichen Machtgefälles und hieran anknüpfendende Vorstellungen und Erwartungen erteilt werden.[382]

a) Drucksituation

Von Relevanz ist vor allem, ob der Einwilligende sich bei ihrer Erteilung in einer Drucksituation befunden hat. Eindeutig der Fall ist dies bei der Ankündigung von tatsächlichen Nachteilen als Konsequenz dafür, dass eine Einwilligung nicht erteilt wird. Denkbar ist aber auch, dass der Einwilligende sich zu einer solchen Erklärung hat „hinreißen" lassen, weil er sich hierzu unter Druck gesetzt fühlte. Dies kann insbesondere dann der Fall sein, wenn er glaubt, die Einwilligungserklärung werde regelrecht von ihm erwartet und gefordert. Man denke hier gerade an Szenarien aus dem engsten Freundes- und Familienkreis oder dem Arbeitsverhältnis. Gerade in diesen gesellschaftlichen Sphären ist es möglich, dass der Einwilligende eine Einwilligungserklärung lediglich abgibt, um etwaige nachteilige Konsequenzen zu vermeiden (Angst vor Arbeitsplatzverlust) oder auch nur um nicht gegenüber seinen engsten Bezugspersonen vermeintlich lächerlich dazustehen.[383]

Eine Drucksituation liegt auch dann vor, wenn die Einwilligung erteilt wird, um auf diese Weise einen Vorteil zu erlangen, der einem sonst verwehrt bleiben würde. Man könnte insoweit auch von einer Koppelung der Einwilligung an eine bestimmte Leistung sprechen. Befindet sich etwa an einer Veranstaltungshalle/

382 Vergleiche hierzu die Aufzählung von Fallgruppen, die gegen eine Freiwilligkeit der Erteilung der datenschutzrechtlichen Einwilligung sprechen bei *Radlanski*, Konzept der Einwilligung, S. 11.

383 Vgl. *Ernst*, ZD 2017, 110 (111 f.).

Messe an der Eingangstür ein Hinweis, dass Besucher bei Einlass „automatisch“ in die Anfertigung und Veröffentlichung von Aufnahmen durch den Veranstalter einwilligen, so könnte in dem Betreten und Verweilen der Räumlichkeiten eine wirksame konkludente Einwilligung liegen. Diese wiederum wäre allein zu dem Zweck erteilt worden, um der Veranstaltung beiwohnen zu können. Die Erteilung der Einwilligung nach § 22 S. 1 KUG wäre allein hierzu gebilligt und in Kauf genommen.

b) Überrumpelungssituation

Ein wichtiger in die rechtliche Analyse einzustellender Umstand ist außerdem, ob die Einwilligung spontan, oder nach reiflicher Vorüberlegung erteilt worden ist. Im Ergebnis wird man wohl demjenigen ein höheres Maß an Schutzbedürftigkeit zusprechen müssen, der nicht die Möglichkeit hatte, sich die Konsequenzen der Einwilligungserteilung vor seiner Entscheidung vor Augen zu führen. Dies gilt insbesondere für sog. „Überrumpelungssituationen“, bei denen der Abgebildete unvermittelt mit Kameras konfrontiert wird und unter dem Einfluss dieser Umstände seine Einwilligung erklärt. Klassische Beispielfälle hierfür sind Aufnahmen von Fernsehteams, bei denen der Einwilligende ohne sein Zutun auf offener Straße oder auch an seiner Wohnanschrift aufgesucht wird, um ein Interview zu geben, seine Meinung kundzutun oder Teil einer Dokumentation zu sein. Im Gegensatz hierzu stehen die Anwendungsfälle, bei denen der Einwilligende sich nach gut durchdachter Überlegung selbst zur Anfertigung von Bildaufnahmen entschließt, er selbst also die Initiative ergreift.

4. Die Einwilligung in die Herstellung von Bildnissen

Nicht mit der Einwilligung im Sinne des § 22 S. 1 KUG verwechselt werden darf die Einwilligung in die Herstellung und Anfertigung von Bildnissen. Diese Einwilligung beinhaltet unter persönlichkeitsrechtlichen Gesichtspunkten zugleich auch das Einverständnis mit dem Besitz und der Verfügungsgewalt über die Bildnisse.[384]

5. Zwischenergebnis

Einwilligungen sind in vielseitigen Ausgestaltungen denkbar. Sie sind sowohl Abwehr- als auch Dispositionsrechte. Werden sie isoliert erteilt, dienen sie häufig allein ideellen Zwecken. Die dahintersteckende Intention kann rein altruistisch

---

384 LG Oldenburg, Beschl. v. 21.04.1988 – 5 S 1656/87, GRUR 1988, 694 – Grillfest.

sein. Daneben können mit ihr auch andere, nicht unbedingt wirtschaftliche Motive, verfolgt werden.

Im starken Gegensatz dazu stehen die Einwilligungen, die zwecks Erhalt einer Gegenleistung erteilt werden. Diese Einwilligungen beziehen sich gerade auf die vermögensrechtliche Komponente des Rechts am eigenen Bild und sollen eine kommerzielle Nutzung dessen erlauben. Beim Einwilligungsempfänger bewirkt sie oftmals das Entstehen eines berechtigten Vertrauenstatbestandes, auf dessen Basis und Grundlage Folgedispositionen zur zweckentsprechenden Nutzung des Bildnisses getätigt werden.

Während die isolierte Einwilligung sich demnach vor allem auf den ideellen Bestandteil des Rechts am eigenen Bild auswirkt, zielt die vertragliche Einwilligung dagegen auf die andere Komponente, nämlich die vermögensrechtliche Ausprägung des Bildnisrechts, ab. Beide Kategorien erscheinen nicht zuletzt deshalb grundverschieden. Vor diesem Hintergrund vermag es fast zu erstaunen, dass beide Formen, ohne jegliche Differenzierung, von § 22 S. 1 KUG gleichermaßen erfasst werden. Es erscheint schon auf dem ersten Blick rechtlich geboten, zumindest hinsichtlich der Widerrufbarkeit solcher Einwilligungen eine differenzierte Betrachtungsweise vorzunehmen.

Zudem stellt sich die Frage, wie die anderen Faktoren, die der Einwilligung im Einzelfall ihr spezifisches Gepräge verleihen, sich auf eine etwaige Widerrufsmöglichkeit auswirken. Gerade Einwilligungen, die unter Druck oder Ausnutzung einer Überrumpelungssituation erteilt werden, müssen möglicherweise rechtlich anders behandelt werden als Einwilligungen, die als Ausdruck eines freien Entscheidungsprozesses erklärt worden sind.

C. Der Begriff der Einwilligung

I. Allgemeines Begriffsverständnis

Die Vielseitigkeit der Einwilligung nach § 22 S. 1 KUG macht es nicht einfach, sie terminologisch einzuordnen. Eine gesetzliche Definition findet sich in der Vorschrift selbst nicht. Schwierigkeiten bereitet darüber hinaus, dass im allgemeinen Sprachgebrauch die Begriffe „Einwilligung", „Genehmigung", „Zustimmung", „Bestätigung", und „Erlaubnis" gleichbedeutend verwendet werden, im Zivilrecht jedoch eine unterschiedliche Bedeutung haben.[385] Auch

---

385 *Leptien*, in: Soergel, BGB AT 2, vor § 182 Rn. 1. Auch Beater spricht in seiner Abhandlung trotz des eindeutigen Wortlauts des § 22 S. 1 KUG von „Zustimmung" anstatt „Einwilligung", siehe *Beater*, Medienrecht, Rn. 1334 ff.

im Bürgerlichen Gesetzbuch selbst werden die verschiedenen Termini zum Teil miteinander vermischt.[386] Dies hängt sicherlich auch damit zusammen, dass die Rechtsfigur der Einwilligung dort schon nicht explizit normiert ist. Der auf den ersten Blick einschlägig erscheinende § 183 BGB regelt den Fall der vorherigen Zustimmung zu einem Rechtsgeschäft, das ansonsten unwirksam wäre.[387] Folge des Fehlens einer solchen Zustimmung ist aber gerade nicht die Rechtswidrigkeit der Handlung. Falsch ist somit die Sichtweise, dass man unter der Einwilligung nach § 22 S. 1 KUG die vorherige Zustimmung des Abgebildeten im Sinne des § 183 BGB zu verstehen habe.[388]

Nach allgemeinem Verständnis erlaubt die Einwilligung dem Rechtsinhaber eine Handlung, die ansonsten eine Verletzung subjektiver Rechte begründen würde. Sie beschreibe ein bestimmtes menschliches Verhalten, nämlich die Bildung und Äußerung eines erlaubenden Willens.[389] Ohly bezeichnet sie als einen Kommunikationsakt, der sich mit den Worten „du darfst" umschreiben lasse.[390] Sie bewirkt die Rechtmäßigkeit einer ansonsten unerlaubten Handlung.[391] Zugleich ist sie ein Instrument, um über bestimmte Rechte, insbesondere auch Persönlichkeitsrechte, zu disponieren. [392] Ohly ordnet die (zivilrechtliche) Einwilligung vor diesem Hintergrund an der Grenze zwischen Vertrags- und Deliktsrecht ein.[393]

Unklar ist dabei, ob die in § 22 S. 1 KUG genannte Einwilligung mit dem im Bürgerlichen Gesetzbuch an verschiedenen Stellen genannten Einwilligungsbegriffen gleichgesetzt werden kann. In Literatur und Rechtsprechung findet sich hierzu keine klare Haltung, die Behandlung der Thematik bleibt insgesamt nebulös und schwammig. Überzeugend erscheint es, die Einwilligung nach § 22 S. 1 KUG als eine gegenüber dem zivilrechtlichen Grundgedanken des Einwilligungsprinzips sondergesetzlich normierte Form zu betrachten. Es muss daher an gegebener Stelle geprüft werden, ob die Eigenarten und Besonderheiten der persönlichkeitsrechtlichen Einwilligung eine differenzierte Betrachtung

386 Siehe hierzu die beispielhaft Aufzählung bei *Leptien*, in: Soergel, BGB AT 2, vor § 182 Rn. 2.

387 So auch *Ohly*, GRUR 2012, 983 (984); Zitelmann, AcP 99 (1906) 1 (58).

388 So fälschlicherweise vertreten etwa von *Engels*, in: BeckOK Urheberrecht, § 22 KUG Rn. 28 und *Fricke*, in: Wandtke/Bullinger, Urheberrecht, KUG, § 22 Rn. 13.

389 So *Radlansk*i, Konzept der Einwilligung, S. 10.

390 *Ohly*, AfP 2011, 428 (432).

391 *Ohly*, GRUR 2012, 983 (984).

392 *Klass*, AfP 2005, 507 (508).

393 *Ohly*, GRUR 2012, 983 (984).

und Beurteilung erfordern. Ihre begriffliche Einordnung erfordert aber dennoch eine Auseinandersetzung mit dem Institut der Einwilligung an sich, da sie auf demselben Rechtsgedanken beruht, und insbesondere der Streitstand zu ihrer Rechtsnatur und Wirkungsweise zumindest teilweise auf die persönlichkeitsrechtliche Einwilligung übertragen werden kann.

II. Zivilrechtliche und strafrechtliche Einwilligungslehre

Die Einwilligung zählt mittlerweile zu den in Literatur und Rechtsprechung am eingehendsten erörterten und viel diskutiertesten Thematik.[394] Das war nicht immer so. Während im Strafrecht die Thematik der Einwilligung ausgiebig behandelt wurde, galt sie im Zivilrecht lange Zeit als uninteressant.[395] Erst in jüngerer Zeit ist die Einwilligung immer stärker ins Zentrum des juristischen Interesses gerückt. Die nur rudimentäre gesetzliche Regelung der Einwilligung lässt jedoch bis heute Raum für Unklarheiten und damit einhergehende Spekulationen, sodass sich im Laufe der Zeit ein vielfältiges Meinungsspektrum zu diversen Problematiken rund um die Einwilligung bilden konnte.

Im Strafrecht wird zwischen einem Einverständnis, das schon die Verwirklichung des Tatbestandes ausschließt, und der rechtfertigenden Einwilligung unterschieden.[396] Erfordert die deliktische Begehungsweise ein Handeln gegen oder zumindest ohne den Willen des Opfers,[397] ist der Tatbestand nicht erfüllt, soweit das Opfer die Handlung billigt. Bei Delikten, die einen entgegenstehenden Willen nicht voraussetzen, kommt dagegen lediglich eine rechtfertigende Einwilligung in Betracht.[398] Nach der von Geerds vorgeschlagenen Terminologie soll die tatbestandsausschließende Einwilligung als Einverständnis bezeichnet und für die rechtfertigende Einwilligung die gebräuchliche Bezeichnung beibehalten werden.[399] Ob eine solche Unterscheidung auch im Privatrecht sinnvollerweise

---

394 So schon *Schenke*, Die Einwilligung, S. 1.

395 Ohly folgert dies unter anderem daraus, dass Palandt/Sprau, 71. Auf. 2012, § 823 Rn. 38f. die Einwilligung nur auf einer Vierteilseite in zwei Absätzen kommentiert.

396 Siehe hierzu ausführlich *Beckert*, JA 2013, 507; *Geerds*, GA 1954, 262; *Amelung*, Einwilligung in die Beeinträchtigung eines Grundrechtsgutes, S. 14 f.

397 Dies ist etwa bei § 123 StGB der Fall, bei welchem „Eindringen" im Sinne der Norm ein Betreten des Raumes ohne oder gegen den Willen des Berechtigten meint.

398 Als Beispiel kann hier § 223 StGB herangezogen werden, bei welchem lediglich eine rechtfertigende Einwilligung in Betracht kommt, wenn das Opfer der Körperverletzung zustimmt.

399 *Geerds*, GA 1954, 262.

vorgenommen werden muss, ist nicht geklärt.[400] Nach Schenke sollen trotz der übereinstimmenden Bezeichnungen beide Rechtsinstitute strikt voneinander zu unterscheiden sein, da sie anderen Regelungen unterliegen würden.[401] Da auch das Recht am eigenen Bild sowohl durch §§ 33 i. V. m. 22, 23 KUG, als auch durch § 201a StGB strafrechtlich geschützt wird, drängt sich die Frage auf, ob die Einwilligung nach § 22 S. 1 KUG unter strafrechtlichen Gesichtspunkten rechtfertigend, oder tatbestandsausschließend wirkt. Dies soll jedoch aus Gründen des Sinnzusammenhangs erst bei der Erörterung des Wesens der Einwilligung erörtert werden.

III. Die persönlichkeitsrechtliche Einwilligung

Da durch die Einwilligung nach § 22 S. 1 KUG Eingriffe in das (besondere) Persönlichkeitsrecht legitimiert werden, liegt es nahe, Regeln und Grundsätze über die Einwilligung von Eingriffen in andere Persönlichkeitsrechte und über Einwilligungen in ärztliche Heileingriffe (vorsichtig) anzuwenden. Für den Bereich der Persönlichkeitsrechte soll die Einwilligung nach einhelliger Meinung das einzige Instrument darstellen, das dem Rechtsinhaber Dispositionen über sein Recht gestattet.[402]

Eine ihrer Besonderheiten gegenüber anderen Einwilligungen im Zivilrecht ist ihre Doppelfunktionalität. Durch sie soll zum einen Wahrnehmung von Selbstbestimmung über das Persönlichkeitsrecht durch jeden Einzelnen gewährleistet werden. Zum anderen soll sie im Einzelfall auch vermögensrechtliche Rechtsfolgen herbeiführen können, sodass durch sie die kommerzielle Nutzung eines Bildnisses gestattet werden kann. Die Aspekte der Selbstbestimmung und Disposition sind für die Einwilligung nach § 22 S. 1 KUG von zentraler Bedeutung. Welche Rückschlüsse lassen sich hieraus für die Widerruflichkeit der Einwilligung ziehen?

1. Einwilligung als Betätigung von Selbstbestimmung

Die Einwilligung des Betroffenen im Sinne des § 22 S. 1 KUG ist Ausdruck seines verfassungsrechtlich garantierten Rechts auf Selbstbestimmung[403] über die

400 *Ohly*, Einwilligung im Privatrecht, S. 19.
401 Siehe hierzu *Schenke*, Die Einwilligung, S. 1 f.
402 *Ohly*, Einwilligung im Privatrecht, S. 55.
403 *Damm/Rehbock*, Widerruf, Rn. 170; *Helle*, Besondere Persönlichkeitsrechte, S. 103; *Piltz*, Soziale Netzwerke, S. 206.

Darstellung seiner Person in der Öffentlichkeit und soll ihn davor schützen, dass sein äußeres Erscheinungsbild gegen seinen Willen in irgendeiner Form veröffentlicht oder verbreitet wird. Allein der Abgebildete soll darüber befinden können, ob, wann und in welcher Weise er gegenüber Dritten oder der Öffentlichkeit im Bild vorgestellt wird.[404] Die Erklärung der Einwilligung ist damit Ausübung von Selbstbestimmung in eigenen Angelegenheiten.[405] Die Idee der Selbstbestimmung basiert auf der Annahme, dass der Mensch als individuelles Wesen sein Schicksal eigenverantwortlich gestalten können muss.[406] Die bildliche Selbstbestimmung ist als ein Unterfall eines grundsätzlichen Rechts auf Selbstbestimmung zu erachten.[407]

Die Einwilligung ist eine Willensentscheidung, durch die der Betroffene an seinem geäußerten Willen erst einmal festgehalten wird. Hierdurch weicht die Selbstbestimmung der Selbstverantwortung. Denn derjenige, der selbstbestimmt handelt, muss ganz grundsätzlich für die Folgen seines Handelns einstehen.[408] Es stellt sich dabei die Frage, ab welchem Informationsstand von einer selbstbestimmten Entscheidung gesprochen werden kann. Selbst nach einer gewissenhaften ärztlichen Aufklärung etwa wird der Betroffene meist nicht in der Lage sein, die mit dem Eingriff verbundenen medizinischen Risiken vollständig zu erfassen. Hinsichtlich Einwilligungen beim Recht am eigenen Bild muss insbesondere bei Druck- und Überrumpelungssituationen eine vollständig selbstbestimmte Entscheidung infrage gestellt werden. Oftmals wird der Betroffene selbst nach umfassender Aufklärung über Ausmaß und Art der geplanten Verwendung des Bildnisses die damit verbundenen Konsequenzen nicht abschätzen können. Denn Bildnisse werden aufgrund des subjektiven Betrachteranteils unterschiedlich wahrgenommen, sodass von vornherein nicht immer absehbar ist, welche Reaktionen durch dieses ausgelöst werden können.

Mit seiner Entscheidung hinsichtlich der Publikation und Verbreitung seines Bildnisses regelt der Betroffene seine Beziehungen zu anderen Teilnehmern am Rechtsverkehr.[409] Zugleich erwirbt derjenige, dem die Einwilligung gegenüber

---

404 Ständige Rechtsprechung, siehe nur BGHZ 131, 332 – Caroline von Monaco III m. w. N.

405 *Steffen*, in: Löffler, Presserecht, § 6 LPG Rn. 124; *Helle*, Besondere Persönlichkeitsrechte, S. 103; *von Strobl-Albeg*, in: Wenzel, Bildberichterstattung, Kapitel 7 Rn. 157; vgl auch *Ohly*, Einwilligung im Privatrecht, S. 66 ff.

406 BVerfGE 49, 286 (298) – Transsexuelle I; *Beater*, Medienrecht, Rn. 389.

407 *Beater*, Medienrecht, Rn. 391.

408 *Ohly*, Einwilligung im Privatrecht, S. 77; *Weller*, Vertragstreue, S. 157.

409 *Helle*, Besondere Persönlichkeitsrechte, S. 103.

erklärt wird (Einwilligungsempfänger) eine Rechtsposition[410] die ihm ermöglicht, einen Eingriff in das Recht am eigenen Bild in dem durch die Einwilligungserklärung festgelegten Umfang in rechtlich zulässiger Weise vorzunehmen.

Mit dem Prinzip der Selbstbestimmung und Selbstverantwortung hängt die Frage nach einer etwaigen Widerruflichkeit einer erteilten Einwilligung eng zusammen. Konkret stellt sich die Frage, ob der Betroffene sich an einer einmal erteilten Einwilligung festhalten lassen muss, also auf den mit dem Prinzip der Einwilligung geschaffenen Schutz vollständig und endgültig verzichtet hat. Eine solche Sichtweise würde zugleich bedeuten, dass die Einwilligung jegliche Selbstbestimmung über die äußere Erscheinung für den bewilligten Eingriff beseitigt. Die gegenteilige Annahme würde wiederum der Einwilligung jegliche Bindungswirkung absprechen. Eine gemäßigte Betrachtungsweise, die weder von einer grundsätzlichen Unwiderruflichkeit, noch einer prinzipiell freien Widerruflichkeit ausgeht, scheint schon auf den ersten Blick der einzig geeignete Ansatz. Einen praktikablen Mittelweg zu finden ist nicht einfach. Bei der Findung eines solchen muss zunächst beachtet werden, dass dieser mit dem Wesen der Einwilligung in Einklang steht. Denn die Frage der Widerrufbarkeit der Einwilligung in Eingriffe in das Recht am eigenen Bild hängt ganz maßgeblich auch davon ab, wie die Einwilligung selbst rechtlich einzuordnen ist. Die vorstehenden Überlegungen lassen sich somit nur zielbringend weiterführen, wenn Rechtsnatur und Rechtswirkungen der Einwilligung als Ausgangspunkt herangezogen werden.

2. Die Einwilligung als Dispositionsrecht

Vor besondere Herausforderungen wird die Einwilligungslehre im Bereich des § 22 S. 1 KUG aufgrund der zunehmenden Kommerzialisierung des Rechts am eigenen Bild gestellt. Denn aus den unterschiedlichen Positionen hinsichtlich der Frage nach der generellen Zulässigkeit von Verwertungsverträgen über Persönlichkeitsrechte ergeben sich wiederum verschiedene Auffassungen über die Art der Ausgestaltung der Einwilligung. Wer die Kommerzialisierung von Persönlichkeitsrechten ablehnt, wird wohl eine widerrufliche Einwilligung nach medizinrechtlichem Vorbild als die einzig mögliche Form der Disposition über Persönlichkeitsrechte halten. Hingegen dürften Befürworter bindender Nutzungsgestattungen erwägen, die „schwache" Einwilligung durch Elemente der Lizenz anzureichern. Eine dritte Variante ist, zwischen der Einwilligung

---

410 *Helle*, AfP 1990, 259 (260).

und bindenden Gestattungen zu differenzieren.[411] Jedenfalls ist nicht abzustreiten, dass dem Recht am eigenen Bild ein Vermögenswert immanent sein kann, der mit der Erteilung der Einwilligung wirtschaftlich nutzbar gemacht werden soll. Hierdurch unterscheidet sich die Einwilligung nach § 22 S. 1 KUG von anderen Einwilligungsarten, wie etwa derjenigen in einen medizinischen Heileingriff. In derartigen Konstellationen wird zwischen Einwilligendem und Einwilligungsempfänger eine Verbindung geschaffen, die über das durch isolierte Einwilligungen begründete Rechtsverhältnis deutlich hinausgeht. Vertrauensschutzgesichtspunkte und Rückabwicklungsschwierigkeiten im Falle eines wirksamen Widerrufs werden bedeutsam.

D) Funktion und Wirkungsweise der Einwilligung gemäß § 22 S. 1 KUG

Die Bestimmung der Rechtsnatur der Einwilligung kommt nicht ohne eine vorherige Bestimmung der jeweiligen Funktion und Wirkungsweise der Einwilligung aus. Nach Helle ist die Einordnung im Gesamtaufbau zwingende Voraussetzung, um eine zutreffende Vorstellung vom rechtlichen Wesen der Einwilligung nach § 22 S. 1 KUG gewinnen zu können. Er kritisiert, dass beide Diskussionen bislang separiert voneinander geführt worden sind.[412] Helles Kritik ist teilweise begründet. In der Tat dürfen beide Diskussionen nicht die jeweils andere außer Acht lassen. Denn wenn etwa die Einwilligung stets als Gestattungsvertrag aufzufassen ist, kann sie schon kein Realakt sein, sondern muss begriffsnotwendig auch eine Willenserklärung darstellen. Dieser Argumentationsschluss ist aber andersrum genauso möglich. Es ist nicht ersichtlich, warum sich die Rechtsnatur vollständig nach dem Stand der Einwilligung im Gesamtgefügte der Norm richten muss und nicht andersrum. Dennoch sollen vorliegend dem Vorschlag von Helle entsprechend zunächst die Rechtswirkungen der Einwilligung einer näheren Betrachtung unterzogen werden.

Als Ausgangspunkt muss an dieser Stelle festgehalten werden, dass kein Zweifel darüber bestehen kann, dass die wirksame Einwilligungserteilung zur Folge hat, dass der Einwilligende gegen den Empfänger keine Ansprüche gemäß § 22 S. 1 KUG i. V. m. §§ 823, 1004 BGB wegen der (rechtmäßigen) Verwendung des Bildnisses geltend machen kann.[413] Geklärt werden muss aber, ob sich die

411 *Ohly*, Einwilligung im Privatrecht, S. 17.

412 *Helle*, AfP 1985, 93 (94); so auch *Heine*, in: MünchKomm BGB, Anh. § 12 Rn. 71.

413 *Dasch*, Die Einwilligung, S. 27; vgl auch *Prantl*, AfP 1984, 17 (19).

Wirkung der Einwilligung nach § 22 S. 1 KUG bereits auf Ebene des Tatbestandes (entweder als negatives Tatbestandsmerkmal oder als Rechtfertigungsgrund), oder erst auf Rechtsfolgenseite auswirkt, also die aus einer Verwirklichung des Tatbestandes resultierenden Ansprüche entfallen lässt. Denn wie sich herausstellen wird, macht es einen eklatanten Unterschied, ob Ansprüche von vornherein mangels Tatbestandsmäßigkeit gar nicht erst entstehen, oder ob entstandenen Ansprüchen lediglich Einwendungen- oder Einreden entgegengehalten werden können. Gerade dieser Aspekt ist sowohl für die zivilrechtliche Einwilligung als auch die Einwilligung nach § 22 S. 1 KUG umstritten. Die Klärung dieser Fragen ist zwingend erforderlich, um zu bestimmen, welche Voraussetzungen an die Erklärung der Einwilligung und an die sie erteilende Person zu stellen sind.

I. Wirkung der Einwilligung im Gesamtunrechtstatbestand

1. Die Einwilligung als negatives Tatbestandsmerkmal

Geht man davon aus, dass die Einwilligung bereits den Verletzungserfolg auf Tatbestandsebene entfallen lässt, wäre die Einwilligung ein negatives Tatbestandsmerkmal.

Helle ordnet die Einwilligung als ein solches ein und begründet dies mit dem durch sie geschützten Rechtsgut. Da durch die Einwilligung die Entscheidungsfreiheit des Betroffenen im Hinblick auf die Veröffentlichung und Verbreitung seines Bildnisses geschützt werden soll, gehöre seine Willensentscheidung notwendigerweise zum Tatbestand, ebenso wie bei anderen Tatbeständen, die die Willensfreiheit des Betroffenen schützen.[414]Auch andere Stimmen begründen eine tatbestandsausschließende Wirkung der Einwilligung mit ihrer Funktion, mit der in erster Linie der Schutz vor der Verbreitung und Zurschaustellung durch Anerkennung des Selbstbestimmungsrechts des Betroffenen bezweckt werden soll.[415] Liege eine Einwilligung vor, wird in das geschützte Selbstbestimmungsrecht im Bezug auf das eigene Bild gerade nicht eingegriffen, sodass schon der Tatbestand nicht erfüllt sei.[416]

---

414 *Helle*, Besondere Persönlichkeitsrechte, S. 102; *Helle*, AfP 1985, 93 (95 f.).

415 *Bartnik*, Bildnisschutz, S. 84 f; *Baston-Vogt*, Schutzbereich, S. 226; *Heine*, in: MünchKomm BGB, Anh. § 12 Rn. 71; *Hubmann*, Das Persönlichkeitsrecht, S. 150 und 170; *Prinz/Peters*, Medienrecht, Rn. 832.

416 *Prinz/Peters*, Medienrecht, Rn. 832.

2. *Die Einwilligung als Rechtfertigungsgrund*

Die Rechtsfigur der rechtfertigenden Einwilligung ist im Bürgerlichen Gesetzbuch nicht ausdrücklich kodifiziert. Dennoch ist allgemein anerkannt, dass die Einwilligung nicht nur im Strafrecht, sondern auch im Recht der unerlaubten Handlung, die Rechtswidrigkeit der tatbestandsmäßigen Handlung des Verletzers/Täters ausschließen kann. Zitelmann etwa leitete die rechtfertigende Einwilligung aus allgemeinen Prämissen des Privatrechts ab. Da im Privatrecht jede Person innerhalb gewisser Schranken die Macht habe, ihre Rechtsverhältnisse zu gestalten, müsse sie auch anderen die Erlaubnis erteilen können, in ihre Rechtsgüter eingreifen zu können.[417] Ihr Inhalt bestehe dementsprechend darin, dass der Rechtsgutinhaber einem anderen als Ausdruck seiner privatautonomischen Freiheit erlauben könne, in dieses Rechtsgut eingreifen zu dürfen.[418] Konstruiert wird die rechtfertigende Einwilligung als Rechtfertigungsgrund, der einer Pflichtverletzung bzw. einer unerlaubten Handlung das Merkmal der Widerrechtlichkeit nimmt. Das hat zur Folge, dass ein Schadensersatzanspruch schon nicht entstehen kann.[419]

Eine rechtfertigende Einwilligung kann grundsätzlich in jedes geschützte Rechtsgut erfolgen, also auch in Persönlichkeitsrechte.[420] Allerdings heißt „Einwilligung" mehr als nur Bewilligung der Verhaltensweise einer anderen Person.[421] Sie setzt ein Einverständnis mit der konkreten Rechtsgutverletzung voraus, weshalb die bloße Einwilligung in eine Handlung, die nicht auf den Eingriff in das Schutzgut abzielt, die Widerrechtlichkeit auch nicht beseitigen kann.[422]

Der BGH[423] hat in den das Urheberrecht betreffenden Vorschaubilder-Entscheidungen die (urheberrechtliche) Einwilligung als Rechtfertigungsgrund eingeordnet. Dieser Rechtsprechung zufolge soll in der technisch unbeschränkten Zugänglichmachung des Inhalts einer Internetseite für den Zugriff von Suchmaschinen eine konkludente Erklärung an die Allgemeinheit dahin gehend vorliegen, dass der Rechtsinhaber mit der Nutzung für die Bildersuche im

---

417 *Zitelmann*, AcP 99 (1906), 1 (48).

418 *Kohte*, AcP 1985, 105 (108).

419 *Kohte*, AcP 1985, 105 (110).

420 *Kohte*, AcP 1985, 105 (137); siehe auch *Brox/Walker*, BGB AT, § 33 Rn. 21.

421 *Förster*, in: BeckOK BGB, § 823 Rn. 34.

422 BGH, Urt. v. 21.02.1995 –VI ZR 19/94, NJW 857 (858) zu einer schweren Körperverletzung infolge gegenseitigen „ins Wasser Schubsens".

423 BGHZ 185, 291- Vorschaubilder.

üblichen Umfang einverstanden sei.[424] Das Verhalten von Google sei demnach zulässig gewesen, da die Klägerin Google eine Einwilligung für das öffentliche Zugänglichmachen ihrer Werke erteilt habe, wodurch dem Verhalten von Google die Rechtswidrigkeit genommen worden sei. Auch in anderen Entscheidungen findet sich eine solche Annahme.[425]

Dasch kommt bei seiner Analyse zu keinem klaren Ergebnis, tendiert aber dazu, die Einwilligung gemäß § 22 S. 1 KUG als Rechtfertigungsgrund einzuordnen. [426] Da die Einwilligungserteilung wohl nicht der Regelfall, sondern die Ausnahme sei, könne sie kein negatives Tatbestandsmerkmal sein. Er hält es weiterhin nicht für hinnehmbar, dass resultierend aus einer Einstufung als negatives Tatbestandsmerkmal, im Streitfall der Abgebildete das Nichtvorliegen seiner Einwilligung behaupten und beweisen müsste.[427]

II. Wirkung der Einwilligung auf Rechtsfolgenseite

Nach anderer Auffassung soll die Einwilligung gar nur die Rechtsfolgen eines rechtswidrigen Eingriffs in das Recht am eigenen Bild durch einen schuldrechtlichen Gestattungsvertrag im Sinne eines Erlassvertrages oder pactum de non petendo beseitigen.[428]

Die Idee, die Einwilligung im Sinne des § 22 S. 1 KUG als schuldrechtlichen Gestattungsvertrag zu konstruieren, ist wohl aus einer im Namens- und Zeichenrecht in Bezug auf die Benutzungsgestattung oder Lizenz vertretenen Auffassung entsprungen und entsprechend herangezogen worden.[429] Der Gestattungsvertrag ist als ein schuldrechtlicher Vertrag zu verstehen, nach welchem der Berechtigte keine Ansprüche wegen einer Verletzung des Rechts am eigenen Bild gegen den Gestattungsempfänger geltend machen kann. Denkbar ist seine Konstruktion als ein Erlassvertrag im Sinne des § 397 BGB, oder aber als sog. pactum de non petendo, welcher dem Schuldner eine Einrede gewährt, die Ansprüche aber grundsätzlich bestehen lässt.

424 BGH Vorschaubilder I, Rn. 36.

425 BGH, Urt. v. 02.07.1974 – VI ZR 121/73, GRUR 1975, 561 – Nacktaufnahme.

426 *Dasch,* Die Einwilligung, S. 35.

427 *Dasch,* Die Einwilligung, S. 34.

428 So OLG München, Urt. v. 21.12.1981-21 U 3951/81, AfP 1982, 230 (232) – Amerikanische Liebesschulen.

429 *Dasch, Die* Einwilligung, S. 28; *Helle,* AfP 1985, 93.

1. *Die Einwilligung als Erlass, § 397 BGB*

Nach § 397 BGB erlischt das Schuldverhältnis, wenn der Gläubiger dem Schuldner durch Vertrag die Schuld erlässt, oder wenn der Gläubiger durch Vertrag mit dem Schuldner anerkennt, dass das Schuldverhältnis nicht bestehe. Ein einseitiger Forderungsverzicht ist in der geltenden zivilrechtlichen Rechtsordnung nicht vorgesehen.[430] Durch den Erlass kann der Gläubiger den Schuldner durch einen formfreien und abstrakten Vertrag, der regelmäßig auf einem kausalen Grundgeschäft beruht, von einer Verpflichtung befreien.[431] Dem steht das Anerkenntnis des Gläubigers gleich, keine Forderung gegen den Schuldner mehr zu haben.

Der Erlass, ganz gleich, ob Erlassvertrag nach § 397 Abs. 1 oder negatives Schuldanerkenntnis nach § 397 Abs. 2, ist ein schuldrechtliches Verfügungsgeschäft und zugleich ein Erlöschensgrund für das Schuldverhältnis.[432] Allerdings erfasst der Anwendungsbereich des § 397 BGB nur Forderungen, also bestimmte Ansprüche im Sinne des § 194 Abs. 1. BGB.[433] Und genau hierin liegt das Problem, wenn man die Einwilligungserteilung im Sinne des § 22 S. 1 KUG als Erlassvertrag verstehen möchte. Denn dies würde bedeuten, dass der Berechtigte durch die Einwilligung den Einwilligungsempfänger von einer diesem obliegenden Verpflichtung befreien, oder diesem gegenüber anerkennen müsste, keine Forderung gegen ihn zu haben. Der Erlass setzt mithin voraus, dass überhaupt Ansprüche des Berechtigten wegen Verletzung des Rechts am eigenen Bild bereits bestehen. Bis zum Zeitpunkt der Einwilligungserteilung gemäß § 22 S. 1 KUG besteht jedoch noch kein Rechtsverhältnis zu dem Einwilligungsempfänger, dieses soll vielmehr erst durch die Einwilligung begründet werden. Es ist umstritten, ob ein Verzicht auf künftige Forderungen möglich ist.[434] Nach der wohl herrschenden Meinung soll dies grundsätzlich denkbar sein,[435]

---

430 *Schlüter*, in: MünchKomm BGB, § 397 Rn. 1.

431 Vgl. *Dennhardt*, in: BeckOK BGB, § 397 Rn. 2 f.

432 *Dennhardt*, in: BeckOK BGB, § 397 BGB Rn. 1 f.

433 *Dennhardt*, in: BeckOK BGB, § 397 Rn. 7.

434 Bejahend: BGHZ 40, 326 (330); BGH, Urt. v. 25.05.1993 – VI ZR 272/92, NJW-RR 1993, 1111; *Stürner*, in: Jauernig, BGB, § 397 Rn. 3; *Schlüter*, in: MünchKomm BGB, § 397 Rn. 7; *Rieble*, in: Staudinger, BGB, § 397 Rn. 112. Verneinend etwa RGZ 148, 257 (262); *Grüneberg*, in: Palandt, BGB, § 397 Rn. 3.

435 Siehe etwa BGHZ 40, 326 (330).

wenn auch das Abkommen häufig dahin gehend auszulegen sei, dass bereits die Anspruchsentstehung ausgeschlossen sein soll.[436]

Zudem bestehen Schwierigkeiten im Hinblick auf die hinreichende Bestimmung der zu erlassenen Ansprüche. Der Erlass als Verfügung setzte nach dem Spezialitätsgrundsatz jedenfalls Bestimmbarkeit voraus. Dasch weist zurecht darauf hin, dass Ansprüche wegen Verletzung des Bildnisrechts schwerlich bestimmt werden können, da insbesondere im Rahmen von kommerziellen Verwertungen eine Vielzahl von Veröffentlichungen und hieraus theoretisch erwachsener Ansprüche denkbar seien.[437]

Auch begrifflich scheint die Einwilligung, die allein auf eine Willensentscheidung des Betroffenen zurückgeht, mit der Qualifizierung als Erlass, der bekanntlich als schuldrechtlicher Vertrag ausgestaltet ist, zu kollidieren.[438] Dieses Argument jedoch nur für die isoliert erteilte Einwilligung gelten. Die Einwilligung erfolgt vor dem Hintergrund der fortschreitenden Kommerzialisierung immer häufiger im Rahmen vertraglicher Absprachen. Wird die Einwilligung nur gegen ein Entgelt erteilt, so ist sie gerade Teil eines schuldrechtlichen Vertrages. In diesem Kontext lässt sich die These, dass die Einwilligung allein auf den Willen des Berechtigten zurückgehe, nicht halten. Dies wird bei der Einwilligungserteilung im Zuge eines Vertragsschlusses ganz deutlich. Aber auch für die isoliert erteilte Einwilligung stellt sich die Frage, ob diese nicht doch Teil eines irgendwie gearteten Vertrages sein muss. Andernfalls wäre die Folge, dass die Einwilligung wirksam gegenüber jemandem erteilt werden könnte, der hieran überhaupt kein Interesse hat. Auch wenn diese Konstellation wohl eher selten auftreten dürfte, so ist die sich hieraus ergebende missliche Konsequenz nicht von der Hand zu weisen. Der Einwilligungsempfänger würde nämlich auf diese Weise in eine Rechtsbeziehung zum Einwilligenden gezwungen werden, wäre somit gleichzeitig auch Gegner eines etwaigen Widerrufsanspruchs.

Am überzeugendsten ist jedoch die auf Zitelmann zurückgehende Argumentation, der die Qualifizierung der Einwilligung als Erlass ablehnt, da nach einem solchen Verständnis die Rechtswidrigkeit des Eingriffs bestehen bleiben würde. Denn, wie er richtig erkennt, hat dies das unerwünschte Ergebnis zur Folge, dass eine Nothilfe weiterhin möglich bleibt.[439] Helle stellt ergänzend auf

---

436 BGHZ 199, 355 betr. Wertpapiergeschäft; *Dasch,* Die Einwilligung, S. 29; *Gernhuber,* Erfüllung und Surrogate, S. 376 f.; *Rieble,* in: Staudinger, BGB, § 397 Rn. 116; *Schlüter,* in: MünchKomm BGB, § 397 Rn. 7.

437 *Dasch,* Die Einwilligung, S. 30.

438 *Dasch,* Die Einwilligung, S. 29; *Helle,* 1985, 93 (94).

439 *Zitelmann,* AcP 99, 1 (53).

die Strafvorschrift des § 33 KUG ab, wonach sich der Veröffentlicher des Bildnisses trotz der Einwilligung strafbar mache, wenn man die Einwilligung nur als Anspruchsverzicht verstehe.[440]

2. *Pactum de non petendo*

Auch die Konstruktion als pactum de non petendo lässt sich dogmatisch nicht mit der Einwilligung nach § 22 S. 1 KUG in Einklang bringen.

Durch ein pactum de non petendo vereinbaren die Parteien, dass der Gläubiger seine Forderung gegen den Schuldner nicht, oder zumindest zeitlich befristet nicht, geltend machen darf.[441] Diese Übereinkunft berechtigt den Schuldner zur vorübergehenden Zahlungsverweigerung und verbietet zugleich dem Gläubiger, seine Forderung gerichtlich geltend zu machen oder einen anhängigen Prozess weiter zu betreiben.[442] Die Abmachung gibt dem Schuldner somit eine Einrede, deren Folgen je nach konkreter Ausgestaltung unterschiedlich sein können.[443] Hierbei dürfte es sich um ein Leistungsverweigerungsrecht handeln.[444]

Nicht selten werden bei der kommerziellen Verwertung des Rechts am eigenen Bild Exklusivitätsverträge geschlossen, in welchen sich die Abgebildeten verpflichten, auf die Geltendmachung von Ansprüchen zu verzichten. Schertz qualifiziert solche Verträge dementsprechend als ein pactum de non petendo.[445] Auch das OLG München geht von einem solchen Verständnis aus, indem es ausführt, dass die Einwilligung zur Bildveröffentlichung eine obligatorische Verpflichtung enthalte, die aus dem Eingriff in das Bildnisrecht entstehenden Ansprüche nicht durchzusetzen.[446] Die Vereinbarung zwischen den Parteien sei dann als ein Dauerschuldverhältnis anzusehen mit dem Inhalt, dass der Einwilligende auf zukünftige Unterlassungsansprüche verzichte.[447]

---

440 *Helle,* AfP 1986, 93 (94).

441 *Henrich*, in: BeckOK BGB, § 205 Rn. 3; *Krüger,* in: MünchKomm BGB, § 271 Rn. 18; *Fetzer*, in: MünchKomm BGB, § 364 Rn. 14;

442 *Henrich*, in: BeckOK BGB, § 205 Rn. 3.

443 *Krüger*, in: MünchKomm BGB, § 271 Rn. 18.

444 *Fetzer*, in: MünchKomm BGB, § 364 Rn. 14

445 *Schertz*, ZUM 1998, 757 (764); *Prantl*, AfP 1984, 17 (19) hält eine solche Konstruktion ebenfalls für denkbar.

446 OLG München, Urt. v. 21.12.1981 – 21 U 3951/81, AfP 1982, 230 (232)- Amerikanische Liebesschulen.

447 OLG München, Urt. v. 17.03.1989 – 21 U 4729/88, OLGZ 1990, 97 (99); zustimmend LG Köln, Urt. v. 20.12.1995 – 28 O 406/95, AfP 1996, 186.

Einer solchen Einordnung stehen jedoch ebenfalls die oben vorgetragenen Bedenken Zitelmanns und Helles entgegen, da sich der Einwilligungsempfänger trotz wirksamer Einwilligungserteilung dem Vorwurf rechtswidrigen Handelns und den entsprechenden Rechtsfolgen ausgesetzt sähe.

III. Streitentscheid

Die Qualifizierung der Einwilligung als Gestattungsvertrag ist aus den oben erläuterten dogmatischen Gründen wenig überzeugend. Es ist nicht hinnehmbar, dass der Gestattungsempfänger trotz wirksamer Einwilligung rechtswidrig handeln soll. Aus diesem Grund kann die Wirkung der Einwilligung nicht erst auf Rechtsfolgenseite ansetzen, sondern muss bereits im Tatbestand, sei es als negatives Tatbestandsmerkmal oder als Rechtfertigungsgrund, ihre Wirkung entfalten. Da eine Verletzung des Bildnisrechts tatbestandlich nur vorliegt, wenn die Verbreitung oder Veröffentlichung ohne Einwilligung des Betroffenen erfolgt, spricht vieles dafür, die Einwilligung als negatives Tatbestandsmerkmal zu qualifizieren.

E) Die Rechtsnatur der Einwilligung

Obwohl das Kunsturhebergesetz und dementsprechend auch die Regelung des § 22 S. 1 KUG schon seit dem Jahr 1907 bestehen, ist auch heute, über einhundert Jahre später, keine Einigkeit über das rechtliche Wesen dieser Einwilligung erzielt worden. Praktisch wirkt sich der Meinungsstreit neben der Frage, ob die Einwilligung eines Minderjährigen ohne Zustimmung seines gesetzlichen Vertreters wirksam ist, vor allem auch auf die Beurteilung ihrer Widerruflichkeit aus.

Nachfolgend soll ein zusammenfassender Überblick über das Meinungsspektrum zur Rechtsnatur der Einwilligung gegeben werden. Hieran anknüpfend wird sodann die dogmatisch vorzugswürdigste Position herausgearbeitet werden.

I. Die Einwilligung als Realakt

Die Einwilligung nach § 22 S. 1 KUG könnte rechtlich als ein Realakt qualifiziert werden. Realakte sind (Tat-)Handlungen ohne zugrunde liegenden Mitteilungs- und Kundgabezweck, an die das Gesetz ohne Rücksicht auf das Gewollte eine bestimmte Rechtsfolge knüpft.[448] Beispielhaft zu nennen sind hier

448 Anstatt vieler: *Schmidt*, BGB AT, Rn. 194; *Wolf/Neuner*, BGB AT, § 28 Rn. 13.

der Besitzerwerb, § 854 Abs. 1 BGB, oder der Fund, § 965 BGB. Realakte werden nicht durch Erklärungen vorgenommen, sodass schon rein äußerlich keine Ähnlichkeit zu Rechtsgeschäften besteht. Hieraus folgt, dass die Vorschriften über Rechtsgeschäfte auf Realakte prinzipiell nicht einmal analog angewendet werden können.[449] Soweit ein Realakt jedoch einen Rechtsnachteil für den Handelnden begründet, wie z. B. bei der Besitzaufgabe, ist grundsätzlich beschränkte Geschäftsfähigkeit und Urteilsfähigkeit erforderlich.[450] Dies würde entsprechend für die Einwilligungserklärung nach § 22 S. 1 KUG gelten, möchte man diese als rein tatsächliches Handeln ohne Erklärungswert begreifen, da diese als Rechtsschutzverzicht für den Einwilligenden auch rechtlich nachteilig ist.

Heute vertritt der BGH zumindest konkret bezogen auf die Einwilligung eines Patienten in einen ärztlichen Heileingriff, dass es sich hierbei um einen bloßen Realakt handele, auf den die BGB-Vorschriften über Rechtsgeschäfte anwendbar sein sollen. [451] Bei Eingriffen in operative Behandlungen handele es sich gerade nicht um rechtsgeschäftliche Willenserklärungen, sondern um Gestattungen oder Ermächtigungen zur Vornahme einer tatsächlichen Handlung, da über Leben und körperliche Unversehrtheit nicht verfügt werden könne, wie über Sachen, dingliche Rechte oder Rechtsverhältnisse.[452] Diese Begründung scheint zumindest im Hinblick auf die vermögenswerte Komponente des Rechts am eigenen Bild für die Einwilligung nach § 22 S. 1 KUG nicht unmittelbar übertragbar.

Eine explizite Bestätigung dieser Rechtsprechung für die Einwilligung nach § 22 S. 1 KUG ist bislang nicht erfolgt. Nach Steffen ist die Einwilligung des Patienten in einen ärztlichen Heileingriff aber durchaus mit der Einwilligung nach § 22 S. 1 KUG vergleichbar. Anders, wenn die Einwilligung Bestandteil einer rechtsgeschäftlichen Vereinbarung ist: In diesem Fall solle sie an der rechtsgeschäftlichen Natur dieser Vereinbarung teilnehmen.[453] Damit erfolgt eine klare Differenzierung zwischen einer isoliert und einer im Rahmen eines Vertragsverhältnisses abgegebenen Einwilligung.

---

449 *Ellenberger*, in: Palandt, BGB, Überbl. v. § 104 Rn. 10; *Schmidt*, BGB AT, Rn. 194.

450 *Köhler*, BGB AT, § 5. Rn. 7.

451 BGHZ 29, 33; BGH, Urt. v. 18.03.1980 – VI ZR 155/78; BGH, Urt. v. 02.12.1963 – III ZR 222/62, NJW 1964, 1177 zu einer Einwilligung in die Unterbringung in eine geschlossene Heilanstalt. Siehe umfassend zur Einwilligung in eine Heilbehandlung *Medicus/Petersen*, BGB AT, Rn. 199-201.

452 BGHZ 29, 33.

453 *Steffen*, in: Löffler, Presserecht, § 6 LPG Rn. 124; *Rixecker*, in MünchKomm BGB, Anhang § 12, Rn. 72.

Auch ein Teil der Lehre im Zivilrecht geht davon aus, dass die Einwilligung ein bloßer Rechtsschutzverzicht und als solcher weder Rechtsgeschäft, noch rechtsgeschäftsähnliche Handlung sei. Eine nähere Begründung erfolgt zumeist nicht. Schenke führt immerhin näher aus, dass die Einwilligung nach seiner Auffassung keine Willenserklärung darstellen könne, da sie kein Recht begründe, aufhebe oder abändere.[454] Er ordnet die zivilrechtliche Einwilligung vor diesem Hintergrund als rechtswirksame Handlung eigener Art ein.[455] Zumindest im Hinblick auf die Einwilligung nach § 22 S. 1 KUG ist dem entgegenzuhalten, dass diese dem Erklärungsempfänger das Recht gibt, das Bildnis des Einwilligenden zu veröffentlichen oder zu verbreiten.

In instanzgerichtlichen Entscheidungen findet sich ebenfalls das Verständnis von der Einwilligung im Sinne des § 22 S. 1 KUG als Realakt. Die Einwilligung in die Beeinträchtigung des Persönlichkeitsrechts sei keine rechtsgeschäftliche Erklärung, vielmehr handele es sich um die *„bloße Gestattung zur Vornahme tatsächlicher Handlungen, die in den Rechtskreis des Gestattenden eingreifen"*.[456]

Frömming/Peters bezeichnen die Lehre von der Einwilligung als Realakt als „überwunden".[457] In der Tat kann die Einwilligung nach § 22 S. 1 KUG nicht überzeugend als Realakt qualifiziert werden. Eine solche Sichtweise würde insbesondere dem Gebot des Minderjährigenschutzes zuwiderlaufen. So wurde etwa in einer Entscheidung des OLG Karlsruhe die Einwilligung einer 17-Jährigen in die Verwendung von oberkörperfreien Fotoaufnahmen in dem Reiseprospekt der Beklagten für wirksam erachtet, die sie unentgeltlich im Rahmen einer Urlaubsreise hatte anfertigen lassen, da insoweit lediglich auf ihre geistige und sittliche Reife abgestellt wurde.[458]

Ein solches Verständnis würde außerdem den Widerruf der Einwilligung nahezu unmöglich machen. Der Betroffene müsste, wolle er den zum Ausdruck gebrachten Rechtsschutzverzicht wieder rückgängig machen, dies durch rein tatsächliches Handeln umkehren. Es ist kaum vorstellbar, wie dies im Einzelfall geschehen soll. Schließlich ist die Vornahme einer tatsächlichen Handlung auch nicht zugangsbedürftig bzw. kann schon begrifflich niemandem zugehen. Klar

454 *Schenke*, Die Einwilligung, S. 24.
455 *Schenke*, Die Einwilligung, S. 31.
456 OLG Karlsruhe, Urt. v. 31.03.1983 – 4 U 179/81, BeckRS 2010, 9609. Das gelte jedoch nicht für die Erklärung, mit der die Rechte an den Bildern übertragen worden sind. Diese habe rechtsgeschäftliche Natur.
457 *Frömming/Peters*, NJW 1996, 958.
458 OLG Karlsruhe, Urt. v. 31.03.1983 – 4 U 179/81, BeckRS 2010, 9609.

ist aber, dass die Einwilligung einem Empfänger zugehen muss, da ansonsten auch kein Widerrufsgegner vorhanden wäre und nach dem Willen des Einwilligenden auch nicht jeder, sondern eben nur ein bestimmter Einwilligungsempfänger von der Einwilligung Gebrauch machen dürfen soll. Zuletzt zeigt auch die Tatsache, dass die Einwilligung häufig in einem vertraglichen Kontext erteilt wird, dass die Lehre vom Realakt zumindest bezogen auf die Einwilligung nach § 22 S. 1 KUG verfehlt ist. Die Einwilligung muss einen bestimmten Erklärungswert haben, damit überhaupt Modalitäten, wie etwa eine Bedingung oder Befristung, näher bestimmt werden können.

II. Die Einwilligung als geschäftsähnliche Handlung

Ein weiteres Erklärungsmodell deutet die Einwilligung als einseitige, geschäftsähnliche Erklärung.

Eine geschäftsähnliche Erklärung bzw. Handlung ist eine Wissens- oder Willensmitteilung, die zwar keinen rechtsgeschäftlichen Willen zum Ausdruck bringt, aber auf eine bestimmte Rechtsfolge gerichtet ist.[459] Klassisches Beispiel für eine solche Willensmitteilung ist die Mahnung, § 286 Abs. 1 S. 1 BGB. Die Rechtsfolge tritt dabei unabhängig von einem darauf gerichteten Rechtsfolgewillen, allein durch die Mitteilung ein, wodurch sie sich gerade von Willenserklärungen unterscheiden. Häufig tritt sogar ein ganz anderer Erfolg ein, als mit der geschäftsähnlichen Handlung verfolgt wird. So bezweckt der Gläubiger mit der Mahnung primär, den Schuldner zur Leistung zu veranlassen, also einen tatsächlichen Erfolg herbeizuführen. Als Rechtserfolg wird daneben der Verzug begründet, und zwar unabhängig von einem darauf gerichteten Willen des Mahnenden.[460] Gemein ist geschäftsähnlichen Handlungen und Willenserklärungen wiederum, dass die Rechtsfolge an einen Erklärungstatbestand anknüpft, worin gerade der Unterschied zu einem Realakt besteht, der nicht in einer mit Mitteilungs- oder Kundgabezweck vorgenommenen Erklärung besteht.[461] Gewissermaßen stehen sie damit zwischen Willenserklärungen und Realakten. Die Vorschriften über Rechtsgeschäfte können auf geschäftsähnliche

---

459 *Ellenberger*, in: Palandt, BGB, Überblick v. § 104 Rn. 6; *Schmidt*, BGB AT, Rn. 195; *Wolf/Neuner*, BGB AT, § 28 Rn. 8.

460 *Medicus/Petersen,* BGB AT, Rn. 196; *Ulrici,* NJW 2003, 2053.

461 *Ulrici,* NJW 2003, 2053.

Handlungen, sofern dies dem Zweck der jeweiligen Vorschrift entspricht, grundsätzlich analog angewendet werden.[462]

Nach Ungern-Sternberg sei die Einwilligung in die Nutzung oder Verletzung absolut geschützter Rechte eine rechtsgeschäftsähnliche Handlung.[463] Er begründet die Einordnung damit, dass die Rechtswirkungen der Einwilligung nicht eintreten würden, weil sie vom Erklärenden gewollt seien; ausreichend sei ein rein tatsächliches Einverständnis.[464] Der BGH[465] hat im Zusammenhang mit der Vorschaubilder-Entscheidung offen gelassen, ob die Einwilligung als eine rechtsgeschäftsähnliche Handlung anzusehen ist, die im Wesentlichen den für Willenserklärungen geltenden Regeln unterliegt, oder ob sie als eine Willenserklärung mit Besonderheiten einzuordnen ist.

Die Einordnung der Einwilligung gemäß § 22 S. 1 KUG als geschäftsähnliche Handlung hätte den Vorteil, dass dann die Vorschriften über Willenserklärungen entsprechend anwendbar wären.[466] Gerade dem Minderjährigenschutz wäre dies zuträglich, da es sich bei der Einwilligungserklärung dann nicht um die Durchführung eines Rechtsgeschäfts handeln würde, sondern um die selbstständige Wahrnehmung von Grundrechten, bei der es auf die Urteils- und Einsichtsfähigkeit des Betroffenen und nicht auf seine Geschäftsfähigkeit ankommt.[467] Daneben sind auf geschäftsähnliche Handlungen (und damit auch auf die Einwilligung, sollte man diese als solche qualifizieren), die Vorschriften über Anfechtung, Form, Zugang, Auslegung und Stellvertretung entsprechend anwendbar.[468] Die Qualifikation als geschäftsähnliche Handlung würde somit angemessene und differenzierte Lösungen für den Einzelfall ermöglichen.

Die Einordnung der Einwilligung als geschäftsähnliche Handlung ist jedoch trotz der genannten Vorteile dogmatisch wenig überzeugend. Grund dafür ist, dass die Rechtsfolgen der Einwilligungserklärung gerade nicht unabhängig von einem bestimmten Rechtsfolgewillen eintreten, sondern weil der Erklärende sie

---

462 Anstatt vieler: *Wolf/Neuner*, BGB AT, § 28 Rn. 10 sowie *Medicus/Petersen*, BGB AT, Rn. 198.

463 *Von Ungern-Sternberg*, GRUR 2009, 369 (370.

464 *Von Ungern-Sternberg*, GRUR 2009, 369 (370).

465 BGHZ 185, 291 – Vorschaubilder und BGH, Urt. v. 19.10.2011 – I ZR 140/10, NJW 2010, 32 – Vorschaubilder II.

466 Ständige Rechtsprechung, siehe etwa BGH, Urt. v. 22.11.2005 – VI ZR 126/04, NJW 2006, 687 (688); BGH, Urt. v. 06.10.2004 – VIII ZR 215/03, NZM 2004, 903 (904).

467 Siehe nur BVerfGE 10, 302 – Vormundschaft.

468 Streitig ist die entsprechende Anwendung von § 138 BGB, siehe hierzu *Ulrici*, NJW 2003, 2053 (2056).

herbeiführen will.[469] Außerdem hat diese Auffassung zur Konsequenz, dass auch gegen Entgelt erteilte Einwilligungen frei widerruflich wären. Möglicherweise würde sich aus solch einem Vorgehen jedoch eine Schadensersatzpflicht für den Widerrufenden ergeben, da auch nach dieser Auffassung immerhin eine vertragliche Verpflichtung zur Erteilung der Einwilligung in den Grenzen der Sittenwidrigkeit nach § 138 BGB möglich ist.[470]

III. Die Einwilligung als rechtsgeschäftliche Willenserklärung

Die Qualifizierung der Einwilligung als Rechtsgeschäft geht mit ihrem Verständnis als schuldrechtlicher Gestattungsvertrag einher. So folgen konsequenterweise diejenigen Stimmen, welche die Einwilligung als eine Art Erlassvertrag erachten, der Rechtsgeschäftstheorie. Aber auch Vertreter der anderen Erklärungsmodelle (negatives Tatbestandsmerkmal oder Rechtfertigungsgrund) halten vielfach eine Einordnung der Einwilligung nach § 22 S. 1 KUG als rechtsgeschäftliche Willenserklärung für vorzugswürdig.

Als Zitelmann im Jahr 1906 seinen Aufsatz zum Thema „*Ausschluss der Widerrechtlichkeit*"[471] vorlegte, setzte sich seine dort vertretene Auffassung, dass die Einwilligung ein (einseitiges) Rechtsgeschäft sei, schnell in der Rechtsprechung durch. Eine tiefer gehende Auseinandersetzung ließen diese Urteile jedoch vermissen, sodass die Ausführungen eher als beiläufige Bemerkungen erachtet werden können. Der BGH setzte diese pragmatische Linie zunächst fort und wendete ebenfalls die rechtsgeschäftlichen Vorschriften an, ohne sich mit der Rechtsnatur der Einwilligung näher zu befassen. Schon kurze Zeit später rückte der BGH jedoch von der Rechtsgeschäftstheorie ab, indem er zumindest für die Einwilligung in operative Behandlungen von einer Einordnung als Realakt ausging.[472] Seine Abkehr von der Rechtsgeschäftstheorie bekräftigte der BGH in der Folgezeit mit zwei Entscheidungen zur Unterbringung psychisch Kranker in geschlossenen Anstalten.[473] Im Unterschied zur Einwilligung in ärztliche Heileingriffe gilt es bei der Einwilligung nach § 22 S. 1 KUG jedoch zu bedenken, dass dem Recht am eigenen Bild auch eine vermögensrechtliche Komponente

469 So auch *Frömming/Peters*, NJW 1996, 958.

470 *Baston-Vogt*, Schutzbereich, S. 252 und 237; *Ohly*, Einwilligung im Privatrecht, S. 56; *Schack*, Urheber- und Urhebervertragsrecht, Rn. 566.

471 *Zitelmann*, AcP 99 (1906) 1 (130).

472 BGHZ 29, 33.

473 BGH, Urt. v. 24.04.1961 – III ZR 45/60, VersR 1961, 632; BGH, Urt. v. 02.12.1963 – III ZR 222/62, NJW 1964, 1177 (1178).

innewohnt, welche durch das Instrument der Einwilligung kommerziellen Nutzungen zugeführt werden kann. Andererseits stellt sich vor dem Hintergrund ihres höchstpersönlichen Charakters durchaus die Frage, ob die Einwilligung überhaupt als rechtsgeschäftliche Erklärung bezeichnet werden kann, oder ob sie nur die Erteilung der Erlaubnis zur Vornahme bestimmter Handlungen ist.[474]

Nach überwiegend vertretener Auffassung handelt es sich bei der Einwilligung nach § 22 S. 1 KUG jedoch nicht um einen Realakt, sondern um eine rechtsgeschäftliche Willenserklärung, auf die grundsätzlich die allgemeinen Regelungen über Rechtsgeschäfte, §§ 104 ff. BGB, Anwendung finden.[475] Die Einzelheiten sind hierbei jedoch umstritten.

Als Begründung wird angeführt, dass die Einwilligung in Ausübung privatautonomer Willensbetätigung erteilt werde.[476] Zudem gebiete eine solche Betrachtungsweise die Sicherheit des Rechtsverkehrs, insbesondere vor dem Hintergrund der Anerkennung des Rechts am eigenen Bild als vermögenswertes Ausschließlichkeitsrecht sowie des Minderjährigenschutzes.[477]

Innerhalb der Auffassung von der rechtsgeschäftlichen Qualität der Einwilligung finden sich wiederum zahlreiche Untermeinungen und vor allem solche, die eine differenzierte Betrachtung an den Tag legen. Schon vor der Abkehr des

---

474 *Von Strobl-Albeg,* in: Wenzel, Bildberichterstattung, Kapitel 7 Rn. 60.

475 OLG München, Urt. v. 17.03.1989- – 21 U 4729/88, OLGZ 1990, 97; OLG München, Urt. v. 30.05.2001 – 21 U 1997/00, ZUM 2001, 708; OLG Hamburg, Urt. v. 22.09.1994 – 3 U 106/94, AfP 1995, 508; LG Hamburg, Urt. v. 21.01.2005 – 324 O 448/04, NJW-RR 2005, 1357 (1358); OLG Karlsruhe, Urt. v. 31.03.1983 – 4 U 179/81, BeckRS 2010, 9609 hält nur die Erklärung, mit der die Übertragung der Rechte an den Bildnissen erfolge, für eine rechtsgeschäftliche Erklärung; *Frömming/Peters,* NJW 1996, 958; *Helle,* Besondere Persönlichkeitsrechte, S. 102 f.; *Klass,* AfP 2005, 507 (511); *Steffen,* in: Löffler, Presserecht, § 6 LPG Rn. 124; *Ohly,* Einwilligung im Privatrecht, S. 214; *Ohly,* AfP 2011, 428 (432); *Schulenberg,* in: Schwartmann, Praxishandbuch, Kapitel 9 Rn. 109; *Soehring/Hoene,* in: Soehring/Hoene, Presserecht, § 19 Rn. 92; *Prinz/Peters,* Medienrecht, Rn. 832; kritisch hierzu *Schertz,* in: Götting/Schertz/Seitz, Handbuch Persönlichkeitsrecht, § 12 Rn. 34; *Fricke,* in: Wandtke/Bullinger, Urheberrecht, § 22 KUG Rn. 13; wohl auch *Specht* in: Dreier/Schulze, Urheberrechtsgesetz, § 22 KUG Rn. 16; sowie *Wanckel,* Foto-und Bildrecht, Rn. 129; *von Stobl-Albeg,* in: Wenzel, Bildberichterstattung, Kapitel 7 Rn. 159, wobei dieser auch die Einordnung als rechtsgeschäftsähnliche Handlung für vertretbar hält .

476 OLG München, Urt. v. 30.05.2001 – 21 U 1997/00, ZUM 2001, 708; *Herrmann,* in: BeckOK UrhG, § 22 KUG Rn. 13; *Specht,* in: Dreier/Schulze, Urheberrechtsgesetz § 22 KUG Rn. 16.

477 *Von Stobl-Albeg,* in: Wenzel, Bildberichterstattung, Kapitel 7, Rn. 159

BGH von der Rechtsgeschäftstheorie vertrat Larenz etwa eine einschränkende Version dieser Lehre. Die Einwilligung könne demzufolge Teil eines auf weitere Rechtsfolgen gerichteten Vertrags sein, oder aber isoliert erteilt werden. Im ersteren Fall sei sie Teil eines Rechtsgeschäfts, im Letzteren eine geschäftsähnliche Erklärung, auf welche die Vorschriften über Rechtsgeschäfte allenfalls mit Einschränkungen angewendet werden könnten.[478]

Vor diesem Hintergrund regt auch Ohly eine Trennung zwischen Einwilligungen in höchstpersönlichen Angelegenheiten sowie Einwilligungen mit vermögensrechtlicher Bedeutung an.[479] Seiner Auffassung nach entzögen sich Erstere der Rechtsgeschäftslehre. Allerdings würden beide Typen im Bereich der Persönlichkeitsrechte verschwimmen, indem dort Einwilligungen zur Nutzung von Persönlichkeitsaspekten zu kommerziellen Zwecken erteilt werden würden. Beide Einwilligungstypen könnten sich daher stellenweise „überlappen". Auch andere differenzieren hinsichtlich der Rechtsnatur der Einwilligung nach der jeweils betroffenen Komponente, auf die sich die Einwilligung bezieht. So soll nur eine Einwilligung, die Teil einer rechtsgeschäftlichen Vereinbarung ist, an der rechtsgeschäftlichen Natur dieser Vereinbarung teilnehmen.[480]

Zum Teil werden bei der Anwendung der rechtsgeschäftlichen Vorschriften gewisse Modifikationen für erforderlich gehalten.[481] Klass bezieht bei der streitigen Einordnung der Rechtsnatur der Einwilligung keine klare Position, möchte aber jedenfalls die Anwendbarkeit der Vorschriften über Rechtsgeschäfte vom Einzelfall abhängig machen.[482] Mittels eines „interessen- und schutzzweckorientierten, induktiven Vorgehens" solle dabei stets geprüft werden, ob die in Rede stehenden Schutzgüter, insbesondere die Selbstbestimmung, eine (uneingeschränkte) Anwendung der rechtsgeschäftlichen Regelungen gebiete. Auf diese Weise könne auf individuelle Sachverhalte, Eigenarten und typische Interessenlagen treffender reagiert werden.[483]

---

478 *Larenz*, SchR II, § 71 I 1 S. 594.

479 *Ohly*, Einwilligung im Privatrecht, S. 23.

480 *Steffen*, in: Löffler/Steffen, Presserecht, § 6 LPG Rn. 124.

481 OLG Karlsruhe, Urt. v. 31.03.1983 – 4 U 179/81, BeckRS 2010, 9609; *Dasch*, Die Einwilligung, S. 85, und 99 ff.

482 *Klass*, AfP 2005, 507 (511).

483 So auch *Götting*, Persönlichkeitsrechte als Vermögensrechte, S. 148; *Kohte*, Die rechtfertigende Einwilligung, S. 120.

IV. Die Einwilligung als atypisches Rechtsgeschäft

Wolf/Neuner weisen darauf hin, dass zumindest die rechtfertigende Einwilligung, also beispielsweise die Einwilligung in einen ärztlichen Heileingriff, keine rechtsgeschäftliche Willenserklärung sein könne, da die gesetzliche Dogmatik der §§ 104 ff. BGB nicht auf diese zugeschnitten sei. Persönlichkeitsrechtliche Einwilligungen hätten vielmehr eine dogmatische Sonderstellung im Rechtsgefüge, die eine eigenständige Bewertung erforderlich mache. Als Charakteristikum der persönlichkeitsrechtlichen Einwilligung werten sie die Gestattung eines tatsächlichen Eingriffs, also die Vornahme einer Handlung, die sich direkt auf den Rechtskreis des Einwilligenden auswirkt. Die Einwilligung wirke durchaus rechtsgestaltend, da eine Eingriffsbefugnis erteilt werde und das Handeln des Einwilligungsempfängers mit Geltungskraft für die Zukunft legitimiert werde. Damit sei die Einwilligung als Ausübung von Privatautonomie zu erachten. Das mache es erforderlich, dass die Einwilligung ausdrücklich oder konkludent erklärt werde und dem Empfänger zugehe. Wolf/Neuner sehen dementsprechend Unterschiede im Hinblick auf die gesetzliche Ausgestaltung auf der einen Seite, erkennen jedoch denselben privatautonomen Geltungsgrund an. Die Einwilligung sei dementsprechend keine Willenserklärung, sondern eine spezielle Willensbekundung, die aufgrund ihrer rechtsgestaltenden Auswirkung auch als „atypisches Rechtsgeschäft“ bezeichnet werden könne. [484]

Diese Ausführungen zur rechtfertigenden Einwilligung können nicht eins zu eins auf die Einwilligung nach § 22 S. 1 KUG übertragen werden. Denn anders als die Einwilligung in einem ärztlichen Heileingriff spielt beim Recht am eigenen Bild nicht selten auch seine vermögensrechtliche Komponente eine Rolle, die eine Geltung der rechtsgeschäftlichen Vorschriften zum Zwecke einer zielführenden Verwertung erforderlich macht. Insbesondere müssen die Vorschriften über Geschäftsfähigkeit und Stellvertretung anwendbar bleiben.

V. Kritische Würdigung und eigener Lösungsansatz

Die Kategorisierung der Einwilligung als Realakt oder rechtsgeschäftsähnliche Handlung ist aus den oben genannten Gründen dogmatisch und rechtlich nicht haltbar. Das heiß aber nicht, dass es sich bei der Einwilligung im Sinne des § 22 S. 1 KUG automatisch um eine rechtsgeschäftliche Willenserklärung handelt. Insoweit ist auffallend, dass sich kaum eine der genannten Stimmen in der Literatur oder Entscheidung in der Rechtsprechung näher mit dem Wesen einer

484 Siehe hierzu insgesamt *Wolf/Neuner*, BGB AT, § 28 Rn. 30 f.

Willenserklärung im Rechtssinne auseinandergesetzt hat. Die Einordnung der Einwilligung im Sinne des § 22 S. 1 KUG als rechtsgeschäftliche Willenserklärung wird vielmehr unter Ausschluss der Theorien vom Realakt oder geschäftsähnlicher Handlung pauschal angenommen. Als einer der wenigen stellt Götting Erwägungen dahin gehend an, dass die Einwilligung zwar Funktionen wie eine Willenserklärung erfülle, indem sie das Instrument zur Gestaltung rechtlicher Beziehungen zu anderen darstelle, aber tatsächlich gar keine „echte" Willenserklärung sein könnte.[485] Zudem liegt der Entscheidung des OLG Karlsruhe das Verständnis zugrunde, dass die Einwilligung in Eingriffe in das allgemeine Persönlichkeitsrecht (keine rechtsgeschäftliche Erklärung) von der Erklärung zur Übertragung der Rechte an einem Bildnis, die eine rechtsgeschäftliche Erklärung darstellen soll, zu unterscheiden sei.[486]

Dabei erscheint gerade im Hinblick auf die isolierte Einwilligung ein Zusprechen von rechtsgeschäftlicher Qualität keinesfalls selbstverständlich. Dies gibt Anlass, die Elemente der Willenserklärung näher zu beleuchten. Hieran anknüpfend soll sodann geprüft werden, ob isolierte und vertragliche Einwilligungen die hiermit verbundenen Voraussetzungen erfüllen.

1. Die Elemente einer rechtsgeschäftlichen Willenserklärung

Die wohl herrschende Meinung versteht unter einer Willenserklärung eine Erklärung, die das Zustandekommen eines Rechtsgeschäfts bewirken soll und die auf die Erzielung einer Rechtsfolge gerichtet ist.[487] Nach allgemeinem Verständnis besteht eine Willenserklärung aus einem objektiven und einem subjektiven Tatbestand.[488] Der subjektive Tatbestand wiederum wird in einen Handlungs-, Erklärungs- und Geschäftswillen untergliedert.[489] Der Geschäftswille, auch Rechtsfolgewillen genannt, zielt darauf ab, bestimmte Rechtsfolgen in Geltung zu setzen.[490] Nach wohl herrschender Auffassung ist er kein konstitutiver

---

485 Siehe hierzu *Götting*, in: Schricker/Loewenheim, Urheberrecht, § 22 KUG Rn. 39, der allerdings im nächsten Schritt als Alternative lediglich eine Qualifizierung als rechtsgeschäftsähnliche Handlung in Betracht zieht.

486 OLG Karlsruhe, Urt. v. 31.03.1983 – 4 U 179/81, BeckRS 2010, 9609.

487 *Brox/Walker*, BGB AT, § 4 Rn. 14; *Mansel*, in: Jauernig, BGB, vor § 116 Rn. 2; *Klocke*, Erklärungsbewusstsein, S. 11 und 13; *Neuner*, JuS 2007, 881.

488 Vgl. nur *Brox/Walker*, BGB AT, § 4 Rn. 14; *Neuner*, JuS 2007, 881; *Werba*, Willenserklärung ohne Willen, S. 11; *Wolf/Neuner*, BGB AT, § 30 Rn. 1.

489 Siehe *Ellenberger*, in: Palandt, BGB, Einf. v. § 116 Rn. 16 ff; *Köhler*, BGB AT, § 6 Rn. 3; *Neuner*, JuS 2007, 881 (883).

490 *Brox/Walker*, BGB AT, § 4 Rn. 18.

Bestandteil der Willenserklärung.[491] Der objektive Tatbestand erfordert eine nach außen getretene Erklärungshandlung, also ein Verhalten, das Rückschlüsse auf den Willen des Erklärenden zulässt.[492] Darüber hinaus wird entweder die Kundgabe eines Rechtsbindungswillens oder eines Rechtsfolgewillens verlangt.[493] Unklar ist, welchen Inhalt der Rechtsbindungswille aufweisen muss.

Für die vertragliche Einwilligung scheinen die oben genannten Elemente der rechtsgeschäftlichen Willenserklärung grundsätzlich gegeben zu sein. Wird eine Einwilligung bewusst erklärt, um damit die kommerzielle Nutzung eines Bildnisses gegen ein Entgelt zu gestatten, kann dem Erklärenden grundsätzlich sowohl ein Handlungs-, Erklärungs- als auch Geschäftswille unterstellt werden. Darüber hinaus muss eine entsprechende Äußerung auch als Kundgabe eines bestimmten Rechtsfolge- bzw. Rechtsbindungswillen verstanden werden. Der Erklärende wird sich bewusst sein, dass er mit der Einwilligung über die vermögenswerte Komponente seines Bildnisses verfügt und an diese Entscheidung auch gebunden ist.

2. *Die isolierte Einwilligung als Gefälligkeit*

Für isoliert erteilte Einwilligungen ist dagegen das Vorliegen eines Rechtsbindungswillens fraglich. Zweifelhaft erscheint insbesondere, dass sich derjenige, der sich im Freundes- und Bekanntenkreis bereitwillig fotografieren lässt und zugleich damit einverstanden erklärt, dass sein Bildnis in sozialen Netzwerken hochgeladen wird, sich in irgendeiner Form rechtlich binden wollte. In den meisten Fällen, in denen Aufnahmen von der letzten Geburtstagsfeier oder dem Familienfest in Netzwerken hochgeladen oder auf Datenträgern zur Weitergabe an alle Beteiligten fixiert werden, wird sich nämlich keiner der Beteiligten in einem vertraglichen oder vertragsähnlichen Verhältnis wähnen. Vielmehr wird im stillschweigenden Einverständnis davon ausgegangen, dass die bei Anlass einer Feierlichkeit oder sonstigen gesellschaftlichen oder sozialen Aktivität gefertigten Aufnahmen im Rahmen dieser Sphäre vervielfältigt und verbreitet werden dürfen. Oftmals wird dies sogar gewünscht sein. Eine vertragliche Fixierung von wesentlichen Vertragsinhalten oder das Bestehen von Schadensersatzansprüchen wird schon deshalb nicht für erforderlich gehalten, weil die Parteien in einem gewissen Vertrauensverhältnis zueinanderstehen. Es wird erwartet, dass der Andere keine despektierlichen oder gar schädlichen Bildnisse seines

491 *Neuner*, JuS 2007, 881 (885).

492 *Klocke*, Erklärungsbewusstsein, S. 23 f.

493 *Köhler*, BGB AT, § 6 Rn. 2; *Klocke*, Erklärungsbewusstsein, S. 24 m. w. N.

Angehörigen, Freundes oder Bekannten der Öffentlichkeit preisgibt oder gezielt Personen zeigt, von denen der Abgebildete ersichtlich nicht will, dass sie die Aufnahme sehen. Ebenso wird erwartet, dass das Bildnis im Zweifel auf Verlangen wieder von dem Social-Media-Kanal genommen wird, wenn der Abgebildete sich zu einem späteren Zeitpunkt der Öffentlichkeit so nicht mehr präsentieren möchte. Die Erklärung der Einwilligung könnte in diesen Fallkonstellationen als eine reine Gefälligkeit angesehen werden. Der Wegfall der Rechtswidrigkeit bzw. Tatbestandsmäßigkeit nach § 22 S. 1 KUG ist ein dabei erzielter Nebeneffekt, der von den Parteien gewollt ist, aber auf den die Erklärung nicht in erster Linie abzielt.

a) Abgrenzung von Gefälligkeitsverhältnissen und Gefälligkeitsverträgen

Der Gedanke, dass die isolierte Einwilligung eine Gefälligkeit des täglichen Lebens darstellen könnte, macht eine terminologische Eingrenzung dieses Rechtsinstituts erforderlich. Hierbei ist zunächst eine Abgrenzung zwischen Gefälligkeitsverhältnissen und Gefälligkeitsverträgen vorzunehmen, denn einer Gefälligkeit kann auch rechtsgeschäftlicher Charakter zukommen. Der BGH hat ausgeführt, dass dies dann der Fall sei, wenn der Leistende den Willen aufweise, seinem Handeln rechtliche Geltung zukommen zu lassen und der Empfänger die Leistung in diesem Sinne entgegennehme.[494] Die Parteien weisen hier also gerade einen Rechtsbindungswillen auf. Der hierdurch zustande kommende Gefälligkeitsvertrag begründe ein Schuldverhältnis mit Rechten und Pflichten. Gesetzlich normierte Gefälligkeitsverträge sind etwa die Schenkung, Verwahrung, Leihe und der Auftrag.

Ein Gefälligkeitsverhältnis ist eine Sonderverbindung zwischen einem uneigennützig Handelnden, der auch Gefälliger genannt wird, und dem Begünstigten.[495] Es ist für die Beteiligten unverbindlich. [496] Der Begünstigte hat, im Gegensatz zur Rechtslage beim Gefälligkeitsvertrag, keinen (vertragsähnlichen) Erfüllungsanspruch und der Gefällige keinen Aufwendungsersatzanspruch. Gleichwohl schafft dieses einen Rechtsgrund für das Behaltendürfen der Leistung.[497] Soweit der Vollzug des Gefälligkeitsverhältnisses einen geschäftsähnlichen Kontakt zwischen den Beteiligten begründet, können den Gefälli-

494 BGHZ 21, 102 (106 f.) – Ausgeliehener LKW-Fahrer.
495 *Mansel*, in: Jauernig, BGB, § 241 Rn. 23.
496 *Busche*, in: Staudinger, BGB, F. Anbahnung von Schuldverhältnissen, Rn. 53.
497 *Sutschet*, in: BeckOK BGB, § 241 Rn. 18; *Mansel*, in: Jauernig, BGB § 241 Rn. 25; *Grüneberg*, in: Palandt, BGB, vor § 241 Rn. 8.

gen aber Schutzpflichten ähnlich wie bei der culpa in contrahendo (cic), vgl. § 311 Abs. 2 Nr. 3 BGB zustehen.[498]

b) Rechtsbindungswille bei isolierten Einwilligungen

Entscheidendes Abgrenzungskriterium ist dementsprechend das Vorliegen eines Rechtsbindungswillens. Mit Blick auf diesen bestimmt sich die Abgrenzung von einer Willenserklärung oder einem Gefälligkeitsvertrag zu einer bloßen Gefälligkeitserklärung.[499] Lehnt man einen Rechtsbindungswillen ab, kann das Vorliegen eines rechtsgeschäftlichen Schuldverhältnisses nicht angenommen werden.[500] Es wird dann allenfalls ein Gefälligkeitsverhältnis ohne vertragliche Verpflichtungen begründet.[501] Fehlt es an einem Rechtsbindungswillen, so kann zwar durchaus eine Vereinbarung vorliegen, aber eben keine rechtlich verpflichtende Bindung entstehen.[502]

c) Feststellung des Rechtsbindungswillens anhand Auslegung

Die Feststellung, ob die Beteiligten einen Rechtsbindungswillen aufweisen, ist nicht immer einfach. Liegen verwertbare Willensbekundungen, die auf einen tatsächlichen Willen schließen lassen, nicht vor, muss der (mutmaßliche) Rechtsbindungswille regelmäßig anhand objektiver Anhaltspunkte ermittelt werden.[503]

Zur Bestimmung, ob ein Rechtsbindungswille vorliegt, ist nicht der innere Wille der Parteien entscheidend, sondern wie sich das Verhalten der Beteiligten bei Würdigung aller Umstände nach Treu und Glauben mit Rücksicht auf die Verkehrssitte einem objektiven Beobachter darstellt, §§ 133, 157 BGB.[504] Zu würdigen sind dabei die wirtschaftliche und rechtliche Bedeutung der Angelegenheit,

---

498 *Mansel*, in: Jauernig, BGB, § 241 Rn. 25.

499 *Daßbach*, JA 2018, 575.

500 *Sutschet*, in: BeckOK BGB, § 241 Rn. 18; *Mansel*, in: Jauernig, BGB, § 241 Rn. 23.

501 BGHZ 21, 102 (106) – Ausgeliehener LKW-Fahrer; BGH, Urt. v. 02.07.1968 – VI ZR 135/67, NJW 1968, 1874.

502 *Kötz*, Vertragsrecht, Rn. 31.

503 *Köhler*, BGB AT, § 6 Rn. 2; *Busche*, in: Staudinger, BGB, Anbahnung von Schuldverhältnissen, Rn. 52.

504 BGHZ 21, 102 (107) – Ausgeliehener LKW-Fahrer; *Sutschet*, in: BeckOK BGB, § 241 Rn. 18; *Daßbach*, JA 2018, 575; *Köhler*, BGB AT, § 6 Rn. 2; *Wolf/Neuner*, BGB AT, § 28 Rn. 18; a. A. *Mansel*, in: Jauernig, BGB, § 241 Rn. 24, der auf die Sicht des Leistungsempfängers abstell.

Art, Grund und Zweck der Gefälligkeit sowie die Interessenslage.[505] So spricht es in der Regel für einen Rechtsbindungswillen, wenn derjenige, der dem anderen Teil etwas gewährt, selbst ein rechtliches oder wirtschaftliches Interesse daran hat.[506] Gleiches gilt für den Fall, dass sich der Begünstigte erkennbar auf die Zusage des anderen verlässt und für ihn dabei erhebliche Werte auf dem Spiel stehen.[507] Gerade bei Einwilligungen in Eingriffe in das Recht am eigenen Bild kann das Vorliegen eines Rechtsbindungswillens allerdings nicht allein danach beurteilt werden, ob für die Einwilligung eine Gegenleistung gewährt worden ist. So wird man etwa bei Bildaufnahmen im Rahmen von Fernsehinterviews, auch wenn sie unentgeltlich erfolgt sein mögen, eher von einem entsprechenden Bindungswillen ausgehen müssen. Solche Aufnahmen werden aber auch nicht bei alltäglichen gesellschaftlichen Kontakten angefertigt.

Ein Indiz für das Vorliegen eines Rechtsbindungswillens ist, wenn der Begünstigte ein berechtigtes Interesse an einem vertraglich geschuldeten Schadensersatzanspruch für den Fall der Nicht- oder Schlechterfüllung der Leistung bzw. des Verzugs hat. Zu beachten ist, dass die aufgezählten Kriterien für sich genommen jedoch weder abschließend sind, noch eine Rangfolge zwischen ihnen ausgemacht werden kann. Bezugspunkt der Argumentation, ob ein Rechtsbindungswille vorliegt, muss daher stets sein, ob der objektiv von den Parteien zum Ausdruck gebrachte und übereinstimmende Wille die Annahme eines Rechtsbindungswillens und damit die Übernahme rechtsgeschäftlicher Verpflichtungen als interessengerecht erscheinen lässt. Wenn die konkreten Abgrenzungskriterien nicht weiterhelfen, kann dies einen Rückgriff auf allgemeine Billigkeitserwägungen erforderlich machen. Denn im Ergebnis kommt es auf eine gerechte Risikoverteilung an, welche die Interessen der Parteien angemessen berücksichtigt.[508]

Auch Ohly plädiert für eine Auslegung der Einwilligungserklärung. [509] Diene die Einwilligung ausschließlich der Selbstdarstellung, sei kein Grund für eine vertragliche Bindung ersichtlich und die Einwilligung dementsprechend frei widerruflich. Bei unentgeltlichen Gestattungen, insbesondere gefälligkeitshalber

---

505 BGHZ 21, 102 (107) – Ausgeliehener LKW-Fahrer; *Kötz*, Vertragsrecht, Rn. 32; *Mansel*, in: Jauernig, BGB, § 241 Rn. 24; *Busche*, in: Staudinger, BGB, F. Anbahnung von Schuldverhältnissen, Rn. 52; *Wolf/Neuner*, BGB AT, § 28 Rn. 19; siehe zu Auslegungskriterien auch *Klocke*, Erklärungsbewusstsein, S. 34.

506 BGHZ 21, 102 (107) – Ausgeliehener LKW-Fahrer.

507 *Sutschet*, in: BeckOK BGB, § 241 Rn. 18.

508 Vgl. hierzu insgesamt *Daßbach*, JA 2018, 575.

509 *Ohly*, Einwilligung im Privatrecht, S. 150 und 349.

erteilten Erlaubnissen, spreche eine starke Vermutung für eine Widerrufbarkeit.[510] Er lässt an dieser Stelle jedoch offen, ob er eine so verstandene Einwilligung selbst als Gefälligkeitserklärung einordnet.

d) Zwischenergebnis

Das Anfertigen und Hochladen von Bildnissen aus dem privaten Lebensbereich findet häufig bei gesellschaftlichen und sozialen Kontakten statt, sodass bei den Beteiligten ein Rechtsbindungswille regelmäßig fehlen dürfte. Erklärt sich jemand bereit, dass im Rahmen einer gesellschaftlichen Aktivität Bilder mit seiner Handykamera von den Anwesenden gemacht werden, und gibt er anderen Abgebildeten zugleich das Versprechen, die Aufnahmen im Nachgang zu zirkulieren, damit diese die Fotos auf Facebook und Instagram hochladen können und erfüllt dieses Versprechen nicht, bleibt dieses nicht eingehaltene Versprechen ohne Rechtsfolgen. Würde man eine solche Einwilligung aber als rechtsgeschäftliche Willenserklärung qualifizieren, würde die Zusage zur Verfügungsstellung der Bilder zwecks Ermöglichung des Hochladevorgangs in den sozialen Netzwerken eine einklagbare Verpflichtung darstellen und eine Pflichtverletzung Schadensersatzansprüche nach sich ziehen. Das kann nicht richtig und von den Vertretern der Willenserklärungstheorie auch kaum gewollt sein. Ebenso wenig sollte auf der anderen Seite eine Verpflichtung der anderen Person zum Hochladen des Bildnisses bestehen.

Vor diesem Hintergrund kann das zum Ausdruck gebrachte Einverständnis mit dem Anfertigen und auch Veröffentlichen von Fotoaufnahmen in sozialen Netzwerken als eine Gefälligkeit des täglichen Lebens eingestuft werden, die im Rahmen des sozialen Miteinanders gewährt wird. Es handelt sich um „Geschäfte auf gesellschaftlicher Ebene", die nicht vom Recht erzwungen werden können.[511]

Qualifiziert man mit der hier vertretenen Ansicht die Einwilligung entweder als Gefälligkeit (sofern kein Rechtsbindungswille ersichtlich) oder als rechtsgeschäftliche Willenserklärung, ergeben sich hieraus zwangsläufig unterschiedliche Konsequenzen für die Beurteilung einer etwaigen Widerruflichkeit. Hierauf soll im nachfolgenden Kapitel näher eingegangen werden.

---

510 *Ohly*, AfP 2011, 428 (433); so auch *Golla/Herbort*, GRUR 2015, 648 (653).

511 Zu diesem Begriff siehe *Medicus/Petersen*, BGB AT, Rn. 184.

F) Voraussetzungen der Einwilligungserteilung nach § 22 S. 1 KUG

Im Folgenden soll untersucht werden, welche Anforderungen an eine wirksame Einwilligungserteilung zu stellen sind. Beginnend mit den zivilrechtlichen Vorgaben zur vertraglichen Einwilligung soll im Anschluss geprüft werden, welche Besonderheiten bei einem Verständnis von der Einwilligung als Gefälligkeit gelten.

Im Einzelfall kann die Beurteilung, ob eine wirksame Einwilligungserklärung vorliegt, Schwierigkeiten bereiten. Liegt eine wirksame Einwilligung schon nicht vor, bedarf es des Instruments des Widerrufs nicht, um gegen eine Verbreitung oder Zurschaustellung von Bildnissen vorzugehen. So ist die Behauptung, es liege schon keine wirksame Einwilligungserteilung vor, regelmäßig der erste Einwand, der bei auf Unterlassung weiterer Verbreitung oder Zurschaustellung bzw. auf Vernichtung des Bildmaterials gerichteter Klagen vorgebracht wird.[512] Aus diesem Grund müssen die Voraussetzungen einer wirksamen Einwilligungserteilung gedanklich immer vor dem Bestehen eines Rechts zum Widerruf geprüft werden.

I. Die Einwilligungserklärung

Die rechtsgeschäftliche Einwilligungserklärung richtet sich entsprechend des dieser Arbeit zugrunde liegenden Verständnisses nach den Regeln der §§ 116 ff. BGB und kann auch in Stellvertretung erteilt werden. Das Vorhandensein einer Einwilligung wird gemäß § 22 S. 2 KUG nur in Fällen vermutet, in denen der Abgebildete dafür, dass er sich abbilden lässt, entlohnt worden ist.

Als Kommunikationsvorgang setzt die Einwilligung einen Erklärungsakt voraus, der auch zugehen muss.[513] Aufgrund der unter Umständen sehr weitreichenden Folgen, die eine Einwilligung, insbesondere im Bereich der Persönlichkeitsrechte haben kann, muss ein klarer und eindeutiger Wille feststellbar sein.[514] Insbesondere muss nach der hier vertretenen Auffassung geprüft werden, ob ein Rechtsbindungswille vorliegt. Die Erklärung kann dabei sowohl ausdrücklich, als auch konkludent erteilt werden, da § 22 KUG kein Schriftformerfordernis

---

512 Siehe etwa OLG Hamburg, Urt. v. 20.07.1972 - 3 U 27/72 - Heidi; OLG Karlsruhe, Urt. v. 31.03.1983 - 4 U 179/81, BeckRS 2010, 9609.

513 *Klass*, AfP 2005, 507 (511).

514 *Klass*, AfP 2005, 507 (511).

aufstellt.[515] Allerdings werden im Hinblick auf die hohe Schutzbedürftigkeit des Persönlichkeitsrechts und um dem Selbstbestimmungsrecht in diesem sensiblen Bereich bestmöglichen Schutz zu gewähren, erhöhte Anforderungen gestellt.[516] Zudem wird eine konkludente Einwilligungserteilung bei ungewöhnlichen, besonders belastenden oder weitreichenden Entscheidungen für unzureichend erachtet.[517] Aus diesem Grund kann beispielsweise aus einem fehlenden Widerspruch gegen die Anfertigung von Filmaufnahmen nicht auf eine Einwilligung in deren Veröffentlichung gefolgert werden. Es müssen vielmehr deutliche und konkrete Anhaltspunkte vorliegen. [518] Denn ein Einverständnis mit der Anfertigung eines Bildnisses darf nicht mit der Einwilligung in jede Form der Verwendung gleichgesetzt werden.[519] Maßgeblich sind hier die Gesamtumstände. Nach vielfach vertretener Auffassung könne von einer konkludenten Einwilligung ausgegangen werden, wenn der Abgebildete offensichtlich bereitwillig für die Kamera posiert und sich in Szene setzt und damit rechnen muss, dass das angefertigte Bildmaterial durch Medien gesendet wird.[520] Insbesondere läge eine konkludente Einwilligung vor, wenn jemand bei Filmaufnahmen aktiv mitwirke und wisse, für welches Sendeformat die Aufnahmen erfolgen.[521] Von einer konkludenten Einwilligung könne auch dann ausgegangen werden, wenn der Abgebildete es durch sein Verhalten ersichtlich in Kauf genommen habe, ins Bild zu kommen.[522] Dem widersprechen Frömming/Peters mit der Begründung, dass dem Betroffenen in einer solchen Situation gerade nicht Art und Umfang der geplanten Verwendung bekannt seien, sodass eine konkludente Einwilligung nicht vorliege.[523] Nur weil sich der Abgebildete in einem öffentlichen Raum

---

515 Siehe etwa BGH, Urt. v. 28.09.2004 – VI ZR 305/03, GRUR 2005, 74 – Charlotte Casiraghi II; BGH, Urt. v. 14.11.1995 – VI ZR 410/94, GRUR 1996, 195 – Abschiedsmedaille; BGHZ 20, 345 (348) – Paul Dahlke; *Specht*, in: Dreier/Schulze, Urheberrechtsgesetz, § 22 KUG Rn. 17.

516 *Klass*, in: Erman, BGB, Anhang § 12 Rn. 231.

517 Vgl. BGHZ 122, 115- Abgetretenes Anwaltshonorar.

518 LG Berlin, Urt. v. 20.05.2013 – 27 O 632/12, K&R 2013, 605; AG Kleve, Urt. v. 21.01.2009 – 2 O 229/07, ZUM-RD 2009, 555 – Drogenkriminalität; *Klass*, in: Erman, BGB Anhang § 12 Rn. 231.

519 *Ernst*, AfP, 2015, 401 (402); a. A. OLG Frankfurt am Main, Urt. v. 04.06.2009 – 16 U 206/08, ZUM-RD 2010, 320.

520 *Libertus*, ZUM 2007, 621.

521 LG Bielefeld, Urt. v. 18.09.2007 – 6 O 360/07, NJW-RR 2008, 715 (716) – Super Nanny.

522 OLG Köln, Urt. v. 22.02.1994 – 15 U 138/93, NJW-RR 1994, 865; *Libertus*, ZUM 2007, 621.

523 *Frömming/Peters*, NJW 1996, 958.

bewege und wisse, dass dort Fotos angefertigt werden, heiße das nicht automatisch, dass sein Bildnis zum allgemeinen Gebrauch freigegeben wird.[524] So dürfen private Aufnahmen nicht ohne Weiteres online gestellt werden und auch eine gewerbliche oder politische Nutzung verbietet sich ohne weitere Erklärung.[525] Voraussetzung ist, dass dem Abgebildeten Art, Umfang und Zweck der Veröffentlichung oder Verbreitung des Fotos bekannt sind.[526] Es gilt der Grundsatz, dass eine Einwilligungserklärung umso eindeutiger sein muss, je gewichtiger der Eingriff und auch das betroffene Rechtsgut sind.[527] Wird eine Einwilligung im Eifer des Gefechts abgegeben, etwa wenn ein Streit mit dem Handy aufgenommen wird und der Gefilmte hierbei äußert, man könne ihn „ruhig" fotografieren, kann diese Einwilligung mangels Ernsthaftigkeit unwirksam sein.[528]

Um der Gefahr der Konstruktion von fiktiven Einwilligungen vorzubeugen, ist eine mutmaßliche Einwilligung bei Dispositionen über Persönlichkeitsrechte abzulehnen.[529] Es besteht die Möglichkeit einer vorformulierten Erklärung der Einwilligung in Allgemeinen Geschäftsbedingungen (AGB). Hierfür gelten die allgemeinen Voraussetzungen der §§ 305 ff. BGB.[530]

Einen Sonderfall hinsichtlich der Form der Einwilligung ergibt sich bei Fotos von Beschäftigten im Rahmen eines Arbeitsverhältnisses. Nach Auffassung des BAG müsse bei der Veröffentlichung von Fotos des Arbeitnehmers dessen Einwilligung schriftlich vorliegen.[531] Dies gebiete eine verfassungskonforme Auslegung von § 22 S. 1 KUG, da ein Wertungswiderspruch mit dem Schriftformerfordernis in § 4a Abs. 1 S. 3 a. F. BDSG vermieden werden müsse. Dies beruht wiederum auf dem Umstand, dass das Recht des Arbeitnehmers auf informationelle Selbstbestimmung im Arbeitsverhältnis eine besondere Bedeutung hat.[532] Hierdurch soll vermieden werden, dass sich der Arbeitnehmer zur Veröffentlichung des Fotos unabhängig von den jeweiligen Verpflichtungen aus

---

524 OLG Frankfurt am Main, Urt. v. 21.04.2016 – 16 U 251/15, ZUM-RD 2016, 573; *Härting*, Internetrecht, Rn. 584.

525 BGH, Urt. v. 11.11.2014 – VI ZR 9/14, GRUR 2015, 195 – Hostess; *Ernst*, AfP 2015 401 (402).

526 *Frömming/Peters*, NJW 1996, 958; *Härting*, Internetrecht, Rn. 585.

527 *Klass*, in: Erman, BGB, Anhang § 12 Rn. 231, *Ohly*, Einwilligung im Privatrecht, S. 339.

528 LG Duisburg, Urt. v. 17.10.2016 – 3 O 281/15, ZUM 2017, 171.

529 *Klass*, AfP 2005, 507 (511).

530 Siehe hierzu umfassend *Ernst*, AfP 2015, 401 (402).

531 BAGE 150, 195.

532 BAGE 150, 195. Grundsätzlich zur Einwilligung eines Arbeitnehmers siehe *Benecke/Groß*, NZA 2015, 833.

dem Arbeitsverhältnis verpflichtet fühlt. Ihm soll verdeutlicht werden, dass die Erteilung oder Verweigerung der Einwilligung für das Arbeitsverhältnis keine Folgen haben darf.[533] Unklar ist, ob diese Anforderungen mit dem Wegfall des Schriftformgebotes in der Datenschutzgrundverordnung noch gestellt werden können.

II. Einwilligungsberechtigung

1. Rechtsinhaber als Einwilligungsberechtigter

Wie sich bereits aus dem Wortlaut des § 22 S. 1 KUG ergibt, muss grundsätzlich der Abgebildete die Einwilligung erteilen.

2. Einwilligung bei beschränkter Geschäftsfähigkeit und Geschäftsunfähigkeit

Schwierigkeiten können sich ergeben, wenn der Abgebildete geschäftsunfähig oder nur beschränkt geschäftsfähig ist. Auch an dieser Stelle wirkt sich der Streit um die Rechtsnatur der Einwilligung aus.

Nach dem Verständnis von der Einwilligung als Realakt muss der Einwilligende nicht geschäftsfähig, sondern nur in der Lage sein, Bedeutung und Tragweite des Eingriffs in seine Persönlichkeitssphäre zu erkennen, das Für und Wider abzuwägen und hiernach seine Entscheidung bestimmen können.

Qualifiziert man die Einwilligung als rechtsgeschäftliche Willenserklärung oder geschäftsähnliche Handlung, setzt dies zwangsläufig das Vorliegen von Geschäftsfähigkeit voraus.[534] Demnach liegt etwa keine wirksame Einwilligung vor, wenn der Einwilligende bei der Erklärung volltrunken ist, noch nicht das siebte Lebensjahr vollendet hat, § 104 Nr. 1 BGB, oder sich in einem nicht nur vorübergehenden Zustand krankhafter Störung der Geistestätigkeit befindet, § 104 Nr. 2 BGB. Da nach hier vertretener Auffassung die mit Rechtsbindungswillen erteilte Einwilligung eine rechtsgeschäftliche Willenserklärung darstellt, soll der hieraus resultierende Streitstand um die Einwilligungsfähigkeit Minderjähriger nachfolgend dargestellt werden.

Einwilligungsfähigkeit, darüber besteht Einigkeit, setzt zumindest Einsichtsfähigkeit voraus. Der Betroffene muss demnach in der Lage sein, die Tragweite seines Eingriffs zu erfassen. Bei nicht einsichtsfähigen Minderjährigen kommt

---

533 Kritisch zu dem in dieser Entscheidung statuierten Schriftformgebot: *Krohm*, ZD 2016, 368 (370 f.).

534 Siehe nur *Soehring/Hoene*, in: Soehring/Hoene, Presserecht, § 19 Rn. 94.

es entsprechend auf die Einwilligung der gesetzlichen Vertreter an, die insoweit allein zuständig sind.

Gerade im Hinblick auf die Einwilligung von einsichtsfähigen Minderjährigen wird zum Teil eine Durchbrechung des § 107 BGB zum Zwecke einer sachgerechten Lösung gefordert. Primär werden drei verschiedene Auffassungen vertreten. Nach der strengen Geschäftstheorie sind die § 104 ff. BGB uneingeschränkt anwendbar. Nach § 107 BGB bedarf der Minderjährige demzufolge zu einer Willenserklärung der Einwilligung der gesetzlichen Vertreter, da die Einwilligung nach § 22 S. 1 KUG nicht lediglich rechtlich vorteilhaft ist.[535] Das Modell der strengen Einsichtsfähigkeit, welches auf der für das Verfassungsrecht konzipierten Theorie der Grundrechtsmündigkeit basiert, geht dagegen davon aus, dass der Minderjährige für seine Einwilligung alleine zuständig ist, sobald er einsichtsfähig ist.[536] Vorzugswürdig, da im Sinne des Minderjährigenschutzes, ist wohl die Theorie der Doppelzuständigkeit.[537] Dieses Modell ist ein Versuch des BGH und der Majorität im Schrifttum,[538] im Hinblick auf die persönlichkeitsrechtliche Komponente des Rechts am eigenen Bild, die starre Kompetenzzuweisung an den gesetzlichen Vertreter zu durchbrechen, indem der Gedanke der Grundrechtsmündigkeit für diesen Bereich herangezogen wird. Demnach bedürfe es neben der Einwilligung des gesetzlichen Vertreters auch der des Minderjährigen selbst.[539] Engels schlägt darüber hinaus vor, dass die Einwilligung des Minderjährigen umso stärker zu berücksichtigen sei, je näher dieser an die Grenze der Volljährigkeit rücke.[540] Ein ähnlicher Ansatz liegt der Auffassung Beaters zugrunde, der Minderjährigen bei entsprechender Einsichtsfähigkeit ein Vetorecht einräumen möchte.[541] Vetter findet dieses Modell im Hinblick auf Art. 100 Abs. 1 GG bedenklich. Seiner Meinung nach könne ein Minderjähriger

---

535 So wohl OLG Hamburg, Urt. v. 20.07.1972 – 3 U 27/72, OLGZ 122, 1 (5) – Heidi.

536 So etwa *Heidenreich*, AfP 1970, 960 (963); zustimmend *Kaulbach*, AfP 1971, 67, nach welchem die Vorschriften über Willenserklärungen bei Einwilligungen Minderjähriger in das Recht am eigenen Bild ausdrücklich nicht herangezogen werden dürfen.

537 *Götting*, in: Schricker/Loewenheim, Urheberrecht, § 22 KUG Rn. 42; *Jipp*, Vorverhalten, S. 83; *Ohly*, GRUR 2012, 983 (992).

538 *Brost/Rodenbeck*, AfP 2016, 495 (500); *Jipp*, Vorverhalten, S. 83.

539 So auch bei LG Bielefeld, Urt. v. 18.09.2007 – 6 O 360/07, NJW-RR 2008, 715 (716) – Super Nanny.

540 *Engels*, in: BeckOK Urheberrecht, § 22 KUG Rn. 42.

541 *Beater*, Medienrecht, Rn. 1339; ebenso *Hörning*, Das Recht am eigenen Bild, S. 141; sowie *Brox/Walker*, BGB AT, § 33 Rn. 21.

weder die versagte Zustimmung seiner gesetzlichen Vertreter überstimmen, noch eine von diesen erteilte Einwilligung blockieren.[542]

Liegt nach der hier vertretenen Auffassung eine Einwilligung ohne Rechtsbindungswillen vor, handelt es sich um eine bloße Gefälligkeit. Für diese ist keine Geschäftsfähigkeit erforderlich. Der Minderjährige kann dementsprechend seine Einwilligung ohne Zustimmung gesetzlicher Vertreter erteilen. Eine solche Annahme widerläuft nicht dem Minderjährigenschutz zu, sondern stellt die einzig praktikable Lösung dar. Würde man eine Einwilligung bzw. Zustimmung gesetzlicher Vertreter für jede Form der Einwilligung, insbesondere also auch isoliert erteilter Einwilligungen ohne erkennbaren Rechtsbindungswillen fordern, würden zahlreiche in sozialen Netzwerken hochgestellte und veröffentliche Bildnisse eine Bildnisverletzung darstellen, die nach § 33 Abs. 1 KUG sogar strafrechtliche Konsequenzen nach sich ziehen kann. Das erscheint vor dem Hintergrund des heutigen Umgangs und Selbstverständnisses hinsichtlich der Zurschaustellung und Präsentation von Bildnissen nicht hinnehmbar. Es erscheint vielmehr interessensgerecht, den Minderjährigen in diesem Bereich Eigenverantwortung zu überlassen und ihnen auf diese Weise auch zu ermöglichen, ihre eigene Rolle innerhalb der Gesellschaft zu finden. Wenn es dem Minderjährigen darum geht, im Internet, etwa in sozialen Netzwerken, von anderen auch über die Accounts von Freunden und Bekannten als Teil einer Gruppierung, Teilnehmer einer Veranstaltung oder in sonstiger Weise wahrgenommen zu werden, spricht nichts dagegen, diesem Wunsch zu entsprechen und eine rechtmäßige Publizierung des Bildnisses allein auf Basis seiner eigenen Entscheidung anzunehmen. Dies auch deshalb, weil Gefälligkeiten unter einfachen Voraussetzungen aufgekündigt werden können. Es besteht mithin keine Bindung zwischen den Parteien, die wohlmöglich nur unter erschwerten Bindungen aufgebrochen werden könnte. Freilich könnte man dieser Argumentation entgegensetzen, dass es prinzipiell auch möglich ist, dass Eltern bzw. gesetzliche Vertreter eine grundsätzliche Erlaubnis zur Interaktion in sozialen Netzwerken und damit einhergehend auch für sämtliche Bildnisse im Voraus eine Zustimmung erteilen. Damit verlagert man die Problematik aber lediglich auf die Einwilligungsempfänger, die sich insoweit Klarheit darüber verschaffen müssten, ob die gesetzlichen Vertreter des Minderjährigen der Publizierung und Verbreitung des Bildnisses auf ihrem Social-Media-Kanal im Einzelfall zugestimmt haben, oder eine Generalerlaubnis vorliegt.

542 *Vetter*, AfP 2017, 127 (131).

Es erscheint damit im Interesse des Minderjährigen und der Allgemeinheit, die ohne Rechtsbindungswillen erteilte Einwilligung nicht von der Zustimmung bzw. Erlaubnis gesetzlicher Vertreter abhängig zu machen. Etwas anderes gilt jedoch für die mit Rechtsbindungswillen erteilte Einwilligung, insbesondere die vertragliche Einwilligung.

Zwar scheinen die §§ 107 ff. BGB eher auf vermögensrechtliche Austauschgeschäfte zugeschnitten zu sein, sodass fraglich ist, ob diese Vorschriften für Dispositionen im persönlichkeitsrechtlichen Bereich, also auch bei Einwilligungen nach § 22 S. 1 KUG, passende Lösungen bieten.[543] Nach Ohly ist im Sinne des Minderjährigenschutzes dennoch eine elterliche Kontrolle zu fordern, da Minderjährige die Folgen ihrer medialen Selbstdarstellung nicht einschätzen können. Dies gelte in besonderem Maße für die vertragliche Einwilligung.[544] Dem ist ohne Vorbehalten zuzustimmen.

3. *Einwilligung durch Dritte*

a) *Bevollmächtigung und Stellvertretung*

Die Erteilung der Einwilligung ist auch in gewillkürter Stellvertretung gemäß §§ 164 ff. BGB zulässig,[545] da dies in Anbetracht der Möglichkeit der Kommerzialisierung persönlichkeitsrechtlicher Bestandteile von Bildnissen praxisgerecht erscheint.[546] Aufgrund der persönlichkeitsrechtlichen Komponente ist eine zeitlich und inhaltlich unbegrenzte Bevollmächtigung als nicht zulässig zu erachten.[547] Nach der Rechtsprechung des BGH ist daneben sogar eine Ermächtigung Dritter zur Erteilung der Einwilligung in eigenem Namen rechtlich möglich.[548]

Denkbar ist es, dass ein Abgebildeter vor seinem Tod einem Dritten (der nicht zwangsläufig Angehöriger im Sinne des § 22 S. 4 KUG ist) eine Vollmacht hinsichtlich der Wahrnehmung seiner Interessen seines Rechts am eigenen Bild erteilt hat. In diesem Fall ist neben dem noch lebenden Abgebildeten bzw. nach

---

543 So auch *Ohly,* AfP 2011, 428 (434).

544 *Ohly,* AfP 2011, 428 (434).

545 OLG München, Urt. v. 30.05.2001 – 21 U 1997/00; *Engels,* in: BeckOK Urheberrecht, § 22 KUG Rn. 30.

546 *Dasch,* Die Einwilligung S. 91; *Specht,* in: Dreier/Schulze, Urheberrechtsgesetz, § 22 KUG Rn. 20; kritisch hierzu Klass, AfP 2005, 507 (514).

547 *Dasch,* Die Einwilligung, S. 91 f.; *Specht,* in: Dreier/Schulze, Urheberrechtsgesetz, § 22 KUG Rn. 20.

548 BGH, Urt. v. 14.10.1986 – VI ZR 10/86, GRUR 1987, 128 – NENA; siehe zur Zulässigkeit der Einwilligungsermächtigung auch *Dasch,* Die Einwilligung, S. 92 f.

dessen Tod neben den Angehörigen im Sinne des § 22 S. 4 KUG eine weitere Person einwilligungsbefugt. Das Verhältnis beider Personengruppen ist im Kunsturhebergesetz nicht geregelt, sodass Interessenskonflikte vorprogrammiert sind.[549] Das OLG München hat in einer solchen Situation, indem der Bevollmächtigte stellvertretend für den Verstorbenen Abgebildeten die Einwilligung im Widerlauf zu den Interessen der Mutter des Verstorbenen ausgeübt hat, entschieden, dass dasjenige Rechtsinstitut vorrangig sei, das dem erkennbaren Willen des Verstorbenen zur Geltung verhelfe.[550] Ein solcher Maßstab ist freilich mit Unsicherheit behaftet und insbesondere nicht zielführend, wenn ein entsprechender Wille des Verstorbenen nicht mehr feststellbar ist. Nach Müller ist es rechtlich präziser, der Einwilligung des Bevollmächtigten stets den Vorrang vor der Entscheidung der Angehörigen einzuräumen.[551] Dies sei dogmatisch gegenüber der Lösung des OLG München vorzugswürdig, da die Einwilligung des Bevollmächtigten nach § 164 Abs. 1 S. 1 BGB so zu behandeln ist, als hätte sie der Verstorbene selbst erteilt. Eine so verstandene Einwilligung schließt nach der gesetzlichen Systematik des Kunsturhebergesetzes das Wahrnehmungsrecht der Angehörigen nach § 22 S. 3 KUG aus.[552] Jedenfalls besitzt eine über den Tod des Abgebildeten hinausgehend erteilte Vollmacht zur Erteilung von Einwilligungen Vorrang gegenüber einer möglichen Einwilligung durch Angehörige nach § 22 S. 3 KUG.[553]

b) Einwilligung durch Angehörige im Sinne des § 22 S. 3 KUG

Nach Versterben des Abgebildeten bedarf es zur Veröffentlichung und Verbreitung seines Bildnisses während der postmortalen Schutzdauer von zehn Jahren der Einwilligung der Angehörigen des Abgebildeten. [554] Nicht zustimmungsberechtigt sind grundsätzlich die Erben, da die erbrechtlichen Vorschriften nicht auf die Wahrnehmung persönlichkeitsrechtlicher Befugnisse zugeschnitten sind.[555] Gleichwohl kann sich hier eine Überschneidung geben, da Angehörige oftmals auch Erben sind.

---

549 *Müller*, ZUM 2002, 202.

550 OLG München, Urt. v. 30.05.2001 – 21 U 1997/00, ZUM 2001, 708.

551 *Müller*, ZUM 2002, 202.

552 *Müller*, ZUM 2002, 202 (202 f.)

553 So auch *Götting*, in: Schricker/Loewenheim, Urheberrecht, § 22 KUG Rn. 59.

554 Vgl. nur *Götting*, in: Schricker/Loewenheim, Urheberrecht, § 22 KUG Rn. 57.

555 *Beater*, Medienrecht, Rn. 1340.

III. Dauer

Zu klären ist auch die Wirkungsdauer einer einmal erteilten Einwilligung. Gilt die erteilte Einwilligung nur zeitlich beschränkt, bedarf es zu ihrer Beseitigung schon keines Widerrufs mehr.

Eine räumliche, zeitliche und inhaltliche Beschränkung ist grundsätzlich möglich und kommt in der Praxis nicht selten vor. Eine solche Beschränkung kann auch ohne ausdrückliche Erklärung anzunehmen sein.[556] Ist eine zeitliche Begrenzung nicht explizit vereinbart worden, muss der zeitliche Rahmen im Einzelfall unter Beachtung aller Umstände und Interessen bestimmt werden.[557]

IV. Umfang und Reichweite

Vor der Prüfung eines etwaigen Widerrufsrechts ist zwingend zu ermitteln, ob die erteilte Einwilligung in ihrem Umfang und ihrer Reichweite überhaupt die streitgegenständliche Verbreitung oder Veröffentlichung erfasst. Nur wenn dies der Fall ist, bedarf es des Instruments des Widerrufs.[558]

Die gegenständliche Reichweite der Einwilligung ist restriktiv auszulegen.[559] Bei Zweifeln über Umfang und Reichweite kann eine Auslegung der Einwilligungserklärung erforderlich werden. Dies wird regelmäßig der Fall sein, da die Einwilligung meist nicht schrankenlos erklärt wird. Da die Einwilligung ein empfangsbedürftiger Sozialakt ist, kann hier auf §§ 133, 157 BGB zurückgegriffen werden.[560] Durch die Ermittlung des wirklichen Willens des Abgebildeten wird dessen Selbstbestimmungsrecht geschützt.[561] Zu diesem Zweck ist die Einwilligung im Zweifel eng auszulegen.

Wurde die Einwilligung zu einem bestimmten Zweck erteilt, so sind spätere Veröffentlichungen von ihr nicht mehr erfasst, soweit hierfür kein besonderes Interesse besteht.[562] Generell bedeutet Einwilligung nicht gleich Einverständnis

---

556 *Von Strobl-Albeg*, in: Wenzel, Bildberichterstattung, Kapitel 7 Rn. 187.

557 *Klass*, AfP 2005, 507 (512).

558 *Prinz/Peters*, Medienrecht, Rn. 838.

559 *Steffen*, in: Löffler, Presserecht, § 6 LPG Rn. 127.

560 *Frömming/Peters*, NJW 1996, 958; *Kohte*, Rechtfertigende Einwilligung, S. 125; *von Strobl-Albeg*, in: Wenzel, Bildberichterstattung, Kapitel 7 Rn. 186. Siehe auch BGH, Urt. v. 18.03.1980 – VI ZR 155/78, NJW 1980, 1903 für die Einwilligung im Medizinrecht.

561 *Klass*, in: Erman, BGB, Anhang § 12 Rn. 232; *Klass*, AfP 2005, 507 (511).

562 *Hager*, in: Staudinger, BGB, C. Das Persönlichkeitsrecht Rn. 180.

zur beliebigen Publikation.[563] Insoweit hat die Art der Veröffentlichung, die für die Erteilung unmittelbar ausschlaggebend gewesen ist, einen wesentlichen Einfluss.[564] So lässt sich aus der Einwilligung zum Abdruck des Bildnisses in einem Printmedium nicht zugleich schlussfolgern, dass auch eine Publizierung im Internet vom Einverständnis des Abgebildeten gedeckt ist.[565] Insoweit kann auf die aus dem Urheberrecht stammende Zweckübertragungstheorie (vgl. hierzu § 31 Abs. 4 und 5 UrhG) abgestellt werden.[566] Nach dieser seien grundsätzlich nur diejenigen Rechte konkludent eingeräumt worden, durch welche die Erreichung des Vertragszwecks ermöglicht werde. Über den Vertragszweck hinausgehende Rechte könnten dagegen nur dann als gestattet angesehen werden, wenn ein dahin gehender Parteiwille, etwa durch schlüssiges Verhalten oder Begleitumstände, erkennbar werde.[567]

So bestimmt sich auch die Reichweite der Einwilligung in die Veröffentlichung auf einer bestimmten sozialen Plattform nach der Kenntnis des Abgebildeten vom konkreten Kontext der Veröffentlichung. Wer sein Bildnis auf seiner Profilseite eines sozialen Netzwerkes hochlädt, willigt zwar in die Abrufbarkeit innerhalb des jeweiligen sozialen Netzwerkes ein, jedoch liegt in diesem Umstand keine (stillschweigende) Einwilligung in weitergehende Verbreitungshandlungen des Bildnisses, wie etwa dem Zurschaustellen auf der Eingangsseite der Plattform. Ein stillschweigendes Einverständnis zur Verwendung des Bildnisses durch Personensuchmaschinen ist aber anzunehmen, wenn der Abgebildete den Zugriff auf seine Profildaten und -bilder für Suchmaschinen nicht sperrt, also die sog. Opt-out-Funktion nicht nutzt.[568] Zudem dürfte sich die Einwilligung in die Fernsehausstrahlung zugleich auch auf die Verbreitung über das

---

563 Sehr weit geht die Annahme in der Entscheidung des OLG Freiburg, Urt. v. 11.06.1953 – 2 U 52/53, GRUR 1953, 404 (405), in welcher ohne weitere Anhaltspunkte von einer generell erteilten Einwilligung ausgegangen wird, solange sich weder aus den Umständen des Falles, noch der Einwilligung selbst eine Beschränkung auf eine bestimmte Veröffentlichung ergibt.

564 *Hager*, in: Staudinger, BGB, C. Das Persönlichkeitsrecht Rn. 180 m. w. N.

565 So auch *Gounalakis/Rhode*, Persönlichkeitsschutz im Internet, Rn. 57; *Klass*, AfP 2005, 507 (511); *Prinz/Peters*, Medienrecht, Rn. 837.

566 Siehe etwa OLG Köln, Beschl. v. 28.05.1999 – 6 W 15/99, ZUM-RD 1999, 444; *Frömming/Peters*, NJW 1996, 958 (959); *Prinz/Peters*, Medienrecht, Rn. 837; *Götting*, in: Schricker/Loewenheim, Urheberrecht, § 22 KUG Rn. 44.

567 *Klass*, AfP 2005, 507 (512); *Prinz/Peters*, Medienrecht, Rn. 250.

568 OLG Köln, Urt. v. 09.02.2010 – 15 U 107/09, AfP 2010, 135; *Härting*, Internetrecht, Rn. 588.

Internet beziehen, denn es ist mittlerweile üblich, dass Fernsehsendungen nach ihrer Ausstrahlung online zur Verfügung gestellt werden.[569]

G) Erlöschen, Nichtigkeit, Anfechtung der Einwilligung

Neben dem Widerruf gibt es noch andere Gründe, aus denen die Einwilligung erlöschen bzw. für nichtig erklärt werden kann. Liegt ein solcher Umstand vor, bedarf es des Instruments des Widerrufs nicht, um eine Unterlassung der weiteren Verwendung des Bildnisses bzw. eine Löschung oder Vernichtung entsprechenden Bildmaterials verlangen zu können. Aus diesem Grund muss die Möglichkeit einer Bedingung, Befristung und Anfechtung der Einwilligung sowie die Nichtigkeit aus anderen Gründen gedanklich vor der Prüfung eines Widerrufsrechts vorgenommen werden.

I. Anfechtung der Einwilligung

Aus der Einordnung der mit Rechtsbindungswillen erteilten Einwilligung als rechtsgeschäftsähnliche Handlung ergibt sich weiterhin die Möglichkeit einer Anfechtung nach §§ 119 ff. BGB.[570]

Nach § 119 Abs. 1 BGB etwa besteht ein Anfechtungsrecht, wenn bei Abgabe ein Irrtum über den Inhalt der Willenserklärung vorlag oder der Erklärende eine Erklärung dieses Inhalts nicht abgeben wollte. Der BGH hat in diesem Zusammenhang betont, dass *„eine Erklärung dieses Inhalts“* auch derjenige nicht abgeben wolle, der überhaupt keine rechtsgeschäftliche Erklärung habe abgeben wollen.[571] Das ist gerade für die ohne Rechtsbindungswillen erteilte Einwilligung interessant, da insoweit auch eine Anfechtung der Erklärung in Betracht kommt.

---

569 OLG Frankfurt am Main, Urt. v. 24.02.2011 – 16 U 172/10, ZUM-RD 2011, 408; LG Nürnberg-Fürth, Beschl. v. 06.02.2009 – 11 O 762/09, AfP 2009, 178; *Härting*, Internetrecht, Rn. 589.

570 LG Köln, Urt. v. 29.03.1989 – 28 O 134/89, AfP 1989, 766; LG Bielefeld, Urt. v. 18.09.2007 – 6 O 360/07, NJW-RR 2008, 715 – Super Nanny; *Helle*, Besondere Persönlichkeitsrechte, S. 117; *Klass*, AfP 2005, 507 (514); *Soehring/Hoene*, in: Soehring/Hoene, Presserecht, § 19 Rn. 100; *von Strobl-Albeg*, in: Wenzel, Bildberichterstattung, Kapitel 7 Rn. 203; *Specht*, in: Dreier/Schulze, Urheberrechtsgesetz, § 22 KUG Rn. 34.

571 BGHZ 91, 324 (329).

II. Bedingung und Befristung

Aus der oben dargestellten Möglichkeit der Bedingung oder Befristung der Einwilligung ergibt sich konsequenterweise, dass die Einwilligung mit dem Eintritt einer auflösenden Bedingung oder mit dem Ablauf einer gesetzlichen Frist erlischt. Denn die Einwilligung erlischt in solchen Fällen automatisch mit Fristablauf; eine Widerrufserklärung ist zur Beseitigung der Einwilligung nicht mehr erforderlich. Aus diesem Grund muss im Einzelfall diese Möglichkeit bedacht und sorgfältig geprüft werden, ob eine (konkludente) Befristung vorliegt. Aus einer fehlenden zeitlichen Befristung der Einwilligung lässt sich jedoch nicht ohne Weiteres schlussfolgern, dass diese unwiderruflich erteilt worden wäre.[572]

Eine konkludente Befristung hat der BGH in einer jüngeren Entscheidung angenommen und ausgeführt, dass die Einwilligung, welche die Klägerin in die Anfertigung von intimen Bildaufnahmen erteilt hatte, konkludent auf die Dauer ihrer Beziehung zu dem Beklagten beschränkt gewesen sei. Dies würde eine Auslegung der von der Klägerin konkludent erklärten Gestattung ergeben. Obwohl der Anwendungsbereich des § 22 KUG im vorliegenden Fall nicht eröffnet war, hat der BGH hinsichtlich des Maßstabes für die Frage nach der Wirksamkeit und dem Umfang der Einwilligung auf die für § 22 KUG entwickelten Grundsätze abgestellt, wonach die Einwilligung grundsätzlich im privaten Bereich konkludent und auch formlos, beschränkt oder unbeschränkt, erteilt werden könne.[573] Durch die Annahme einer konkludenten Befristung der Einwilligung auf die Dauer der Liebesbeziehung kam es in der Entscheidung in der Sache schon nicht darauf an, ob ein Widerruf der Einwilligung möglich und wirksam wäre. Diese Sichtweise ist jedoch nicht ganz unproblematisch und lässt viele Fragen offen. Denn zunächst einmal ist festzustellen, dass der Betroffene, sollte er den Löschungsanspruch nicht rechtzeitig geltend machen, eine Verjährung seines Anspruchs hinnehmen muss. Da die Einwilligung mit dem Ende der Beziehung ihre Wirksamkeit verlieren soll, entsteht der Löschungsanspruch zugleich in diesem Moment. Dies bedeutet, dass die dreijährige Regelverjährung zu laufen beginnt. Freilich setzt der Beginn der Verjährungsfrist voraus, dass der Betroffene Kenntnis von den den Anspruch begründenden Umständen, also auch der Existenz von ihn zeigenden Bildnissen hat. Die zehnjährige Verjährungshöchstfrist kann im Einzelfall jedoch dazu führen, dass ein Betroffener, der erst nach diesem Zeitraum vom Vorhandensein entsprechender Bildnisse erfährt, eine Löschung aufgrund Verjährung seines Anspruchs nicht mehr durchsetzen kann.

---

572 BAGE 150, 195.

573 BAGE 150, 195

Zugleich ist äußerst fraglich, ob ein entsprechender Wille zur Befristung der Einwilligung auf die Dauer der Beziehung jedem Liebespaar, welches kompromittierendes Bildmaterial von sich anfertigt, unterstellt werden kann. Es erscheint zumindest nicht ausgeschlossen, dass so manch einer auch nach Beziehungsende sich nicht daran stört, dass der Ex-Partner weiterhin über die Bilder verfügt.

Die Auffassung hat zudem zur Konsequenz, dass eine konkludente zeitliche Befristung auch für andere möglicherweise nur auf Zeit angelegte Lebensumstände, wie etwa einem Arbeitsverhältnis, angewendet werden muss. Das BAG hat in einer Entscheidung insoweit ebenfalls geprüft, ob die Einwilligung befristet erteilt worden war und mit dem Ende des Arbeitsverhältnisses erlöschen sollte. Dies wurde im konkreten Fall jedoch verneint, da die streitgegenständlichen Bilder ausschließlich zu Veranschaulichungszwecken dienten und kein Individualitätsbezug zu den einzelnen Arbeitnehmern bestand.[574] Mehrfach wurde auch in Urteilen von Landesarbeitsgerichten festgestellt, dass eine erteilte Einwilligung nicht automatisch mit Beendigung des Arbeitsverhältnisses erlösche, wenn es sich um individualitätsferne Bildaufnahmen zu Illustrationszwecken handele.[575]

III. Sonstige Beendigungsgründe

In entsprechender Anwendung von § 168 S. 1 BGB erlischt eine erteilte Einwilligung im Zweifel außerdem mit Beendigung des zugrunde liegenden Rechtsverhältnisses. Auch im Falle der Eröffnung eines Insolvenzverfahrens über das Vermögen des Einwilligenden können sich Konsequenzen ergeben. Denn nach § 80 Abs. 1 InsO, § 81 Abs. 1 S. 1 InsO führt dies zum Verlust der Verfügungsbefugnis und damit zur Unwirksamkeit danach vorgenommener Verfügungen. Daneben kann nach herrschender Meinung auch eine bereits erteilte Einwilligung durch die Eröffnung des Insolvenzverfahrens erlöschen. Dies dann, wenn das zustimmungsbedürftige Rechtsgeschäft unmittelbare oder mittelbare Auswirkungen auf das in die Insolvenzmasse fallende Vermögen des Einwilligenden hat.[576] Für die Vollmacht ist diese Konstellation ausdrücklich in § 117 Abs. 1 BGB geregelt. Gleiches gilt für die Verhängung eines Veräußerungsverbots gemäß § 23 Abs. 2 Nr. 2 Alt. 2 InsO.[577]

---

574 BAGE 150, 195.

575 LAG Rheinland-Pfalz, Urt. v. 30.11.2012 – 6 Sa 271/12, ZUM 2013, 699; LAG Schleswig-Holstein, Urt. v. 23.06.2010 – 3 Sa 72/10, MMR 2011, 482; LAG Köln, Urt. v. 10.07.2009 – 7 Ta 126/09, K&R 2010, 144.

576 BGH, Urt. v. 10.11.1999 – VIII ZR 78/98, NJW 2000, 738; *Bub*, in: BeckOK BGB, § 183 Rn. 7; *Bayreuther*, in: MüchKomm BGB, § 183 Rn. 7.

577 BGHZ 142, 72 (75).

Kapitel 3: Die Widerruflichkeit einer Einwilligung in Eingriffe in das Recht am eigenen Bild

A) Einführung in die Problematik

I. Problemaufriss

Am Ausgangspunkt dieses Kapitels steht die Erkenntnis, dass eine ausdrückliche Rechtsgrundlage für den Widerruf einer Einwilligung in Eingriffe in das Recht am eigenen Bild fehlt. Dies gilt gleichermaßen für den Widerruf einer Einwilligung nach § 22 S. 1 KUG als auch für Einwilligungen in die Herstellung von Bildaufnahmen, sofern nicht der Anwendungsbereich der Datenschutzgrundverordnung eröffnet ist. Unproblematisch möglich ist dagegen der Widerruf, wenn sich der Einwilligende diesen bei der Einwilligungserklärung ausdrücklich vorbehalten hat.[578] Aus dem Fehlen eines solchen vereinbarten Widerrufsvorbehalts lässt sich jedoch nicht schließen, dass eine Einwilligung stets unwiderruflich sei. Eine derart starre Betrachtungsweise verbietet schon die Bedeutung des Persönlichkeitsrechts. Der Widerrufsvorbehalt wird durch diese Sichtweise nicht überflüssig oder gar sinnlos. Denn durch diesen kann der Rechtsinhaber völlig frei die Modalitäten und Konditionen der Bildnispublikation festlegen und die Hürden für eine Widerruflichkeit entsprechend niedrig ansetzen. Ohne einen vereinbarten Widerrufsvorbehalt wird eine Widerruflichkeit dagegen nur in strengen Ausnahmefällen in Betracht kommen können, wie die nachstehenden Ausführungen entsprechend aufzeigen werden.

Auf der Hand liegt, dass eine ohne jeglichen Rechtsbindungswillen abgegebene Erklärung unter weniger hohen Anforderungen beseitigt werden können muss, als eine Willenserklärung, die zu einer vertraglichen Bindung geführt hat. Dies schon deshalb, weil die Vorschrift des § 130 BGB, die eine grundsätzliche Bindungswirkung nach Zugang einer empfangsbedürftigen Willenserklärung statuiert, auf eine Gefälligkeitserklärung nicht anwendbar ist. Eine Gefälligkeit kann unter einfachen Voraussetzungen aufgekündigt werden. Es muss daher immer zwischen vertraglicher und isolierter Einwilligung unterschieden

578 *Helle*, Besondere Persönlichkeitsrechte, S. 117; *Prinz/Peters*, Medienrecht, Rn. 838.

werden, wobei bei Letztgenannter noch einmal eine Unterscheidung zwischen Erklärungen mit und ohne Rechtsbindungswillen vorzunehmen ist.

Die nach § 22 S. 1 KUG mit Rechtsbindungswillen erteilte Einwilligung ist grundsätzlich – so viel sei an dieser Stelle vorweggenommen – mit Ausnahme der Fälle des § 130 Abs. 1 S. 2 BGB (Widerruf vor oder gleichzeitig mit Zugang) nicht frei widerruflich. Das hängt in erster Linie damit zusammen, dass es hierfür schlicht an einer gesetzlichen Grundlage fehlt. Ob und unter welchen Voraussetzungen ein Widerruf dennoch (in bestimmten Fallgestaltungen) möglich ist, ist seit jeher umstritten. Der Streitstand ist letztlich auch eine Konsequenz aus der strittigen rechtlichen Einordnung der Einwilligung selbst.[579]

Weit überwiegend wird jedoch anerkannt, dass die Bedeutung des Persönlichkeitsrechts die unwiderrufliche Bindung einer Einwilligung zur Verbreitung und Veröffentlichung des eigenen Bildnisses verbietet. Begründet wird dies mit dem laufenden Prozess, in welchem sich die Persönlichkeit fortwährend befindet. Im Zusammenhang mit der eigenen Persönlichkeitsentfaltung könnten sich selbst fundamentale Überzeugungen wandeln.[580] Immer dann, wenn die ursprünglich erteilte Einwilligung mit dem allgemeinen Persönlichkeitsrecht in Widerspruch gerät, müsse diese zum Schutz des Abgebildeten widerruflich sein.[581] Der Widerruf ist dann das notwendige Instrument, um die Beeinträchtigung des Persönlichkeitsrechts zu beseitigen.

Nach ganz überwiegender Auffassung in der Rechtsprechung und Literatur wird also das „Ob" einer Widerrufsmöglichkeit prinzipiell bejaht. Dies solle nach den allgemeinen Bestimmungen des Widerrufs einer Willenserklärung erfolgen können.[582] Uneinigkeit besteht aber, woraus sich ein solches Recht ergeben kann und damit einhergehend, welche Voraussetzungen und Anforderungen bestehen. Hierzu werden die verschiedensten Thesen und Auffassungen vertreten, die im Folgenden dargestellt werden sollen. Eine vorherrschende Meinung kann bislang nicht ausgemacht werden, womit Rechtsunsicherheit einhergeht.

---

579 So auch OLG Frankfurt am Main, Urt. v. 24.02.2011 –16 U 172/10, ZUM-RD 2011, 408 (410); *Ahrens*, Medienberichterstattung, Rn. 128.

580 Siehe etwa *Engels*, in: BeckOK Urheberrecht, § 22 KUG Rn. 46.

581 *Damm/Rehbock*, Widerruf, Rn. 181; *Helle*, Besondere Persönlichkeitsrechte, S. 118; *Helle*, AfP 1985, 100; *von Strobl-Albeg*, in: Wenzel, Bildberichterstattung, Kapitel 7 Rn. 204.

582 *Damm/Rehbock*, Widerruf, Rn. 180.

II. Methodisches Vorgehen

Ziel dieses Kapitels ist die Beantwortung der Frage, welche Anforderungen an ein Recht zum Widerruf zu knüpfen sind, das zum einen den Abgebildeten vor einer nicht hinnehmbaren Beeinträchtigung seiner Persönlichkeit bewahrt, auf der anderen Seite aber auch die Interessen eines Widerrufgegners berücksichtigt. Hierzu soll zunächst das Meinungsspektrum, das sich in Literatur und Rechtsprechung zu dieser Thematik entwickelt hat, dargestellt und kategorisiert werden. Der nächste große Abschnitt wird sich sodann einer Analyse kodifizierter Widerrufs-, Kündigungs- und Rücktrittsmöglichkeiten aus verschiedenen Rechtsbereichen widmen. Aus diesen sollen gesetzgeberische Wertungen entnommen und geprüft werden, inwieweit diese auf die Begründung eines Widerrufs von Einwilligungen nach § 22 S. 1 KUG übertragen werden können. Die hieraus gewonnenen Erkenntnisse sollen im Anschluss in einer abschließenden Stellungnahme verwertet werden.

B) Die Widerruflichkeit - Darstellung des Streitstands

I. Auffassungen in der Literatur

Das Meinungsspektrum in der Literatur zur Frage der Widerruflichkeit der Einwilligung in Eingriffe in das Recht am eigenen Bild ist vielfältig. Es werden beide Extreme, also sowohl eine freie Widerruflichkeit als auch eine grundsätzliche, immerwährende Unwiderruflichkeit vertreten. Daneben haben sich diverse Mittelmeinungen herausgebildet. Die überwiegenden Stimmen in der Literatur gehen heute von einer grundsätzlichen Unwiderruflichkeit der Einwilligung aus, lassen aber zum Schutze der Persönlichkeit Ausnahmen zu. Innerhalb dieser Auffassung werden wiederum die verschiedensten Begründungen herangezogen und die Anforderungen und Hürden an einen Widerruf unterschiedlich festgelegt.

Die nachstehenden Ausführungen sollen einen Überblick über das Meinungsbild in all seinen Variationen schaffen, wenngleich aufgrund des erheblichen Umfangs kein Anspruch auf Vollständigkeit besteht.

1. Freie Widerruflichkeit

Eine freie Widerruflichkeit der Einwilligung wird im Schrifttum kaum vertreten, dennoch soll diese Annahme hier nicht unerwähnt bleiben.

Vertreten wird dies etwa von Baston-Vogt. Sie geht dabei aufgrund des höchstpersönlichen Charakters des Rechts am eigenen Bild davon aus, dass eine

Einwilligung in seinen Eingriff schon keine rechtliche Bindungswirkung entfalten könne.[583] Aus diesem Grund bedürfe es noch nicht einmal eines wichtigen Grundes für einen Widerruf. Der Wandel der inneren Einstellung des Betroffenen sei insofern vollkommen ausreichend. Dies gelte auch gerade für solche Einwilligungen, die im Rahmen eines Vertragsverhältnisses erteilt worden seien, zu deren Erteilung sich der Betroffene also vertraglich verpflichtet oder er hierfür sogar eine Gegenleistung erhalten habe.[584] Zu bemerken ist an dieser Stelle aber, dass die von Baston-Vogt zur Untermauerung ihrer These von einer freien Widerruflichkeit herangezogenen Fundstellen[585] diese Annahme keineswegs hergeben, sondern vielmehr einen Widerruf wenn überhaupt, nur bei Vorliegen eines wichtigen Grundes zulassen.[586]

2. *Unwiderruflichkeit*

Eine immerwährende Unwiderruflichkeit der Einwilligung wird, soweit ersichtlich, in der jüngeren Literatur nicht mehr angenommen. Lediglich in älteren Abhandlungen wird diese Auffassung noch vertreten, wobei eine einheitliche Begründung innerhalb dieser Sichtweise nicht gegeben wird.[587]

3. *Vermittelnde Auffassungen*

Die meisten Literaturstimmen gehen mittlerweile im Ausgangspunkt von einer Unwiderruflichkeit einer einmal erteilten Einwilligung aus, lassen jedoch Ausnahmen hiervon zu, wenn persönlichkeitsrechtliche Gründe dies gebieten.[588] Dabei weichen Begründung und dogmatische Herleitung zum Teil stark voneinander ab. Es wird deutlich, dass es an einer zur Rechtssicherheit beitragenden Gesetzesgrundlage mangelt. Das gewünschte Ergebnis, nämlich die Gewährung eines Widerrufsrechts in Ausnahmesituationen zum Schutz vor

---

583 *Baston-Vogt*, Schutzbereich, S. 236 f.

584 *Baston-Vogt*, Schutzbereich S. 236.

585 *Baston-Vogt*, Schutzbereich, S. 236, dort unter Fn. 122.

586 So etwa in den herangezogenen Entscheidungen des OLG München, Urt. v. 17.03.1989 – 21 U 4729/88, OLGZ 1990, 97 und LG Oldenburg, Beschl. v. 21.04.1988 – 5 S 1656/87, GRUR 88, 694 – Grillfest, auf die nachstehend noch näher eingegangen werden soll.

587 Siehe hierzu die Aufzählung bei *Dasch,* Die Einwilligung, S. 82 f.

588 Siehe zur Darstellung des Streitstands *Fricke*, in: Wandtke/Bullinger, Urheberrecht, § 22 KUG Rn. 19.

schwerwiegenden Persönlichkeitsbeeinträchtigungen, steht fest. Keine der zur Erreichung dieses Ziels vorgebrachten Lösungsansätze ist jedoch in Gänze überzeugend.

a) Widerruf zulässig unter persönlichkeitsrechtlichen Gesichtspunkten

Nach der von Wenzel begründeten Auffassung soll eine Einwilligung ausnahmsweise dann widerrufen werden können, wenn Eigenart und Bedeutung seines im Recht am eigenen Bild verkörperten Persönlichkeitsrechts dies gebieten würden.[589]

Diese Sichtweise hat in der Literatur viel Anklang gefunden.[590] Hieran anknüpfend wird weiter ausgeführt, dass zum Zwecke des Persönlichkeitsschutzes eine Einwilligung insbesondere dann widerruflich sein müsse, wenn sich die der Erteilung zugrunde liegenden Umstände derartig geändert haben, dass eine Veröffentlichung des Bildnisses den Betroffenen in seiner Persönlichkeit empfindlich beeinträchtige.[591] Dies erfordere, dass sich entweder die innere Einstellung des Betroffenen gewandelt habe, [592] oder der Widerruf zur Wahrung „gewichtiger ideeller Interessen“ des Abgebildeten unvermeidlich sei.[593]

Helle betont in dem Kontext, dass veränderte objektive Umstände nicht das entscheidende Kriterium für die Widerruflichkeit sein könnten.[594] Denn der Wandel der inneren Einstellung sei für die Beurteilung der Widerruflichkeit viel entscheidender. Beispielsweise führt er angelehnt an eine Entscheidung des OLG Karlsruhe[595] aus, dass es für den Fall, dass eine junge Frau, die als Minderjährige von sich „Oben-Ohne-Bilder“ hat anfertigen lassen, für die Beurteilung des

---

589 *Von Strobl-Albeg*, in: Wenzel, Bildberichterstattung, Kapitel 7 Rn. 203 ff; *Tausch*, Persönlichkeitsrechtsverletzung, S. 111.

590 Siehe etwa *Neumann-Klang*, Recht am eigenen Bild, S. 25.

591 Siehe zu einem Überblick über den Meinungsstand *Fricke*, in: Wandtke/Bullinger, Urheberrecht, § 22 KUG Rn. 19.

592 *Helle*, Besondere Persönlichkeitsrechte, S. 118; *Specht*, in: Dreier/Schulze, Urheberrechtsgesetz, § 22 KUG Rn. 35; *Götting*, in: Schricker/Loewenheim, Urheberrecht, § 22 KUG Rn. 41; *Frömming/Peters*, NJW 1996, 958; *Libertus*, ZUM 2007, 621 (626); *Schulenberg*, in: Schwartmann, Praxishandbuch, Kapitel 9 Rn. 112; *Soehring/Hoene*, in: Soehring/Hoene, Presserecht, § 19 Rn. 101; *von Strobl-Albeg*, in: Wenzel, Bildberichterstattung, Kapitel 7 Rn. 85; *Piltz*, Soziale Netzwerke, S. 262 spricht insoweit von „entscheidenden Wandlungen innerhalb einer Person“.

593 So *Götting*, in: Schricker/Loewenheim, Handbuch Urheberrecht, § 22 KUG Rn. 41.

594 *Helle*, Besondere Persönlichkeitsrechte, S. 119.

595 OLG Karlsruhe, Urt. v. 31.03.1983 – 4 U 179/81, BeckRS 2010, 9609.

Widerrufs nicht entscheidend darauf ankommen könne, ob diese inzwischen einen Beruf ergriffen habe, auf den sich die Veröffentlichung der Bildnisse nachteilig auswirken könnte. Maßgeblicher sei ein damit möglicherweise in Zusammenhang stehender Wandel der inneren Einstellung zu den Bildaufnahmen.[596] Prinz/Peters führen als weiteres Beispiel für den Wandel der inneren Einstellung den Fall an, dass eine Frau ihrem Ehemann eine Einwilligung zur unentgeltlich Werbung für dessen Unternehmen erteilt hat und die Ehe zwischenzeitlich geschieden wurde.[597] Außerdem soll es einen das Widerrufsrecht begründenden Wandel der inneren Einstellung darstellen, wenn jemand bei einem Fernsehinterview vom Vorliegen bestimmter Umstände ausgeht und nachträgliche erfährt, dass diese nicht zutreffen.[598]

Die Zulässigkeit eines Widerrufs aufgrund einer wesentlichen Veränderung der Umstände bzw. einem Wandel der inneren Einstellung entnehmen einige Autoren aus einem Vergleich zum urheberrechtlichen Rückrufsrecht nach § 42 UrhG,[599] sowie dem Rücktritt nach § 35 VerlG.[600] Nach diesen Vorschriften wird dem vom besonderen Persönlichkeitsrecht geschützten Belangen ein Vorrang vor dem Grundsatz pacta sunt servanda ausdrücklich zuerkannt.[601] Dementsprechend solle man bei einer nachträglichen, wesentlichen Veränderung der Umstände entsprechend den in den § 42 UrhG und § 35 VerlG zum Ausdruck gebrachten Rechtsgedanken ausnahmsweise den Einwilligungswiderruf zuzulassen. Außerdem solle auch aus den in §§ 323, 767 Abs. 2 ZPO verkörperten Wertungen ein Widerrufsrecht begründet werden können.[602] Ob die Voraussetzungen einer Analogie tatsächlich vorliegen, soll erst im nächsten Abschnitt geprüft werden.

---

596 *Helle,* Besondere Persönlichkeitsrechte, S. 119.

597 *Prinz/Peters,* Medienrecht, Rn. 839.

598 *Prinz/Peters,* Medienrecht, Rn. 839.

599 *Dasch,* Die Einwilligung, S. 86 f.; *Frömming/Peters,* NJW 1996, 958 (959); *Helle,* Besondere Persönlichkeitsrechte, S. 120; Helle, AfP 1985, 95 (101); *Klass,* AfP 2005, 507 (514 f.); *Götting,* in: Schricker/Loewenheim, Urheberrecht, § 22 KUG Rn. 41; *Soehring,* in: Soehring/Hoene, Presserecht, § 19 Rn. 49; *von Strobl-Albeg,* in: Wenzel, Bildberichterstattung, Kapitel 7 Rn. 204.

600 *Klass,* AfP 2005, 507 (514 f.); *Soehring,* in: Soehring/Hoene, Presserecht, § 19 Rn. 49; *von Strobl-Albeg,* in: Wenzel, Bildberichterstattung, Kapitel 7 Rn. 204.

601 *Helle,* Besondere Persönlichkeitsrechte, S. 120.

602 *Dreyer,* in: Dreyer/Kotthoff/Meckel/Hentsch, Urheberrecht, § 22 KUG Rn. 31.

b) Widerruf zulässig bei Vorliegen eines wichtigen Grundes

Andere stellen (ebenso wie die überwiegende Rechtsprechung) wiederum auf das Vorliegen eines wichtigen Grundes ab.[603] Hierbei handelt es sich wohl eher um eine terminologische Differenzierung gegenüber denjenigen Stimmen, die eine durch einen Wandel der inneren Einstellung drohende Verletzung des Persönlichkeitsrechts fordern. Denn ein solcher Umstand stellt nach Auffassung der hier genannten Autoren einen „wichtigen Grund" dar.[604] Nach Götting etwa folge aus dem im Kern unverzichtbaren Selbstbestimmungsrecht, dass bei Vorliegen eines wichtigen Grundes ein Widerrufsrecht zugesprochen werden müsse.[605] Zur Konkretisierung der Anforderungen, die an einen wichtigen Grund zu stellen sind, zieht er die in § 42 UrhG verankerten Grundwertungen heran. Dementsprechend liege ein den Widerruf begründender wichtiger Grund bei einem „grundlegenden Überzeugungswandel" vor.[606] Als Beispiel hierfür nennt er den Fall einer Prostituierten in Bezug auf die Veröffentlichung von Bildmaterial, dass diese in „eindeutigem Sachzusammenhang" zeige, wenn sie sich mittlerweile vollständig aus dem Milieu zurückgezogen hat.[607]

c) Differenzierung nach Art der Einwilligungserklärung

Ein weiteres Lösungsmodell, das sich in immer mehr Literaturmeinungen wiederfindet, ist die Differenzierung nach der Art der Einwilligungserklärung. Eine solche Unterscheidung ist im Rahmen dieser Arbeit bereits bei der Beurteilung der Rechtsnatur der Einwilligung im vorangegangenen Kapitel angeregt worden.

So unterscheiden etwa Dasch und Klass zwischen isoliert und vertraglich erteilter Einwilligung. [608] Sie gehen von einer grundsätzlichen Widerruflichkeit nur der isolierten Einwilligung aus. Vertrauensschutzgesichtspunkte, sowie die Möglichkeit der Kommerzialisierung, sprächen dagegen bei der vertraglichen Einwilligung für eine erhöhte Bindungswirkung.[609] Die Bindungswirkung des

---

603 *Bartnik*, Bildnisschutz, S. 104; *Brost/Rodenbeck*, AfP 2016, 495 (501); *Götting*, in: Schricker/Loewenheim, Urheberrecht, § 22 KUG Rn. 41; *Engels*, in: BeckOK Urheberrecht, § 22 KUG Rn. 46; *Wagenknecht/Tölle*, Recht am Bild, S. 128.

604 So etwa *Dreyer*, in: Dreyer/Kotthoff/Meckel/Hentsch, Urheberrecht, § 22 KUG Rn. 31

605 *Götting*, in: Schricker/Loewenheim, Urheberrecht, § 22 KUG Rn. 41

606 *Götting*, in: Schricker/Loewenheim, Urheberrecht, § 22 KUG Rn. 41; *Schertz*, in: Götting/Schertz/Seitz, Handbuch Persönlichkeitsrecht, § 12 Rn. 22.

607 *Götting*, in: Schricker/Loewenheim, Urheberrecht, § 22 KUG Rn. 41.

608 *Dasch*, Die Einwilligung, S. 85 ff; *Klass*, AfP 2005, 507 (515).

609 *Dasch*, Die Einwilligung, S. 86.

§ 130 BGB könne jedoch unter persönlichkeitsrechtlichen Gesichtspunkten durchbrochen werden.[610] Der isoliert erteilten Einwilligung mangele es dagegen bereits an bindungserzeugenden Kriterien.[611] Dasch unterscheidet weiterhin zwischen unwiderruflich erteilten isolierten und einfach erteilten isolierten Einwilligungen, lässt im Ergebnis jedoch für beide Formen eine Widerrufbarkeit in den Grenzen des § 242 BGB zu.[612] Auch Libertus hält die isolierte Einwilligung für stets widerruflich, da insoweit kein schutzwürdiges Vertrauen der Gegenpartei bestehe.[613] Ähnlich halten Hubmann und Steffen die Einwilligung vor dem Hintergrund des Selbstbestimmungsrechts für frei widerruflich und möchte einem etwaigen Widerruf nur dann Beschränkungen nach dem Grundsatz von Treu und Glauben unterwerfen, wenn die Einwilligung im Rahmen eines Vertrages erklärt worden ist.[614]

d) Differenzierung nach dem Zeitpunkt des Widerrufs

Einige wenige Autoren beurteilen die Möglichkeit eines Widerrufs differenzierend nach dem Zeitpunkt des entsprechenden Begehrens.[615]

Libertus etwa hält den Einwilligungswiderruf unmittelbar im Anschluss an die Aufnahme für stets zulässig.[616] Eine nähere Begründung für diese Annahme liefert er indes nicht. Möglicherweise hält er den Widerrufsgegner aufgrund der nur kurzen Zeitspanne, in welcher er auf das Bestehen der Einwilligung vertraute, für weniger schutzbedürftig. Rechtlich betrachtet, lässt sich ein solches Verständnis jedoch kaum halten, da es im eklatanten Widerspruch zur Regelung des § 130 Abs. 1 BGB steht, wonach der Widerruf einer gegenüber einer anderen abzugebenden Erklärung nur wirksam ist, wenn er vor oder zumindest gleichzeitig mit der Erklärung selbst zugeht. Nach der insoweit eindeutigen Rechtslage ist der Widerruf schon unwirksam, wenn er wenige Sekunden nach der Erklärung, welche widerrufen werden soll, zugeht. Der Gesetzgeber hat damit bewusst darauf verzichtet, die Zulässigkeit eines Widerrufs von der Länge des Zeitraums abhängig zu machen, innerhalb welcher er erklärt wird, wenn er jedenfalls

610 *Dasch*, Die Einwilligung, S. 86; *Klass*, AfP 2005, 507 (515).
611 *Dasch*, Die Einwilligung, S. 87.
612 *Dasch*, Die Einwilligung, S. 87.
613 *Libertus*, ZUM 2007, 621 (626).
614 *Hubmann*, Das Persönlichkeitsrecht, S. 171; *Steffen*, in: Löffler, Presserecht, § 6 LPG Rn. 127.
615 Siehe etwa *Hager*, in: Staudinger, BGB, C. Das Persönlichkeitsrecht, Rn. 184.
616 *Libertus*, ZUM 2007, 621 (626), so auch LG Bielefeld, Urt. v. 18.09.2007 - 6 O 360/07, NJW-RR 2008, 715 (716) - Super Nanny.

zeitlich erst nach Zugang der zu widerrufenden Erklärung vorgenommen wird. Soehring kritisiert an dieser Auffassung außerdem, dass eine solche Sichtweise den Medien jede Basis für eine planbare, vernünftige Arbeit entziehe.[617]

Vertreten wird in der Literatur darüber hinaus auch, dass jedenfalls im Hinblick auf spätere Publikationen eine freie Widerruflichkeit bestehe und insoweit die einfache Erklärung des Betroffenen, eine künftige Veröffentlichung nicht mehr zu wünschen, als wirksamer Widerruf genüge.[618] Eine solche Sichtweise ist gerade vor dem Hintergrund der Möglichkeit zur Kommerzialisierung beim Recht am eigenen Bild schlicht nicht haltbar. Es ist weder billig, noch gerecht, demjenigen, der auf den Bestand einer Einwilligung vertraut hat und der hierauf auch vertrauen darf, um eine wirtschaftliche Verwertung und damit zusammenhängende Dispositionen tätigen zu können, vollkommen schutzlos zu lassen.

Die Gegenmeinung geht demnach davon aus, dass nach Beginn der Verwertung eine einmal erteilte Einwilligung unwiderruflich sei. Zur Begründung wird die Vorschrift des § 183 S. 1 BGB herangezogen.[619] Im Abschluss eines Verwertungsvertrages liege die konkludente Vereinbarung eines Ausschlusses der Widerruflichkeit, § 183 S. 1 a. E. BGB. Ein Widerruf könne dann nur aus wichtigem Grund in Betracht kommen.[620] Aber auch schon vorher bestehe im Hinblick auf die Tatsache, dass aufgrund des Vertrauens in die Einwilligungen oftmals Dispositionen vorgenommen werden und der Einwilligende dies weiß bzw. wissen muss, keine uneingeschränkte Widerruflichkeit.

e) Erforderlichkeit einer Interessensabwägung

Von den meisten Autoren, die einen Widerruf unter persönlichkeitsrechtlichen Gesichtspunkten grundsätzlich zulassen wollen, wird in einem nächsten Schritt die Vornahme einer Interessensabwägung gefordert. Wenn ein Widerrufsgrund, sei es begründet durch eine Änderung der Lebensumstände, einen Wandel der inneren Einstellung oder das Vorliegen eines sonstigen wichtigen Grundes grundsätzlich bestehe, müssten weiterhin das Bestandsinteresse und der Persönlichkeitsschutz gegeneinander abgewägt werden. Denn erst eine eindeutig zugunsten des Abgebildeten ausfallende Interessensabwägung könne im Ausnahmefall die Widerruflichkeit begründen.[621] Erforderlich soll demnach

617 *Soehring*, in: Soehring/Hoene, Presserecht, § 19 Rn. 101.

618 *Hager*, in: Staudinger, BGB, § 823 Rn. 1085.

619 *Dreyer*, in: Dreyer/Kotthoff/Meckel/Hentsch, Urheberrecht, § 22 KUG Rn. 30.

620 *Dreyer*, in: Dreyer/Kotthoff/Meckel/Hentsch, Urheberrecht, § 22 KUG Rn. 21.

621 *Helle*, Besondere Persönlichkeitsrechte, S. 120; *Prinz/Peters*, Medienrecht, Rn. 839; *Wagenknecht/Tölle*, Recht am Bild, S. 128.

neben einem subjektiven Überzeugungswandel die Unzumutbarkeit der weiteren Verwendung des Bildnisses für den Abgebildeten sein.[622]

Hierbei soll etwa berücksichtigt werden, ob der Einwilligende für die Einwilligung ein Entgelt erhalten hat. In diesem Fall sollen höhere Anforderungen an den Widerruf zu stellen sein.[623] Ebenso solle in die Abwägung mit einbezogen werden, wie groß der zeitliche Abstand zwischen Einwilligung und Widerruf ist.[624] Außerdem, wie geschäftserfahren der Einwilligende zum Zeitpunkt der Einwilligungserteilung war. Brost/Rodenbeck halten den Widerruf der Einwilligung wegen wichtigen Grundes insbesondere für Minderjährige für geboten, da deren Persönlichkeit noch einem steten Wandel unterliege, mit dem ein fundamentaler Überzeugungswandel einhergehen könne.[625] Weiterhin soll an dieser Stelle eine Rolle spielen, wie nachhaltig das Persönlichkeitsrecht durch eine weitere Veröffentlichung tangiert wäre.[626]

Fraglich ist, ob eine Berücksichtigung des Vorverhaltens einer Person im Rahmen der Interessensabwägung Einklang finden muss. In der Rechtsprechung des BGH finden sich Anhaltspunkte, dass das Vorverhalten einer Person bei der Prüfung einer Persönlichkeitsrechtsverletzung berücksichtigt wurde. So wurde in der sogenannten „Sittenrichter-Entscheidung" entschieden, dass jemand sich nicht auf die absolute Unantastbarkeit seines privaten Bereichs gegenüber der Öffentlichkeit berufen könne, wenn er zuvor selbst die Privatsphäre anderer zum Gegenstand von Pressekampagnen gemacht habe.[627] Des Weiteren hat der BGH in der sog. „Pornofilm-Entscheidung" ausgeführt, dass eine dort mitwirkende Person sich freiwillig ihres absoluten Schutzes der Privatsphäre begebe und dass eine entsprechende Berichtserstattung über diese Tätigkeit allenfalls die Sozialsphäre tangieren würde.[628] Jipp hat die Frage nach der Berücksichtigung des Vorverhaltens eingehend untersucht und kommt dabei zu dem Ergebnis, dass das Vorverhalten für Rechtsprechung und Literatur bei der Abwägung durchaus eine Rolle spielt.[629] Zutreffend weist er darauf hin, dass auch eine Einwilligungserteilung ein solches Vorverhalten darstellen kann.[630] Mit Jipp geht die

622 *Von Strobl-Albeg*, in: Wenzel, Bildberichterstattung, Kapitel 7 Rn. 206.
623 *Helle*, Besondere Persönlichkeitsrechte, S. 120.
624 *Bartnik*, Bildnisschutz, S. 104; *Helle*, Besondere Persönlichkeitsrechte, S. 120.
625 *Brost/Rodenbeck*, AfP 2016, 495 (501).
626 *Prinz/Peters*, Medienrecht, Rn. 839.
627 BGH, Urt. v. 05.05.1964 – VI ZR 64/63, NJW 1964, 1471 (1472) – Sittenrichter.
628 BGH, Urt. v. 25.10.2011 –VI ZR 332/09, GRUR 2012, 422.
629 *Jipp*, Vorverhalten, S. 73.
630 *Jipp*, Vorverhalte, S. 102.

hier vertretene Ansicht davon aus, dass eine Person jedoch nicht ihr Leben lang an ihrem Vorverhalten festgehalten werden darf.[631]

f) Sonderfall Soziale Netzwerke

Andere Autoren behandeln die Einwilligung hinsichtlich der Zurschaustellung von Bildnissen im Internet und insbesondere sozialen Plattformen als Sonderproblem und gehen davon aus, dass Einwilligungen gegenüber Dritten in das Zurschaustellen auf solchen Plattformen auch ohne Grund widerrufen werden können. Mangels vertraglicher Bindung bestehe in diesem Zusammenhang auch kein Vertrauensschutz, was eine jederzeitige Widerruflichkeit rechtfertige.[632] Weiterhin wird ausgeführt, dass das Recht am eigenen Bild die Interessen des Anderen an der Selbst- und Fremddarstellung überwiege, da keine vermögensrechtlichen Interessen betroffen seien.[633]

Nach hier vertretener Auffassung bringt eine Unterscheidung nach dem Rahmen bzw. der Plattform, in der das Bildnis veröffentlicht worden ist, keine präzisen Ergebnisse. Es ist schon nicht zutreffend, dass an der Fremddarstellung von Personen, etwa auf Social-Media-Kanälen, keine vermögenswerten Interessen bestehen können.

Man denke hier etwa an bekannte „Youtuber“ oder „Instagrammer“ mit hohen Followerzahlen, die ihre eigenen Beiträge und Postings gerade auch durch die Partizipation mit anderen, mehr oder weniger berühmten Personen, aufwerten. Insoweit können an einer Fremddarstellung und insbesondere dem Zurschaustellen fremder Bildnisse gerade auch in sozialen Netzwerken und sonstigen online Plattformen vermögenswerte Interessen betroffen sein. Zudem erscheint es dogmatisch schwerlich konstruierbar, ein Widerrufsrecht speziell für Einwilligungen in das Hochladen von Bildnissen in sozialen Netzwerken zu münzen. Überzeugender erscheint es mit der hier vertretenen Auffassung davon auszugehen, dass solche Einwilligungen weit überwiegend ohne ersichtlichen Rechtsbindungswillen erteilt werden und somit lediglich ein Gefälligkeitsverhältnis zwischen dem Abgebildeten und demjenigen, der das Bildnis hochlädt, besteht. Ein solches Gefälligkeitsverhältnis kann der Gefällige jederzeit beenden,[634] wobei hierfür teilweise das Vorliegen eines vernünftigen Grundes gefordert wird.[635]

---

631 *Jipp*, Vorverhalte, S. 102.

632 *Piltz*, Soziale Netzwerke, S. 273 f.

633 So etwa *Tausch*, Persönlichkeitsrechtsverletzung, S. 113.

634 *Mansel*, in: Jauernig, BGB, § 241 Rn. 25.

635 BGH, Urt. v. 07.11.1985 – III ZR 142/84, NJW 1986, 980.

II. Auffassungen in der Rechtsprechung

Die Praxis der Gerichte ist nicht weniger vielseitig als die Meinungen in der Literatur.

1. Freie Widerruflichkeit

Eine jederzeitige Widerruflichkeit einer Einwilligung nach § 22 S. 1 KUG wird von der Rechtsprechung, soweit ersichtlich, nicht vertreten. Das OLG München betont in diesem Zusammenhang ausdrücklich, dass die für ärztliche Heileingriffe angenommene jederzeitige Widerruflichkeit einer Einwilligung mit der Situation des Einwilligungswiderrufs nach § 22 S. 1 KUG nicht vergleichbar sei.[636]

2. Unwiderruflichkeit

In früheren gerichtlichen Entscheidungen findet sich zum Teil noch die Annahme, dass ein Widerruf gänzlich unzulässig sei.[637] Dies wird, soweit ersichtlich, heute nicht mehr vertreten. Vielmehr wird davon ausgegangen, dass die Bedeutung des Persönlichkeitsrechts eine unwiderrufliche Bindung nicht zulasse.[638]

3. Widerruf zulässig bei Vorliegen eines wichtigen Grundes

In der Rechtsprechung wird für einen wirksamen Einwilligungswiderruf überwiegend das Vorliegen eines wichtigen Grundes verlangt.[639]

---

636 OLG München, Urt. v. 17.03.1989- 21 U 4729/88, OLGZ 1990, 97 (99).

637 Siehe OLG Freiburg, Urt. v. 11. 06. 1953- 2 U 52/5, GRUR 1953, 404 – Groupier, wobei aus der Urteilsbegründung nicht eindeutig hervorgeht, ob veränderte Umstände grundsätzlich kein Widerrufsrecht begründen, oder ob diese lediglich im konkreten Fall nicht gewichtig genug waren. Zudem OLG Hamburg, Urt. v. 20.07.1972 – 3 U 27/72, OLGZ 122 1 (6) – Heidi, indem sich mit der pauschalen Behauptung, dass die Einwilligung nicht von der Klägerin einseitig widerrufen werden könne, begnügt wird, ohne dass das Vorliegen einer Persönlichkeitsrechtsverletzung geprüft wird.

638 OLG München, Urt. v. 17.03.1989 – 21 U 4729/88, OLGZ 1990, 97 (99).

639 OLG München, Urt. v. 17.03.1989 – 21 U 4729/88, OLGZ 1990, 97; LG Köln, Urt. v. 20.12.1995 – 28 O 406/95, AfP 1996, 186; OLG Koblenz, Urt. v. 20.05.2014 – 3 U 1288/13, ZUM 2015, 58; OLG Düsseldorf, Urt. v. 24.05.2011 – I 20 U 39/11, MDR 2011, 1169 – Loveparade; LG Bielefeld, Urt. v. 18.09.2007 – 6 O 360/07, NJW-RR 2008, 715 (717) – Super Nanny; LG Köln, Urt. v. 20.12.1995 – 28 O 406/95, AfP 1996, 186 (187).

Ein wichtiger Grund könnte etwa vorliegen, wenn sich die Umstände nach Erteilung der Einwilligung derart verändert haben, dass eine weitere Veröffentlichung des Bildnisses zu einer Verletzung des Persönlichkeitsrechts führen würde.[640] Hier besteht ein gewisser Gleichklang zur herrschenden Meinung im Schrifttum. Auch von der Rechtsprechung werden zur Bestimmung, ob ein solcher wichtiger Grund gegeben ist, zum Teil die Rechtsgedanken der § 42 UrhG sowie § 35 VerlG herangezogen.[641]

Im Folgenden sollen insbesondere diejenigen Entscheidungen beleuchtet werden, in denen das Gericht nähere Ausführungen zum Vorliegen oder auch zum Nichtvorliegen eines den Widerruf begründenden wichtigen Grundes gemacht hat.

a) geänderte Umstände als wichtiger Grund

Einen wichtigen Grund (oder auch ganz grundsätzlich das Vorliegen eines Widerrufsgrundes) nimmt die Rechtsprechung insbesondere bei gewichtigen geänderten Umständen an.[642] Dies sei bei einem Wandel der inneren Einstellung bzw. Wandel der Persönlichkeit der Fall, wenn dem Abgebildeten das Festhalten an der Einwilligung nicht mehr zugemutet werden könne und so eine Verletzung des Persönlichkeitsrechts begründen würde.[643]

Aufschluss über die komplexe Sichtweise der Rechtsprechung zur Widerruflichkeit der Einwilligung geben auch die Entscheidungen, bei denen ein wichtiger Grund verneint worden ist. So konnte etwa eine Sportlerin ihre Einwilligung in die Veröffentlichung eines Bildes, das sie während einer Dopingprobe zeigte, nicht widerrufen, nachdem sich herausgestellt hatte, dass die Probe positiv war.[644]

---

640 Siehe zum Vorliegen eines wichtigen Grundes etwa OLG München, Urt. v. 17.03.1989 – 21 U 4729/88, OLGZ 1990, 97; LG Köln, Urt. v. 14.08.2013 – 28 O 62/13, BeckRS 2013, 19714; LG Bielefeld, Urt. v. 18.09.2007 – 6 O 360/07, NJW-RR 2008, 715 (717) – Super Nanny; LG Köln, Urt. v. 20.12.1995 – 28 O 406/95, AfP 1996, 186 (187); LG Köln, Urt. v. 29.03.1989 – 28 O 134/89, AfP 1989, 766, (767).

641 OLG München, Urt. v. 17.03.1989 – 21 U 4729/88, OLGZ 1990, 97 (100); LG Köln, Urt. v. 20.12.1995 – 28 O 406/95, AfP 1996, 186 (187).

642 LG Köln, Urt. v. 20.12.1995 – 28 O 406/95, AfP 1996, 186 (187).

643 OLG München, Urt. v. 17.03.1989 – 21 U 4729/99, OLGZ 1990, 97 (100); LG Bielefeld, Urt. v. 18.09.2007- 6 O 360/07, NJW-RR 2008, 715 (717) – Super Nanny; LG Düsseldorf, Urt. v. 27.10.2010 – 12 O 309/10, ZUM-RD 2011, 247 (249) – Loveparade; LG Nürnberg-Fürth, Beschl. v. 06.02.2009 – 11 O 762/09, AfP 2009, 178.

644 LG Bonn, Urt. v. 24.08.2001 – 18 O 271/01 (nicht veröffentlicht), zitiert nach *Fricke*, in: Wandtke/Bullinger, Urheberrecht, § 22 KUG Rn. 20.

Ebenfalls verneint wurde der wichtige Grund in einem Fall, in dem jemand mit dem kritischen Inhalt des ihn thematisierenden Fernsehberichts nicht einverstanden war.[645] Dies unter Hinweis auf die obergerichtliche Rechtsprechung,[646] nach welcher niemand einen Anspruch darauf habe, von Anderen so dargestellt zu werden, wie er sich selbst sieht, oder gesehen werden möchte. Einen Widerrufsgrund sah das LG Hamburg[647] zudem nicht in einem Fall, in welchem die Geschäftsführerin eines Sicherheitsunternehmens für ein Fernsehinterview zum Thema „Kündigung von Mitarbeitern" eingeladen worden war und im Verlauf mit konkreten Vorwürfen eines ehemaligen Beschäftigten konfrontiert wurde.[648]

Kein wichtiger Fall soll vorliegen, wenn kein Wandel der Persönlichkeit, sondern der Eintritt äußerer Umstände den Wunsch nach einem Widerruf begründet.[649] Das LG Nürnberg-Fürth hat insoweit den Widerruf einer Einwilligung nach Einleitung eines Ermittlungsverfahrens wegen der in dem Fernsehinterview verlauteten volksverhetzenden Äußerungen für nicht ausreichend erachtet.[650]

Das OLG München[651] hat die Begründung einer Schauspielerin *„ins ernste Fach wechseln zu wollen"* für den begehrten Widerruf ihrer Einwilligung in die (erneute) Publizierung von Aktaufnahmen nicht für ausreichend erachtet. Es sei schon fraglich, ob die entsprechenden Fotos sich schädigend auf die Karriere der Abgebildeten auswirken könnten. Zudem hat das Gericht negativ in seine Abwägung eingestellt, dass die Klägerin sich nicht auch gegen andere der *„waggonweise"* von ihr bestehenden Aktaufnahmen gewendet hatte. Ähnlich hat das LG Köln entschieden, indem es keine Anhaltspunkte dafür gesehen hatte, dass die Klägerin ihre gelebte Freizügigkeit aufgegeben habe. Das Gericht hatte hierzu verschiedene Interviewaussagen der abgebildeten Klägerin ausgewertet und darauf abgestellt, dass danach nicht feststehe, dass sie sich zukünftig nicht mehr unbekleidet aufnehmen lasse.

---

645 OLG Frankfurt am Main, Urt. v. 24.02.2011 –16 U 172/10, ZUM-RD 2011, 408 (410).

646 Siehe nur BVerfGE 101, 361 (380) – Caroline von Monaco III;

647 LG Hamburg, Urt. v. 30.09.2011 – 324 O 434/10, BeckRS 2016, 1896.

648 Fricke weist in diesem Zusammenhang darauf hin, dass ein Widerrufsgrund auch dann nicht vorliege, wenn der Betroffene ein Interview schlicht für misslungen hält und auch dann nicht, wenn andere Fragen gestellt werden als zunächst angekündigt, *Fricke* in: Wandtke/Bullinger, Urheberrecht, § 22 KUG Rn. 20; so auch *Prinz/Peters*, Rn. 814; a. A. *Libertus*, ZUM 2007, 621 (626). Schutz biete in einem solchen Fall nur die vorherige Vereinbarung eines Autorisierungsvorbehalts.

649 LG Nürnberg-Fürth, Beschl. v. 06.02.2009 – 11 O 762/09, AfP 2009, 178.

650 LG Nürnberg-Fürth, Beschl. v. 06.02.2009 – 11 O 762/09, AfP 2009, 178.

651 OLG München, Urt. v. 17.03.1989 – 21 U 4729/88, OLGZ 1990, 97 (100).

Das OLG Karlsruhe musste in einem Fall entscheiden, ob ein wichtiger Grund vorliegt, indem ein junges Mädchen sich einem Berufsfotografen einst für Aktaufnahmen zur Verfügung gestellt hatte, und nach Erlernung eines Berufes nun nicht mehr mit der Verbreitung der Aktaufnahmen einverstanden war.[652] In dieser Entscheidung wurde bewusst offen gelassen, ob eine einmal erteilte Einwilligung widerrufen werden könne, da eine Wiederholungsgefahr als Voraussetzung des geltend gemachten Unterlassungsanspruchs verneint worden ist.

Erwähnenswert ist in diesem Kontext auch die Rechtsprechung im Zusammenhang mit der „Loveparade-Tragödie“. Das LG Düsseldorf hatte zwar noch entschieden, dass sich der Großvater einer bei der Veranstaltung „Loveparade“ Verstorbenen nicht an der zu einem Fernsehinterview gewährten Einwilligung festhalten lassen musste, nachdem erst nach der Erteilung mit den übrigen Hinterbliebenen abgesprochen worden war, den Fall nicht in den Medien zu präsentieren.[653] Der Großvater der Verstorbenen dürfe *„aus Rücksichtnahme sowie zur Vermeidung familiärer Konflikte im Zusammenhang mit dem tragischen Schicksalsschlag“* seine Meinung ändern und seine Einwilligung widerrufen. Diese Entscheidung ist in nächster Instanz jedoch aufgehoben worden. Das OLG Düsseldorf betonte, dass der interviewte Großvater der Verstorbenen seine Einwilligung nur widerrufen habe, weil seine Tochter mit dem Interview nicht einverstanden gewesen sei. Er selbst habe aber geäußert, dass er *„froh war, dass ihm jemand zugehört habe“*. Es sei dementsprechend kein Wandel der inneren Einstellung ersichtlich. Das entschiedene und verärgerte Auftreten seiner Tochter (als ein äußerer Umstand) habe ihn vielmehr zu dem Widerruf gedrängt.[654]

b) Interessensabwägung

In den übrigen Fällen, in denen ein wichtiger Grund beziehungsweise ein Wandel der inneren Einstellung nicht schon im ersten Schritt abgelehnt worden ist, wurde des Weiteren von den Gerichten eine Interessensabwägung vorgenommen. [655] Denn auch die Prüfung der gewandelten Überzeugung und der Unzumutbarkeit einer (erneuten) Veröffentlichung setze stets die Vornahme einer

---

652 OLG Karlsruhe, Urt. v. 31.03.1983 – 4 U 179/81, BeckRS 2010, 9609; *Frömming/Peters*, NJW 1996, 958.

653 LG Düsseldorf, Urt. v. 27.10.2010 – 12 O 309/10, ZUM-RD 2011, 247 – Loveparade.

654 OLG Düsseldorf, Urt. v. 24.05.2011 – 20 U 39/11, MDR 2011, 1169 – Loveparade.

655 OLG München, Urt. v. 17.03.1989 –21 U 4729/88, OLGZ 1990, 97 (100); LG Oldenburg, Beschl. v. 21.04.1988- 5 S 1656/87, GRUR 1988, 694 – *Grillfest;* LG Hamburg, Urt. v. 21.01.2005- 324 O 448/04, NJW-RR 2005, 1357 (1358).

umfassenden Einzelfallabwägung zwischen den widerstreitenden Interessen voraus.[656] Nach dem OLG München könne eine Interessensabwägung sogar ein zusätzliches Widerrufs- bzw. Kündigungsrecht begründen. Es stellt hierbei den Umstand, ob ein Wandel der inneren Einstellung vorliegt, als einen Abwägungspunkt den Interessen des Widerrufsgegners gegenüber. [657]

Auf die wichtigsten von der Rechtsprechung im Rahmen der Interessensabwägung berücksichtigten Aspekte und Belange soll im Folgenden eingegangen werden.

(i) Überrumpelungssituation

Ein ausschlaggebendes Kriterium im Rahmen einer Interessensabwägung sei es nach der vom LG Hamburg begründeten Rechtsprechung, wenn die Einwilligung im Rahmen einer sogenannten Überrumpelungssituation erteilt worden ist. Das LG Hamburg hat hierzu entschieden, dass sich die Widerruflichkeit in solchen Fällen aus dem Treu und Glauben Grundsatz unter Heranziehung der in den §§ 312, 355 BGB niedergelegten Rechtsgedanken ergebe.[658] In dem zugrunde liegenden Fall war die Klägerin, die ein erhöhtes Erziehungsgeld bezog, von Prüferinnen des Berliner Bezirksamts unangekündigt besucht worden, die sich hierbei von einem Kamerateam des Fernsehsenders „Sat 1" zum Zwecke der Erstellung einer mehrteiligen Reportage begleiten ließen. Die Klägerin gestattete dem Kamerateam zunächst Zutritt zur Wohnung und erklärte sich damit einverstanden, dass der Besuch der Prüferinnen gefilmt wurde, widerrief ihre Einwilligung später jedoch schriftlich und untersagte der Beklagten die entsprechenden Aufnahmen zu veröffentlichen. Dies wies die Beklagte zurück und strahlte im Anschluss die zweite Folge der mehrteiligen Serie mit den Bildern aus der Wohnung der Klägerin aus. Die Klägerin begehrte Unterlassung sowie Geldentschädigung. Das LG Hamburg gab dem Unterlassungsgesuch statt, obwohl eine bis dahin anerkannte Fallgruppe für einen Einwilligungswiderruf wegen „Überrumpelung" nicht vorlag. Wie auch in vorherigen Gerichtsentscheidungen stellte es darauf ab, ob die Bedeutung des Persönlichkeitsrechts den Widerruf der Einwilligung im konkreten Ausnahmefall begründen würde. Dies sei der Fall

---

656 LG Hamburg, Urt. v. 21.01.2005 – 324 O 448/04, NJW-RR 2005, 1357 (1358).

657 OLG München, Urt. v. 17.03.1989 – 21 U 4729/88, OLGZ 1990, 97 (99 f.). Dieses Kündigungsrecht bestehe als Konsequenz seiner Auffassung von der Einwilligung als Dauerschuldverhältnis selbstständig neben solchen aus § 626, 723 sowie 313 BGB; ebenso LG Köln, Urt. v. 20.12.1995 – 28 O 406/95, AfP 1996, 186 (187).

658 LG Hamburg, Urt. v. 21.01.2005 – 324 O 448/04, NJW-RR 2005, 1357.

bei von außen feststellbaren veränderten Umständen, die auf einer gewandelten inneren Einstellung basieren und ein Festhalten an der einmal erteilten Einwilligung für den Betroffenen unzumutbar machen. Zu ermitteln sei dies wiederum durch eine Abwägung der widerstreitenden Interessen zu ermitteln. Soweit nichts Neues. Erstmals allerdings stellte das Gericht im Rahmen der Abwägung auf den Grundsatz von Treu und Glauben, § 242 BGB, wie er in den Vorschriften der §§ 312, 355 BGB zum Ausdruck kommt, ab und wertete diesen Umstand zulasten der Beklagtenposition. Die Klägerin sei unstreitig und „überraschend mit der Situation konfrontiert" worden. Zudem sei durch die bevorstehende Behördenkontrolle „nicht ganz unerheblicher Druck" auf die Klägerin ausgeübt worden. Insgesamt habe es sich um eine Situation gehandelt, in der die Klägerin „in erheblichem Maße abgelenkt und unter psychischem Druck" gestanden habe. In ebendieser Lage konnte es nach Auffassung des Gerichts der Klägerin nicht zugemutet werden, sich über die Konsequenzen einer Filmaufnahme abschließend Gedanken zu machen. Diese Situation sei einer „Haustürsituation" vergleichbar. Insgesamt überwiege vor diesem Hintergrund das Interesse der Klägerin, sich durch einen Widerruf von ihrer ursprünglich erteilten Einwilligung zu lösen.[659]

In der vorgenannten „Love-Parade Entscheidung", in welcher der Großvater einer auf der Veranstaltung Love-Parade Verstorbenen ein Fernsehinterview über seine Trauer wegen des Todes seiner Enkelin gab, berücksichtigte das Gericht in der ersten Instanz ebenfalls, dass der ursprünglichen Einwilligungserteilung „*keine langen Überlegungen zu Grunde lagen*".[660] Letztendlich verneinte das OLG Düsseldorf in nächster Instanz jedoch eine Überrumpelungssituation, bringt damit aber zugleich zum Ausdruck, dass eine solche grundsätzlich geeignet ist, ein Widerrufsrecht zu begründen.[661]

(ii) Art der Abbildung und Aufnahme

Ebenfalls soll die Art bzw. der Inhalt der Abbildung bei der Interessensabwägung einen entscheidenden Faktor spielen. So hat das LG Köln es für bedeutsam empfunden, dass die Fotos (erschienen im Magazin Playboy) keinen pornographischen Charakter aufwiesen und es sich vielmehr um Aktaufnahmen mit hohem ästhetischen Anspruch gehandelt habe.[662] Ähnlich stellte auch das OLG

659 Schon eine wirksame Einwilligung in einer solchen Situation verneinend: OLG Hamburg, Urt. v. 04.05.2004 – 7 U 10/04, AfP 2005, 73 – Trickbetrüger.

660 LG Düsseldorf, Urt. v. 27.10.2010 – 12 O 309/10, ZUM-RD 2011, 247 (249).

661 OLG Düsseldorf, Urt. v. 24.05.2011 – 20 U 39/11, MDR 2011, 1169 – Loveparade.

662 LG Köln, Urt. v. 20.12.1995 – 28 O 406/95, AfP 1996, 186 (187).

Karlsruhe darauf ab, dass die von der Minderjährigen gemachten und nunmehr in einem Reiseprospekt abgedruckten Aufnahmen, die sie oberkörperfrei am Strand zeigten, schon zum damaligen Zeitalter keine ungewöhnliche Erscheinung an europäischen Mittelmeerstränden sei.[663]

Abgestellt werden müsse auch auf den Seltenheitswert einer Aufnahme. In einer Entscheidung des LG Hamburg spielte es eine Rolle, dass die beklagte Widerrufsgegnerin nicht auf die Filmaufnahmen mit der Klägerin angewiesen war, da schon nach ihrer eigenen Angabe eine Vielzahl von Personen anstelle der Klägerin in solchen Aufnahmen einwilligen würde.[664] Dies impliziert, dass es zumindest nach Auffassung des LG Hamburg eine Rolle spielt, ob Aufnahmen ein Seltenheitswert zukommt, oder die abgebildeten Personen austauschbar sind.

(iii) Grad der Beeinträchtigung/Sphärentheorie

Das LG Hamburg stellt dagegen den Grad der Beeinträchtigung des Persönlichkeitsrechts, gemessen an der Sphärentheorie, in die Abwägung der widerstreitenden Interessen ein. Für die Interessen der Klägerin stritt insoweit, dass die Filmaufnahmen tief in die Privatsphäre eindrangen.[665]

c) Zeitliches Element bei der Beurteilung eines Wandels der inneren Einstellung

Das OLG München[666] hat in einer Entscheidung betreffend veröffentlichter Aktaufnahmen angemerkt, dass der Wandel der inneren Einstellung grundsätzlich erst nach Ablauf einer gewissen Zeitspanne plausibel sei. Ohne das Vorliegen von „*grundstürzenden Veränderungen*“ könne ein Widerruf (bzw. die Kündigung des Dauerschuldverhältnisses), „*kaum vor Ablauf von drei Jahren, eher wohl von fünf Jahren*“ als wirksam bejaht werden.

Diese Annahme erscheint reichlich willkürlich. Es gibt keinen gesicherten Erfahrungssatz, der belegen würde, dass zum Wandel der inneren Einstellung ein Zeitablauf von drei, fünf oder mehr Jahren erforderlich ist. Ein Wandel der inneren Einstellung kann sich vielmehr auch innerhalb weniger Minuten vollziehen, nämlich dann, wenn die eigene Sichtweise durch den Einwand eines Dritten „umgeworfen“ wird. Dies etwa, weil der Betroffene von Argumenten

---

663 OLG Karlsruhe, Urt. v. 31.03.1983 – 4 U 179/81, BeckRS 2010, 9609.

664 LG Hamburg, Urt. v. 21.01.2005 – 324 O 448/04, NJW-RR 2005, 1357 (1358).

665 LG Hamburg, Urt. v. 21.01.2005 – 324 O 448/04, NJW-RR 2005, 1357 (1358).

666 OLG München, Urt. v. 17.03.1989 – 21 U 4729/88, OLGZ 1990, 97 (100); siehe hierzu auch *Jipp*, Vorverhalten, S. 97 und 100.

oder Ansichtsweisen überzeugt wird, die im vorher nicht bekannt bzw. bewusst waren, oder er eben schlicht nicht in einen Interessenskonflikt mit der entgegenstehenden Meinung eines ihm nahestehenden Dritten kommen möchte. Zudem können sich auch innerhalb weniger Monate wichtige Lebensumstände (etwa Beruf und Partnerschaft) und damit einhergehend auch innere Einstellungen ändern.

d) Sonderfall: Der Widerruf einer Einwilligung in die Herstellung eines Bildnisses

Das LG Oldenburg hat in einer Entscheidung ausdrücklich klargestellt, dass hinsichtlich des Widerrufs einer Einwilligung in die Herstellung und das (konkludente) Einverständnis mit der Verfügungsgewalt eines Bildnisses nichts anderes gelten könne als bezüglich einer Einwilligung in die Bildnisveröffentlichung.[667]

Der zur Entscheidung vorgelegene Sachverhalt beruhte im Wesentlichen darauf, dass die Klägerin auf dem Grillfest des Beklagten vom diesem dabei aufgenommen worden war, wie sie mit anderen Gästen engeren körperlichen Kontakt hatte, wobei streitig geblieben ist, ob diese Aufnahmen mit oder ohne Einwilligung der Klägerin angefertigt worden waren. Die entsprechenden Bildaufnahmen hatte der Beklagte im Nachgang auch Personen gezeigt, die auf der Feier selbst nicht anwesend waren. Das Gericht hat hierzu ausgeführt, dass selbst wenn eine wirksame Einwilligung in die Anfertigung der Bildnisse vorgelegen hätte, diese jedenfalls wirksam widerrufen worden wäre.

Ähnlich wie von der überwiegenden Literaturauffassung vertreten, hat das OLG Oldenburg ausgeführt, dass eine Einwilligung widerrufen werden könne, wenn dies zum Schutz des Persönlichkeitsrechts erforderlich sei.[668] Im Ausnahmefall sei daher dem Persönlichkeitsrecht der Vorrang vor dem Prinzip pacta sunt servanda einzuräumen. Zur Beurteilung, ob ein solcher Ausnahmefall vorliegt, sei wiederum eine Interessensabwägung vorzunehmen. Es hat dabei den Umstand, dass, wenn überhaupt, nur eine einseitige und unentgeltlich erteilte Einwilligung vorlag, ausschlaggebend in die Waagschale zugunsten der klagenden Abgebildeten gelegt. Ebenso die Tatsache, dass die Klägerin durch das vorangegangene Verhalten des Beklagten befürchten musste, dieser werde das sie darstellende pikante Bildmaterial (weiterhin) öffentlich zur Schau stellen oder gar veröffentlichen.

---

667 LG Oldenburg, Beschl. v. 21.04.1988 – 5 S 1656/87, GRUR 1988, 694 (695) – Grillfest.
668 LG Oldenburg, Beschl. v. 21.04.1988 – 5 S 1656/87, GRUR 1988, 694 (695) – Grillfest.

Ebenfalls um die Einwilligung in die Herstellung und Verfügungsgewalt von (intimen) Bildmaterials ging es in der aufsehenerregenden Entscheidung des BGH[669] bzw. der Vorinstanz OLG Koblenz.[670] Die Parteien stritten im Kern um die Verwendung bzw. das „Behaltendürfen" digitaler Fotografien und Videoaufnahmen, die teils erotischen und intimen Inhalt aufwiesen, teils nur Alltagssituationen wiedergaben. Die Aufnahmen waren während der bestehenden Beziehung mit Einwilligung der Klägerin von ihr angefertigt bzw. dem Beklagten überlassen worden. Nach Beendigung der Beziehung begehrte die Klägerin die Löschung sämtlicher sie zeigenden Aufnahmen, die sich im mittelbaren oder unmittelbaren Besitz des Beklagten befanden, was Letzterer unter anderem aufgrund seines bestehenden Eigentumsrechtes sowie seines Grundrechts auf Kunstfreiheit verweigerte.

Schon das Landgericht hatte in der Vorinstanz entschieden, dass die Klägerin aufgrund ihres allgemeinen Persönlichkeitsrechts berechtigt sei, die Einwilligung in die Herstellung der Bildnisse, ähnlich wie eine Einwilligung in die Veröffentlichung von Lichtbildern, zu widerrufen, wenn die Fortgeltung der einmal erteilten Einwilligung in Widerspruch trete zu den vom Persönlichkeitsrecht geschützten Belangen des Abgebildeten. Hierdurch werde zwar die Handlung der Bildnisherstellung nicht rückwirkend rechtswidrig. Wohl aber entfalle die Befugnis des Adressaten, über das Bildnis und den darin verkörperten Aspekt der Persönlichkeit des Abgebildeten zu verfügen. In dem zugrunde liegenden Fall hatte das LG eine zum Widerruf berechtigende Verletzung des allgemeinen Persönlichkeitsrechts der Klägerin angenommen. In der hierzu vorgenommenen Abwägung hat es die Interessen der Klägerin gegenüber dem Interesse des Beklagten, für den die Bildaufnahmen allenfalls einen künstlerischen oder ideellen Wert der Erinnerung hatten, als gewichtiger eingestuft. Der Klägerin sei es nicht zuzumuten, darauf zu vertrauen, dass der Beklagte die Fotos nicht veröffentliche bzw. so sorgsam verfahre, dass ein Zugriff für Dritte ausgeschlossen sei. Schließlich sei zu würdigen, dass sich die Ausgangssituation durch das Beziehungsende maßgeblich verändert habe und hierdurch die Grundlage der Bildnisherstellung entfallen sei.

Dies gelte jedoch nur für die intimen Aufnahmen. Die anderen die Klägerin zeigenden Aufnahmen würden dagegen nur die Sozialsphäre tangieren, sodass ein Widerruf hinsichtlich dieser Aufnahmen nicht in Betracht käme.

---

669 BGHZ 207, 163.

670 OLG Koblenz, Urt. v. 20.05.2014 – 3 U 1288/13, ZUM 2015, 58.

Auch das OLG hat in der Berufungsinstanz bestätigt, dass die Einwilligung in die Anfertigung der intimen Lichtbilder nach Beziehungsende widerrufen werden könne, für alle weiteren Abbildungen ein Anspruch auf Löschung dagegen nicht bestehe. Zur Begründung hat es gleich zwei Argumentationsschienen gefahren. So solle die Widerrufbarkeit einerseits damit begründet werden können, dass es dem Betroffenen nach Beendigung der Beziehung nicht mehr zugemutet werden könne, an der zunächst abgegebenen Einwilligung festgehalten zu werden. Darüber hinaus könne argumentiert werden, dass eine solche Einwilligung zeitlich auf die Dauer der zwischen den Parteien bestehenden Beziehung beschränkt sei, es sich mithin um eine zweckbestimmte Einwilligung handele.[671] Diese Entscheidung ist durch den BGH bestätigt worden.[672]

e) Der Widerruf im Arbeitsrecht

Auch in der arbeitsgerichtlichen Rechtsprechung ist die Problematik um den Einwilligungswiderruf behandelt worden. So hatte sich etwa das BAG[673] mit der Frage zu befassen, ob der Kläger gegenüber seinem damaligen Arbeitgeber die Unterlassung der Veröffentlichung eines auch ihn zeigenden Werbefilmes, in welchem das Unternehmen dargestellt wurde, verlangen durfte. Dieser hatte seinerzeit durch Unterschrift auf einer Namensliste darin eingewilligt, dass Filmaufnahmen von seiner Person zur freien Nutzung im Rahmen der Öffentlichkeitsarbeit der Beklagten „*verwendet und ausgestrahlt werden dürfen*". Etwa zehn Monate nach Beendigung des Arbeitsverhältnisses ließ der Kläger mittels Anwaltsschreiben den Widerruf seiner „*möglicherweise*" erteilten Einwilligung gegenüber dem beklagten Arbeitgeber erklären.

Dem hat das BAG eine Absage erteilt. Zwar könne aus der Tatsache, dass der Kläger seine Einwilligung zeitlich unbeschränkt erteilt hatte, nicht darauf geschlossen werden, dass diese nicht widerruflich sei. Anders als die zivilgerichtlichen Entscheidungen entnimmt es jedoch einem Umkehrschluss aus § 28 Abs. 3 BDSG, dass eine einmal erteilte Einwilligung nicht generell „*jederzeit mit Wirkung für die Zukunft widerrufen werden kann*". Ein Widerrufsrecht könne sich aber aus einer Interessensabwägung im Einzelfall ergeben, § 241 Abs. 2 BGB. Insoweit ist das BAG wiederum mit der Zivilgerichtsbarkeit im Einklang. Konkret seien im streitgegenständlichen Fall demnach das Veröffentlichungsinteresse des Arbeitgebers wie auch sein wirtschaftliches Interesse an einer zumindest

671 So schon im Leitsatz OLG Koblenz, Urt. v. 20.05.2014 – 3 U 1288/13, ZUM 2015, 58.
672 BGHZ 207, 163.
673 BAGE 150, 195.

kostendeckenden Verwertung der entstandenen Produktionskosten zu Werbezwecken, sowie das Recht des Arbeitnehmers auf informationelle Selbstbestimmung, das nach Beendigung des Arbeitsverhältnisses möglicherweise neue „Entscheidungskoordinaten“ bekommen haben könne, gegenüberzustellen.

Sodann führt das BAG aus, dass grundsätzlich ein berechtigtes Interesse des Arbeitnehmers daran bestehen könne, nach Beendigung des Arbeitsverhältnisses nicht weiter für das Unternehmen mit seiner Person werben zu wollen. Dies war vorliegend jedoch ohnehin nicht der Fall, da ersichtlich nicht mit dem Kläger als Person oder seiner Funktion im Unternehmen geworben werden sollte, und auch gar nicht der Eindruck erweckt wurde, es handele sich um die aktuelle Belegschaft. Interessant ist dabei, dass dies nach Auffassung des BAG jedoch nur für den Fall gelten solle, dass *„für die Verwendung zu Werbezwecken eine Vergütung nicht erfolgt war“*. Hieraus lässt sich schlussfolgern, dass bei einer Einwilligungserteilung gegen Entgelt, also einer im Rahmen eines Vertrages erteilten Einwilligung, der oben aufgeführte Grundsatz gerade keine Geltung beanspruchen soll. Offen bleibt indes, wie sich eine Einwilligung gegen Vergütung im konkreten Fall auf einen Widerruf ausgewirkt hätte, also ob dieser dann grundsätzlich ausgeschlossen oder nur unter erschwerten Umständen möglich sein soll.

Im Ergebnis hat das BAG einen wirksamen Widerruf verneint, da der Kläger schon keinen plausiblen Grund angeführt hatte, warum er nunmehr, anders als zum Zeitpunkt der Einwilligungserteilung, sein Recht auf informationelle Selbstbestimmung gegenläufig ausüben will.

Angemerkt hat das Gericht in dem Kontext auch, dass „auffallen würde“, dass der Widerruf erst drei Jahre nach der erfolgten Zustimmung und auch zehn Monate nach Beendigung des Arbeitsverhältnisses erklärt worden war. Auch wenn die Auswirkung dieses Umstandes vom BAG nicht näher dargelegt wird, liegt die Vermutung nahe, dass das Gericht einen Widerruf als umso eher unwirksam erachtet, je später er erfolgt.

III. Zwischenergebnis und Schlussfolgerung

Die Auswertung des Meinungsspektrums zur Zulässigkeit eines Widerrufs von Einwilligungen in Eingriffe in das Recht am eigenen Bild hat deutlich gemacht, dass eine klare Linie nicht besteht. Es fehlt insoweit an einer Rechtssicherheit schaffenden Gesetzesgrundlage.

Dennoch ist eine Tendenz, sowohl in der Literatur, als auch der Rechtsprechung, zu erkennen, nach welcher ohne (vertragliche) Gegenleistung erteilte

Einwilligungen für jederzeit widerruflich gehalten und allenfalls Beschränkungen aus § 242 BGB unterworfen werden.

Auffallend ist außerdem, dass in den Entscheidungen, in denen es lediglich um den Widerruf einer Einwilligung in die Anfertigung bzw. das Halten von Verfügungsgewalt von Bildnissen ging, ein Anspruch auf Löschung bzw. Vernichtung jeweils zuerkannt worden ist.[674] Hieraus lässt sich möglicherweise schließen, dass eine solche Einwilligung unter einfacheren Voraussetzungen widerruflich sein soll als eine solche nach § 22 S. 1 KUG. In den Entscheidungen dagegen, die den Widerruf von gegen Entgelt erteilten Einwilligungen betrafen, wurden die Hürden relativ hoch gesetzt und ein Widerrufsrecht überwiegend abgelehnt. Gleiches gilt für Einwilligungen gegenüber Fernsehsendern, selbst wenn die Einwilligung hier unentgeltlich erteilt worden ist.[675]

C) Dogmatische Begründung und Entwicklung eines Lösungsansatzes

Das umfangreiche Meinungsspektrum, das in Literatur und Rechtsprechung zur Frage der Widerrufbarkeit von Einwilligungen in Eingriffe in das Recht am eigenen Bild mittlerweile vorherrscht, belegt, dass die Thematik weiterer Klärung und Differenzierung bedarf. Die Ansichten gehen zum Teil so weit auseinander bzw. setzen an grundverschiedenen Punkten an, dass ein gemeinsamer Nenner als Ausgangspunkt nicht ausgemacht werden kann. Insbesondere erscheint es kaum möglich, durch Fallgruppenbildung richtungsweisend Klarstellung zu verschaffen. Wie also kann Licht ins Dunkle gebracht werden?

In Kapitel 1 wurde als Ergebnis der Untersuchung der Wirkungen von Bildnissen und den damit verbundenen Auswirkungen, die sich im Einzelfall für den betroffenen Abgebildeten ergeben können, bereits festgestellt, dass die Zubilligung eines Widerrufsrechts im Einzelfall unerlässlich ist, um schwerwiegenden Persönlichkeitsbeeinträchtigungen entgegenzuwirken. Dies betrifft nicht nur Fallgestaltungen, in denen jemand bedingt durch einen Wandel der inneren Einstellung seine vormalige Einwilligungserklärung bereut, sondern kann auch durch Reaktionen von Mitmenschen oder durch die Änderung objektiver

674 OLG Koblenz, Urt. v. 20.05.2014 – 3 U 1288/13, ZUM 2015, 58, bestätigt durch BGHZ 207, 163; LG Oldenburg, Beschl. v. 21.04.1988 – 5 S 1656/87, GRUR 1988, 694 – Grillfest.

675 OLG Düsseldorf, Urt. v. 24.05.2011 – 20 U 39/11, MDR 2011, 1169- Loveparade; LG Bielefeld, Urt. v. 18.09.2007 – 6 O 360/07, NJW-RR 2008, 715 (717) – Super Nanny.

Gegebenheiten, insbesondere auch Veränderungen in der Person des Einwilligungsempfängers, ausgelöst sein. Die hohe Bedeutung des Persönlichkeitsschutzes gebietet es vor diesem Hintergrund, geeignete Schutzmechanismen zu schaffen. Die Etablierung oder zumindest die Anerkennung eines Widerrufsrechts für den Einzelfall ist aus diesem Grund bereits verfassungsrechtlich geboten.

Der erste Schritt zur Lösung ergibt sich aus einer nüchternen Betrachtung der Situation. Bereits im vorangegangenen Kapitel wurden verschiedenen Erscheinungsformen und Ausprägungen der Einwilligung dargestellt. Welche Schlussfolgerungen lassen sich hieraus für den Widerruf ziehen?

Darüber hinaus bietet sich eine vergleichende Heranziehung von im Gesetz geregelten Widerrufs-, Kündigungs- und Rücktrittsmöglichkeiten an. Hieraus lässt sich möglicherweise ableiten, ob ein Widerruf der Einwilligung nach § 22 S. 1 KUG bereits auf eine analoge Heranziehung einer etablierten Rechtsnorm gestützt werden kann. Ist dies nicht der Fall, kann im Hinblick auf den Schutz des Persönlichkeitsrechts des Einzelnen nur eine gesetzliche Normierung eines Widerrufsrechts als Ergebnis feststehen. Zur Normierung eines solchen Widerrufsrechts kann eine Analyse bereits kodifizierter Rechtsinstitute von Nutzen sein, da sich hieraus etwaige gesetzgeberische Wertentscheidungen und Intentionen entnehmen lassen, die sich auf den Einwilligungswiderruf beim Recht am eigenen Bild übertragen lassen.

I. Schlussfolgerungen aus der Untersuchung der Einwilligung

Die obenstehenden Ausführungen haben gezeigt, dass Einwilligungen in Eingriffe in das Recht am eigenen Bild entscheidend durch Faktoren des menschlichen Innen- oder Außenlebens geprägt werden. Diese Umstände lassen den Einzelnen in der konkreten Fallsituation mehr oder weniger schutzbedürftig erscheinen, wenn es um die Frage einer etwaigen Widerruflichkeit geht. Es liegt auf der Hand, dass etwa derjenige, der seine Einwilligung spontan und ohne große Vorüberlegungen erteilt und hierfür insbesondere kein Entgelt oder einen sonstigen Vorteil gewährt bekommt, in einem höheren Maße schutzbedürftig ist als derjenige, der seine Entscheidung reiflich durchdenken konnte. An dieser Stelle soll daher Keyssner entschieden widersprochen werden, der seinerzeit feststellte: „*Wie verschiedenartig die Gründe, welche zur Herstellung des Bildes Veranlassung gaben, wie verschieden sein künstlerischer Wert, wer der Dargestellte, welchen Geschlechts das Urbild und der Schöpfer des Abbildes, das Alles ist für die rechtliche Beurteilung gleichgültig.*“[676] Es ist im Gegenteil sogar unumgänglich, die konkreten Beweggründe und Begleitumstände bei der rechtlichen Analyse mit einzustellen, um im Einzelfall den Betroffenen vor einer nicht hinnehmbaren Persönlichkeitsrechtsverletzung zu bewahren.

1. Ohne Rechtsbindungswillen erteilte Einwilligungen als Gefälligkeit jederzeit kündbar

Besonders schutzwürdig erscheint der Betroffene, wenn er sich gar nicht rechtlich binden wollte und die Einwilligung vielmehr gefälligkeitshalber erteilt hat. Dies wird regelmäßig der Fall sein, wenn Einwilligungen in die Veröffentlichung von Aufnahmen aus dem Alltag oder gesellschaftlichen Anlässen in sozialen Medien veröffentlicht, oder über solche versendet werden, und der Einwilligende obendrein erkennen konnte, dass der Einwilligungsempfänger nicht auf den Bestand der Einwilligung in schützenswerter Weise vertraut. Eine solche, ohne erkennbaren Rechtsbindungswillen erteilte Einwilligung, ist als bloße Gefälligkeit des täglichen Lebens jederzeit kündbar.

2. Im Übrigen Widerrufsrecht nur im Ausnahmefall

Im Übrigen ist eine mit Rechtsbindungswillen erteilte Einwilligung als rechtsgeschäftliche Willenserklärung grundsätzlich bindend, § 130 Abs. 1 S. 2 BGB. Die Analyse der Erscheinungsformen der Einwilligung zeigt, dass Einwilligungen, die um einer Gegenleistung willen abgegeben werden, von den Abgebildeten grundsätzlich wohlüberlegter erklärt werden, da zumeist die einzelnen vertraglichen Rahmenbedingungen zwischen den Parteien festgelegt werden müssen. Insbesondere bei der Abbildung von Models in Zeitschriftenmagazinen oder zu Werbezwecken im Fernsehen werden im Vertrauen auf den Bestand der Einwilligung zur optimalen Verwertung der Bildaufnahmen Aufwendungen getätigt, sodass schon aus Gründen der Rechtssicherheit solche Einwilligungen meist schriftlich eingeholt werden. Selten liegt in einer derartigen Konstellation eine klassische Überrumpelungs- oder Überforderungssituation durch den Abgebildeten vor. Der Abgebildete hat demnach grundsätzlich selbstbestimmt gehandelt und muss daher mit der Konsequenz, nämlich der Publizierung oder Verbreitung seiner Aufnahme, grundsätzlich leben. Es erscheint nur in besonderen Ausnahmefällen billig, diese vertragliche Bindung nachträglich aufzuheben.

---

676 *Keyssner*, Das Recht am eigenen Bilde, S. 2.

Davon zu unterscheiden sind diejenigen Einwilligungen, die zwar mit Rechtsbindungswillen abgegeben werden, die aber aufgrund der Gesamtumstände ihrer Erteilung möglicherweise nicht als Ausdruck einer freien und gut durchdachten Entscheidung angesehen werden können. So verdient den Schutz der Rechtsordnung, selbst bei eingegangener vertraglicher Bindung, wer die Einwilligung im Kontext eines Machtgefälles oder aus einer Überrumpelungs- und Drucksituation heraus erteilt hat. Aber auch in diesem Fall dürfen die Interessen des Einwilligungsempfängers keinesfalls im Rahmen der erforderlichen Interessensabwägung außer Acht gelassen werden. Insgesamt kommt der Abwägung im Rahmen des Widerrufs eine herausragende Bedeutung zu. Aufgrund der Vielseitigkeit der Erscheinungsformen der Einwilligung ist eine Interessensabwägung das einzig mögliche Mittel, um eine billige Einzelfallentscheidung treffen zu können. In diese können etwa die Art der Abbildung sowie auch ihre Bedeutung für den Einwilligungsempfänger eingestellt werden.

II. Vergleich mit gesetzlich geregelten Widerrufs-, Kündigungs-, und Rücktrittsmöglichkeiten

Da die Möglichkeit des Widerrufs einer Einwilligung nach § 22 S. 1 KUG nicht gesetzlich geregelt ist, jedoch grundsätzliche Einigkeit besteht, dass ein solcher zumindest für gewisse Fallkonstellationen im Interesse einer effektiven Rechtspflege möglich sein muss, liegt es nahe, sich Regelungen näher anzuschauen, die hierfür möglicherweise analog herangezogen werden können, oder aus denen sich zumindest wesentliche Grundgedanken für eine etwaige Ausgestaltung eines zu kodifizierenden Widerrufsrechts ergeben. Fraglich ist, ob der derzeitige gesetzliche Rahmen eine solche Fallbetrachtung bereits zulässt und eine analoge Anwendung entsprechender Normen eine interessensgerechte Lösung bietet.

Fest steht, dass die Bejahung eines Widerrufsrechts immer eine Frage des Einzelfalls sein muss, da keine gesetzliche Norm eine umfassende Berücksichtigung sämtlicher Variationen des Lebens zu erfassen vermag. Dennoch muss aus Gründen der Rechtssicherheit- und Klarheit zumindest eine Basis geschaffen werden, die gleichzeitig eine flexible Bewertung der Besonderheiten des Einzelfalls zulässt.

In einem ersten Schritt sollen daher die wesentlichen Regelungen der deutschen Zivilgesetze zum Widerruf, zur Kündigung und zum Rücktritt dargestellt werden. In einem zweiten Schritt stellt sich sodann die Frage, inwieweit diese Vorschriften tatsächlich mit der Interessenslage bei § 22 S. 1 KUG übereinstimmen, und welche Grundsätze hieraus für einen etwaigen Widerruf entnommen werden können.

1. *Zivilrecht*

Die zivilrechtliche Vertragsbindung bedeutet grundsätzlich, dass es ein „Reuerecht“ nicht gibt.[677] Dennoch hat der Gesetzgeber in einer Reihe von Fällen Widerrufs-, Rücktritts- und Kündigungsrechte anerkannt bzw. geschaffen.

a) *Die Widerruflichkeit der Zustimmung zur Vornahme eines Rechtsgeschäftes*

Die Vorschrift des § 183 BGB ist bereits bei der begrifflichen Einordnung der Einwilligung angesprochen worden. Fälschlicherweise wird die vorherige Zustimmung zu einem Rechtsgeschäft, welche in § 183 BGB geregelt ist, mit der Einwilligung nach § 22 S. 1 KUG gleichgesetzt. Wie oben bereits ausgeführt, ist Rechtsfolge des Fehlens einer Zustimmung nicht die Rechtswidrigkeit der Handlung, sondern die schwebende Unwirksamkeit des (zustimmungsbedürftigen) Rechtsgeschäfts. Nach zutreffender Auffassung fällt die Einwilligung in die Verletzung immaterieller Rechtsgüter daher nicht unter § 183 BGB.[678] Wenn die Vorschrift auch nicht direkt für die Einwilligung nach § 22 S. 1 KUG greift, können ihre Grundsätze jedoch möglicherweise analog herangezogen werden.

(i) *Regelungsgehalt des § 183 BGB*

Die Vorschrift des § 183 BGB begründet eine gesetzlich geregelte Widerruflichkeit der Einwilligung im Zivilrecht. Danach ist die vorherige Zustimmung (Einwilligung) bis zur Vornahme des Rechtsgeschäftes widerruflich, soweit nicht aus dem ihrer Erteilung zugrunde liegenden Rechtsverhältnis sich ein anderes ergibt. Das Rechtsgeschäft gilt als vorgenommen, sobald es bindend geworden ist.[679] Auf diese Weise wird erreicht, dass der Zustimmende an seine Entscheidung nicht schon zeitlich vor den Beteiligten des Hauptgeschäfts gebunden wird.[680]

Die Einwilligung kann abweichend von Satz 1 ausnahmsweise unwiderruflich sein. Ein solcher Ausschluss der Widerruflichkeit kann sich sowohl aus Gesetz als auch aus Rechtsgeschäft ergeben.[681] So ist die gegenüber dem Grundbuchamt abgegebene Einwilligung des Inhabers eines dinglichen Rechts zu ihn belastenden Verfügungen sowie die Zustimmung des Vertragserben zur Aufhebung

677 *Riesenhuber*, Das Prinzip der Selbstverantwortung, S. 10.
678 So zutreffend eingeordnet von *Mansel,* in: Jauernig, BGB, § 183 Rn. 4.
679 *Mansel,* in: Jauernig, BGB, § 183 Rn. 3.
680 *Bub,* in: BeckOK BGB, § 183 BGB Rn. 1.
681 *Mansel,* in: Jauernig, BGB, § 183 Rn. 2.

von Vermächtnissen und Auflagen, von Gesetz wegen unwiderruflich.[682] Durch Rechtsgeschäft kann der Widerruf durch einen Verzicht des Einwilligenden bei der Erklärung der Einwilligung ausgeschlossen sein.[683] Ein konkludenter Verzicht ist grundsätzlich möglich, aber an erhöhte Anforderungen geknüpft.[684] Die Unwiderruflichkeit kann aber auch vertraglich zwischen dem Einwilligenden und dem Ermächtigenden vereinbart werden.[685] Praktisch bedeutsamer sind jedoch die Fälle, in denen sich die Unwiderruflichkeit aus dem der Erteilung der Einwilligung zugrunde liegenden Rechtsgeschäft ergeben kann. Dies etwa dann, wenn der Einwilligende vertraglich oder kraft Gesetzes zur Zustimmung verpflichtet ist. Ein Beispiel hierfür ist der verlängerte Eigentumsvorbehalt, bei dem die Einwilligung des Verkäufers zur Weiterveräußerung der Ware im ordnungsgemäßen Geschäftsgang grundsätzlich unwiderruflich ist.[686] Liegt für den Einwilligenden jedoch ein wichtiger Grund zum Widerruf vor, so soll das Widerrufsrecht auch in diesen Konstellationen wiederaufleben.[687] Dass ein Widerruf aus wichtigem Grund ebenfalls vertraglich ausschließbar ist, erscheint nicht vertretbar.[688]

Rechtsfolge eines wirksamen Widerrufs ist grundsätzlich das Erlöschen der Einwilligung.[689] Ein nach Zugang des Widerrufs vorgenommenes zustimmungsbedürftiges Rechtsgeschäft ist dann schwebend unwirksam. Dem Zustimmungsberechtigten bleiben nach ausgeübtem Widerruf die Möglichkeiten einer erneuten Einwilligungserteilung, oder einer Genehmigung des Rechtsgeschäfts, unbenommen.[690]

(ii) Übertragbarkeit des Rechtsgedankens auf die Einwilligung nach § 22 S. 1 KUG

Die vorherige Zustimmung zu einem Rechtsgeschäft, die in § 183 BGB als „Einwilligung“ bezeichnet wird, unterscheidet sich rechtlich und dogmatisch stark von den an anderen Stellen des Zivilrechts genannten Einwilligungen, und

---

682 Siehe hierzu §§ 876 S. 3, 880 Abs. 2 S. 3, 1071 Abs. 1 S. 2, 1178 Abs. 2 S. 3, 1183 S. 2, 1245 Abs. 1 S. 3, 1255 Abs. 2 S. 2 und § 1291 Abs. 2 BGB.

683 *Bub*, in: BeckOK BGB, § 183 Rn. 5; *Leptien*, in: Soergel, BGB, § 183 Rn. 4.

684 *Bub*, in: BeckOK BGB, § 183 Rn. 5.

685 *Bayreuther*, in: MünchKomm BGB, § 183 Rn. 16.

686 BGHZ 52, 51.

687 *Bub*, in: BeckOK BGB, § 183 Rn. 5; *Bayreuther*, in: MünchKomm BGB, § 183 Rn. 16.

688 So auch Bayreuther, in: MünchKomm BGB, § 183 Rn. 16.

689 *Bub*, in: BeckOK BGB, § 183 Rn. 5; *Dörner*, in: HK-BGB, § 183 Rn. 7.

690 *Bub*, in: BeckOK BGB, § 183 Rn. 6; *Bayreuther*, in MünchKomm BGB, § 183 Rn. 11.

insbesondere auch von einer solchen nach § 22 S. 1 KUG.[691] Aus dieser Vorschrift lässt sich allenfalls der Gedanke entnehmen, dass derjenige, der in Verfolgung eigener Interessen einem anderen einseitig eine Befugnis betreffend seines Rechtskreises einräumt, diese auch grundsätzlich wieder entziehen können muss.[692] Diese Erkenntnis ist allenfalls für die isolierte Einwilligung relevant. Denn bei der vertraglichen Einwilligung muss schon aufgrund von Vertrauensschutzgesichtspunkten auf andere Grundsätze abgestellt werden. Insgesamt liegt eine analoge Anwendung der Vorschrift auf die von § 22 S. 1 KUG erfassten Einwilligungskonstellationen aufgrund der oben aufgezeigten Unterschiede jedoch fern. Betrachtet man den Sinn und Zweck der Norm, nämlich eine Bindung des Zustimmenden vor der Vornahme des eigentlichen Hauptgeschäftes auszuschließen, ergibt sich nicht einmal Raum für eine Analogie. Denn bei § 22 S. 1 KUG gibt es eine Trennung zwischen Zustimmungs- und Hauptgeschäft gerade nicht.

b) Der Widerruf einer Vollmacht

Auf den ersten Blick mag es erstaunen, dass im Rahmen der Untersuchung der Widerrufbarkeit einer Einwilligung in Eingriffe in das Recht am eigenen Bild auch ein Blick auf die Widerrufbarkeit einer Vollmacht geworfen werden soll. Denn die Erteilung der Vollmacht, mit welcher dem Bevollmächtigten die Rechtsmacht verliehen werden soll, im Namen des Vollmachtgebers für und gegen ihn gerichtete Rechtsfolgen herbeizuführen, ist gerade keine klassische Einwilligung. Sie ist vielmehr Wirksamkeitsvoraussetzung für ein Vertretergeschäft, begründet jedoch nicht unmittelbar einen Eingriff in die Rechtssphäre des Vollmachtgebers. Dies geschieht erst dadurch, dass der Bevollmächtigte von der ihm erteilten Vollmacht Gebrauch macht.

Wie die Einwilligung ist die Vollmachterteilung dagegen auch eine einseitige empfangsbedürftige Willenserklärung (die auch durch Abschluss eines Vertrages erfolgen kann) und die bedingt oder befristet erteilt werden kann. Beide Rechtsinstitute greifen nicht in die Rechtsstellung des Bevollmächtigten bzw. des Einwilligungsempfängers ein, sondern erweitern dessen Rechtsmacht. Sie bedürfen daher beide keiner Annahmeerklärung.[693] Diese Parallelen rechtfertigen die nachstehende vergleichende Heranziehung.

---

691 Nach Ohly sei die unrechtsausschließende Einwilligung, zu der er auch eine solche nach § 22 S. 1 KUG zählt, daher scharf von der Einwilligung im Sinne des § 183 BGB zu trennen.

692 *Dasch*, Die Einwilligung, S. 85.

693 Für die Vollmacht siehe *Schubert*, in: MünchKomm BGB, § 167 BGB Rn. 5 f.; *Wolf/ Neuner*, BGB AT, § 50 Rn. 11; *Dörner*, in: Schulze, BGB, § 168 Rn. 5.

(i) Regelungsgehalt des § 168 S. 2 BGB

Die Vollmacht wird in § 166 Abs. 2 S. 1 BGB als eine durch Rechtsgeschäft erteilte Vertretungsmacht legaldefiniert. In der Regel wird sie aufgrund eines zwischen dem Vollmachtgeber und dem Bevollmächtigten bestehenden Grundverhältnisses, wie etwa einem Auftrag oder einem Geschäftsbesorgungsvertrag, erteilt.[694] Die Vollmacht ist unabhängig vom Bestehen des ihr zugrunde liegenden Rechtsverhältnisses grundsätzlich frei widerruflich, § 168 S. 2 BGB.[695] Eine Beschränkung dieses Widerrufsrechts sieht das Gesetz für die gewillkürte Vollmacht nicht vor. Prinzipiell möglich ist auch ein Teilwiderruf, der im Ergebnis auf eine Beschränkung der Vertretungsmacht hinausläuft.[696]

Die Ausübung des Widerrufsrechts erfolgt durch eine empfangsbedürftige Willenserklärung, §§ 168 S. 3, 167 Abs. 1 BGB, die dem Bevollmächtigten zugehen muss. Daneben kann der Widerruf auch gegenüber dem Geschäftsgegner erklärt werden, und zwar unabhängig davon, wem gegenüber die Vollmacht ausgesprochen wurde. Zudem besteht die Möglichkeit eines Widerrufs durch öffentliche Bekanntgabe, § 171 Abs. 2 BGB.[697] Der Widerruf kann sowohl ausdrücklich, als auch konkludent erklärt werden. Durch den Widerruf erlischt die Vollmacht mit Ex-nunc-Wirkung. Ein Widerruf des Widerrufs ist in den Grenzen des § 130 Abs. 1 S. 2 BGB möglich.[698]

Interessant ist außerdem, dass eine Vollmacht aufgrund ihrer Abstraktheit isoliert bestehen kann. Das bedeutet, dass ein Grundverhältnis nicht bestehen muss. Die Parteien kann ein reines Gefälligkeitsverhältnis verbinden, bei welchem sich der Vertreter aus Gefälligkeit und ohne Verpflichtung zur Vornahme eines Rechtsgeschäfts für den Vollmachtgeber bereit erklärt.[699] Die isolierte Vollmacht kann ebenso durch Widerruf aufgelöst werden, wie die Vollmacht auch.[700]

Möglich und grundsätzlich zulässig ist die Vereinbarung bzw. Erteilung einer unwiderruflichen Vollmacht, was sich aus § 168 S. 2 a. E. und § 176 Abs. 3 BGB

---

694 Siehe nur *Schäfer*, in: BeckOK BGB, § 167 Rn. 1.

695 Siehe nur *Mansel*, in: Jauernig, BGB, § 168 Rn. 5; *Schubert*, in: MünchKomm BGB, § 168 Rn. 16; *Leptien*, in: Soergel, BGB, § 168 Rn. 19.

696 *Schubert*, in: MünchKomm BGB, § 168 Rn. 16; *Leptien*, in: Soergel, BGB, § 168 Rn. 19; *Schäfer*, in: BeckOK BGB, § 168 Rn. 19.

697 Siehe hierzu insgesamt *Schubert*, in: MünchKomm BGB, § 168 Rn. 16; *Dörner*, in: Schulze, BGB, § 168 Rn. 6; *Schäfer*, in: BeckOK BGB, § 168 Rn. 19.

698 *Schubert*, in: MünchKomm BGB, § 168 Rn. 16 f.

699 *Schubert*, in: MünchKomm BGB, § 168 Rn. 37.

700 BayObLG, Beschl. v. 14.03.1996 – 2 Z BR 121/95, NJW-RR 1996, 848; *Schubert*, in: MünchKomm BGB, § 168 Rn. 38.

ergibt. Bewirkt wird die unwiderrufliche Ausgestaltung durch vertragliche Vereinbarung zwischen Vollmachtgeber und Vertreter im Rahmen des Grundgeschäfts.[701] Sie unterliegt jedoch gesetzlichen Grenzen, da eine Fremdbestimmung zulasten des Vollmachtgebers vermieden werden soll. Diese Grenzen können sich insbesondere aus §§ 134, 138 BGB ergeben. Rechtsprechung und Literatur fordern aus diesem Grund zudem einstimmig eine Rechtfertigung für die Erteilung einer unwiderruflichen Vollmacht, die sich entweder aus dem Rechtsverhältnis zwischen Vollmachtgeber und Bevollmächtigten oder dem Rechtsverhältnis zwischen Vollmachtgeber und einem Dritten ergeben müsse.[702] Bei der Beurteilung der Wirksamkeit einer unwiderruflichen Vollmacht sind auch die Wertungen der Grundrechte zu berücksichtigen, die einerseits die Privatautonomie, andererseits aber auch einzelne Rechte und Rechtsgüter schützen sollen, die durch die Ausübung der unwiderruflichen Vollmacht tangiert sein können. In die Abwägung mit einzustellen ist dabei auch der Umstand, dass die Vollmacht den Vertretenen vor allem eine Erweiterung seiner Handlungsmöglichkeiten eröffnen soll, indem der Vertreter befähigt wird, den Vertretenen in bestimmten Angelegenheiten zu repräsentieren. Dies setzt schon naturgemäß voraus, dass der Vertretene steuernd auf den Vertreter Einfluss nehmen kann. Hierzu ist der Widerruf ein wichtiges Instrument.[703] Eine isolierte Vollmacht (ohne Kausalvereinbarung) kann nicht unwiderruflich ausgestaltet werden, da die Unwiderruflichkeit nur vertraglich vereinbart werden kann.[704]

Der Widerruf einer unwiderruflichen Vollmacht ist unwirksam. Zulässig bleibt jedoch stets ein Widerruf aus wichtigem Grund.[705] Denn zum Schutz der Privatautonomie kennt das Bürgerliche Gesetzbuch keine Dauerschuldverhältnisse, die nicht durch eine außerordentliche Kündigung beendet werden können, selbst wenn die Möglichkeit einer ordentlichen Kündigung ausgeschlossen worden ist (siehe etwa §§ 314, 542 Abs. 2, 543, 626 Abs. 1, 723 Abs. 1 S. 2). Der Ausschluss des Widerrufsrechts begründet damit allein den Ausschluss einer jederzeitigen Widerruflichkeit.[706]

---

701 *Schäfer*, in: BeckOK BGB, § 168 Rn. 19.

702 *Schubert*, in: MünchKomm BGB, § 168 Rn. 20 m.w.N.

703 *Schubert*, in: MünchKomm BGB, § 168 Rn. 21.

704 BGHZ 110, 363 (367); BGH, Urt. v. 26.02.1988 – V ZR 231/86; *Schäfer*, in: BeckOK BGB, § 168 Rn. 24.

705 BGH, Urt. v. 12.05.1969 – VII ZR 15/67, WM 1969, 1009; *Schäfer*, in: BeckOK BGB, § 168 Rn. 26; *Maier-Reimer*, in: Erman, BGB, § 168 Rn. 18; *Schilken*, in: Staudinger, BGB, § 168 Rn. 14.

706 *Schubert*, in: MünchKomm BGB, § 168 Rn. 29; *Schäfer*, in: BeckOK BGB, § 168 Rn. 26.

(ii) Übertragbarkeit des Rechtsgedankens auf die Einwilligung nach § 22 S. 1 KUG

Ein wesentlicher Unterschied zwischen der Vollmachterteilung nach § 167 BGB und der vertraglichen Einwilligung gemäß § 22 S. 1 KUG liegt darin, dass für die Einwilligung bzw. die damit gestattete kommerzielle Nutzung des Bildnisses, eine Gegenleistung erbracht wird, während die Vollmacht grundsätzlich in keinem Gegenseitigkeitsverhältnis steht. Allein dieser Umstand lässt eine vergleichende Heranziehung beider Institute widersinnig erscheinen. Beim Widerruf einer Vollmacht erleidet der Bevollmächtigte grundsätzlich keine persönlichen Nachteile, abgesehen vom Verlust der Rechtsmacht, den Vertretenen vertraglich im Rahmen seiner Vertretungsmacht zu binden. Sein Vertrauen auf den Bestand der Vollmacht ist damit prinzipiell nicht schutzwürdig. Bei der vertraglichen Einwilligung im Sinne des § 22 S. 1 KUG werden im Vertrauen auf den Bestand der Einwilligung dagegen oftmals wirtschaftliche Investitionen getätigt, die bei Entzug der Einwilligung nutzlos werden, sodass ein Widerruf der Einwilligung sich finanziell nachteilig für den Widerrufsempfänger auswirkt. Allein die persönliche Vertrauensstellung, die sowohl im Rahmen einer Vollmacht, als auch im Verhältnis zwischen Einwilligendem und Einwilligungsempfänger beim Recht am eigenen Bild besteht, kann daher eine analoge Anwendung des in § 168 S. 2 BGB gewährten Widerrufsrechts nicht rechtfertigen. Denn auch andere Vertragsverhältnisse sind durch eine besondere Vertrauensstellung zwischen den Parteien gekennzeichnet, ohne dass für diese im Gesetz ein Widerrufsrecht vorgesehen ist.

Etwas anderes könnte jedoch für diejenigen Einwilligungen nach § 22 S. 1 KUG gelten, die ohne Rechtsbindungswillen erteilt worden sind, und die nach hier begründeter Auffassung eine reine Gefälligkeit darstellen. Wie oben bereits ausgeführt, ist eine isolierte Vollmacht eine solche ohne zugrunde liegendem Grundgeschäft und beruht oftmals auf einer reinen Gefälligkeit. Eine solche isolierte Vollmacht soll prinzipiell widerruflich sein und kann noch nicht einmal unwiderruflich ausgestaltet werden. Eine entsprechende anderslautende Vereinbarung ist unwirksam. Allerdings ist die Interessenslage bei der (isolierten) Vollmacht nach § 166 Abs. 2, 167 BGB und der Einwilligung nach § 22 S. 1 KUG umgekehrt: Während die Vollmacht dem Vertretenen zu dienen bestimmt ist, da der Bevollmächtigte in die Lage versetzt werden soll, für ihn wirksam Rechtsverhältnisse abzuschließen, begünstigt die Erteilung der Einwilligung nach § 22 S. 1 KUG gerade den Einwilligungsempfänger, der durch sie in die Lage versetzt wird, das Bildnis erlaubterweise zu nutzen. Mit anderen Worten: Der Widerruf einer Vollmacht wird in diesem Fall gegenüber dem Gefälligenden erklärt, während bei einem Widerruf der Einwilligung die Gefälligkeit vom Gefälligenden selbst „aufgekündigt“ wird. Insgesamt erscheint der dem Widerruf der Vollmacht zugrunde liegende Rechtsgedanke, nämlich die Beendigung eines eine besondere Vertrauensstellung erforderndes Rechtsverhältnisses, nicht auf die Problematiken um den Einwilligungswiderruf nach § 22 S. 1 KUG zugeschnitten. Eine analoge Heranziehung ihrer Grundsätze erscheint zu konstruiert, da beide Interessenslagen (eine Voraussetzung jeder Analogie) schwerlich vergleichbar sind. Nach Dasch dagegen könne der Vorschrift des § 168 S. 1 BGB zumindest der allgemeine Gedanke entnommen werden, dass derjenige, der in Verfolgung eigener Interessen einem anderen einseitig ein rechtliches Können unter Zugriff auf seinen Rechtskreis einräumt, diese Befugnis prinzipiell wieder entziehen können müsse.[707]

c) Widerruf eines Auftrags

Eine weitere im Bürgerlichen Gesetzbuch kodifizierte Widerrufsmöglichkeit findet sich in § 671 Abs. 1 BGB mit der Möglichkeit zum Widerruf eines Auftrags.

(i) Regelungsgehalt des § 671 Abs. 1 BGB

Nach § 671 Abs. 1 BGB kann der Auftrag vom Auftraggeber jederzeit widerrufen und von dem Beauftragten jederzeit gekündigt werden. Die Verwendung der verschiedenen Termini „Widerruf“ und „Kündigung“ soll nur auf historischen Gründen beruhen. Sinn und Zweck der Vorschrift ist es, sowohl Auftraggeber als auch Beauftragtem ein Recht zu gewähren, nach welchem sie jederzeit und ohne sachlichen Grund das Auftragsverhältnis unbefristet beenden können.[708]

Der Auftrag ist durch die jederzeitige Widerrufsmöglichkeit im Vergleich zu anderen Dauerschuldverhältnissen leichter zu beenden. Dies soll im ersten Schritt Ausfluss des unentgeltlichen Charakters des Auftrages sein. Da dem Beauftragten keine Vergütung für die Durchführung des Auftrages zustehe, bestehe keine Rechtfertigung für das Festhalten am Vertrag, selbst wenn der Beauftragte ein eigenes Interesse an der Durchführung des Auftrags haben sollte. Das persönliche Vertrauen, das die Auftragserteilung erfordert, soll ein zusätzliches Argument für die jederzeitige Widerruflichkeit sein.[709]

---

707 *Dasch*, Die Einwilligung, S. 85.

708 *Schäfer*, in: MünchKomm BGB, § 671 Rn. 1.

709 *Schäfer*, in: MünchKomm, BGB, § 671 Rn. 2; *Fischer*, in: BeckOK BGB, § 671 Rn. 1 f; *Mansel*, in: Jauernig, BGB, § 671 Rn. 1; *Wiese*, in: HK-BGB, § 671 Rn. 1; *Beuthien*, in: Soergel, BGB, § 671 Rn, 1.

Auch der Widerruf eines Auftrags ist eine einseitige und empfangsbedürftige Willenserklärung, die an keine Form gebunden ist, ausdrücklich oder auch durch schlüssiges Handeln erfolgen kann.[710] In zeitlicher Hinsicht ist der Widerruf auf den Zeitpunkt bis zur Ausführung des laufenden Geschäfts oder den Moment, in dem der Auftraggeber unwiderruflich an das besorgte Geschäft gebunden ist, beschränkt.[711] Der Widerruf kann grundsätzlich vertraglich ausgeschlossen werden, wobei ein Widerruf aus wichtigem Grund gleichwohl möglich bleiben muss.[712]

Der Auftrag endet im Falle eines Widerrufs mit Ex-nunc-Wirkung. Bereits entstandene Ansprüche (wie etwa aus §§ 666 ff. BGB) bleiben demzufolge bestehen.[713]

(ii) Übertragbarkeit des Rechtsgedankens auf die Einwilligung nach § 22 S. 1 KUG

Alexander schlussfolgert aus der Widerrufsregelung in § 671 BGB, dass nach den Wertungen des Gesetzgebers eine Rechtsbeziehung, die durch eine besondere persönliche Nähebeziehung gekennzeichnet und nicht durch Entgeltlichkeit geprägt ist, jederzeit und ohne besondere Gründe beendet werden könne.[714] Dieser Gedanke lasse sich auf das Persönlichkeitsrecht übertragen.[715] Denn auch die Einwilligung begründe zwischen dem Träger des Persönlichkeitsrechts und dem Empfänger ein besonderes persönliches Näheverhältnis. Da das persönliche Näheverhältnis beim Persönlichkeitsrecht noch ausgeprägter sei als bei einem Auftrag, müsse die Möglichkeit eines Widerrufs erst recht auch dem Träger des Persönlichkeitsrechts zustehen, der einem Eingriff in seine Persönlichkeit zugestimmt hat.[716]

---

710 *Schäfer*, in: MünchKomm BGB, § 671 Rn. 7; *Fischer*, in: BeckOK BGB, § 671 Rn. 3; *Beuthien*, in: Soergel, BGB, § 671 Rn. 1.

711 Siehe etwa BGH, Urt. v. 18.04.1969 – V ZR 179/65, NJW 1969, 1245 (1246); *Fischer*, in: BeckOK BGB, § 671 Rn. 5.

712 *Schäfer*, in: MünchKomm BGB, § 671 Rn. 13 f.

713 BGH, Urt. v. 19.03.1991 – XI ZR 102/90; *Schäfer*, in: MünchKomm BGB, § 671 Rn. 9; *Fischer*, in: BeckOK BGB, § 671 Rn. 7; *Mansel*, in: Jauernig, BGB, § 671 Rn. 5; *Beuthien*, in: Soergel, BGB, § 671 Rn. 2.

714 *Alexander*, ZUM 2011, 382 (387), zu einem solchen Vergleich siehe auch *Ludyga*, MMR 2017, 158 (161).

715 Ähnlich auch *Piltz*, Soziale Netzwerke, S. 264; *Golla/Herbort*, GRUR 2015, 648 (654).

716 *Alexander*, ZUM 2011, 382 (387).

Diese Argumentation kann aber, wenn überhaupt, nur für eine isolierte Einwilligung herangezogen werden. Denn bei der vertraglichen Einwilligung hat der Einwilligungsempfänger ein starkes wirtschaftliches Interesse am Bestand der Einwilligung. Vor diesem Hintergrund sind auch entgeltliche Geschäftsbesorgungsverträge mangels Rückverweisung in § 675 Abs. 1 BGB grundsätzlich nicht widerruflich.[717] Neben den Kündigungsvorschriften des jeweiligen Vertragstyps, auf dem die Verpflichtung zur Geschäftsbesorgung beruht, kommt lediglich ein Widerrufsrecht analog § 627 Abs. 1 BGB in Betracht, wenn das zu besorgende Geschäft allein den Belangen des Auftraggebers dient, und eine weitere Ausführung aufgrund veränderter Umstände seinen Interessen zuwiderläuft.[718]

Aber auch für die isolierte Einwilligung kann der Argumentation Alexanders nicht uneingeschränkt gefolgt werden. Bei einem Auftrag geht es um die unentgeltliche Wahrnehmung eines auf fremde Interessen zielenden Rechtsgeschäfts. Die Einwilligung nach § 22 S. 1 KUG dagegen erlaubt dem Einwilligungsempfänger die Nutzung des Bildnisses des Einwilligenden. Er nimmt für den Abgebildeten aber kein Rechtsgeschäft vor und handelt auch gerade nicht altruistisch. Umgekehrt mögen zwar der Einwilligung des Abgebildeten altruistische Motive zugrunde liegen, der Einwilligungsempfänger macht von der Möglichkeit der Bildnisnutzung aber in erster Linie aus eigenen Interessen Gebrauch, auch wenn im Einzelfall die Publizierung oder Verbreitung des Abgebildeten gleichwohl gewünscht ist. Die Interessenslage ist insgesamt schwer mit der Situation bei der Einwilligung nach § 22 S. 1 KUG vergleichbar.

d) Außerhalb von Geschäftsräumen geschlossene Verträge (AGV)

Eine weitere Gruppe von Verträgen, bei denen kraft Gesetzes ein Widerrufsrecht gewährt wird, sind die unter dem Begriff „Haustürgeschäft" bekannten Verträge, die mit einer Gesetzesänderung nunmehr als „außerhalb von Geschäftsräumen geschlossene Verträge" in § 312g gesetzlich verankert sind.

Auf den ersten Blick mag eine vergleichende Heranziehung des Widerrufs einer Einwilligung nach § 22 S. 1 KUG mit dem Widerruf beim Haustürgeschäft abwegig erscheinen. Und doch ist es gerade der dahinterstehende Gedanke, nämlich dass demjenigen, der etwa an der Haustür oder offener Straße überrumpelt wird, eine selbstverantwortliche Selbstbehauptung nicht zugemutet

717 BGHZ 4, 246 (247); *Fischer*, in: BeckOK BGB, § 671 Rn. 4.

718 Strittig, siehe *Fischer*, in: BeckOK BGB, § 671 Rn. 4 m. w. N.

werden kann,[719] der auch im Rahmen der Einwilligungserteilung in Eingriffe in das Recht am eigenen Bild zum Tragen kommen kann.

(i) Regelungsgehalt des § 312g BGB

Gemäß § 312g Abs. 1 BGB steht Verbrauchern bei außerhalb von Geschäftsräumen geschlossenen Verträgen und bei Fernabsatzverträgen ein Widerrufsrecht gemäß § 355 BGB zu. Der Verbraucher kann sich demnach, wenn ein Widerrufsrecht besteht, innerhalb einer bestimmten Frist durch Erklärung des Widerrufs seiner Willenserklärung von der vertraglichen Bindung befreien. Dabei enthalten die § 356 BGB sowie § 357 BGB für die Ausübung bzw. die Folgen eines solchen Widerrufs Sonderbestimmungen. Regelungen zum Nichtbestehen des Widerrufsrechts finden sich in § 312 g Abs. 2 und 3 sowie § 356 Abs. 4 und 5 BGB. Damit wird den Interessen der jeweiligen Unternehmen Rechnung getragen, für die eine Rückabwicklung des Vertrages unzumutbar sein kann, was insbesondere dann der Fall ist, wenn der Widerruf ein erhebliches Missbrauchspotenzial durch den Verbraucher Vorschub leisten würde.[720] So wird etwa ein Widerrufsrecht bei Verträgen über verderbliche oder versiegelte Waren, wenn die Versiegelung nach der Lieferung entfernt wurde, ausgeschlossen, § 312g Abs. 2 Nr. 2 und 3 BGB, da solche infolge des Widerrufs schwer wiederverkäuflich oder gar wertlos werden.

Geschützt werden soll der Verbraucher bei außerhalb von Geschäftsräumen geschlossenen Verträgen in erster Linie vor Überrumpelung und psychischem Verkaufsdruck; bei Fernabsatzverträgen soll ein Ausgleich für die vorab schwierige Überprüfbarkeit des Vertragsgegenstandes und zugleich Schutz vor unüberlegten Bestellungen im Internet gewährt werden.[721] Ermöglicht werden soll dem Verbraucher damit, dass er in Kenntnis aller für seine Entscheidung relevanten Umstände eine überlegte Entscheidung hinsichtlich seiner vertraglichen Bindung treffen kann.[722] Für die Ausübung des Widerrufsrechts ist eine 14-tägige Frist vorgesehen, § 355 Abs. 2 S. 2 BGB. Ein Grund muss bei

---

719 *Riesenhuber*, Das Prinzip der Selbstverantwortung, S. 10.

720 Siehe zur Begründung RegE, BT-Drs. 14/2658, 44; *Wendehorst*, in: MünchKomm BGB, § 312g Rn. 5.

721 *Stadler*, in: Jauernig, BGB, § 312g Rn. 1; *Wendehorst*, in: MünchKomm BGB, § 312g Rn. 1; *Schulte-Nölke*, in: HK-BGB, § 312g Rn. 1.

722 *Martens*, in: BeckOK BGB, § 312g Rn. 2; *Schulte-Nölke*, in: Schulze, BGB, §312g Rn. 1.

Ausübung nicht angegeben werden, die Motive hinter dem Widerruf sind insoweit unbeachtlich.[723]

Eine Pflichtverletzung stellt die Ausübung des Widerrufsrechts selbst dann nicht dar, wenn der Verbraucher schon vor Vertragsschluss erkannt hat oder hätte erkennen müssen, dass er die erworbene Leistung nicht braucht.[724]

(ii) Übertragbarkeit des Rechtsgedankens auf die Einwilligung nach § 22 S. 1 KUG

Für die vorliegende Arbeit muss geprüft werden, inwieweit der in der Regelung zum Verbraucherwiderrufsrecht zum Ausdruck gebrachte Rechtsgedanke auf den Widerruf einer Einwilligung in Eingriffe in das Recht am eigenen Bild übertragen werden kann.[725]

Zunächst einmal stellt sich die Frage, ob die Ausgangssituation bei einem außerhalb von Geschäftsräumen geschlossenen Vertrag mit der Einwilligungserteilung nach § 22 S. 1 KUG vergleichbar ist. Denn bei der Einwilligung nach § 22 S. 1 KUG verpflichtet sich der Einwilligende eine Leistung zu erbringen bzw. sein Bildnis (kommerziell) nutzen zu lassen. Es ist im Rahmen des § 312g BGB umstritten, ob ein Widerrufsrecht auch bei sog. umgekehrter Leistungserbringung, wenn sich also der Verbraucher zur Lieferung einer Ware verpflichtet, gewährt wird. Nach wohl herrschender Meinung soll ein Widerrufsrecht jedoch auch in dieser Konstellation anzuerkennen sein, da ein gleichwertiges Schutzbedürfnis bestehe.[726]

Der Gesetzgeber zeigt anhand der Vorschrift des § 312g BGB, dass er den Schutz desjenigen, der aufgrund unvermittelter Konfrontierung oder unter dem Eindruck psychischer Druckmomente das Für und Wider eines Vertragsschlusses nicht ausreichend abwägen konnte, höher bewertet als die vertragliche Bindung. Der Einzelne soll an einen Vertrag nicht festhalten müssen, wenn die Entscheidung hierzu eher der Situation und der Umstände des Vertragsschlusses geschuldet ist als seinem eigentlichen Willen. Das Bestandsinteresse des Vertragspartners hat dahinter zurückzustehen. Ebenso wird für den Zeitraum von 14 Tagen eine gewisse Rechtsunsicherheit bewusst in Kauf genommen, da erst

---

723 *Stadler*, in: Jauernig, BGB, § 312g Rn.1; *Wendehorst*, in: MünchKomm BGB, § 312g Rn. 65.

724 *Wendehorst*, in: MünchKomm BGB, § 312g Rn. 64.

725 Eine analoge Anwendung wurde etwa vom LG Hamburg, Urt. v. 21.01.2005- 324 O 448/04, NJW – RR 2005, 1357 (1358) vorgenommen.

726 Vgl. etwa *Maume*, in: BeckOK BGB, § 312b Rn. 8 m. w. N.

nach Ablauf der Frist klar ist, ob der Vertrag grundsätzlich dauerhaften Bestand hat, oder nicht.

Auch bei Einwilligungen in Eingriffe in das Recht am eigenen Bild ist grundsätzlich denkbar, dass der Einwilligende nicht ausreichend Gelegenheit hatte, sich über die Tragweite seiner Erklärung bewusst zu werden. Dies betrifft vor allem spontane Filmaufnahmen für Straßeninterviews oder ähnliche Situationen. Hier kann nichts anderes gelten als bei außerhalb von Geschäftsräumen geschlossenen Verträgen im Sinne des § 312g Abs. 1 Alt. 1 BGB. Denn das Schutzbedürfnis ist das gleiche, wenn nicht sogar höher, da mit dem Persönlichkeitsrecht ein hohes Rechtsgut im Raum steht.[727] Die analoge Heranziehung dieser Vorschriften hat jedoch die Konsequenz, dass nach § 355 Abs. 2 BGB das Widerrufsrecht zeitlich auf zwei Wochen ab dem Aufnahmezeitpunkt zu begrenzen ist. Dies erscheint jedoch gerechtfertigt, da dem Widerrufenen zugemutet werden kann, zumindest nach dem Wegfall der Druck- und Überforderungssituation seine Gedanken innerhalb dieser Zeitspanne zu ordnen und den Widerruf zu erklären. Dies auch deshalb, weil der Widerrufsgegner unter Umständen im Vertrauen auf den Bestand der Einwilligung zwecks kommerzieller Verwertung der Bildaufnahme weitere Aufwendungen tätigt und die inneren Befindlichkeiten des Gegenübers für diesen nicht immer ohne Weiteres ersichtlich sind.

Auf Sachverhalte, in denen sich jemand aufgrund eines Wandels seiner Persönlichkeit zu einem Widerruf veranlasst sieht, ist der sich aus § 312g BGB ergebendem Rechtsgedanken jedoch nicht entsprechend anwendbar.[728] Die Vorschrift soll nämlich nur denjenigen schützen, dessen Willenserklärung schon beim Vertragsschluss selbst nicht seinen wirklichen Interessen entsprach, da er zur Abgabe förmlich gedrängt worden ist. Ein Wandel der eigenen Einstellung

727 Zum selben Ergebnis kommend *Tausch*, Persönlichkeitsrechtsverletzung, S. 111.

728 Nicht überzeugend ist die Begründung von *Piltz*, Soziale Netzwerke, S. 263 f., der eine analoge Anwendung ablehnt, da ein solches Verständnis nicht dem Charakter der Einwilligung als rechtsgeschäftliche, bindende Erklärung Rechnung trage. Ungenauigkeiten und Zweifel seien daher schon bei Erteilung der Einwilligung zu prüfen und berücksichtigen. Durch die Vorschrift des § 312g bringt der Gesetzgeber aber gerade zum Ausdruck, dass eine vertragliche Bindung durch den Widerruf aufgehoben werden soll, da sich der Einwilligende bei AGV-Verträgen oftmals in Druck- und damit einhergehend Überforderungssituationen befindet. Auch die in diesem Rahmen abgeschlossenen Verträge haben grundsätzlich eine Bindungswirkung, diese wird aber eben aus Verbraucherschutzgründen ausnahmsweise durch die Möglichkeit des Widerrufs durchbrochen. Es ist nicht ersichtlich, warum der Einwilligende im Bereich des Persönlichkeitsrechts in einer ähnlichen Situation stärker gebunden werden sollte.

wird aber gerade nicht geschützt. Aus diesem Grund ist der Zeitraum, in der ein Widerruf überhaupt möglich sein soll, eng abgesteckt und muss nur gerade ausreichend sein, um seine Handlungen zu überdenken und gegebenenfalls die erforderlichen Schritte zur Durchsetzung des Widerrufsrechts zu veranlassen.

e) Heranziehung der Grundsätze der Störung der Geschäftsgrundlage

Beim Abschluss eines Vertrages gehen die Parteien häufig vom Vorliegen oder Eintreten bestimmter Umstände aus, ohne diese ausdrücklich oder stillschweigend in den Vertrag einzubeziehen, oder unter eine Bedingung zu stellen. Oftmals beruhen diese jedoch auf einer Fehlvorstellung, da bereits bestehende (vertragswesentliche Umstände) falsch bewertet oder künftige Entwicklungen nicht vorhergesehen werden. Zum Zwecke einer interessensgerechten Lösung in derartigen Sachlagen hat der Gesetzgeber durch § 313 BGB eine Vertragsänderung oder Aufhebung für Fälle der sogenannten „Störung der Geschäftsgrundlage" kodifiziert. Auch bei der Erteilung der Einwilligung nach § 22 S. 1 KUG hat der Abgebildete Vorstellungen und Einschätzungen über die Reaktion auf sein Bildnis, und bedenkt oftmals Auswirkungen und Konsequenzen nicht, welche die Publizierung oder Verbreitung seines Bildnisses mit sich bringen können. Da die menschliche Persönlichkeit, wie auch gesellschaftliche Ansichten gleichwohl einem Wandel unterliegen, besteht die Gefahr einer Verkennung wesentlicher Faktoren in diesem Kontext in besonderem Maße. Erlaubt diese Parallele eine analoge Heranziehung der Grundsätze der Störung der Geschäftsgrundlage auf die Einwilligung nach § 22 S. 1 KUG?

(i) Regelungsgehalt des § 313 Abs. 1 BGB

Nach § 313 Abs. 1 BGB kann eine Vertragsanpassung verlangt werden, wenn sich die Umstände, die zur Grundlage des Vertrags geworden sind, nach Vertragsschluss schwerwiegend verändert haben, und wenn die Parteien den Vertrag nicht, oder mit anderem Inhalt, geschlossen hätten, wenn sie diese Veränderung vorausgesehen hätten, und dadurch einem Teil unter Berücksichtigung aller Umstände des Einzelfalls, insbesondere der vertraglichen oder gesetzlichen Risikoverteilung, das Festhalten am unveränderten Vertrag nicht zugemutet werden kann. Ist eine Anpassung des Vertrags nicht möglich, oder einem Teil nicht zumutbar, so kann nach § 313 Abs. 3 BGB der benachteiligte Teil vom Vertrag sogar zurücktreten, bzw. im Fall von Dauerschuldverhältnissen kündigen. Die Rechtsprechung definiert die Geschäftsgrundlage als die bei Vertragsschluss bestehenden gemeinsamen Vorstellungen beider Parteien oder die dem Geschäftsgegner erkennbaren und von ihm nicht beanstandeten Vorstellungen der einen Vertragspartei von dem Vorhandensein oder dem künftigen Eintritt gewisser Umstände, sofern der Geschäftswille der Parteien auf dieser Vorstellung aufbaut.[729]

Die veränderten Umstände müssen Vertragsgrundlage geworden sein.[730] Das schließt einseitige (und nicht offengelegte) Motive und Erwartungen an den Vertrag aus.[731] Die Vorschrift soll der Partei kein Reuerecht gewähren, sie hat insoweit das „allgemeine Lebensrisiko“[732] zu tragen. Dies soll nur dann nicht der Fall sein, wenn das Risiko nicht mehr als vertragskonform angesehen werden kann, etwa wenn die Leistung für den Schuldner mühsamer oder für den Gläubiger weniger wert ist, als es ursprünglich vorhersehbar war.[733] Die Parteien können eine vertragliche Risikozuweisung vornehmen. Fehlt eine solche, ist nach der geschäftstypischen Risikoverteilung zu fragen. Hierbei werden etwa die Typizität des Risikos, das Rechtsverhältnis sowie allgemeine Gepflogenheiten und Geschäftssitten eingestellt.[734] Auch hierbei gilt, dass einseitige Störungen in der Motivation oder den Erwartungen eigenverantwortlich zu tragen sind.[735] Insbesondere ist es auch demjenigen, der die Änderung der Verhältnisse selbst bewirkt hat, verwehrt, sich auf die Störung zu berufen.[736]

Weitere Voraussetzung ist die Unzumutbarkeit der Veränderung. Das Festhalten an den vertraglich vereinbarten Regeln muss zu einem untragbaren, mit Recht und Gerechtigkeit nicht zu vereinbarenden Ergebnis führen. Diese Feststellung erfordert eine umfassende Interessensabwägung.[737] Die sog. moralische Unmöglichkeit, die vorliegen soll, wenn die Erbringung der geschuldeten Leistung für den Schuldner mit seinem Gewissen schwerlich vereinbar ist, oder von

---

729 Siehe zuletzt BGH, Urt. v. 26.04.2017 – IV ZR 126/16 Rn. 18, NJW 2017, 2191 m. w. N.; siehe zur Lehre der Geschäftsgrundlage auch umffassend *Teichmann,* in: Soergel, BGB, § 313 Rn. 11 ff.

730 *Schulze,* in: HK-BGB, § 313 Rn. 12.

731 *Finkenauer,* in: MünchKomm BGB, § 313 Rn. 57; danach differenzierend, ob einseitige Erwartungen dem Geschäftsgegner mitgeteilt worden sind: *Lorenz,* in: BeckOK BGB, § 313 Rn. 17.

732 So *Teichmann,* in: Soergel, BGB, § 313 Rn. 53.

733 *Finkenauer,* in: MünchKomm BGB, § 313 Rn. 60.

734 *Finkenauer,* in: MünchKomm BGB, § 313 Rn. 68.

735 *Finkenauer,* in: MünchKomm BGB, § 313 Rn. 69.

736 *Lorenz,* in: BeckOK BGB, § 313 Rn. 27; *Finkenauer,* in: MünchKomm BGB, § 313 Rn. 75.

737 *Lorenz,* in: BeckOK BGB, § 313 Rn. 31; *Finkenauer,* in: MünchKomm BGB, § 313 Rn. 76 ff.; *Teichmann,* in: Soergel, BGB, § 313 Rn. 87.

ihm unter sittlichen Gesichtspunkten nicht abverlangt werden kann, soll vom Anwendungsbereich des § 313 BGB erfasst sein.[738]

§ 313 BGB ist auf alle entgeltlichen sowie unentgeltlichen schuldrechtlichen Verträge anwendbar. Unerheblich ist, ob es sich um ein- oder zweiseitig verpflichtende Verträge, oder einen gegenseitigen Vertrag handelt.[739] Streitig ist aber, ob § 313 BGB auch auf einseitige Rechtsgeschäfte, insbesondere Gestaltungsrechte, anwendbar ist.[740] Teils wird hierzu pauschal behauptet, die Lehre von der Störung der Geschäftsgrundlage umfasse nur Vertragsstörungen und passe daher nicht auf einseitige Willenserklärungen.[741]

Liegen die Voraussetzungen des § 313 BGB tatbestandlich vor, soll der Vertrag aus Gründen der Vertragstreue nach Möglichkeit aufrechterhalten und an die veränderte Sachlage angepasst werden. Die Vertragsauflösung nach § 313 Abs. 3 BGB kommt dagegen nur Ultima Ratio in Betracht, wenn die Fortsetzung des Vertrages trotz Anpassung unzumutbar wäre.[742]

(ii) Übertragbarkeit des Rechtsgedankens auf die Einwilligung nach § 22 S. 1 KUG

Durch die Anwendung der Grundsätze von der Störung der Geschäftsgrundlage wird das Risiko eines Auseinanderfallens von Vorstellung und Wirklichkeit nach Wertungsgesichtspunkten auf die Beteiligten verteilt.[743] Bei der Entscheidungsfindung muss überlegt und abgewägt werden, warum das Risiko des Eintritts einer Unangemessenheit von Leistung und Gegenleistung aus Gründen der Vertragsgerechtigkeit ausnahmsweise nicht bei derjenigen Partei verbleiben soll, die selbst in erster Linie davon getroffen wird, sondern warum dieses (auch) von der anderen Partei zu tragen ist.[744] Rechtfertigen lassen sich diese zum Teil sehr

---

738 *Schulze*, in: HK-BGB, § 313 Rn. 9.

739 *Stadler*, in: Jauernig, BGB, § 313 Rn. 6; *Finkenauer*, in: MünchKomm BGB, § 313 Rn. 46; *Schulze*, in: HK-BGB, § 313 Rn. 4.

740 Dagegen sprechen sich etwa aus: *Schulze*, in: HK-BGB, § 313 Rn. 4; *Stadler*, in: Jauernig, BGB, § 313 Rn. 6; sowie *Finkenauer*, in: MünchKomm BGB, § 313 Rn. 50, der auf die Anfechtungsvorschriften verweist.
Dafür plädieren: *Unberath*, in: BeckOK BGB, § 313 Rn. 10; *Teichmann*, in: Soergel, BGB, § 313 Rn. 43.

741 Siehe etwa OLG Rostock, Beschl. v. 01.09.1993 – 3 W 44/93, OLG-NL 1994, 40.

742 Siehe hierzu insgesamt *Lorenz*, in: BeckOK BGB, § 313 Rn. 88 ff.

743 *Finkenauer*, in: MünchKomm BGB, § 313 Rn. 2.

744 *Finkenauer*, in: MünchKomm BGB, § 313 Rn. 2; siehe auch *Teichmann*, in: Soergel, BGB, § 313 Rn. 1 ff.

weitreichenden Rechtsfolgen damit, dass gerade bei langfristigen Verträgen die Parteien kaum alle Eventualitäten einer späterer Entwicklungen vorhersehen können. Es kann daher ein schutzwürdiges Bedürfnis nach einer interessensgerechten Anpassung an die Umstände oder eine Vertragsaufhebung gemäß der von den Parteien beabsichtigten Risikoverteilung entstehen.[745] Insoweit entspricht die Intention hinter der Norm auch dem Bedürfnis im Rahmen des § 22 S. 1 KUG, den Abgebildeten durch die Zulassung eines Widerrufs vor einer Beeinträchtigung seiner Persönlichkeit zu bewahren, wenn sich die Umstände seit Erteilung der Einwilligung geändert haben. Unproblematischer begründen ließe sich eine analoge Heranziehung des Regelungsgehalts des § 313 BGB für Situationen, in denen sich äußere Faktoren geändert haben und die Einwilligung bzw. das sie betreffende Bildnis in ein anderes Licht rücken. Dies zumindest dann, wenn die geänderten Faktoren nicht der Risikosphäre des Abgebildeten zuzurechnen sind. Zu denken sind hier an die eingangs erwähnten Fälle, in denen sich gesellschaftliche Vorstellungen gewandelt haben oder es Veränderungen in und um die Person des Einwilligungsempfängers gegeben hat. Allerdings ist eine Vertragsanpassung- oder Aufhebung verwehrt, wenn lediglich einseitige Motive oder Erwartungen nicht erfüllt werden. Hieraus ließe sich schließen, dass diejenigen Fallgestaltungen, in denen das Bildnis andere Reaktionen auslöst, als erwartet oder erhofft, gerade kein Widerrufsrecht begründen sollten. In der Tat erscheint es schwerlich vertretbar, einseitige und nicht offengelegte Motivationen und Intentionen, die hinter der Erteilung der Einwilligung stehen, zur Begründung eines Widerrufsrechts heranzuziehen. Insoweit ist wohl das Interesse des Einwilligungsempfängers an dem Bestand der vertraglichen Einwilligung höher zu bewerten. Allerdings ist auch im Rahmen des § 313 BGB anerkannt, dass Fälle der sog. moralischen Unmöglichkeit vom Anwendungsbereich der Norm erfasst sein sollen. Hieraus könnte man die gesetzgeberische Wertung entnehmen, dass dem Vertragspartner nichts „Unzumutbares“ abverlangt werden soll, das ihm in seiner Persönlichkeit oder Wohlbefinden möglicherweise schwer beeinträchtigt. Dementsprechend könnte auch für schwerwiegende Beeinträchtigungen des Persönlichkeitsrechts durch einen Wandel der inneren Einstellung argumentiert werden, dass ein Festhalten an der Einwilligung nach den Wertungsgesichtspunkten des § 313 BGB nicht zumutbar erscheint.[746]

---

745 *Finkenauer*, in: MünchKomm BGB, § 313 Rn. 6.

746 So etwa OLG München, Urt. v. 17.03.1989 – 21 U 4729/88, OLGZ 1990, 97 (100).

f) Die Kündigung von Dauerschuldverhältnissen aus wichtigem Grund

Auch wenn § 314 BGB keine gesetzliche Widerrufsregelung darstellt, sondern vielmehr die Beendigung von Dauerschuldverhältnissen mittels Kündigung zum Regelungsinhalt hat, kann eine Untersuchung dieser Vorschrift im Hinblick auf die hierin verkörperten Wertentscheidungen wertvolle Aufschlüsse für den Widerruf einer Einwilligung nach § 22 S. 1 KUG gewähren.

(i) Regelungsgehalt des § 314 Abs. 1 S. 1 BGB

Nach § 314 Abs. 1 S. 1 BGB kann jeder Vertragsteil ein Dauerschuldverhältnis aus wichtigem Grund ohne Einhaltung einer Kündigungsfrist kündigen. Ein wichtiger Grund soll nach der Legaldefinition in Satz 2 vorliegen, wenn dem kündigenden Teil unter Berücksichtigung aller Umstände des Einzelfalls und unter Abwägung der beiderseitigen Interessen die Fortsetzung des Vertragsverhältnisses bis zur vereinbarten Beendigung oder bis zum Ablauf einer Kündigungsfrist nicht zugemutet werden kann. Nach Abs. 2 ist die Kündigung jedoch erst nach erfolglosem Ablauf einer zur Abhilfe bestimmten Frist oder nach erfolgter Abmahnung zulässig, wenn der wichtige Grund in der Verletzung einer vertraglichen Pflicht besteht.[747]

Durch diese Bestimmung sollen unzumutbare Auswirkungen bei langfristigen Bindungen durch Dauerschuldverhältnisse unter Berücksichtigung der beiderseitigen Interessen vermieden werden.[748] Nach vorzugswürdiger Auffassung steht die Vorschrift selbstständig neben § 313 BGB, ohne dass sich die Normen gegenseitig ausschließen.[749]

Ausgangspunkt für die Anwendung von § 314 BGB ist das Vorliegen eines Dauerschuldverhältnisses. Auf eine begriffliche Definition verzichtet das Gesetz bewusst, damit künftige Entwicklungen nicht behindert werden.[750] Bei einem Dauerschuldverhältnis erbringen die Parteien während der Gesamtlaufzeit zeitlich aufeinanderfolgende Leistungen. Der Umfang der vertraglichen Hauptleistung ist erst mithilfe des Faktors Zeit quantifizierbar.[751] Das einem Dauerschuldverhältnis typisch innewohnende Risiko liegt damit in der fehlenden Überschaubarkeit des geschuldeten Leistungsumfangs sowie der Umstände

747 Vgl. *Gaier*, in: MünchKomm BGB, § 314 Rn. 2.
748 *Schulze*, in: HK-BGB, § 314 Rn. 1; *Weller*, Vertragstreue, S. 289.
749 So etwa *Schulze*, HK-BGB, § 314 Rn. 2; *Stadler*, in: Jauernig, BGB, § 314 Rn. 2.
750 Begr. RegE zu § 314 Abs. 1 S. 1, BT-Drs. 14/6040 S. 177.
751 *Gaier*, in: MünchKomm BGB, § 314 Rn. 6; siehe auch *Stadler*, in: Jauernig, BGB, § 311 Rn. 14 ff.

der Leistungserbringung.[752] Insoweit lässt sich von einem den Dauerschuldverhältnissen inhärenten Prognoserisikos sprechen.[753]

Für die Beurteilung, ob ein wichtiger Grund vorliegt, ist die Berücksichtigung aller Umstände des Einzelfalls und die Abwägung der beiderseitigen Interessen erforderlich.[754] Wichtige Gründe begründen regelmäßig schwere Störungen der Vertrauensgrundlage, wie etwa die Verletzung vertraglicher Pflichten, einschließlich der Verletzung von Schutzpflichten.[755] Bei der Prüfung des Vorliegens eines wichtigen Grundes sind auch die Besonderheiten des jeweiligen Vertragstyps zu berücksichtigen.[756] So sind beispielsweise bei der Kündigung eines Gefälligkeitsverhältnisses weniger hohe Anforderungen zu stellen; es wird hier bereits für ausreichend erachtet, dass ein vernünftiger Grund für die Beendigung spricht.[757]

Die Unzumutbarkeit ergibt sich nicht nur aus Fällen der Leistungsstörung, sondern kann sich aus einer Vielzahl von Umständen ergeben. Nicht erforderlich, aber für sich genommen auch allein nicht zwangsläufig ausreichend, ist ein Verschulden der anderen Partei.[758] Nach strenger Auffassung soll es dagegen nicht ausreichend, dass die Fortsetzung des Vertragsverhältnisses allein für den Kündigenden unzumutbar ist.[759] Allerdings begründen Störungen aus dem eigenen Risikobereich regelmäßig kein Kündigungsrecht.[760] So besteht nach aktueller BGH Rechtsprechung kein Kündigungsrecht für den Mitgliedschaftsvertrag in einem Fitnessstudio, wenn man aufgrund Umzugs das Angebot nicht mehr nutzen kann,[761] und auch der Inhaber eines DSL-Anschlusses, der in einen Ort verzieht, in dem dafür keine Leitungen verlegt sind, kann sich nicht unter Verweis auf § 314 BGB von dem Vertrag lossagen.[762] Ausnahmen seien nur zulässig,

---

752 *Gaier*, in: MünchKomm BGB, § 314 Rn. 6.

753 *Gaier*, in: MünchKomm BGB, § 314 Rn. 6.

754 Siehe nur *Schulze*, in: HK-BGB, § 314 Rn. 3.

755 *Stadler*, in: Jauernig, BGB, § 314 Rn. 5;

756 *Stadler*, in: Jauernig, BGB, § 314 Rn. 5.

757 BGHZ 208, 357 Rn. 40; BGH, Urt v. 07.11.1985 – III ZR 142/84, NJW 1986, 978; *Lorenz*, in: BeckOK BGB, § 314 Rn. 8; *Gaier*, in: MünchKomm BGB, § 314 Rn. 19.

758 *Lorenz*, in: BeckOK BGB, § 314 Rn. 8; *Schulze*, in: HK-BGB, § 314 Rn. 3; *Stadler*, in: Jauernig, § 314 BGB Rn. 5.

759 Begr. RegE zu § 314 Abs 1, S. 2, BT-Drs. 14/6040 S. 178; siehe auch *Gaier*, in: MünchKomm BGB, § 314 Rn. 16.

760 Siehe etwa BGH, Urt. v. 09.03.2010 – VI ZR 52/09, NJW 2010, 1874; *Lorenz*, in: BeckOK BGB, § 314 Rn. 7; *Schulze*, in: HK-BGB, § 314 Rn. 3.

761 BGH, Urt. v. 04.05.2016 – XII ZR 62/15, NJW 2016, 3718.

762 BGH, Urt. v. 11.11.2010 – III ZR 57/10, NJW-RR 2011, 916.

wenn ein über gewöhnliche Austauschverträge hinausgehendes, regelmäßig besonders enges Vertrauensverhältnis zwischen den Parteien bestehe.[763]

Als Gestaltungsrecht entfaltet die Kündigung nach § 314 BGB grundsätzlich nur Wirkung für die Zukunft.[764] In der Vergangenheit erbrachte Leistungen sind nicht zurückzugewähren, das gekündigte Vertragsverhältnis stellt hierfür weiterhin den Rechtsgrund im Sinne des § 812 Abs. 1 BGB dar.[765] Im Ausnahmefall soll es möglich und sachgerecht sein (Vorleistung einer Vertragspartei) auch bei einem bereits in Vollzug gesetzten Dauerschuldverhältnis die Vorschriften über den Rücktritt anzuwenden, wenn ansonsten eine Rückabwicklung nur schwer möglich ist.[766] Denkbar ist überdies eine Kombination der Kündigung mit Wirkung für die Zukunft (ex nunc) mit einem Rücktrittsrecht mit Rückwirkung (ex tunc).[767]

(ii) Übertragbarkeit des Rechtsgedankens auf die Einwilligung nach § 22 S. 1 KUG

Es stellt sich die Frage, inwiefern die Vorschrift des § 314 BGB bzw. der in ihr verbürgte Rechtsgedanke sich auf die Situation, in welcher sich jemand von einer erteilten Einwilligung in Eingriffe in das Recht am eigenen Bild lösen möchte, übertragen lässt, und welche Schlussfolgerungen hieraus ggf. zu ziehen sind.

Vertreter der Auffassung, nach welcher die Einwilligung ein pactum de non petendo begründet, gehen davon aus, dass die Einwilligung ein Dauerschuldverhältnis zwischen den Parteien schafft.[768] Demnach könnten die allgemeinen Grundsätze über die Widerruflichkeit von Dauerschuldverhältnissen bei Vorliegen eines wichtigen Grundes analog herangezogen werden. Diese Einordnung ist jedoch aus den oben dargelegten Gründen nicht überzeugend. Durch die Erteilung einer Einwilligung nach § 22 S. 1 KUG wird zwischen den Parteien kein Dauerschuldverhältnis begründet, da keine zeitlich aufeinanderfolgenden Leistungen zu erbringen sind. Dennoch sind die Parteien durch eine Einwilligung nach § 22 S. 1 KUG in ähnlicher Weise dauerhaft miteinander verbunden. Der

---

763 Vgl etwa BGH, Urt. v. 07.10.2004 – I ZR 18/02, NJW 2005, 1360; *Gaier*, in: MünchKomm BGB, § 314 Rn. 17.

764 *Gaier*, in: MünchKomm BGB, § 314 Rn. 34.

765 BGH, Urt. v. 13.11.1981 – I ZR 168/79, NJW 1982, 2553; *Gaier*, in: MünchKomm BGB, § 314 Rn. 34.

766 BGH, Urt. v. 25.03.1987 – VIII ZR 43/86, NJW 1987, 2004; *Schulze*, in: HK-BGB, § 314 Rn. 2; *Gaier*, in: MünchKomm BGB, § 314 Rn. 34 .

767 *Gaier*, in: MünchKomm BGB, § 314 Rn. 34.

768 OLG München, Urt. v. 17.03.1989 – 21 U 4729/88, OLGZ 1990, 97 (99).

Abgebildete ist im Rahmen dieser langfristigen Bindung auch vor unzumutbaren Auswirkungen, die sich im Laufe der Zeit ergeben können, in gleicher Weise schutzwürdig, wie die durch ein Dauerschuldverhältnis verbundenen Parteien. Problematisch ist allerdings, dass nach den Grundsätzen des § 314 BGB entsprechend eine die Kündigung begründende Unzumutbarkeit nicht gegeben ist, wenn die Fortsetzung des Vertragsverhältnisses lediglich für den die Kündigung begehrenden Vertragspartner unzumutbar ist, oder der Grund für die Kündigung allein aus seiner Sphäre herrührt. Bei einem begehrten Einwilligungswiderruf wird das Motiv hinter dem Widerrufswunsch aber in den meisten Fällen aus der Sphäre des Abgebildeten stammen. Allerdings sind auch Situationen denkbar, in denen der Widerruf aufgrund von Veränderungen in der Person des Widerrufsgegners erfolgen soll. Beispielsweise wenn der Widerruf einer Einwilligung betreffend eines Bildnisses erfolgt, das zu Werbe- und Marketingzwecken von einer Marke oder politischen Partei genutzt wird, die in die öffentliche Kritik geraten ist. Insoweit gilt hier das gleiche wie bereits bei § 313 BGB ausgeführt. In diesem Fall ist die Interessenslage hinter dem Widerruf der Einwilligung mit der von § 314 BGB durchaus vergleichbar.[769]

2. *Urheber- und Verlagsrecht*

Die Möglichkeit eines Widerrufs zum Schutz des Persönlichkeitsrechts kann sich auch aus einem Vergleich zum Rückrufsrecht wegen gewandelter Überzeugung nach § 42 UrhG, dem Widerruf für Verträge über noch unbekannte Nutzungsarten, § 31a UrhG, sowie dem Rücktrittsrecht vom Verlagsvertrag wegen unvorhersehbarer Umstände nach § 35 VerlG[770] ergeben.

a) Widerruf bei Verträgen über unbekannte Nutzungsarten

(i) Regelungsgehalt des § 31a UrhG

Das Urheberrecht gewährt mit § 31a Abs. 1 S. 3 UrhG eine Widerrufsmöglichkeit für Verträge über noch unbekannte Nutzungsarten. Hat der Urheber Rechte für unbekannte Nutzungsarten (schriftlich) eingeräumt, kann er dies durch Ausübung eines Widerrufs bis zum Beginn der Verwertung rückgängig machen.

---

769 *Beater*, Medienrecht, Rn. 1337 nimmt dagegen pauschal ein Widerrufsrecht analog § 314 BGB bei Vorliegen eines wichtigen Grundes an.

770 So etwa OLG München, Urt. v. 17.03.1989- 21 U 4729/88, AfP 1989, 570; LG Oldenburg, Beschl. v. 21.04.1988 – 5 S 1656/87, GRUR 1988, 694 – Grillfest, LG Köln, Urt v. 29.03.1989 – 28 O 134/89, AfP 1989, 76; *Helle*, Besondere Persönlichkeitsrechte, S. 118.

Dem Urheber soll dadurch ermöglicht werden, frühere Entscheidungen zu überdenken, wenn die neue Nutzungsart bekannt geworden ist. Er soll vor einer vertraglichen Bindung geschützt werden, da er in Bezug auf entstehende neue Nutzungsarten möglicherweise nicht alle wirtschaftlichen und urheberpersönlichkeitsrechtlichen Faktoren mit in die Abwägung seiner Entscheidung einstellen konnte.[771] Der Entscheidung des Urhebers, sein Werk auf bestimmte Weise nutzen zu lassen, wird dabei ein „urheberrechtlicher Charakter" zugesprochen.[772] Zugleich soll mit dieser Vorschrift das in der Regel bestehende Ungleichgewicht zwischen den Vertragspartnern ausgeglichen werden.[773] Das Widerrufsrecht dient damit nicht nur den wirtschaftlichen, sondern auch den urheberpersönlichkeitsrechtlichen Interessen des Urhebers.[774] Ein Widerrufsrecht entfällt jedoch, wenn sich die Parteien nach Bekanntwerden der neuen Nutzungsart auf eine Vergütung geeinigt haben, § 31 a Abs. 2 UrhG.

Gegenstand des Widerrufs ist das Recht der unbekannten Nutzungsart, allerdings kann sich der Widerruf auch auf einzelne Rechte beschränken, dessen beabsichtigte Nutzung ihm der andere mitgeteilt hat. Hinsichtlich der bekannten Nutzungsarten bleibt die vertragliche Bindung des Urhebers gegenüber den Lizenznehmern aber gerade bestehen.[775]

Der Widerruf nach § 31a Abs. 1 S. 3 UrhG ist eine einseitige und grundsätzlich auch empfangsbedürftige Willenserklärung, die an keine besondere Form geknüpft ist und insbesondere auch mündlich erfolgen kann.[776] Der Widerruf bedarf auch keiner Begründung.[777] Er kann sowohl an den Vertragspartner selbst, aber auch an einen Dritten, der Rechtsinhaber geworden ist, gerichtet

771 *Wandtke/Grunert*, in: Wandtke/Bullinger, Urheberrecht, § 31a UrhG Rn. 65.

772 *Castendyk*, ZUM 2002, 332 (333); *Wandtke/Grunert*, in: Wandtke/Bullinger, Urheberrecht, § 31a UrhG Rn. 65.

773 Begründung RegE BT-Drucks. 16. 1828 S. 24, siehe auch *Schulze*, in: Dreier/Schulze, Urheberrechtsgesetz, § 31a UrhG Rn. 86; *Spindler*, in: Schricker/Loewenheim, Urheberrecht, § 31a UrhG Rn. 72.

774 *Spindler*, in: Schricker/Loewenheim, Urheberrecht, § 31a UrhG Rn. 73.

775 *Schulze*, in: Dreier/Schulze Urheberrechtsgesetz, § 31a UrhG Rn. 86; *Spindler*, in: Schricker/Loewenheim, Urheberrecht, § 31a UrhG Rn. 72.

776 *Soppe*, in BeckOK Urheberrecht, § 31a UrhG Rn. 20; *Schulze*, in; Dreier/Schulze, Urheberrechtsgesetz, § 31a UrhG Rn. 88 f.; *Spindler*, in: Schricker/Loewenheim, Urheberrecht, § 31a UrhG Rn. 74; *Verweyen*, ZUM 2008, 217; *Wandtke/Grunert*, in: Wandtke/Bullinger, Urheberrecht, § 31a UrhG Rn. 71.

777 *Schulze*, in: Dreier/Schulze, Urheberrechtsgesetz, § 31a UrhG Rn. 91; *Spindler*, in: Schricker/Loewenheim, Urheberrecht, § 31a UrhG Rn. 91.

werden, da das Gesetz einen bestimmten Erklärungsempfänger nicht vorsieht.[778] Das Widerrufsrecht besteht aber nicht zeitlich uneingeschränkt.[779] Der Vertragspartner kann, indem er dem Urheber die beabsichtigte Aufnahme einer vormals unbekannten Nutzung mitteilt, dafür sorgen, dass der Urheber sich erklären muss. Ansonsten erlischt sein Widerrufsrecht drei Monate nachdem die Mitteilung über die beabsichtigte Nutzungsaufnahme gemäß § 31a Abs. 1 S. 4 UrhG abgesandt wurde.

Nach § 31a Abs. 2 S. 3 UrhG steht das Widerrufsrecht einzig dem Urheber, nicht aber dessen Rechtsnachfolger und Erben zu. Der Urheber kann sein Widerrufsrecht auch nicht zu Lebzeiten an einen Dritten übertragen.[780] Hieraus folgt, dass das Widerrufsrecht als höchstpersönliches Recht ausgestaltet ist.[781] Die Annahme einer grundsätzlichen Unvererblichkeit des Widerrufsrechts ist aber nicht unumstritten. Insbesondere werden im Hinblick auf Art. 14 GG verfassungsrechtliche Bedenken geäußert.[782] Dem hält Spindler entgegen, dass nicht ersichtlich sei, warum der Urheber über seinen Tod hinaus aus persönlichkeitsrechtlichen Erwägungen heraus die Einräumung von unbekannten Nutzungen widerrufen können sollte, da eine Beeinträchtigung seiner Persönlichkeit jedenfalls nicht mehr vorliegen würde, da das Urheberpersönlichkeitsrecht nicht von der Vorschrift des § 31a UrhG durchbrochen werde.[783] Demzufolge sei hierbei unerheblich, dass das Urheberrecht im Unterschied zu anderen Persönlichkeitsrechten als Ganzes nicht nur mit vermögenswerten, sondern auch den ideellen Bestandteilen auf die Erben übergehe.

Die Rechtsfolge des Widerrufs hat hier, anders als bei den bisher dargestellten Widerrufsmöglichkeiten, Ex-tunc-Wirkung. Übt also der zum Widerruf berechtigte Urheber sein Widerrufsrecht aus, entfallen die zuvor nur schwebend

---

778 *Schulze*, in: Dreier/Schulze, Urheberrechtsgesetz, § 31a UrhG Rn. 92; *Spindler*, in: Schricker/Loewenheim, Urheberrecht, § 31a UrhG Rn. 76; *Wandtke/Grunert*, in: Wandtke/Bullinger, Urheberrecht, § 31a UrhG Rn. 71.

779 Siehe hierzu insgesamt nur *Soppe*, in: BeckOK Urheberrecht, § 31a Rn. 21 ff. sowie *Verweyen*, ZUM 2008, 217 (218).

780 *Spindler*, in: Schricker/Loewenheim, Urheberrecht, § 31a Rn. 73; *Schulze*, in: Dreier/Schulze, Urheberrechtsgesetz, § 31a UrhG Rn. 87; *Wandtke/Grunert*, in: Wandtke/Bullinger, Urheberrecht, § 31a Rn. 65; *Soppe*, in: BeckOK Urheberrecht, § 31a Rn. 15.

781 *Schulze*, in: Dreier/Schulze, Urheberrechtsgesetz, § 31a UrhG Rn. 87; *Spindler*, in: Schricker/Loewenheim, Urheberrecht, § 31a UrhG Rn. 73; *Verweyen*, ZUM 2008, 217; *Wandtke/Grunert*, in: Wandtke/Bullinger, Urheberrecht, § 31a UrhG Rn. 66.

782 *Frey/Rudolph*, ZUM 2007, 13 (19).

783 *Spindler*, in: Schricker/Loewenheim, Urheberrecht, § 31a UrhG Rn. 106.

wirksamen Rechte an den zuvor unbekannten Nutzungsarten rückwirkend.[784] Eine Entschädigung kann der Vertragspartner im Fall des Widerrufs nicht verlangen, da andernfalls der bezweckte Schutz, dem Urheber ein frei ausübbares Widerrufsrecht zu gewähren, unterlaufen werden würde.[785]

(ii) Übertragbarkeit des Rechtsgedankens auf die Einwilligung nach § 22 S. 1 KUG

Durch die Gewährung des Widerrufsrechts in § 31a Abs. 1 S. 3 UrhG möchte der Gesetzgeber den Urheber vor der Verbindlichkeit einer Entscheidung bewahren, die er aufgrund der Zukunftsbezogenheit der neuen Nutzungsart nicht vollständig durchdenken und überblicken kann. Insoweit besteht eine Parallele zur Einwilligung beim Eingriff in das Recht am eigenen Bild, da auch eine hierauf bezogene Entscheidung, etwa wegen des Wandels der eigenen Persönlichkeit und gesellschaftlicher Ansichten, nicht von vornherein in Gänze erfasst werden kann.

Allerdings ist die Interessenslage beim Widerruf über eine unbekannte Nutzungsart schwerlich mit einem Einwilligungswiderruf beim Recht am eigenen Bild vergleichbar. Denn die Einräumung der unbekannten Nutzungsart steht von Anfang an unter einer Potestativbedingung und ist damit nur schwebend wirksam. Hierauf ist die Gegenpartei aufgrund der insoweit eindeutigen gesetzlichen Normierung auch eingestellt und entsprechend vorbereitet. Dies ist bei der Einwilligung nach § 22 S. 1 KUG gerade nicht der Fall. Sie ist grundsätzlich rechtsverbindlich und begründet ein schutzwürdiges Vertrauen ihres Empfängers.

Außerdem besteht ein Widerrufsrecht nach § 31a Abs. 2 UrhG gerade nicht, wenn die Parteien nach Bekanntwerden der neuen Nutzungsart eine Vergütungsvereinbarung getroffen haben. Einwilligungen in Eingriffe in das Recht am eigenen Bild werden jedoch oftmals gegen ein Entgelt erteilt.

b) Parallele zum Rückrufsrecht wegen gewandelter Überzeugung

Der Rückruf wegen gewandelter Überzeugungen stellt ebenfalls eine Ausnahme vom Grundsatz pacta sunt servanda dar.[786] Trotz einiger Unterschiede bei den Voraussetzungen und Rechtsfolgen soll er insbesondere mit den §§ 314, 626

784 *Soppe*, in: BeckOK Urheberrecht, § 31a UrhG, Rn. 29; *Schulze*, in: Dreier/Schulze, Urheberrechtsgesetz, § 31a Rn. 98; Spindler, in: Schricker/Loewenheim, Urheberrecht, § 31 a Rn. 80; *Wandtke/Grunert*, in: Wandtke/Bullinger, Urheberrecht, § 31a Rn. 74.

785 Begr. RegE BT-Drucks. 16/1828, S. 24.

786 *Helle*, Besondere Persönlichkeitsrechte, S. 120.

und 734 BGB sowie auch § 35 VerlG vergleichbar sein.[787] Geprüft werden muss, ob er auch mit dem Widerruf einer Einwilligung nach § 22 S. 1 KUG in Zusammenhang gebracht werden kann.

(i) Regelungsgehalt des § 42 Abs. 1 S. 1 UrhG

Nach § 42 Abs. 1 S. 1 UrhG kann der Urheber ein Nutzungsrecht gegenüber dem Inhaber zurückrufen, wenn das Werk seiner Überzeugung nicht mehr entspricht und ihm deshalb die Verwertung des Werkes nicht mehr zugemutet werden kann. Dieser gesetzlich geregelte Rückrufsgrund beruht auf einem Überzeugungswandel des Urhebers.[788] Oftmals resultiert ein solcher aus neuen wissenschaftlichen Erkenntnissen oder politischen und kulturellen Entwicklungen, die außerhalb des Einflussbereichs des Urhebers oder Verwerters liegen.[789] Dem Urheber soll ein Werk, hinter dem er nicht mehr steht, nicht weiter zugeschrieben werden. Es soll nicht mehr der Öffentlichkeit zugänglich gemacht werden, wenn es mit den aktuellen ideellen Interessen des Urhebers nicht mehr in Einklang steht.[790] Die Vorschrift zielt damit auf den Schutz des Persönlichkeitsrechts des Urhebers ab.[791] Zu diesem Zweck soll der Begriff der Überzeugung weit auszulegen sein,[792] und insbesondere auch künstlerische oder ästhetische Überzeugungen erfassen.[793]

Daneben muss die weitere Verwertung des Werkes für den Urheber unzumutbar sein. Hierfür ist naturgemäß eine Interessensabwägung zwischen den urheberpersönlichkeitsrechtlichen Interessen des Urhebers sowie den Nutzungsinteressen des Verwenders erforderlich.[794] Eine Unzumutbarkeit wird in der Regel zu bejahen sein, wenn der Ruf des Urhebers auf dem Spiel steht. Dagegen reichen nachträgliche ästhetische und stilistisch geringfügige Geschmacksänderungen oder andere unwesentliche Kleinigkeiten grundsätzlich nicht aus.[795]

---

787 *Alexander*, ZUM 2011, 382 (385); *Ludyga*, MMR 2017, 158 (160).

788 *Schulze*, in: Dreier/Schulze, Urheberrechtsgesetz, § 42 UrhG Rn. 1; siehe auch *Rauda*, GRUR 2010, 22.

789 *Schulze*, in: Dreier/Schulze, Urheberrechtsgesetz, § 42 UrhG Rn. 1.

790 *Wandtke*, in: Wandtke/Bullinger, Urheberrecht, § 42 UrhG Rn. 1.

791 Spautz/Götting, in: BeckOK Urheberrecht, § 42 UrhG Einleitung; *Kotthoff*, in: Dreyer/Kotthoff/Meckel/Hentsch, Urheberrecht, § 42 UrhG Rn. 1.

792 *Pahlow*, GRUR 2010, 112 (113); *Wandtke*, in: Wandtke/Bullinger, Urheberrecht, § 42 UrhG Rn. 5.

793 *Schulze*, in: Dreier/Schulze, Urheberrechtsgesetz, § 42 UrhG Rn. 16.

794 *Schulze*, in: Dreier/Schulze, Urheberrechtsgesetz, § 42 UrhG Rn. 18; *Rauda*, GRUR 2010, 22 (25); *Wandtke*, in: Wandtke/Bullinger, Urheberrecht, § 42 UrhG Rn. 7.

795 *Wandtke*, in: Wandtke/Bullinger, Urheberrecht, § 42 UrhG Rn. 8.

Das Rückrufsrecht ist seiner Natur nach ein Gestaltungsrecht, das durch einseitige empfangsbedürftige Willenserklärung ausgeübt wird und mit dem Zugang beim Empfänger wirksam wird, soweit die erforderlichen Voraussetzungen eingehalten worden sind.[796] Der wirksame Rücktritt bewirkt den Rückfall des Nutzungsrechts, § 42 Abs. 5 i. V. m. § 41 Abs. 5 UrhG. Das Nutzungsrecht erlischt dann ex nunc.[797] Gleiches gilt nach herrschender Meinung auch für den zugrunde liegenden schuldrechtlichen Vertrag zwischen Urheber und Verwerter.[798] Die Wirkung des Rückrufs erfasst aber nur eine weitere Verwertung des Werkes durch den bisherigen Nutzungsberechtigten. Bereits abgeschlossenen Nutzungshandlungen bleiben unberührt und lassen sich nicht mehr zurückrufen. Daher muss derjenige, der ein Werkexemplar erworben hat, dieses auch nicht herausgeben. Lediglich eine weitere Verbreitung der Werkexemplare ist unzulässig.[799]

Die Durchsetzung des Rückrufsrechts ist allerdings an erschwerte Voraussetzungen geknüpft. Nach § 42 Abs. 3 UrhG muss der Urheber den Verwerter zunächst finanziell entschädigen. Außerdem muss der Urheber gemäß § 42 Abs. 4 UrhG, sollte er sich später wieder für eine Verwertung entscheiden, das Werk zunächst dem ursprünglichen Verwerter anbieten, da er sich nicht einfach von einem (unliebsamen) Vertragspartner lösen können soll.[800] Wenn möglich, muss der Urheber dem Verwerter zunächst weniger einschneidende Maßnahmen, wie etwa eine Änderung oder Überarbeitung des Werkes, anbieten.[801]

(ii) Übertragbarkeit des Rechtsgedankens auf die Einwilligung nach § 22 S. 1 KUG

Es ist umstritten, ob die Vorschrift des § 42 UrhG auf „Rechte an Bildnissen" analog anzuwenden ist.[802] In jedem Fall aber stellt sich die Frage, inwieweit

---

796 *Spautz/Götting*, in: BeckOK Urheberrecht, § 42 UrhG Rn. 5; *Schulze*, in: Dreier/Schulze, Urheberrechtsgesetz, § 42 UrhG Rn. 4; *Wandtke*, in: Wandtke/Bullinger, Urheberrecht, § 42 UrhG Rn. 5.

797 *Rauda*, GRUR 2010, 22 (27); *Pahlow*, GRUR 2010, 112 (113).

798 *Dreier/Schulze*, Urheberrechtsgesetz, § 42 UrhG Rn. 28; *Pahlow*, GRUR 2010, 112 (113 f.).

799 Siehe nur *Schulze*, in: Dreier/Schulze, Urheberrechtsgesetz, § 42 Rn. 29.

800 *Schulze*, in: Dreier/Schulze, Urheberrechtsgesetz, § 42 Rn. 2; *Rauda*, GRUR 2010, 22 (26).

801 *Dreier/Schulze*, Urheberrechtsgesetz Kommentar, § 42 UrhG Rn. 2.

802 Dagegen: *Spautz/Götting*, in: BeckOK Urheberrecht, § 42 UrhG Rn. 1; *Ludyga*, MMR 2017, 158 (160); *Wiebe*, in: Spindler/Schuster, Recht der elektronischen Medien, § 42

Erkenntnisse aus dem urheberrechtlichen Rückrufsrecht für ein etwaiges Widerrufsrecht von Einwilligungen in Eingriffe in das Recht am eigenen Bild gewonnen werden können. Möglicherweise müssen in Anlehnung an die Vorschrift gewandelte Überzeugungen des Abgebildeten vorliegen, um ein Widerrufsrecht der Einwilligung nach § 22 S. 1 KUG zu begründen.

Wie das Bildnis zum Abgebildeten steht auch das Werk zum Urheber in einem engen Bezug, sodass bei beiden eine persönlichkeitsrechtliche Prägung festzustellen ist.[803] Nach einer Auffassung soll sich das allgemeine Persönlichkeitsrecht zudem an den Regelungszweck des § 42 UrhG anlehnen.[804] Nach Ludyga fehlt es dagegen an einer vergleichbaren Interessenslage.[805] Er bewertet den Schutz, den das Recht am eigenen Bild verdiene, deutlich höher als das Interesse des Urhebers an einem Rückruf des Werkes wegen gewandelter Überzeugung. Er beruft sich zur Untermauerung seiner These auf eine Entscheidung des AG Charlottenburg[806] und schlussfolgert, dass ein zulässiger Einwilligungswiderruf nicht an gewandelte Überzeugungen geknüpft werden dürfe.[807] Dem ist nur unter Vorbehalt zuzustimmen. In der Tat geht auch das AG Charlottenburg in seiner Entscheidung davon aus, dass das Recht am eigenen Bild einem stärkeren Schutz als die im Urheberrechtsgesetz geschützten Rechte an Werken unterliege. Wie aus den Entscheidungsgründen allerdings ersichtlich, ist diese Argumentation lediglich auf die Zahlungsverpflichtung aus § 42 Abs. 3 UrhG bezogen. Soweit ein Widerrufsrecht bestehe, soll nach Auffassung des Gerichts die Ausübung des Selbstbestimmungsrechts nicht durch die Zahlungsverpflichtung erschwert werden. Nur insoweit wird eine hinreichende Interessensidentität ausdrücklich verneint. Die Feststellung, dass ein Widerruf nicht an den Wandel von Überzeugungen analog § 42 UrhG geknüpft werden darf, beinhaltet die Entscheidung aber gerade nicht.

UrhG Rn. 1. Befürwortend: OLG München, Urt. v. 17.03.1989 – 21 U 4729/88, AfP 1989, 570; *Forkel*, GRUR 1988, 491 (500); *Klass*, AfP 2005, 507 (515); *Prinz/Peters*, Medienrecht, Rn. 838; *Götting*, in: Schricker/Loewenheim, Urheberrecht, § 22 KUG Rn. 41; *Soehring/Hoene*, in: Soehring/Hoene, Presserecht, § 19 Rn. 101; *von Strobl-Albeg*, in: Wenzel, Bildberichterstattung, Kapitel 7 Rn. 203; wohl auch *Helle*, Besondere Persönlichkeitsrechte, S. 120.

803 Siehe etwa *Pahlow*, GRUR 2010, 112.

804 So etwa *Alexander*, ZUM 2011, 382 (386).

805 *Ludyga*, MMR 2017, 158 (160).

806 AG Charlottenburg, 21.02.2002 – 204 C 574/01, ZUM-RD 2002, 221 (222).

807 Siehe hierzu insgesamt: *Ludyga*, MMR 2017, 158 (160).

Die wenigen gerichtlichen Entscheidungen, die es zum Rückrufsrecht wegen gewandelter Überzeugungen gibt, indizieren, dass die Vorschrift in der Praxis kaum Bedeutung hat, bzw. das Rückrufsrecht selten ausgeübt wird. Dies könnte zum einen daran liegen, dass die vorgesehene Entschädigungspflicht die Ausübung nur „vermögenden" Urhebern möglich macht. Grund hierfür könnte aber auch sein, dass viele Urheber bemüht sein werden, überholte Werke zu aktualisieren. Insoweit erscheint es zutreffend, dass der Widerruf einer Einwilligung nach § 22 S. 1 KUG zum Schutze des Persönlichkeitsrechts nicht an einer derartigen Hürde geknüpft werden darf.[808]

Eine analoge Heranziehung des Grundgedankens der Vorschrift des § 42 UrhG erscheint aber zumindest teilweise interessensgerecht: Wenn schon ein tiefer gehender Überzeugungswandel des Urhebers hinsichtlich seines Werkes für ein Rückrufsrecht genügt, muss ein Wandel der inneren Einstellung hinsichtlich des eigenen Abbildes für den Widerruf einer Einwilligung nach § 22 S. 1 KUG erst recht genügen.

c) Rücktritt vom Verlagsvertrag

(i) Regelungsgehalt des § 35 VerlG

Nach § 35 Abs. 1 S. 1 VerlG ist der Verfasser zu Beginn der Vervielfältigung berechtigt, vom Verlagsvertrag zurückzutreten, wenn sich Umstände ergeben, die beim Abschluss des Vertrages nicht vorauszusehen waren und den Verfasser bei Kenntnis der Sachlage und verständiger Würdigung des Falles von der Herausgabe des Werkes zurückgehalten hätten. Gleiches gilt nach Satz 2 für eine Neuauflage, zu deren Veranstaltung der Verleger befugt ist. Gemäß § 37 Verlagsgesetz finden auf dieses Rücktrittsrecht die Vorschriften der §§ 346 bis 351 BGB entsprechende Anwendung. Dies hat zur Folge, dass bei Miturheberschaft der Rücktritt gemäß § 351 BGB nur gemeinschaftlich ausgeübt werden kann.

Die Erklärung des Rücktritts ist eine einseitige empfangsbedürftige Willenserklärung die, bei Vorliegen der jeweiligen Voraussetzungen, mit Zugang beim Empfänger das Ende des Verlagsvertrages bewirkt.[809] Ab diesem Zeitpunkt darf der Verleger das Werk nicht weiter vervielfältigen oder verbreiten.[810]

Neben dem Rücktrittsrecht nach § 35 VerlG bleibt auch das urheberrechtliche Rückrufsrecht wegen gewandelter Überzeugungen nach § 42 UrhG und das Recht zur Kündigung des Verlagsvertrags aus wichtigem Grund gemäß

---

808 So auch *Alexander*, ZUM 2011, 382 (387).
809 *Ulmer-Eilfort/Obergfell*, in: Ulmer-Eilfort/Obergfell, Verlagsrecht, § 35 Rn. 1.
810 *Russ*, Verlagsrecht, § 35 Rn. 10.

§ 314 BGB anwendbar. Da das Rückrufsrecht des Urhebers wegen gewandelter Überzeugungen nach § 42 UrhG einige relevante Unterschiede in Voraussetzung und Rechtsfolgen gegenüber dem Rücktrittsrecht nach § 35 VerlG aufweist, ist die Vorschrift auch im Verlagsrecht von praktischer Bedeutung. So kann etwa § 42 UrhG, anders als § 35 VerlG, auch noch nach Beginn der Vervielfältigung ausgeübt werden. Zudem ist nach dieser Vorschrift ein Rückruf gegenüber jedem Dritten möglich, der, ohne direkte vertragliche Bindung zum Urheber, Inhaber der Nutzungsrechte geworden ist, während § 35 VerlG den Rücktritt nur gegenüber dem Verlaggeber gewährt. Damit ergänzen sich das Rücktrittsrecht nach § 35 VerlG und das Rückrufsrecht nach § 42 UrhG zum einen, zum anderen liegt eine Überschneidung ihrer Anwendungsbereiche vor.[811] Sind die Voraussetzungen beider Vorschriften gegeben, besteht ein Wahlrecht.[812]

Der Verlagsvertrag begründet ein Dauerschuldverhältnis.[813] Daher können Verleger und Verfasser nach § 314 BGB entsprechend den Grundsätzen des Wegfalls der Geschäftsgrundlage eine Anpassung des Verlagsvertrages verlangen.[814] Auch kann der Verlagsvertrag nach dieser Vorschrift aus wichtigem Grund gekündigt werden, wenn ein gedeihliches Zusammenwirken der Parteien zur Vertragserfüllung nicht mehr möglich ist.[815]

Beachtlich ist, dass im Verlagsrecht also trotz der bereits grundsätzlich anwendbaren Vorschriften des § 42 UrhG und § 315 BGB eine eigenständige Rücktrittsmöglichkeit geschaffen worden ist.

Als Rücktrittsgrund kommen Gründe aus der Sphäre des Verlegers,[816] Verfassers oder eines Dritten in Betracht. Ziel des Gesetzgebers war es, durch § 35 VerlG in erster Linie die Persönlichkeitsrechte des Verfassers zu wahren und schützen.[817] Ein zu einem Rücktrittsrecht führendes berechtigtes Interesse liegt insbesondere dann vor, wenn das Werk inhaltlich falsch ist, neue Erkenntnisse unberücksichtigt bleiben oder der Verfasser zu neuen Erkenntnissen kommt, die sich mit dem Werk nicht vereinbaren lassen. Auch veränderte politische Verhältnisse, ein Berufswechsel oder der Wechsel zu einer anderen Glaubensrichtung

811 *Schricker*, in: Schricker, Verlagsrecht, § 35 Rn. 28.
812 *Ulmer-Eilfort/Obergfell*, in: Ulmer-Eilfort/Obergfell, Verlagsrecht, § 35 Rn. 12.
813 *Schricker*, in: Schricker, Verlagsrecht, § 35 Rn. 1.
814 *Ulmer-Eilfort/Obergfell*, in: Ulmer-Eilfort/Obergfell, Verlagsrecht, § 35 Rn. 1.
815 BGH, Urt. v. 25.02.1977 – I ZR 67/75 – GRUR 1977, 551 (553) – Textdichtersammlung.
816 Umstände die sich auf die Person des Verlegers beziehen für nicht ausreichend haltend: *Schricker,* in Schricker, Verlagsrecht, § 35 Rn. 5 sowie *Russ,* Verlagsrecht, § 35 Rn. 8.
817 *Ulmer-Eilfort/Obergfell*, in: Ulmer-Eilfort/Obergfell, Verlagsrecht, § 35 Rn. 4.

können zum Rücktritt berechtigende Umstände darstellen.[818] Denn eine inhaltlich falsche, unvollständige, nicht mehr die Ansichten des Verfassers widerspiegelnde, oder sonst unter Missständen leidende Veröffentlichung wäre geeignet, den persönlichen Ruf des Verfassers in der Öffentlichkeit zu schädigen.[819]

Für den Verfasser muss es unzumutbar sein, trotz der neuen Umstände an dem Verlagsvertrag festgehalten zu werden. Zu berücksichtigen sind hierbei sowohl objektive als auch subjektive Kriterien. Ein unbeteiligter objektiver Dritter in derselben Situation wie der Verfasser muss die zum Rücktritt bewegenden Umstände verständlich nachvollziehen können. § 35 VerlG soll gerade keinen unverhältnismäßigen oder willkürlichen Rücktritt ermöglichen.[820]

Erforderlich ist aber, dass diese Gründe für den Verfasser bei Vertragsschluss trotz Anwendung der gebotenen Sorgfalt nicht voraussehbar waren.[821] Dies sind nur Umstände, die dem Verfasser nach objektiver Sachlage nicht bekannt waren und auch nicht hätten bekannt sein müssen. Eine fahrlässige Unkenntnis führt zum Ausschluss des Rücktrittsrechts.[822] Nach anderer Auffassung werden gänzlich neue Umstände verlangt, die bei Vertragsschluss gerade noch nicht vorgelegen haben.[823] Für Fälle, in denen der Verfasser keine Kenntnis von bereits bestehenden Umständen hat, soll dieser auf sein Anfechtungsrecht nach § 119 BGB verwiesen werden. Ulmer-Eilfort hält diese Auffassung für verfehlt, da sich im Wortlaut der § 35 VerlG für diese Sichtweise keine Anhaltspunkte ergeben würde.[824]

Nicht ausreichend ist, wenn der Verfasser nur von der Herausgabe bei dem konkreten Verleger Abstand nehmen will. Ein Rücktrittsrecht ergibt sich also nicht aus einer Neuausrichtung des Verlags oder wenn in dessen Reihen ein Werk eines anderen Verfassers veröffentlicht wird, mit dem sich der nun den Rücktritt Begehrende nicht identifizieren kann.[825]

---

818 *Schricker*, in: Schricker, Verlagsrecht, § 35 VerlG Rn. 6; *Ulmer-Eilfort/Obergfell*, in: Ulmer-Eilfort/Obergfell, Verlagsrecht, § 35 Rn. 4.

819 *Ulmer-Eilfort/Obergfell*, in: Ulmer-Eilfort/Obergfell, Verlagsrecht, § 35 Rn. 4.

820 *Ulmer-Eilfort/Obergfell*, in: Ulmer-Eilfort/Obergfell, Verlagsrecht, § 35 Rn. 8.

821 *Wegner*, in: BeckOK Urheberrecht, § 35 VerlG Rn. 2; *Schricker*, in: Schricker, Verlagsrecht, § 35 Rn. 4; *Russ*,Verlagsrecht, § 35 Rn. 7; *Ulmer-Eilfort/Obergfell*, in: Ulmer-Eilfort/Obergfell, Verlagsrecht, § 35 Rn. 4.

822 *Ulmer-Eilfort/Obergfell*, in: Ulmer-Eilfort/Obergfell, Verlagsrecht, § 35 Rn. 5.

823 *Ulmer-Eilfort/Obergfell*, in: Ulmer-Eilfort/Obergfell, Verlagsrecht, § 35 Rn. 3.

824 *Ulmer-Eilfort/Obergfell*, in: Ulmer-Eilfort/Obergfell, Verlagsrecht, § 35 Rn. 5.

825 Vgl. hierzu auch *Schricker*, in: Schricker, Verlagsrecht, § 35 Rn. 5; *Russ*, Verlagsrecht, § 35 Rn. 9.

Voraussetzung des Rücktrittsrechts ist, dass der Verleger mit der Vervielfältigung noch nicht begonnen hat, da bis zu diesem Zeitpunkt für den Verleger noch keine wesentlichen Kosten angefallen sind.[826] Allerdings kann der Verfasser wegen Satz 2 auch nach bereits begonnener Vervielfältigung einer Auflage für die eventuelle Folgeauflage zurücktreten.[827] Von der Literatur wird zum Teil ein Rückrufsrecht als medienrechtlicher Sonderrechtsbehelf gefordert, wonach ein in seinem Persönlichkeitsrecht verletzter Urheber auch bereits ausgelieferte Werkexemplare zurückrufen können soll.[828]

§ 35 Abs. 2 VerlG sieht einen Aufwendungsersatzanspruch des Verlegers vor, nach dem dieser vom Verfasser im Falle eines Rücktritts nach Abs. 1 die entstandene Aufwendung ersetzt verlangen kann. Daneben hat der Verleger auch einen Anspruch auf Schadensersatz wegen Nichterfüllung, sollte der Verfasser das Werk binnen eines Jahres woanders erscheinen lassen, ohne es dem Verleger zuvor erneut angeboten zu haben. Im Übrigen müssen sich die Parteien die gegenseitig empfangenen Leistungen zurückgewähren.

Wird der Rücktritt von dem Verlagsvertrag erklärt, nachdem das Werk ganz oder zum Teil abgeliefert worden ist, so hängt es von den Umständen ab, ob der Vertrag teilweise aufrechterhalten bleibt, § 38 Abs. 1 S. 1 VerlG.

(ii) Übertragbarkeit des Rechtsgedankens auf die Einwilligung nach § 22 S. 1 KUG

In Literatur und Rechtsprechung wird vielfach auf eine analoge Heranziehung des § 35 VerlG zur Begründung eines Widerrufsrechts einer Einwilligung nach § 22 S. 1 KUG abgestellt.[829] Eine tiefer gehende Auseinandersetzung und insbesondere eine Prüfung des Vorliegens der Voraussetzungen einer Analogie erfolgen hierbei nicht. Dabei ist schon die vergleichbare Interessenslage problematisch. So kommt eine Analogie nur für eine geringe Zahl von Fällen in Betracht. Voraussetzung des § 35 VerlG ist nämlich, dass der Verleger mit der Vervielfältigung noch nicht begonnen hat. Ansonsten ist nur die Konstellation erfasst, dass der Urheber einen Rücktritt vor Publizierung einer Folgeauflage

---

826 *Russ*, Verlagsrecht, § 35 Rn. 1.

827 *Wegner*, in: BeckOK Urheberrecht, § 35 VerlG Rn. 2 f.

828 Siehe hierzu *Paschke/Busch*, NJW 2004, 2620 (2621) sowie *Lindner*, ZUM 2005, 203.

829 So etwa OLG München, Urt. v. 17.03.1989 – 21 U 4729/88, OLGZ 1990, 97 (100); Bartnik, Bildnisschutz, S. 104; *Klass*, AfP 2005, 507 (514 f.); *Soehring*, in: Soehring/Hoene, Presserecht, § 19 Rn. 49; *von Strobl-Albeg*, in: Wenzel, Bildberichterstattung, Kapitel 7 Rn. 204.

begehrt. Die Vorschrift gewährt aber kein Recht zur Rückgewähr oder Beseitigung bereits gedruckter und im Verkauf befindlicher Exemplare des Werks. Der Widerruf einer Einwilligung im Sinne des § 22 S. 1 KUG zielt aber in einer Vielzahl von Fällen auf die Unterlassung bzw. Beseitigung einer kontinuierlichen/dauerhaften Veröffentlichung der entsprechenden Bildaufnahme ab.

Damit kann der Vorschrift lediglich der ganz allgemeine Rechtsgedanke entnommen werden, dass der Gesetzgeber zum Schutze des Persönlichkeitsrechts auch in dieser Konstellation eine Durchbrechung der vertraglichen Bindung ausnahmsweise zulässt.

3. Datenschutzrecht

(i) Regelungsgehalt des Art. 7 Abs. 3 DSGVO

Im Gegensatz zur Einwilligung nach § 22 S. 1 KUG ist der Widerruf einer datenschutzrechtlichen Einwilligung mit Art. 7 Abs. 3 DSGVO explizit normiert. Die Vorschrift stellt somit sicher, dass die Selbstbestimmung über die Einwilligung auch deren Widerruf ermöglicht.[830]

Eine Einwilligung in die Herstellung und Speicherung von Personenbildnissen kann demzufolge im Anwendungsbereich der Datenschutzgrundverordnung widerrufen werden. Nach § 7 Abs. 3 S. 1 DSGVO besteht die Möglichkeit zum Widerruf „jederzeit". Einschränkungen sieht der Wortlaut der Vorschrift nicht vor. Damit bedarf es insbesondere auch keines Widerrufsgrundes. Das Selbstbestimmungsrecht ist somit unbedingt. Die Widerrufsmöglichkeit soll einer grundrechtlichen Realisierung der informationellen Selbstbestimmung dienen. Aus diesem Grund kann ein Verzicht hierauf nicht wirksam erklärt werden.[831] Art. 7 Abs. 3 S. 4 DSGVO fordert, dass die Ausübung der Widerrufsmöglichkeit „so einfach wie die Erteilung der Einwilligung" sein muss. Dies impliziert, dass die insoweit zu stellenden Anforderungen mit den Anforderungen an die Einwilligung vergleichbar sein müssen. Der Wortlaut schließt aber nicht aus, dass der Widerruf „einfacher" erklärt wird als die Einwilligung. Demzufolge kann der Widerruf schriftlich, elektronisch und auch mündlich erklärt werden.[832] Im

---

830 Vgl. *Rogosch*, Einwilligung im Datenschutzrecht, S. 132 f.
831 *Ingold*, in: Sydow, Europäische Datenschutzgrundverordnung, Art. 7 Rn. 46 ff.
832 Vgl. hierzu *Ingold*, in: Sydow, Europäische Datenschutzgrundverordnung, Art. 7 Rn. 47.

Falle einer mündlich erteilten Einwilligung darf jedoch für den Widerruf nicht die Schriftform zur Voraussetzung gemacht werden.[833]

Die Widerrufsmöglichkeit soll dem Umstand Rechnung tragen, dass sich Einstellungen von Betroffenen zur Verarbeitung ihrer personenbezogenen Daten nach Erteilung der Einwilligung in schützenswerter Weise ändern können.[834] Dies sei erforderlich, um den sich aus Art. 8 Abs. 2 S. 1 Grundrechtscharta ergebenden Schutz zu gewährleisten.[835]

Als Rechtsfolge des Widerrufs erlischt die Wirksamkeit der Einwilligung ex nunc. Die Rechtmäßigkeit bereits vorgenommener Datenverarbeitung bleibt demnach unberührt.[836] Dies heißt freilich nicht, dass der bisherige Datenbestand den Verbreitungsverantwortlichen erhalten bleibt. Insoweit greift hier die Löschungspflicht aus Art. 17 DSGVO.

(ii) Übertragbarkeit des Rechtsgedankens auf die Einwilligung nach § 22 S. 1 KUG

Die teilweise Überschneidung der Anwendungsbereiche der §§ 22 f. KUG mit den datenschutzrechtlichen Regelungen wirft die Frage auf, ob ein Gleichlauf beider Regelwerke erzielt werden muss. Tausch möchte zu diesem Zwecke den Widerruf einer Einwilligung nach § 22 S. 1 KUG so lange für zulässig erachten, wie noch keine konkrete Veröffentlichung des Bildmaterials stattgefunden hat. Vertrauensschutzgesichtspunkte hält er in diesem Fall, wie auch bei der datenschutzrechtlichen Einwilligung, nicht für gegeben.[837] Dieser Auffassung ist zu widersprechen. Tausch übersieht, dass die datenschutzrechtliche Einwilligung (anders als die nach § 22 S. 1 KUG) gerade nicht auf die Herbeiführung einer Rechtsfolge gerichtet ist.[838] Zudem nimmt er keine Unterscheidung zwischen isolierter und vertraglicher Einwilligung vor. Gerade für letztere spielen Vertrauensschutzgesichtspunkte eine große Rolle. Auch Schnabel sieht fundamentale Unterschiede zwischen der datenschutzrechtlichen und der persönlichkeitsrechtlichen Einwilligung und betont in diesem Zusammenhang die vermögenswerte Komponente des Rechts am eigenen Bild.[839]

---

833 *Frenzel*, in Paal/Pauly, DSGVO, BDSG, S. 116.
834 *Frenzel*, in Paal/Pauly, DSGVO, BDSG, S. 116; *Ziebarth/Elsaß*, ZUM 2018, 578 (580).
835 Vgl. *Frenzel*, in: Paal/Pauly, DSGVO, BDSG, S. 116.
836 *Frenzel*, in: Paal/Pauly, DSGVO, BDSG, S. 116.
837 *Tausch*, Persönlichkeitsrechtsverletzung, S. 112.
838 Siehe hierzu *Piltz*, Soziale Netzwerke, S. 210.
839 *Schnabel*, ZUM 2008, 657 (600).

Auch hinsichtlich des Anfertigens von Personenaufnahmen (die Herstellung eines Bildnisses ist gerade nicht von § 22 S. 1 KUG erfasst, sodass diese Handlung weiterhin in den sachlichen Anwendungsbereich der Datenschutzgesetze fallen kann) ist eine vergleichbare Interessenslage nicht gegeben. Denn das Anfertigen eines Bildnisses stellt einen weit weniger gravierenden (Grundrechts-)Eingriff dar, sodass das Persönlichkeitsrecht weniger stark beeinträchtigt ist, als durch die Verbreitung oder öffentliche Zurschaustellung eines Bildnisses.[840]

Insgesamt ist ein Gleichlauf zur datenschutzrechtlichen Einwilligung aufgrund fundamentaler und struktureller Unterschiede beim Recht am eigenen Bild nicht interessensgerecht.

4. *Zivilprozessordnung*

Vertreten wird teilweise, dass vor dem Hintergrund der sich aus § 323 und § 767 Abs. 2 ZPO zum Ausdruck kommenden Rechtsgedanken ein Widerruf ausnahmsweise zuzulassen sein könnte.[841]

Bei der in § 323 ZPO geregelten Abänderungsklage handelt es sich um eine prozessuale Gestaltungsklage, die eine Änderung eines Titels, der die Verpflichtung des Beklagten zur Erbringung wiederkehrender Leistungen festlegt, aufgrund nachträglich geänderter Verhältnisse ermöglicht.[842] Sie erlaubt aus Gründen der Billigkeit eine Durchbrechung der materiellen Rechtskraft.[843]

Die Vollstreckungsabwehrklage nach § 767 ZPO richtet sich gegen die Vollsteckbarkeit eines Titels und gerade nicht gegen den titulierten Anspruch selbst.[844] Sie erlaubt dem (Vollstreckungs-)Schuldner zu diesem Zwecke Einwendungen geltend zu machen, die erst nach Schluss der letzten mündlichen Verhandlung entstanden sind, § 767 Abs. 2 ZPO. In der Regel kann der Schuldner nur rechtsvernichtende oder rechtshemmende materiellrechtliche Einwendungen geltend machen.[845] Grundsätzlich können Änderungen der Rechtsprechung, Rechtsauffassung oder Verkehrssitte nicht im Rahmen einer Vollstreckungsabwehrklage vorgebracht werden, jedoch sollen „grundlegende Wandlungen der gesamten

840 Vgl. *Ziebarth/Elsaß*, ZUM 2018, 854 sowie *Lorenz*, ZD 2012, 367.
841 So wohl *Dreyer*, in: Dreyer/Kotthoff/Meckel/Hentsch, Urheberrecht, § 22 KUG Rn. 31.
842 Siehe nur *Borth*, in: Musielak/Voit, ZPO, § 323 Rn. 3.
843 *Borth*, in: Musielak/Voit, ZPO, § 323 Rn. 4.
844 *Schmidt/Brinkmann*, in: MünchKomm ZPO, § 767 Rn. 2.
845 *Lackmann*, in: Musielak/Voit, § 767 Rn. 22.

Rechtsauffassung" eingewendet werden können.[846] Widerrufsrechte sind allerdings selbstständige Gestaltungsrechte.[847]

Da es sich bei § 323 und § 767 ZPO schon nicht um materiellrechtliche Gestaltungsrechte, sondern prozessuale Klagearten handelt, kann ein Widerrufsrecht ersichtlich nicht auf eine analoge Anwendung dieser Vorschriften gestützt werden. Den Vorschriften kann allenfalls die gesetzgeberische Intention entnommen werden, dass bei nachträglich geänderten Verhältnissen oder neu entstandenen Einwendungen eine Neubewertung der Rechtslage vorgenommen werden kann.

5. *Exkurs: Widerruf im Kontext mit dem Recht auf Vergessenwerden*

Der Einwilligungswiderruf in die Verbreitung und Veröffentlichung von Bildnissen hängt eng mit einem „Recht auf Vergessenwerden"[848] zusammen.

Die Diskussion[849] um ein solches Recht erfuhr durch eine EuGH-Entscheidung im Jahr 2014,[850] in welcher es um die Löschung personenbezogener Daten durch verantwortliche Suchmaschinenbetreiber ging, auf europaweiter Ebene besonderen Aufschwung. Mit dieser Entscheidung hat der EuGH durch Auslegung der Datenschutzrichtlinie von 1995[851] sowie einer damit verbundenen Grundrechtsabwägung ein Recht geschaffen, nach welchem nach Ablauf einer gewissen Zeit ein datenschutzrechtlicher Anspruch auf Entfernung einzelner Suchergebnisse bei namensbasierter Suche in Suchmaschinen besteht.[852] Es wird ein berechtigtes Interesse des Einzelnen anerkannt, eine im Internet über ihn veröffentlichte Information zu einem späteren Zeitpunkt entfernen zu lassen.[853] Von den einen euphorisch als Meilenstein des Persönlichkeitsschutzes gefeiert, wird es zugleich von Gegnern als Zensur und Angriff auf das Recht der freien Meinungsäußerung der Presse- sowie der Informationsfreiheit kritisiert.

---

846 *Lackmann*, in: Musielak/Voit, § 767 Rn. 28.

847 *Lackmann*, in: Musielak/Voit, § 767 Rn. 27.

848 Der Begriff geht auf den österreichischen Rechts-und Politikwissenschaftler Viktor Mayer-Schönberger zurück, der diesen in seiner Abhandlung mit dem Titel „Useful Void: The Art of forgetting in the age of ubiquitious computing" erstmals prägte.

849 Sie etwa, *Gstrein*, ZD 2012, 424; *Kodde*, ZD 2013, 115; *Koreng/Feldmann*, ZD 2012, 311.

850 EuGH, Urt. v. 13.05.2014 – C 131/12, GRUR 2014, 895 – Google Spain.

851 Die bis dato geltenden Datenschutzgesetze der Mitgliedstaaten der EU basierten auf Richtlinie 95/46 EG des Europ. Parlaments und des Rates vom 24.10.1995, Amtsblatt Nr. L 281 vom 23.11.1995, S. 0031-0050.

852 Vgl. hierzu *Milker*, Umsetzung des „Rechts auf Vergessenwerden", S. 3.

853 *Nolte*, NJW 2014, 2238 (2240).

(i) Der Regelungsgehalt des Art. 17 DSGVO

Verortet ist das „Recht auf Vergessenwerden" nunmehr in Art. 17 DSGVO.

Rechtsdogmatisch ist es als ein datenschutzrechtlicher Löschungs- und Unterlassungsanspruch ausgestaltet.[854] Nach Abs. 1 hat die betroffene Person das Recht, von dem Verantwortlichen zu verlangen, dass sie betreffende personenbezogene Daten unverzüglich gelöscht werden und der Verantwortliche ist entsprechend zur Löschung verpflichtet, wenn eine der unter Abs. 1 lit. a-f aufgezählten Voraussetzungen vorliegt.[855] Eine weitergehende Verpflichtung trifft den Verantwortlichen für den Fall, dass er die zu löschenden personenbezogenen Daten (beispielsweise im Internet) veröffentlicht hat. So ist nach Abs. 1 lit. b etwa eine Löschung der personenbezogenen Daten vorzunehmen, wenn eine ursprünglich erteilte Einwilligung zur Datenverarbeitung widerrufen wurde und keine sonstige Rechtsgrundlage eine fortdauernde Speicherung rechtfertigt. Nach Abs. 2 hat er dann unter Berücksichtigung der verfügbaren Technologie und der Implementierungskosten angemessene Maßnahmen, auch technischer Art, zu treffen, um für die Datenverarbeitung Verantwortliche, die die personenbezogenen Daten verarbeiten, darüber zu informieren, dass eine betroffene Person von ihnen die Löschung aller Links zu diesen personenbezogenen Daten, oder von Kopien und Replikationen dieser personenbezogenen Daten, verlangt hat. Abs. 3 statuiert einige Ausnahmen hiervon.[856]

Zu den vom Anwendungsbereich der Norm erfassten personenbezogenen Daten zählen auch Bilder und Filmaufnahmen, sofern der Abgebildete auf diesen erkennbar ist.[857] Das Recht besteht unabhängig davon, ob die Veröffentlichung seinerzeit rechtmäßig oder rechtswidrig erfolgt ist.[858]

Liegt ein Löschungsgrund vor, so ist nach Aufforderung durch den Betroffenen unverzüglich eine Löschung vorzunehmen. Der Löschungserfolg gilt dabei als eingetreten, wenn es fortan nicht mehr möglich ist, die Daten auszulesen, und sie jeglichen Informationsgehalt verloren haben.[859]

---

854 *Koreng/Feldmann*, ZD 2012, 311 (312); *Roßnagel/Richter/Nebel*, ZD 2013, 103 (107); *Wagner*, Recht auf Vergessen im Internet, S. 38.

855 *Kamann/Braun*, in: Ehmann/Selmayr, DSGVO, Art. 17 DSGVO Rn. 1.

856 Vgl. hierzu etwa *Spindler/Dalby*, in: Spindler/Schuster, Recht der elektronischen Medien, Art. 17 DSGVO Rn. 1.

857 *Wagner*, Recht auf Vergessen im Internet, S. 42; vgl. zum Begriff der personenbezogenen Daten im BDSG *Lerch/Krause/Hotho/Roßnagel/Stumme*, MMR 2010, 454 (456).

858 *Milker*, Umsetzung des „Rechts auf Vergessenwerden", S. 3.

859 *Spindler/Dalby*, in: Spindler/Schuster, Recht der elektronischen Medien, Art. 17 DS-GVO Rn. 10.

Das Recht auf Löschung und Vergessenwerden ist als subjektives Recht eine spezielle Ausprägung der Grundrechte auf Achtung des Privatlebens und auf Schutz personenbezogener Daten, Art. 7, 8 Abs. 1 Grundrechtscharta und Art. 16 Abs. 1 AEUV. Ebenso ist es Ausfluss des Grundrechts auf Achtung des Privat- und Familienlebens gemäß Art. 8 EMRK. [860] Es ermöglicht einer Person eine weitreichende Kontrolle über die sie betreffenden Daten und dient damit dem sog. Selbstdatenschutz. Eine privatrechtliche Abbedingung ist aufgrund des grundrechtlichen Charakters ebenso wie ein Vorabverzicht nicht möglich. Es gilt nicht absolut, sondern ist im Kontext mit verschiedenen Grundrechten und Freiheiten Dritter zu sehen.[861]

Die zuständige EU-Justizkommissarin bezeichnete das Recht, die Zustimmung zur Verarbeitung seiner personenbezogenen Daten jederzeit zurückzuziehen, wenn die Datenverarbeitung auf seiner Einwilligung beruhte, als einer der fünf Eckpunkte für einen „zukunftsfesten Datenschutz".[862]

Das Recht auf Vergessenwerden des Einzelnen steht dabei dem Interesse anderer Kommunikationsteilnehmer, insbesondere Absender und Empfänger der Information, gegenüber. Denn das Entfernen der Daten tangiert gerade auch die Meinungs- und Pressefreiheit wie auch das Informationsinteresse der Allgemeinheit.[863] Ebenfalls zu nennen ist an dieser Stelle das grundrechtlich abgesicherte Interesse des Suchmaschinenbetreibers an einer ungestörten Bereitstellung von Informationen.[864] Es steht damit in einem Spannungsfeld zwischen dem Persönlichkeitsschutz des Einzelnen und dem Interesse der Allgemeinheit an einem freien Informationsaustausch im Internet.[865] Ein absolutes Recht auf Vergessen besteht nach alldem nicht.

(ii) Vergleichbarkeit mit der Interessensalge bei der Einwilligung nach § 22 S. 1 KUG

Ludyga brachte als einer der Ersten den Einwilligungswiderruf bei § 22 S. 1 KUG mit dem Recht auf Vergessenwerden in Verbindung, ohne den Gedankengang jedoch tiefer auszuführen.[866]

---

860 *Ehmann/Selmayr*, DSGVO, Art 17 DSGVO Rn. 8.

861 *Ehmann/Selmayr*, DSGVO, Art. 17 DSGVO Rn. 9.

862 *Reding*, ZD 2011, 1 (2).

863 *Reding*, ZD 2012, 195 (198); *Becker*, Das Recht auf Vergessenwerden, S. 6.

864 *Milker*, Umsetzung des „Rechts auf Vergessenwerden", S. 3.

865 Siehe zu Einzelnen Kritikpunkten an einem Recht auf Vergessenwerden *Becker*, Das Recht auf Vergessenwerden, S. 6 f.

866 Siehe hierzu *Ludyga*, MMR 2017, 158.

In der Tat ist eine Überschneidung beider Problematiken erkennbar. Wie auch bei der Einwilligung in Eingriffe in das Recht am eigenen Bild und einer damit einhergehenden Publizierung oder Verbreitung von Bildnissen, geht es auch beim Recht auf Vergessenwerden um sachlich richtige personenbezogene Daten, die ursprünglich rechtmäßig veröffentlicht worden sind und um die Permanenz ihrer Verfügbarkeit. Schon Mayer-Schönberger wies in seiner Abhandlung „Delete“ darauf hin, dass Jugendsünden durch das immerwährende Vorhandensein einer Information im Internet das Leben eines Erwachsenen nachhaltig beeinträchtigen können. Unzureichende Rückzugsmöglichkeiten bergen insoweit Risiken und Gefahren für die Persönlichkeitsentwicklung.[867]

Gemein sind Internetpublikationen und die Publizierung und Verbreitung von Bildnissen im Speziellen, die „Prangerwirkung“ und der „Zeitfaktor“.[868] Allerdings geht es beim Recht am eigenen Bild weniger um ein Informationsinteresse der Allgemeinheit, dass einem „Recht auf Vergessenwerden“ entgegenstehen könnte. Denn für Bildnisse aus dem Bereich der Zeitgeschichte ist nach § 23 Abs. 1 Nr. 1 KUG eine Einwilligung ohnehin nicht erforderlich.

Wie bereits ausgeführt ist, weist die Einwilligung nach § 22 S. 1 KUG jedoch entscheidende strukturelle und dogmatische Unterschiede gegenüber der datenschutzrechtlichen Einwilligung auf. Ein Recht auf Vergessen angelehnt an Art. 17 DSGVO kann daher nicht einfach auf diese übertragen werden. Insbesondere kann ein Recht auf Vergessenwerden nicht zur Aushebelung einer vertraglichen Bindung führen.

Entscheidend ist vielmehr die gesetzgeberische Wertung, die aus der Normierung und Anerkennung eines Rechts auf Vergessenwerden im Internet ersichtlich wird.

III. Abschließende Stellungnahme

Die mit der Einwilligung ausgeübte Selbstbestimmung führt zu einer Selbstbindung, sofern ein entsprechender Rechtsbindungswille unter objektiven Gesichtspunkten feststellbar ist. Aufgrund der Zurechenbarkeit willensgetragenen Verhaltens muss dem Menschen für diese Entscheidung auch die Verantwortung aufgebürdet werden. Er hat insoweit für die Folgen seines geäußerten Willens einzustehen.[869] Weller weist in diesem Zusammenhang auf die zwischen Vertragstreue und Vertragsfreiheit bestehende Wechselwirkung hin. Die

---

867 *Wagner,* Recht auf Vergessen im Internet, S. 46.

868 Siehe zu diesen Begrifflichkeiten *Härting,* CR, 2009, 21.

869 *Weller,* Vertragstreue, S. 157.

Privatautonomie kann letztlich nur bestehen, wenn als Korrelat das Prinzip der Vertragstreue (pacta sunt servanda) hinzutritt.[870] Eine Einwilligung muss daher im Bewusstsein ihrer grundsätzlichen fortdauernden Bestandskraft abgegeben werden. Ihr beständiges Bestehen ist Ziel jeder Erteilung. Dies schon im Hinblick auf ihren beim Einwilligungsadressaten geschaffenen Vertrauenstatbestand. Insbesondere vor dem Hintergrund der zunehmenden Kommerzialisierung des Rechts am eigenen Bild, welchem häufig ein nicht unerheblicher Vermögenswert zuerkannt werden muss, sind die Interessen des Einwilligungsadressaten vom Prinzip her nicht minder schutzwürdig.

Ein starres Festhalten an der grundsätzlichen Bindungsregelung des § 130 BGB darf im sensiblen Bereich der Persönlichkeitsrechte dennoch nicht erfolgen. Dies liefe in einer Vielzahl von Fällen mit einer nicht hinnehmbaren Beeinträchtigung und zum Teil auch mit gravierenden Verletzungen des Persönlichkeitsrechts einher. Da die Persönlichkeit jedes Einzelnen einem fortlaufenden Wandel unterliegt, und sich zudem die der Erteilung einer Einwilligung zugrunde liegenden Umstände durch Wendungen im Leben ganz erheblich ändern können, kann es in solchen Fällen im Einzelfall für den Betroffenen unzumutbar sein, an der erteilten Einwilligung festgehalten zu werden. Daher muss immer dann, wenn die Weiterverwendung des Bildnisses infolge einer Wandlung der Persönlichkeit in nicht mehr hinnehmbarer Weise persönlichkeitsverletzend ist, ein Widerruf möglich sein. Es besteht demnach ein Spannungsverhältnis zwischen dem Widerruf und dem Grundsatz pacta sunt servanda.[871] Die Vorschrift des § 130 BGB darf im Kontext der Einwilligung in Eingriffe in das Recht am eigenen Bild daher nur als richtungsweisender Ausgangspunkt verstanden werden. Hieraus folgt, dass ein Widerruf nur greift, wenn dem Persönlichkeitsschutz im Lichte von Art. 2 Abs. 1, 1 Abs. 1 GG ausnahmsweise der Vorrang einzuräumen ist. Die Ausübung des verfassungsrechtlich geschützten Selbstbestimmungsrechts in Form der Einwilligung nach § 22 S. 1 KUG stellt keinen Grundrechtsverzicht dar. Im Gegenteil – denn der Einzelne, der über seine Persönlichkeitsgüter disponiert, nimmt gerade seine grundrechtliche Verbürgung wahr und bringt keinesfalls damit zum Ausdruck, auf diese Rechte verzichten zu wollen.[872]

Hieraus resultiert das Verständnis, dass die Einwilligung einer präventiven Kontrolle dient, während der Widerruf als nachträgliche Korrektur fungieren

---

870 *Weller*, Vertragstreue, S. 154.

871 *Prinz/Peters*, Medienrecht, Rn. 838.

872 *Klass*, AfP 2005, 507 (509).

kann. Um die vertragliche Bindung der rechtsgeschäftlichen Einwilligung aufzuheben, bedarf es jedoch einer geeigneten Rechtsgrundlage, oder zumindest einer andauernden rechtlichen Vorgehensweise.

Wie die Analyse der für eine analoge Anwendung prinzipiell in Betracht kommenden Rechtsnormen gezeigt hat, ist keine der bereits kodifizierten Rechtsnormen geeignet, den Widerruf einer Einwilligung nach § 22 S. 1 KUG zufriedenstellend zu regeln. Eine analoge Anwendung kommt, wenn überhaupt, nur für spezifische Erscheinungsformen der Einwilligung bzw. Lebenssachverhalte in Betracht. Um einen umfassenden Schutz zu gewährleisten, ist die Kodifizierung eines speziell auf die Einwilligung nach § 22 S. 1 KUG zugeschnittenes Widerrufsrecht daher unumgänglich. Es bietet sich hierbei an, eine Regelung zu etablieren, die eine summarische Abwägung zulässt. Denn es darf nicht übersehen werden, dass der Einwilligungsadressat auf den Bestand der erteilten Einwilligung vertraut und sich auch hieraus ein schutzwürdiges Interesse ergeben kann. Wenn sich aber zwei berechtigte Interessen gegenüberstehen, kann es im Ergebnis nur auf eine Abwägung hinauslaufen. In deren Rahmen müssen das betroffene Rechtsgut, die Eingriffsintensität (Art der Abbildung), die äußeren Umstände der Einwilligung, aber auch Grundrechte und Interessen des Einwilligungsempfängers berücksichtigt werden.[873]

D. Die Widerrufserklärung

I. Rechtsnatur des Widerrufs

Der Widerruf ist eine Erklärung des Abgebildeten, dass seine Einwilligung (ex nunc[874]) keine Geltung mehr beanspruchen soll. Sofern für den Widerruf einer Einwilligung nach § 22 S. 1 KUG die allgemeinen Grundsätze der §§ 119 ff. BGB gelten, kann die Wirkung des Widerrufs nur „ex nunc“, also nicht rückwirkend sein. Aufgrund dessen ist lediglich eine erneute Bildnisverbreitung rechtswidrig, während Verbreitungen, die vor dem Widerruf erfolgten, von der Rechtswirkung nicht betroffen sind.

Der Widerruf ist ein actus contrarius zur Einwilligung. [875] Aus diesem Grund bestimmt sich seine Rechtsnatur nach der der Einwilligung selbst. Der oben

873 *Dasch,* Die Einwilligung, S. 85.

874 Siehe nur LG Köln, Urt. v. 14.08.1995 – 28 O 406/95, AfP 1996, 186 (187).

875 Vgl. hierzu BGH, Urt. v. 18.03.1980 – VI ZR 155/78, NJW 1980, 1903, bei welchem auf den Widerruf der Operationseinwilligung die gleichen Grundsätze wie auf die Einwilligung selbst anwendet werden; *Dasch,* Die Einwilligung, S. 88 und 108; *Ohly,* AfP 2011, 428 (433); *Piltz,* Soziale Netzwerke, S. 262.

dargestellte Streitstand wirkt sich entsprechend an dieser Stelle aus.[876] Nach der hier vertretenen Auffassung ist die mit Rechtsbindungswillen erteilte Einwilligung eine empfangsbedürftige Willenserklärung, sodass für den Widerruf das Gleiche gelten muss. [877]

Die Anforderungen, die an eine Widerrufserklärung zu stellen sind, werden in Literatur und Rechtsprechung kaum tiefer gehend behandelt. Dies mag damit zusammenhängen, dass nach den großen Streitständen um Rechtsnatur und Widerruflichkeit der Einwilligung die mit der Widerrufserklärung zusammenhängenden Problematiken weit weniger gewichtig erscheinen. Dennoch ist die Beleuchtung dieser Aspekte von enormer Relevanz, da nur eine form- und fristgerechte Widerrufserklärung, die insbesondere auch von dem richtigen Widerrufsberechtigten gegenüber dem richtigen Widerrufsgegner erklärt wird, zielführend ist und damit Abhilfe verschaffen kann.

II. Person des Widerrufenden

Das Widerrufsrecht steht grundsätzlich dem Abgebildeten als Rechtsinhaber des Rechts am eigenen Bild zu. Rechtlich komplizierter ist die Beurteilung der Rechtslage, wenn es um den Widerruf einer Einwilligung betreffend des Abbildes von lediglich beschränkt Geschäftsfähigen und Geschäftsunfähigen geht. Diesbezüglich ist die Handhabung des Einwilligungswiderrufs nicht unumstritten. Daneben können auch Schwierigkeiten bei der Bestimmung des Widerrufsberechtigten auftreten, wenn der Abgebildete bereits verstorben ist und die Rechtsnachfolger dessen vormals erteilte Einwilligung, oder eine von ihnen selbst nach § 22 S. 2 KUG erteilte Einwilligung widerrufen möchten.

1. Widerruf betreffend der Abbildung eines Minderjährigen

Die Thematik des Einwilligungswiderrufs hat im Bereich des Minderjährigenrechts eine besondere Brisanz. Denn zum einen werden häufig die Eltern eines noch nicht einsichtsfähigen Kindes für dieses in die Veröffentlichung von Aufnahmen des Minderjährigen selbst eingewilligt haben, sodass die besondere Gefahr besteht, dass sich der Minderjährige, sobald er fähig ist, sich eine eigene Meinung zu bilden, mit diesem Vorgehen nicht einverstanden sein könnte. Es ist heute gang und gäbe, dass Eltern ihre Kinder auf sozialen Netzwerken zur Schau stellen. Mit Slogans wie „*Auch ich habe eine Privatsphäre*“ warb etwa die

876 So auch *Piltz*, Soziale Netzwerke, S. 262.

877 *Dasch*, Die Einwilligung, S. 88.

Polizei Hagen (NRW) im Jahr 2015 für mehr Sensibilität auf Facebook und forderte Eltern auf, Fotos ihrer Kinder nicht für jedermann sichtbar zu posten. Eine weitere Kampagne gegen Kinderfotos im Netz unter dem Namen „*deinkindauchnicht*" der Bloggerin Toyah Diebel versuchte im Jahr 2019 mit provokanten Aufnahmen ebenfalls auf die Problematik aufmerksam zu machen. Dabei kommt es nicht nur vor, dass Eltern derartige Aufnahmen selbst veröffentlichen und verbreiten, sondern auch, dass Eltern als gesetzliche Vertreter ihres Kindes in die Veröffentlichung oder Verbreitung durch Dritte einwilligen.[878] Zum anderen besteht auch bei von Minderjährigen selbst erteilten Einwilligungen (unter Zustimmung der gesetzlichen Vertreter) die Gefahr in besonderem Maße, dass sie sich im Laufe ihrer Entwicklung von dieser Entscheidung distanzieren möchten, da sie in ihrer Persönlichkeit gerade noch nicht gefestigt sind.

a) Rechtslage hinsichtlich der ohne Rechtsbindungswillen erteilten Einwilligung

Die hier vertretene Auffassung von der Qualifizierung einer ohne Rechtsbindungswillen erteilten Einwilligung als bloße Gefälligkeit hat zur Konsequenz, dass diese Einwilligung durch den Minderjährigen selbst „widerrufen" bzw. das zugrunde liegende Gefälligkeitsverhältnis aufgekündigt werden kann. Hierfür ist Geschäftsfähigkeit gerade nicht erforderlich, sodass es insoweit nicht der Zustimmung der gesetzlichen Vertreter bedarf. Diese Auffassung läuft dem Minderjährigenschutz nicht zuwider, da nachteilige Rechtsfolgen nicht zu befürchten stehen.

b) Widerruf der rechtsgeschäftlichen Einwilligung

Etwas anderes gilt für die mit Rechtsbindungswillen erteilte Einwilligung, die eine rechtsgeschäftliche Willenserklärung darstellt, für deren Widerruf § 107 BGB zu beachten ist. Nach dieser Vorschrift bedürfen rechtlich nachteilige Geschäfte des Minderjährigen der Einwilligung des gesetzlichen Vertreters. Vertretungsbefugt sind demnach bis zum 18. Lebensjahr die gesetzlichen Vertreter, in der Regel gemäß §§ 1626 Abs. 1, 1629 Abs. 1 BGB beide Eltern.

Allerdings ist fraglich, ob die Ausübung des Widerrufsrechts für den Minderjährigen überhaupt rechtlich nachteilig ist. Schließlich zielt dieser im Ergebnis darauf ab, einen Eingriff in das Persönlichkeitsrecht abzuwenden. Außerdem ist der Schutz des Minderjährigen Sinn und Zweck der Regelung des § 107 BGB.

---

878 *Schimke*, NZFam 2019, 851 (852).

Letztlich wird zumindest der einsichtsfähige Minderjährige für sich selbst am besten beurteilen können, ob er zum Schutz seiner Persönlichkeit einen Eingriff in sein Bildnisrecht in Zukunft nicht mehr dulden kann oder möchte. Sind Minderjähriger und gesetzliche Vertreter hinsichtlich der Entscheidung eines „Obs" des Widerrufs uneinig, besteht zudem die Gefahr, dass der Minderjährige aufgrund dessen den Eingriff in sein Persönlichkeitsrecht hinnehmen müsste. Dies ist insbesondere problematisch, wenn der Minderjährige die Einwilligung zum damaligen Zeitpunkt nicht selbst erteilt hat, etwa weil er noch nicht einsichtsfähig war, sondern diese allein auf den Willen des gesetzlichen Vertreters zurückgeht.

Ist die Einwilligung jedoch um einer Gegenleistung willen erteilt worden und damit in einen Vertrag eingebettet, sieht sich der Minderjährige durch die Erklärung des Widerrufs womöglich Rückabwicklungsschwierigkeiten ausgesetzt.[879] Schon aufgrund dessen wird die Zustimmung des gesetzlichen Vertreters für erforderlich gehalten.[880] Diese weitreichenden Nachteile gebieten insoweit grundsätzlich einer Kontrolle durch den gesetzlichen Vertreter.[881]

Der gesetzliche Vertreter bedarf zum Einwilligungswiderruf wiederum aufgrund der Höchstpersönlichkeit des Widerrufs der Zustimmung des einsichtsfähigen Minderjährigen.[882] Dies erscheint folgerichtig, denn wenn die Einwilligung betreffend das Bildnis eines Minderjährigen von beiden zu erklären war, muss auch der Widerruf sowohl vom Abgebildeten als auch dessen gesetzlichen Vertretern erklärt bzw. genehmigt werden.[883]

2. *Widerruf bei Rechtsnachfolge*

Nach § 22 S. 2 KUG bedarf es nach dem Tod des Abgebildeten bis zum Ablauf von zehn Jahren der Einwilligung der Angehörigen des Abgebildeten, um ein Bildnis des Verstorbenen erlaubterweise verbreiten oder öffentlich zur Schaustellen zu können. Die Vorschrift statuiert damit einen zehnjährigen postmortalen Bildnisschutz.[884] Der Kreis der Angehörigen ist dabei durch § 22 S. 4 KUG näher umgrenzt. Eine entsprechende Einwilligung muss von allen Angehörigen

879 *Specht*, in: Dreier/Schulze, Urheberrechtsgesetz, § 22 KUG Rn. 35.

880 Siehe auch *Specht*, JZ 2017, 763.

881 *Dasch*, Die Einwilligung, S. 108 f.

882 *Engels*, in: BeckOK Urheberrecht, § 22 KUG Rn. 47; *Götting*, in: Schricker/Loewenheim, Urheberrecht, § 22 KUG Rn. 42.

883 So *Fricke*, in: Wandtke/Bullinger, Urheberrecht, § 22 KUG Rn. 20.

884 *Specht*, in: Dreier/Schulze, Urheberrechtsgesetz, § 22 KUG Rn. 28.

gemeinsam erteilt werden.[885] Auch wenn sich hierzu weder in Rechtsprechung, noch Literatur eine eindeutige Positionierung findet, erscheint es vorzugswürdig, den Widerruf ebenfalls unter das Erfordernis einer gemeinschaftlichen und einstimmigen Entscheidung der Angehörigen zu stellen.

3. *Widerruf bei Stellvertretung*

Denkbar ist, dass der Abgebildete (vor Versterben) einen Stellvertreter mit der Erteilung der Einwilligung bevollmächtigt hat. Zu Lebzeiten wird allein dem Abgebildeten ein Widerrufsrecht zuzusprechen sein, es sei denn, er hat den Stellvertreter mit einer solchen Befugnis ausdrücklich ausgestattet. Ist der Abgebildete verstorben und kann einen dahin gehenden Willen nicht mehr äußern, wird im Zweifel durch Auslegung zu ermitteln sein, ob der Stellvertreter zur Wahrnehmung der persönlichkeitsrechtlichen Belange des Abgebildeten auch in den Stand versetzt werden sollte, den Widerruf zu erklären.

III. Der richtige Widerrufsgegner

1. *Widerruf gegenüber dem Einwilligungsempfänger*

Der Widerruf muss grundsätzlich gegenüber dem Empfänger der Einwilligung erklärt werden.[886]

2. *Widerruf gegenüber Personenmehrheiten*

a) *Widerruf bei gegenüber der Allgemeinheit erteilten Einwilligung*

In der Vorschaubilder-Entscheidung[887] hat der BGH zumindest für den Bereich des Urheberrechts festgestellt, dass der Widerruf gegenüber dem Suchmaschinenbetreiber als einzigen Widerrufsadressaten nicht ausreicht, wenn die Einwilligung vorher gegenüber der Allgemeinheit erteilt worden war, zumindest dann nicht, wenn der Widerrufende seinen Willen nicht zusätzlich durch technische und weitere Sicherungsmaßnahmen Ausdruck verleiht, und sich die Widerrufserklärung als gegenüber der Einwilligung entsprechend gegenläufiges Verhalten darstellt.

---

885 *Specht*, in: Dreier/Schulze, Urheberrechtsgesetz, § 22 KUG Rn. 28; *Fricke*, in: Wandke/Bullinger, Urheberrecht, § 22 KUG Rn. 12.

886 *Prinz/Peters*, Medienrecht, Rn. 839.

887 BGHZ 185, 291 – Vorschaubilder I.

Geprüft werden muss, ob die in dieser Entscheidung aufgestellten Grundsätze auf den Widerruf der Einwilligung beim Recht am eigenen Bild zu übertragen sind.[888] Nach Ohly soll diese Betrachtungsweise auch für Persönlichkeitsrechte, insbesondere die Einwilligung nach § 22 S. 1 KUG, gelten.[889] Er zieht eine Parallele zur Auslobung und der öffentlich kundgemachten Innenvollmacht: Wurde die Einwilligung gegenüber einer bestimmten Person erteilt, solle für den wirksamen Widerruf eine Widerrufserklärung nur gegenüber diesem Einwilligungsempfänger ausreichend sein. Wurde die Einwilligung dagegen gegenüber der Allgemeinheit erteilt, solle in Anlehnung an die Rechtsgedanken bei der Auslobung (§ 658 Abs. 1 S. 2) und der öffentlich kundgemachten Innenvollmacht (§ 171 Abs. 2) ein Widerruf gegenüber der Allgemeinheit erfolgen. [890] Auch Piltz zieht beim Widerruf einer Einwilligung zumindest für in sozialen Netzwerken veröffentlichten Bildnissen eine Parallele zur Auslobung.[891] Hinsichtlich des ideellen Bestandteils des Rechts am eigenen Bild sei dagegen ein auf bestimmte Adressaten beschränktes Widerrufsrecht zuzugestehen.[892]

b) Widerruf bei gegenüber mehreren Medien erteilten Einwilligung

Eine gegenüber mehreren (Medien) erteilte Einwilligung muss auch bei Vorliegen eines wichtigen Grundes gegenüber allen, also umfassend, widerrufen werden.[893] Dies zumindest dann, wenn der wichtige Grund gegenüber allen geltend gemacht werden könnte und sich nicht nur auf einen bestimmten Einwilligungsinhaber bezieht. Dies ergibt sich aus der Rechtsprechung des Bundesverfassungsgerichts, wonach sich auf den Schutz der Privatsphäre nur berufen kann, wer dies situationsübergreifend und konsistent zum Ausdruck bringt, und zwar sowohl bei der Gestattung von Berichten über Vorgänge der eigenen Privatsphäre als auch bei deren Rückgängigmachung.[894]

---

888 Siehe zu dieser Frage *Piltz,* Soziale Netzwerke, S. 269 ff.

889 *Ohly,* GRUR 2012, 983 (991).

890 *Ohly*, AfP 2011, 428 (433).

891 *Piltz*, Soziale Netzwerke, S. 270.

892 Ohly, AfP 2011, 428 (433), *Piltz*, Soziale Netzwerke, S. 272.

893 *Fricke*, in: Wandtke/Bullinger, Urheberrecht, § 22 KUG Rn. 20; ebenso *Specht,* in: Dreier/Schulze, Urheberrechtsgesetz, § 22 Rn. 35.

894 BVerfGE 101, 361 – Caroline von Monaco III; vgl. auch BGH, Urt. v. 19.10.2004 – VI ZR 292/03, GRUR 2005, 76 (78) – Rivalin von Uschi Glas.

3. *Widerruf gegenüber Nutzungsberechtigten*

Der Widerruf kann auch gegenüber etwaigen Nutzungsberechtigten der kommerziellen Bestandteile des Rechts am eigenen Bild widerrufen werden, zumindest wenn und soweit diese Rechte betroffen sind.[895]

IV. Umfang und Beschränkung des Widerrufs

Wie auch die Einwilligung kann der Widerruf in zeitlicher oder inhaltlicher Hinsicht beschränkt werden. Während dies bei der Erteilung der Einwilligung mit dem Selbstbestimmungsrecht des Abgebildeten zusammenhängt, der insoweit selbst entscheiden soll, ob und inwieweit er Eingriffe in sein Recht am eigenen Bild zulassen möchte, ist eine solche Vorgehensweise beim Widerruf oftmals schon als milderes Mittel gegenüber einem vollständigen Widerruf geboten sein.

---

895 *Frömming/Peters*, NJW 1996, 958 (959).

Kapitel 4: Rechtslage nach erfolgtem Widerruf

Nach einhelliger Auffassung hat der Widerruf einer Einwilligung keine Rückwirkung und kann damit insbesondere nicht eine ursprünglich rechtmäßige Herstellung, Veröffentlichung oder Verbreitung des Bildnisses nachträglich rechtswidrig machen. Der Widerruf hat vielmehr eine Ex-nunc-Wirkung.[896] Er bewirkt den Wegfall der Befugnis des Adressaten, über das Bildnis und den darin verkörperten Aspekt der Persönlichkeit des Abgebildeten zur verfügen.[897]

Mit der Erklärung des Widerrufs der Einwilligung in einen Eingriff in das Recht am eigenen Bild ist jedoch nur der erste Schritt getan. In der Praxis wird es dem Betroffenen vor allem darum gehen, das ihn zeigende Bildmaterial vernichtet oder gelöscht zu wissen, oder zumindest den Widerrufsgegner durch einen Unterlassungstitel an der weiteren Verwendung des Bildnisses zu hindern. Dies ist in manchen Fällen sogar schon im Vorfeld von Weitergabe und Veröffentlichung des Bildnisses möglich und vor allem auch notwendig. Die Widerrufserklärung selbst ist damit lediglich die Vorstufe. Die praktische Durchsetzbarkeit eines etwaigen, aus dem Widerruf resultierenden Unterlassungs-, Beseitigungs- und Vernichtungsanspruchs, ist das eigentliche Ziel des Betroffenen. Naturgemäß ist dies mit erheblichen Schwierigkeiten verbunden, insbesondere wenn sich das Bildmaterial im Privatbesitz des Widerrufsgegners oder sogar eines Dritten befindet. Für den Betroffenen wird es wohl kaum zufriedenstellend sein, sich auf das Wort des Widerrufsgegners, er habe entsprechende Aufnahmen gelöscht, verlassen zu müssen. Daneben besteht auch grundsätzlich das Risiko, dass das Bildmaterial weiter vervielfältigt worden ist und sich nunmehr auf Datenträgern befindet, von denen der Betroffene keine Kenntnis hat.

Zu prüfen ist in einem ersten Schritt, welchen Voraussetzungen entsprechende Ansprüche des Widerrufenden unterliegen und wie diese (gerichtlich) geltend gemacht werden können. Des Weiteren soll untersucht werden, wie die Praxis die Vollstreckung derartiger Ansprüche handhabt.

Sodann soll auf die Frage eingegangen werden, welche Ansprüche der Widerrufende als Folge der Ausübung des Widerrufsrechts gegen sich befürchten muss. Diese Problematik stellt sich im besonderen Maße, wenn er für die Erteilung der

---

896 Anstatt vieler *Prinz/Peters,* Medienrecht, Rn. 839.

897 Vgl. LG Oldenburg, Beschl. v. 21.04.1988 – 5 S 1656/87, GRUR 1988, 694 – Grillfest.

entsprechenden Einwilligung seinerzeit ein Entgelt erhalten hat. Unklar ist, ob und in welchem Umfang er das Erhaltene wieder zurückzahlen muss. Daneben sind auch Schadensersatzansprüche des Widerrufsgegners, etwa auf Ersatz des Vertrauensschadens, denkbar.

A. Mögliche Ansprüche des Widerrufenden

Die Rechtsfolgen im Falle der Verletzung des Rechts am eigenen Bild sind in den §§ 33, 37, 38, 41–44, 48 und 50 KUG festgelegt. Dagegen haben Schadensersatz und bereicherungsrechtliche Ansprüche, ebenso wie Unterlassungs- und Beseitigungsansprüche, ihre Rechtsgrundlage im Bürgerlichen Gesetzbuch (§ 823 Abs. 1 BGB i. V. m. § 1004 BGB bzw. i. V. m. §§ 249 ff. BGB).[898] Denn als besonderes Persönlichkeitsrecht ist das Recht am eigenen Bild, ebenso wie das allgemeine Persönlichkeitsrecht, ein sonstiges Recht i. S. d. § 823 Abs. 1 BGB.[899] Schließlich können ergänzend auch die §§ 97 ff. UrhG herangezogen werden.[900]

Ferner kann dem Betroffenen auch ein Anspruch auf Schadensersatz zustehen. Bei schweren Persönlichkeitsrechtsverletzungen kommt sogar ein Anspruch auf Schmerzensgeld aus §§ 823 Abs. 1, 2 BGB i. V. m. §§ 22 und 23 Abs. 2 KUG i. V. m. Art. 1 und 2 Abs. 1 GG in Betracht.[901]

I. Anspruch auf Schadensersatz

Die weitere Veröffentlichung und Verbreitung eines Bildnisses trotz wirksamen Widerrufs kann als Verletzung des Rechts am eigenen Bild Schadensersatzansprüche des Widerrufenden begründen. Das setzt ein schuldhaftes, also entweder vorsätzliches oder fahrlässiges Handeln des Verletzers voraus. Dabei kann aufgrund der nicht eindeutigen Rechtslage und insbesondere der fehlenden gesetzlichen Normierung eines Widerrufsrechts nicht pauschal angenommen werden, dass die weitere Verwendung des Bildnisses trotz zugegangener Widerrufserklärung zwangsläufig schuldhaft erfolgt. So hat beispielsweise das LG Hamburg in einer Entscheidung geurteilt, dass trotz Verwendung des Bildmaterials nach einem wirksamen Widerruf von der Beklagten keine Geldentschädigung

898 Ständige Rechtsprechung, siehe nur BGHZ 143, 214 (218) – Marlene Dietrich; *Schulenberg*, in: Schwartmann, Praxishandbuch, 7, Abschnitt S. 240.

899 Ständige Rechtsprechung, siehe nur BGHZ 24, 72 (77) – Krankenkassenpapiere.

900 *Specht*, in: Dreier/Schulze, Urheberrechtsgesetz, KUG §§ 33-50 Rn. 2.

901 Siehe hierzu insgesamt *Schertz*, in: Loewenheim, Handbuch des Urheberrechts, § 18 Rn. 65.

zu zahlen war, da diese kein hinreichendes Verschulden treffe. Zwar habe die Beklagte unberechtigt den streitgegenständlichen Beitrag nach Zugang einer Widerrufserklärung ausgestrahlt, die Zubilligung eines Widerrufsrechts für die vorliegende Fallsituation würde jedoch keine gefestigte Rechtsprechung darstellen. Daher sei ihr *„nicht im erheblichen Maße vorzuwerfen, wenn sie davon ausging, dass die erteilte Einwilligung Bestand haben würde“.*[902]

Kann dem Widerrufsadressaten dagegen ein Verschuldensvorwurf gemacht werden, kommt grundsätzlich der Ersatz materieller wie auch immaterieller Schäden in Betracht.

1. Die Ersetzung des materiellen Schadens

Die Verletzung des Rechts am eigenen Bild löst einen Schadensersatzanspruch aus § 823 Abs. 2 BGB i. V. m. dem Schutzgesetz des § 22 KUG aus. Daneben besteht der Anspruch aus § 823 Abs. 1 BGB aufgrund Verletzung des allgemeinen Persönlichkeitsrechts.[903] Diese Vorschriften gewähren jedoch nur Ersatz eines materiellen Schadens im Sinne von §§ 249 ff. BGB, setzen also voraus, dass der tatsächliche Wert des Vermögens des Geschädigten geringer ist als der Wert, den das Vermögen ohne die Bildnisverletzung (Weiterverwendung trotz wirksamen Widerrufs) als schädigendes Ereignis haben würde.[904]

Die Ermittlung dieses Vermögensschadens kann (wie auch in den Fällen des § 97 UrhG) auf dreierlei Weise erfolgen: Der Verletzte kann nach seiner Wahl entweder eine angemessene Lizenzgebühr,[905] die Herausgabe des Verletzergewinns oder den Ersatz des konkreten Schadens verlangen.[906] Der Anspruch auf eine angemessene Lizenzgebühr[907] kommt insbesondere dann in Betracht, wenn die Erlaubnis zum Eingriff in das Recht am eigenen Bild üblicherweise nur gegen

---

902 LG Hamburg, Urt. v. 21.1.2005 – 324 0 448/04, NJW-RR 2005, 1357.

903 Anstatt vieler siehe nur *von Strobl-Albeg*, in: Wenzel, Bildberichterstattung, Kapitel 9 Rn. 15.

904 *Fricke*, in: Wandtke/Bullinger, Urheberrecht, § 22 KUG Rn. 28.

905 *Wandkte*, GRUR 2000, 942 plädiert insoweit sogar für die doppelte Lizenzgebühr als Regelsatz.

906 *Fricke*, in: Wandtke/Bullinger, Urheberrecht, § 22 KUG Rn. 28; *von Strobl-Albeg*, in: Wenzel, Bildberichterstattung, Kapitel 9 Rn. 19.

907 Der BGH hatte in BGHZ 20, 345 – Paul Dahlke einen materiellen Schadensersatzanspruch wegen der nicht genehmigten Benutzung des Bildnisses des Schauspielers Paul Dahlke unter Anwendung der fiktiven Lizenzgebühr als Berechnungsgrundlage gewährt.

Zahlung eines Entgelts erfolgt.[908] Die Berechnungsart beruht auf der fiktiven Annahme, dass der Inhaber des verletzten Rechts den Schädiger für die Verletzung eine Lizenz gegen entsprechende Vergütung eingeräumt hätte, und soll den Rechteinhaber auf diese Weise an der Verwertung seines Bildnisses beteiligen.[909] Nicht maßgeblich sei, ob, ein einwandfreies Verhalten des Verletzers unterstellt, tatsächlich ein Vertrag zustande gekommen wäre. Hintergrund ist, dass der Verletzer durch die Verletzung nicht besser gestellt werden sollte, als er im Fall einer ordnungsgemäß nachgesuchten Erlaubnis gestanden hätte. Konsequenz dieser Rechtsprechung, deren Grundsätze sich in der Folgezeit zunächst durchsetzten, ist aber, dass in der Regel lediglich prominente Persönlichkeiten eine Lizenzgebühr für Eingriffe in das Recht am eigenen Bild erhalten konnten, da nur solche sich auch gewöhnlich gegen Entgelt abbilden lassen. [910] Nach früherer Rechtsprechung gingen außerdem Personen leer aus, die zwar grundsätzlich einen Anspruch auf die Lizenzgebühr hatten, für den konkreten Fall jedoch erklärt, auch gegen Zahlung eines Entgelts nicht zur Zustimmung zur Bildnisveröffentlichung bereit gewesen zu sein und ein zum Schmerzensgeldanspruch führender schwerer Persönlichkeitseingriff gleichwohl nicht anzunehmen war.[911] An dieser Rechtsprechung hält der BGH heute jedoch ausdrücklich nicht mehr fest.[912]

2. *Immaterieller Schadensersatzanspruch*

In schwerwiegenden Fällen kann die Verletzung des Rechts am eigenen Bild auch den Ersatz von immateriellen Schäden (Schmerzensgeld) begründen.[913] Der aus Art. 2 Abs. 1 i. V. m. Art. 1 Abs. 1 GG hergeleitete,[914] gesetzlich jedoch nicht kodifizierter Anspruch soll vermeiden, dass eine Verletzung der Würde und Ehre des Menschen ungesühnt bleibt.[915] Mit der Herrenreiter-Entscheidung

---

908 BGHZ 20, 345- Paul Dahlke; BGHZ 26, 349 – Herrenreiter.

909 *Von Strobl-Albeg*, in: Wenzel, Bildberichterstattung, Kapitel 9 Rn. 20; *Wandtke*, GRUR 2000, 942 (943).

910 *Dasch*, Die Einwilligung, S. 20.

911 BGHZ 26, 349- Herrenreiter; BGHZ 30, 7 – Caterina Valente; siehe auch *Dasch*, Die Einwilligung, S. 20.

912 BGHZ 169, 340 – Rücktritt des Finanzministers.

913 BGHZ 132, 13 – Lohnkiller; *Fricke*, in: Wandtke/Bullinger, Urheberrecht, § 22 KUG Rn. 30; *Rixecker*, in: MünchKomm BGB, Anhang § 12 Rn. 294.

914 BVerfGE 34, 269 (292) – Soraya; siehe zur Anspruchsgrundlage auch zur alten Rechtslage *Kutschera*, AfP 2000, 147.

915 *Fricke*, in: Wandtke/Bullinger, Urheberrecht, § 22 KUG Rn. 30; *Rixecker*, in: MünchKomm BGB, Anhang § 12 Rn. 294.

hat der BGH einen solchen Anspruch im Jahre 1958 erstmals ausdrücklich anerkannt und im Wege richterlicher Rechtsfortbildung entschieden, dass dem Verletzten aufgrund unbefugter Bildnisveröffentlichung und des hieraus resultierenden nicht vermögensrechtlichen Schadens eine billige Entschädigung in Geld gewährt werden kann.[916] Der Anspruch hat in erster Linie eine Genugtuungsfunktion, nach neuerer Rechtsprechung[917] kommt ihm jedoch auch eine Präventivfunktion zu.[918]

Er wird jedoch nur gewährt, wenn die Beeinträchtigung schwerwiegend[919] ist und anderweitig nicht abgefangen werden kann,[920] der Schmerzensgeldanspruch ist insoweit subsidiär.[921] In der Regel fehlt es aber beim Recht am eigenen Bild an einer anderweitigen Ausgleichsmöglichkeit.[922] Eine abgegebene Unterlassungserklärung ist hierzu nicht immer geeignet und steht einem Schmerzensgeldanspruch demnach nicht zwangsläufig entgegen. Denn selbst bei Abgabe eines Vertragsstrafeversprechens kann die weitere Abrufbarkeit eines etwa im Internet veröffentlichten Fotos nicht zuverlässig verhindert werden. Es ist allgemein bekannt, dass im Internet veröffentlichte Fotos, auch nach Löschung durch den Urheber, zumindest für eine gewisse Zeit weiter zugänglich bleiben können, wenn sie in der Zwischenzeit von Dritten kopiert und auf neuen Webseiten

---

916 BGHZ 26, 349 – Herrenreiter; siehe zur Geschichte des Geldentschädigungsanspruchs *Gounalakis*, AfP 1998, 10 (12 ff.).

917 BGHZ 128, 1 – Caroline von Monaco I.

918 *Kutschera,* AfP 2000, 147; *Prinz,* NJW 1996, 953 (954); siehe hierzu kritisch *Gounalakis,* AfP 1998, 10 ff.

919 Zu weit geht die Einschätzung von *Dietrich*, ZUM 2014, 661 (665), der in einer Bildveröffentlichung aufgrund der unmittelbaren personenbezogenheit der menschlichen Erscheinung stets eine besonders schwerwiegende Beeinträchtigung des Persönlichkeitsrechts sieht.

920 BGHZ 132, 13 – Lohnkiller; BGH, Urt. v. 12.12.1995- VI ZR 223/94, GRUR 1996, 227 – Wiederholungsveröffentlichung; OLG Hamm, Urt. v. 22.11.2018 – I-4 U 140/17, ZD 2019, 124.

921 *Ruttig,* AfP 2016, 110 (112); *Fricke,* in: Wandtke/Bullinger, Urheberrecht, § 22 KUG Rn. 30.

922 BGH, Urt. v. 12.12.1995 – VI ZR 223/94, GRUR 1996, 227 (229) – Wiederholungsveröffentlichung; kritisch hierzu *Fricke*, in: Wandtke/Bullinger, Urheberrecht, § 22 KUG Rn. 30, der die Zahlung eines Geldbetrages an gemeinnützige Einrichtungen nach Absprache mit dem Betroffenen oder eine freiwillige öffentliche Entschuldigung gerade in Fällen von die Intimsphäre verletzender Bildnispublikationen unter Umständen als anderweitige Ausgleichsmöglichkeit für ausreichend erachtet; siehe hierzu auch *von Strobl-Albeg*, in: Wenzel, Bildberichterstattung, Kapitel 9 Rn. 38 f.

eingestellt, oder sonst wie verwendet worden sind.[923] Genauso wenig schließt die Möglichkeit einer Gegendarstellung den Anspruch auf eine Geldentschädigung aus.[924] Denn dies würde den erneuten Abdruck bzw. eine erneute Veröffentlichung des Bildnisses erfordern, zu dessen Löschung sich der Widerrufsgegner ggf. mittels Unterlassungserklärung verpflichtet hat. Dies ist dem Betroffenen regelmäßig nicht zumutbar, auch wenn das Bildnis in Verbindung mit einem erläuternden Begleittext versehen wird, da infolgedessen sein Bildnis auf Dauer im Internet abrufbar wäre.[925]

Bei der Beurteilung der hinreichenden Schwere der Verletzung des Persönlichkeitsrechts müssen die Umstände des Einzelfalls bestimmt und abgewogen werden. Faktoren hierbei sind etwa die Bedeutung und Tragweite des Eingriffs, Motiv des Handelnden sowie der Verschuldensgrad.[926] Die Rechtsprechung hat mittlerweile Fallkonstellationen herausgearbeitet, in welchen eine Geldentschädigung wegen eines immateriellen Schadens grundsätzlich gewährt werden soll. Für die Verletzung des Rechts am eigenen Bild durch eine weitere Veröffentlichung oder Verbreitung des Bildnisses trotz wirksamen Widerrufs sind dabei die Fälle der Verletzung des Kernbereichs der Privat- und Intimsphäre,[927] die ungenehmigte Verwendung des Bildnisses zu Werbezwecken sowie wiederholte und hartnächtige Veröffentlichungen[928] relevant.[929]

Die Feststellung der Höhe des Entschädigungsanspruchs obliegt in erster Linie dem Tatrichter.[930] Nach aktueller BGH Rechtsprechung ist der Schmerzensgeldanspruch wegen einer Persönlichkeitsrechtsverletzung grundsätzlich nicht vererblich.[931] Dies soll auch gelten, wenn der Anspruch noch zu Lebzeiten des Geschädigten anhängig, oder rechtshängig geworden ist.[932]

---

923 BGHZ 199, 237; OLG Dresden, Urt. v. 30.01.2018 – 4 U 1110/17, AfP 2018, 149.

924 So bereits OLG Dresden, Urt. v. 27.11.2003 – 4 U 991/03, NJW 2004, 1181.

925 OLG Dresden, Urt. v. 30.01.2018 – 4 U 1110/17, AfP 2018, 149.

926 Siehe hierzu *Fricke,* in: Wandtke/Bullinger, Urheberrecht, § 22 KUG Rn. 30; *Ruttig,* AfP 2016, 110 (112) m. w. N.

927 BGH, Urt. v. 22.01.1985- VI ZR 28/33, GRUR 1985, 398.

928 BGH,Urt.v.12.12.1995-VIZR223/94,GRUR1996,227–Wiederholungsveröffentlichung.

929 Siehe hierzu und zu weiteren Fallkonstellationen: *Fricke,* in: Wandtke/Bullinger, Urheberrecht, § 22 KUG Rn. 30.

930 Siehe zur Bestimmung der Höhe ausführlich: *Ruttig,* AfP 2016, 110 (113 f.).

931 Kritisch hierzu und die Problematik eingehend beleuchtend: *Beuthien,* GRUR 2014, 957.

932 BGHZ 215, 117; BGHZ 201, 45- Berichterstattung über trauernden Entertainer.

3. Schadensersatz wegen Verstoß gegen die DSGVO

Gegenüber den nationalen Vorschriften des Kunsturhebergesetzes sowie den Bestimmungen zum Schutz des allgemeinen Persönlichkeitsrechts ist die Datenschutzgrundverordnung vorrangig anzuwenden. Art. 82 Abs. 1 DSGVO enthält eine eigenständige Anspruchsgrundlage für Datenschutzverstöße, die über den früheren § 7 BDSG 2003 noch hinausgeht.[933] Diese greift freilich nur für den Widerruf einer datenschutzrechtlichen Einwilligung.

II. Ansprüche aus ungerechtfertigter Bereicherung

Neben dem Anspruch auf Schadensersatz kann die Verletzung des Rechts am eigenen Bild einen Anspruch aus ungerechtfertigter Bereicherung gemäß § 812 Abs. 1 S. 1 Fall 2 BGB begründen.[934] Dies zumindest dann, wenn die Nutzung des Bildnisses zu kommerziellen Zwecken (weiter) erfolgt.[935] Der Anspruch ist der Höhe nach auf die Zahlung der üblichen Lizenzgebühr gerichtet. Der Widerrufsgegner muss dementsprechend dasjenige an den widerrufenden Abgebildeten auskehren, was er nach Zugang des Widerrufs durch die nunmehr unrechtmäßige Verwendung des Bildnisses erlangt hat.[936] Die unbefugte Verwendung des Bildnisses (etwa nach Widerruf der Einwilligung) stellt insoweit sowohl einen Eingriff in den vermögensrechtlichen Zuweisungsgehalt des Rechts am eigenen Bild als auch des allgemeinen Persönlichkeitsrechts dar.[937] Bereicherungsgegenstand ist die einwilligungslose kommerzielle Nutzung des Bildnisses. Da eine Herausgabe naturgemäß nicht möglich ist, ist gemäß § 818 Abs. 2 BGB Wertersatz zu leisten.

III. Anspruch auf Unterlassung

Zum Schutze der Persönlichkeit ist es erforderlich, dass die Rechtsordnung nicht lediglich Ansprüche aus einer entstandenen Verletzung gewährt, sondern schon der Schadenszufügung vorbeugt.[938] Dem Unterlassungsanspruch kommt im

---

933 *Rixecker*, in: MünchKomm BGB, Anh. § 12 Rn. 294; *Spittka*, GRUR-Prax 2019, 475.

934 *Fricke*, in; Wandtke/Bullinger, Urheberrecht, § 22 KUG Rn. 26; *von Strobl-Albeg*, in: Wenzel, Bildberichterstattung, Kapitel 9 Rn. 16.

935 BGH, Urt. v. 20.03.2012 – VI ZR 123/11, ZUM 2012, 474.

936 OLG München, Urt. v. 09.03.1995 – 29 U 3903/94, ZUM 1996, 160; vgl. hierzu *von Strobl-Albeg*, in: Wenzel, Bildberichterstattung, Kapitel 9 Rn. 24.

937 Vgl. hierzu *von Strobl-Albeg*, in: Wenzel, Bildberichterstattung, Kapitel 9 Rn. 24.

938 Vgl. *Hubmann*, Urheber-und Verlagsrecht, S. 356.

Rahmen des Widerrufs einer Einwilligung eine besondere Bedeutung zu, da ein Schadensersatz für die Beeinträchtigung ideeller Interessen zum einen in der Regel nicht in vollem Umfang möglich ist, und zum anderen das eigentliche Ziel des Betroffenen, eine Verletzung seiner Rechte von vornherein zu verhindern, nur auf diese Weise erreicht werden kann.

Die Unterlassungsklage ist vom Gesetzgeber nicht allgemein geregelt worden, sondern wurde zum Schutz einzelner Rechte von Fall zu Fall gewährt. Heute ist anerkannt, dass die allgemeinen zivilrechtlichen Vorschriften der §§ 823 Abs. 1, 1004 BGB, sowie auch §§ 823 Abs. 2, 1004 BGB i. V. m. § 22 KUG einen Anspruch auf Unterlassung einer unzulässigen Verbreitung oder öffentliche Zurschaustellung von Bildnissen (und Bildern) gewähren.[939] Durch die Geltendmachung des Unterlassungsanspruchs sollen künftige Störungen des Rechts am eigenen Bild verhindert werden. Er ist daher begründet, wenn eine Verletzung des Bildnisrechts zu befürchten steht. Das setzt eine Erstbegehungs- oder Wiederholungsgefahr für die Verletzung eines (fremden) Persönlichkeitsrechts voraus, ein Verschulden ist dagegen nicht erforderlich.[940] Für die für diese Arbeit relevante Ausgangssituation bedeutet dies die Gefahr einer weiteren Verbreitung oder Publizierung des Bildnisses trotz wirksamen Widerrufs.

Vom Vorliegen einer Erstbegehungsgefahr kann nur ausgegangen werden, wenn konkrete und greifbare Anhaltspunkte dafür bestehen, dass eine Verletzung der Rechte des Abgebildeten ernstlich droht.[941] Eine solche Absicht wird etwa durch Erklärungen des Produzenten oder Ankündigungen im Programm deutlich.[942] Schon das Herstellen eines Bildnisses kann insoweit die Erstbegehungsgefahr der nachfolgenden Verwertung begründen, wenn beispielsweise die berufliche Tätigkeit des Aufnehmenden die geplante Veröffentlichung indiziert, und diese Veröffentlichung rechtswidrig wäre.[943] Auch die Weigerung, die

---

939 *Specht,* in: Dreier/Schulze, Urheberrechtsgesetz, §§ 33-50 KUG Rn. 6; *Fricke,* in: Wandtke/Bullinger, Urheberrecht, § 22 KUG Rn. 23; *von Strobl-Albeg*, in: Wenzel, Bildberichterstattung, Kapitel 12 Rn. 1 ff.

940 BGH, Urt. v. 17.11.1960 – I ZR 87/59, GRUR 1961, 138 – Familie Schölermann; OLG München, Urt. v. 17.03.1989 – 21 U 4729/88, OLGZ 1990, 97 (98); *Specht*, in: Dreier/Schulze, Urheberrechtsgesetz, §§ 33–50 KUG Rn. 7.

941 Ständige Rechtsprechung, siehe nur BGH, Urt. v. 16.01.1992 – 1 ZR 20/90, GRUR 1992, 404 (405) – Systemunterschiede m. w. N.; *Götting*, in: Schricker/Loewenheim, Urheberrecht, § 22 KUG Rn. 34; *Specht,* in: Dreier/Schulze, Urheberrechtsgesetz, §§ 33–50 KUG Rn. 6a.

942 *Fricke,* in: Wandtke/Bullinger, Urheberrecht, § 22 KUG Rn. 23.

943 LG München I, Urt. v. 10.07.1996 – 21 O 23932/95, AfP 1997, 559, (560) – Pumuckl; *Specht,* in: Dreier/Schulze, Urheberrechtsgesetz, §§ 33-50 KUG Rn. 6; *Helle,* Besondere

streitgegenständliche Aufnahme zu löschen, kann eine Erstbegehungsgefahr begründen.[944]

Für eine Wiederholungsgefahr besteht eine tatsächliche Vermutung, wenn eine rechtswidrige Veröffentlichung bereits erfolgt ist.[945] Eine bereits erfolgte rechtmäßige Veröffentlichung oder Verbreitung vor Zugang der Widerrufserklärung reicht nicht aus. Es muss vielmehr schon nach Zugang des Widerrufs zu einer rechtswidrigen Veröffentlichung gekommen sein. So wurde in einer Entscheidung des OLG Karlsruhe eine Wiederholungsgefahr verneint, weil keine Anhaltspunkte dafür bestanden, dass die Beklagten die zunächst rechtmäßig verwendeten Aufnahmen in dem mittlerweile veralteten Katalog noch einmal verwenden würden.[946]

Durch die Abgabe einer Unterlassungserklärung entsteht eine vertragliche Bindung. Der Unterlassungsschuldner schuldet hiernach ein bloßes Nichtstun. Allerdings muss er durch aktives Tun weiterhin dafür sorgen, dass es nicht zu weiterer Störung der untersagten Art kommt.[947] Die Verpflichtung bezieht sich jedoch nur auf diejenigen Störungen, die ihre Wurzeln im Einwirkungsbereich des Unterlassungsschuldners haben.[948] Hat der Verantwortliche Bildnisse rechtswidrig ins Internet gestellt, so ist im Rahmen seiner Möglichkeiten verpflichtet, alle Schritte zu veranlassen, um sie auch wieder aus dem Internet zu entfernen.[949] Die Produzentin einer Fernsehsendung muss etwa den Privatsender zeitnah über eine Unterlassungsverpflichtung hinsichtlich der geplanten Ausstrahlung der Aufnahmen informieren.[950]

IV. Anspruch auf Beseitigung/Löschung/Vernichtung

Der Beseitigungsanspruch kommt vor allem dann zum Tragen, wenn die Verletzung des Rechts am eigenen Bild fortwirkt und damit begrifflich keine

---

Persönlichkeitsrechte, S. 214 a. A. OLG Hamburg, Urt. v. 12.10.1999 - 7 W 73/99, ZUM 2000, 163 und *Fricke*, in: Wandtke/Bullinger, Urheberrecht, § 22 Rn. 23.

944 LG Düsseldorf, Urt. v. 27.10.2010 - 12 O 309/10, ZUM-RD 2011, 247 (249) - Loveparade.

945 BGH, Urt. v. 19.10.2004 - VI ZR 292/03, GRUR 2005, 76 (78) - Rivalin von Uschi Glas; *Fricke*, in: Wandtke/Bullinger, Urheberrecht, § 22 KUG Rn. 24; *Specht*, in: Dreier/Schulze, Urheberrechtsgesetz, §§ 33-50 KUG Rn. 6.

946 OLG Karlsruhe, Urt. v. 31.03.1983 - 4 U 179/81, BeckRS 2010, 9609.

947 *Specht*, in: Dreier/Schulze, Urheberrechtsgesetz, §§ 33-50 KUG Rn. 6c.

948 *Specht*, in: Dreier/Schulze, Urheberrechtsgesetz, §§ 33-50 KUG Rn. 6c.

949 Ähnlich OLG Hamburg, Beschl. v. 18.02.2015 - 7 W 24/15, ZUM-RD 2015, 665.

950 LG Köln, Urt. v. 01.06.2016 - 28 O 84/16, AfP 2016, 87.

Erstbegehungs- oder Wiederholungsgefahr besteht. Durch den Beseitigungsanspruch kann eine noch andauernde Störung beendet werden.

1. Besondere Beseitigungsansprüche, §§ 37 ff. KUG

Für die Verletzung des Rechts am eigenen Bild normiert das Kunsturhebergesetz in den §§ 37 ff. sondergesetzliche, auf Vernichtung, Übernahme und Herausgabe von Bildnissen und den zu ihrer Vervielfältigung ausschließlich bestimmten Vorrichtungen gerichtete Anspruchsgrundlagen. Verdeutlicht werden soll an dieser Stelle noch einmal, dass eine Verletzung des Bildnisrechts nicht nur im Falle einer nicht erteilten Einwilligung nach § 22 S. 1 KUG vorliegt, sondern eben auch, wenn eine solche Einwilligung später wirksam widerrufen worden ist und das Bildnis weiterhin verwendet wird.

Ob, und wenn ja aus welchen gesetzlichen Vorschriften sich im konkreten Fall Ansprüche ergeben, macht eine Unterscheidung zwischen Eingriffen in das allgemeine und besondere Persönlichkeitsrecht erforderlich. Denn nur im Bereich des von den §§ 22 ff. KUG geregelten besonderen Persönlichkeitsrechts besteht bei unzulässiger Verbreitung und öffentlichen Zurschaustellungen ein Anspruch auf Vernichtung oder Herausgabe des Bildmaterials aus §§ 37, 38 KUG direkt. Wird lediglich eine Einwilligung in die Anfertigung der Aufnahme bzw. das damit einhergehende Einverständnis mit der Verfügungsgewalt über das Bildnis widerrufen, kann sich selbiger Anspruch nur aus einer Analogie zu §§ 37, 38 KUG ergeben.[951] Das LG Oldenburg hält eine analoge Anwendung der §§ 37, 38 KUG für geboten, wenn die Bildnisherstellung rechtswidrig war, oder auch wenn nach zunächst rechtmäßiger, d.h. mit Einwilligung vorgenommener Anfertigung, ein wirksamer Widerruf des Betroffenen vorliegt.[952]

Gemäß § 37 Abs. 1 S. 1 KUG unterliegen die widerrechtlich hergestellten, verbreiteten oder vorgeführten Exemplare und die zur widerrechtlichen Vervielfältigung oder Vorführung ausschließlich bestimmten Vorrichtungen der Vernichtung. Gleiches gilt nach Satz 2 für widerrechtlich verbreitete oder öffentlich zur Schau gestellten Bildnissen und den zu deren Vervielfältigung ausschließlich bestimmten Vorrichtungen. Nach § 37 Abs. 2 KUG unterliegen dem Vernichtungsanspruch nur Gegenstände, die sich im Eigentum des an

951 LG Oldenburg, Beschl. v. 21.04.1988- 5 S 1656/87, GRUR 1988, 694 – Grillfest.
952 LG Oldenburg, Beschl. v. 21.04.1988- 5 S 1656/87, GRUR 1988, 694 – Grillfest.

der Verletzung Beteiligten befinden. Ein Verschulden ist von § 37 KUG nicht vorausgesetzt.[953] Ebenso wenig wie die Veröffentlichung des Bildnisses.[954]

Die Vorschriften sind durch den Vorbehalt der Verhältnismäßigkeit begrenzt. Daher kommen eine Vernichtung und Herausgabe des Originals und insbesondere der Negative nur in Betracht, wenn die betreffenden Bildnisse rechtswidrig angefertigt worden sind und auch keine rechtmäßige Verwendung vorstellbar ist.[955] Der Anspruch setzt insoweit grundsätzlich das Bestehen eines uneingeschränkten Unterlassungsanspruchs in Bezug auf eine künftige Veröffentlichung voraus.[956] Denn es ergeben sich aus verfassungsrechtlicher Sicht Bedenken, wenn die Verbreitung des Bildnisses nicht aus sich heraus und zeitlich unbeschränkt unzulässig ist.[957]

Der Verhältnismäßigkeitsgrundsatz erfordert aber auch, dass im Einzelfall als milderes Mittel eine Unkenntlichmachung der betreffenden Person auf dem Bildnis einer Vernichtung vorgeht. Dabei ist allein ein Augenbalken je nach Fallgestaltung nicht notwendigerweise ausreichend.[958]

Nach § 37 Abs. 4 S. 1 darf die Vernichtung erst ab Rechtskraft des auf sie erkennenden Urteils erfolgen. Aus diesem Grund kann im Rahmen des vorläufigen Rechtsschutzes nur auf Herausgabe der Fotos und Negative an den Gerichtsvollzieher als Sequester erkannt werden, nicht aber auf Vernichtung.[959]

Statt der Vernichtung nach § 37 KUG kann der Verletzte aber nach § 38 KUG verlangen, dass ihm die die Rechtsverletzung begründenden Exemplare gegen eine angemessene, höchstens den Herstellungskosten entsprechende Vergütung überlassen werden. Die Voraussetzungen des § 37 KUG müssen gewahrt sein, da der § 38 KUG anstelle des Vernichtungsanspruchs geltend gemacht werden kann.[960] Unabhängig von der Zahlung eines solchen Entgelts kann jedoch der Verletzte die unentgeltliche Herausgabe des Negatives und vorhandener Abzüge

---

953 BGH, Urt. v. 17.11.1960 – I ZR 87/59, GRUR 1961, 138 – Familie Schölermann.

954 OLG München, Urt. v. 31.03.1995 – 21 U 3377/94, AfP 1995, 658 (661); OLG Stuttgart, Urt. v. 30.01.1987 – 2 U 195/86, AfP 1987, 693.

955 OLG Hamburg, Beschl. v. 25.06.1995 – 7 U 177/95, AfP 1997, 535; *Fricke*, in: Wandtke/Bullinger, Urheberrecht, § 22 KUG Rn. 38.

956 *Wanckel*, in: Paschke/Berlit/Meyer, Gesamtes Medienrecht, 44. Abschnitt Rn. 4.

957 *Von Strobl-Albeg*, in: Wenzel, Bildberichterstattung, Kapitel 9 Rn. 13.

958 KG, Urt. v. 28.04.2011 – 10 U 196/10, MMR 2012, 258; LG Köln, Urt. v. 10.10.2012 – 28 O 195/12, ZUM 2012, 5.

959 OLG Celle, Urt. v. 08.08.1984 – 13 U 44/84, AfP 1984, 236.

960 KG Berlin, Urt. v. 13.06.2006 – 9 U 251/05, AfP 2006, 369 (371).

verlangen, wenn dies zur Sicherung des Unterlassungsanspruchs erforderlich ist.[961]

2. Beseitigungsanspruch nach BGB

Liegt keine unzulässige Verbreitungs- oder Veröffentlichungshandlung vor, kann der Eingriff in das Bildnisrecht aber auch dadurch bestehen, dass jemand die Verfügungsmacht über ein Bildnis gegen den Willen des Abgebildeten (weiterhin) ausübt, etwa weil dieser seine ursprünglich erteilte Einwilligung widerrufen hat oder auch, weil schon die Aufnahme selbst rechtswidrig erlangt worden ist. In Betracht kommt aber ein Löschungsanspruch nach § 823 Abs. 1, § 1004 BGB wegen der Verletzung des allgemeinen Persönlichkeitsrechts.[962] Teilweise wird von der Rechtsprechung ausdrücklich offen gelassen, ob der Anspruch aus dem Bürgerlichen Gesetzbuch, oder einer analogen Heranziehung der §§ 37, 38 KUG herzuleiten ist.[963]

3. Löschungsanspruch nach Datenschutzrecht

Im Anwendungsbereich der Datenschutzgrundverordnung kann ein Anspruch des Betroffenen auf Löschung des von ihm angefertigten Bildmaterials aus § 17 DSGVO bestehen. Dieser Anspruch ist ein besonders einschneidendes Schwert gerade dann, wenn die jeweiligen Aufnahmen nicht nur ihn, sondern auch andere Personen zeigen.

Liegen die Voraussetzung der Vorschrift des Art. 17 DSGVO vor, müssen die Foto- und Filmaufnahmen des Abgebildeten auf sein Verlangen hin gelöscht werden. Nach Art. 17 Abs. 1 DSGVO setzt das Löschungsbegehren aber voraus, dass die Verwendung rechtswidrig ist, oder eine bestehende Rechtsgrundlage später weggefallen ist. Das heißt, der Widerruf muss in jedem Fall wirksam sein, um den Löschungsanspruch zu begründen. Der Anspruch vermag gerade nicht ohne Grund eine vertragliche Verbindung aufzuhebeln.[964]

---

961 *Von Strobl-Albeg*, in: Wenzel, Bildberichterstattung, Kapitel 9 Rn. 11.

962 OLG Koblenz, Urt. v. 20.05.2014 - 3 U 1288/13, ZUM 2015, 58; LG Aschaffenburg, Urt. v. 31.10.2011 - 14 O 21/11, NJW 2012, 787 (788).

963 OLG München, Urt. v. 31.03.1995 - 21 U 3377/94, AfP 1995, 658.

964 Vgl. auch *Reuter/Schwarz*, ZUM 2020, 31 (36).

V. Prozessuales

Der Betroffene ist für die grundlegend vollzogene Persönlichkeitswandlung, mit welcher er das Vorliegen eines Widerrufsgrundes behauptet, darlegungs- und beweispflichtig.[965] Daneben gilt es, zahlreiche weitere prozessuale Voraussetzungen zu beachten.

1. Rechtsweg und Verfahrensart

Als Gerichtsstand kommt bei Verletzungen des Rechts am eigenen Bild, wie auch des allgemeinen Persönlichkeitsrechts, neben dem allgemeinen Gerichtsstand des Beklagten, §§ 12 ff. ZPO, auch der besondere Gerichtsstand der unerlaubten Handlung, § 32 ZPO, in Betracht.[966] Ist das Bildnis in mehreren EU-Vertragsstaaten verbreitet, hat der Betroffene gemäß Art. 5 Nr. 3 EuGVVO die Wahl zwischen mehreren Gerichtsständen.[967]

2. Hinreichende Bestimmtheit des Antrags

Schwierigkeiten bei der Durchsetzung des Widerrufs bereitet in der Praxis vor allem die hinreichende Bestimmtheit des Klageantrags gemäß § 253 Abs. 2 Nr. 2 ZPO. Nach dieser Vorschrift muss die Klageschrift neben der Bezeichnung der Parteien und des Gerichts die bestimmte Angabe des Gegenstandes und des Grundes des erhobenen Anspruchs, sowie einen bestimmten Antrag enthalten.

Durch die hinreichende Bestimmtheit des Klageantrags soll der Streitgegenstand festgelegt werden, eine gezielte Verteidigung des Beklagten erleichtert und zudem die Zwangsvollstreckung aus dem Urteil heraus ermöglicht werden. Um diese Ziele zu erreichen, ist es erforderlich, den Antrag so eindeutig wie möglich zu formulieren, wenigstens durch Bezug auf eine Anlage.[968]

---

965 LG Köln, Urt. v. 20.12.1995 – 28 O 406/95, AfP 1996, 186.

966 *Specht*, in: Dreier/Schulze, §§ 33-50 KUG. Rn. 31.

967 LG Nürnberg-Fürth, Beschl. v. 06.02.2009 – 11 O 762/09, AfP 2009, 178, siehe zur Zuständigkeit bei inner- und außereuropäischen Sachverhalten ausführlich *Specht*, in: Dreier/Schulze, Urheberrechtsgesetz, §§ 33–50 KUG Rn. 31 ff.; sowie von *Strobl-Albeg*, in: Wenzel, Bildberichterstattung, Kapitel 7 Rn. 144–151.

968 *Foerste*, in: Musielak/Voit, ZPO § 253 Rn. 29.

a) Hinreichende Bestimmtheit von Unterlassungsansprüchen

Eine große Hürde, die der Unterlassungsanspruch mit sich bringt, ist, dass der Anspruchssteller von der Erstbegehungsgefahr einer rechtswidrigen Bildveröffentlichung hinreichend Kenntnis besitzen muss. Zudem muss er grundsätzlich auf das Unterlassen einer konkreten Verletzungsform gerichtet sein.[969] Das birgt zwangsläufig die Gefahr, dass der Verletzer die Möglichkeit ausnutzt, die Rechtsverletzung auf eine ähnliche, aber andere Weise als im Unterlassungsanspruch bezeichnet, zu begehen. Aus diesem Grund erscheint der in der Literatur vorgebrachte Vorschlag, die Auslegung der Tenorierung des Unterlassungsanspruchs auszudehnen, sodass nicht nur eine konkrete Verletzungshandlung, sondern mehrere auch zukünftig mögliche Verletzungen erfasst werden, durchaus sinnvoll.[970] Ein weiter gefasster Tenor birgt jedoch Probleme im Rahmen einer etwaigen erforderlichen Vollstreckung.[971]

Unterlassungsanträge sind zwar grundsätzlich auslegungsfähig,[972] müssen sich aber – über den Wortlaut der jeweiligen Verbotsform hinau – möglichst genau an die im Raum stehende Verletzungsform anpassen.[973] Bei Eingriffen in Persönlichkeitsrechte besteht deshalb die Gefahr, dass ein zu eng gefasster Unterlassungstitel durch ähnliche Verletzungshandlungen umgangen wird.[974] Aus diesem Grund ist nach der Rechtsprechung des BGH eine gewisse Verallgemeinerung von Antrag und Titel zulässig, wenn darin zumindest das Charakteristische der konkreten Verletzungstatbestände zum Ausdruck kommt (sog. Kerntheorie). Der Antrag darf aber dennoch nicht zu undeutlich gefasst sein. Zu unterbleiben haben insbesondere Formeln wie „eindeutig“, „unübersehbar“ „ähnlich wie“.[975] Ein abstrakt gefasster und durch einen mit dem Wort „insbesondere“ eingeleiteten Zusatz ergänzter Unterlassungsantrag ist regelmäßig dahin auszulegen, dass der Kläger für den Fall, dass er mit dem abstrakt gefassten Antrag keinen Erfolg hat, jedenfalls die Unterlassung des konkret beanstandeten Verhaltens begehrt.[976] Ein solcher Antrag ist nur zulässig, wenn der mit

---

969 Vgl. *Ahrens*, Medienberichterstattung, Rn. 239; *Prinz*, NJW 1995, 817.

970 Siehe hierzu *Gounalakis*, AfP 1998, 10 (22).

971 *Gounalakis*, AfP 1998, 10 (22 f.).

972 Vgl. hierzu BGH, Urt. v. 29.04.2010 – I ZR 202/07, GRUR 2010, 749 (751).

973 BGH, Urt. v. 29.06.1995 – I ZR 137/93, GRUR 1995, 832; BGH, Urt. v. 29.04.2010 – I ZR 202/07, GRUR 2010, 749 (751); *von Ungern-Sternberg*, GRUR 2011, 375 (380 ff. und 486 ff.).

974 Siehe nur KG, Urt. v. 28.07.2006 – 9 U 191/05, GRUR 2007, 80.

975 *Foerste*, in: Musielak/Voit, ZPO § 253 Rn. 33.

976 *Bacher*, in: BeckOK ZPO, § 253 Rn. 7.1.

„insbesondere" eingeleitete Zusatz seinerseits hinreichend bestimmt ist und wenn sein Gegenstand vom abstrakt gefassten Unterlassungsbegehren umfasst wird.[977]

b) Hinreichende Bestimmtheit von Löschungs- und Beseitigungsansprüchen

Schwierigkeiten können auch bei der präzisen Formulierung des Löschungsanspruchs bestehen. Wird etwa die Löschung aller im unmittelbaren oder mittelbaren Besitz des Anspruchsgegners befindliche elektronische Vervielfältigungsstücke beantragt, so ist zu bedenken, dass nach § 854 Abs. 1 BGB ein Besitz eigentlich nur an Sachen und somit an körperlichen Gegenständen möglich ist. Hierzu zählen elektronische Vervielfältigungsstücke, anders als deren Verkörperung auf einem Datenträger,[978] gerade nicht. In einem jüngst entschiedenen Fall musste der BGH daher eine Auslegung dahin gehend vornehmen, dass nach dem Tenor auch solche Dateien erfasst sein sollten, auf die der Beklagte wie ein unmittelbarer Besitzer eine jederzeitige Eingriffsmöglichkeit hat, oder bei denen, wie im Fall des mittelbaren Besitzes, Dritte von ihm eine derartige Einwirkungsmöglichkeit ableiten.[979] Nach dem BGH solle es insoweit nur darauf ankommen, ob der auf Löschung in Anspruch Genommene eine (ggf. mittelbare) Funktionsherrschaft über die Daten innehat.[980]

Richtet sich der Antrag auf die Vornahme einer Handlung, muss lediglich der angestrebte Erfolg näher konkretisiert und präzisiert werden. Gleiches gilt für Beseitigungsansprüche, § 1004 BGB. Denn es obliegt dem Schuldner, unter mehreren geeigneten und zumutbaren Mitteln eines auszuwählen.[981] Klagen auf Herausgabe oder Vernichtung muss das streitgegenständliche Objekt eindeutig bezeichnen,[982] Massenartikel zumindest möglichst genau.[983]

Problematisiert wurde die hinreichende Bestimmtheit des Antrags auch in der berühmt berüchtigten Entscheidung des BGH bzw. des OLG Koblenz aus dem Jahr 2015, in welcher es um den Löschungsanspruch von intimen Bildaufnahmen

---

977 BGH, Urt. v. 05.11.2015 – I ZR 50/14, GRUR 2016, 705 Rn. 13.

978 Vgl. BGH, Urt. v. 15.11.2006 – XII ZR 120/04, NJW 2007, 2394 Rn. 15 und Urt. v. 14.07.1993 – VIII ZR 147/92, NJW 1993, 2436, 2437 f. jeweils m. w. N.

979 BGHZ 207, 163.

980 BGHZ 207, 163; vgl. auch *Bohne,* in: Wandtke/Bullinger, Urheberrecht, § 98 UrhG Rn. 19.

981 BGH, Urt v. 24.02.1978 – V ZR 95/75, NJW 1978, 1584 (1585).

982 BGHZ 206, 211 – Tonbänder; BGHZ 207, 163.

983 *Foerste*, in: Musielak/Voit, ZPO § 253 Rn. 32.

nach Beziehungsende ging.[984] Beantragt war von der Klägerin zum einen die Löschungspflicht von im *„unmittelbaren oder mittelbaren Besitz des Beklagten befindlichen“* Abbildungen, zum anderen sollte sich diese auf Fotos beziehen, auf denen die Klägerin „vor, während oder im Anschluss an den Geschlechtsverkehr abgebildet ist“. Der BGH hielt diese Formulierungen im konkreten Fall für noch hinreichend bestimmt. Der Sinn und Zweck des Bestimmtheitsgebots sei gewahrt, da dem Beklagten die Möglichkeit verblieb, sich erschöpfend und gezielt zu verteidigen, die Zwangsvollstreckung auch ohne eine Fortsetzung des Streits im Vollstreckungsverfahren möglich erschien und auf der anderen Seite auch das Interesse der Klägerin an einem wirksamen Rechtsschutz kein anderes Ergebnis zugelassen hätte. Denn die Klägerin war lediglich in der Lage, die streitgegenständlichen Aufnahmen abstrakt zu beschreiben. Eine konkretere Tenorierung wäre ohne das Zutun des Beklagten gar nicht möglich gewesen.

Diese Entscheidung entspricht insoweit der Rechtsprechung des BGH, wonach eine auslegungsbedürftige Antragsformulierung dann hinzunehmen ist, wenn dies zur Gewährleistung effektiven Rechtsschutzes erforderlich ist.[985]

3. *Vollstreckung*

Der Anspruch auf Vernichtung des Bildmaterials muss gegebenenfalls nach §§ 887, 892 ZPO durchgesetzt werden.[986] Nach anderer Auffassung soll eine Vollstreckung nach § 888 ZPO erfolgen.[987] Die Entscheidung der Streitfrage hängt maßgeblich davon ab, ob die Vernichtung eine vertretbare, oder unvertretbare Handlung darstellt. Ist der Schuldner verpflichtet, eine bewegliche Sache oder eine Menge bestimmter beweglicher Sachen herauszugeben, so sind die von dem Gerichtsvollzieher ihm wegzunehmen und dem Gläubiger zu übergeben, § 883 Abs. 1 ZPO.

B) Ansprüche des Widerrufsgegners

Auch die Rechtsfolge eines etwaigen Widerrufsrechts ist streitig. Insbesondere die Frage, ob und in welcher Höhe sich Entschädigungspflichten für den Widerrufenden ergeben, wird nicht einheitlich beurteilt.[988]

---

984 BGHZ 2007, 163.

985 BGH, Urt. v. 21.05.2015 – I ZR 183/13, GRUR 2015, 1237 Rn. 13.

986 OLG Frankfurt am Main, Beschl. v. 22.05.2006 – 11 W 13/06, GRUR-RR 2007, 30; *Wanckel*, in: Paschke/Meyer/Berlit, Gesamtes Medienrecht, 44. Abschnitt Rn. 12.

987 *Steffen*, in: Löffler, Presserecht, § 6 LPG Rn. 350.

988 *Piltz*, Soziale Netzwerke, S. 266.

Der Widerruf und die hieraus resultierende ex nunc Unwirksamkeit der Einwilligung kann gravierende finanzielle Konsequenzen nach sich ziehen. Zur Veranschaulichung der Problematik kann hier ein ganz alltägliches Fallbeispiel herangezogen werden: Ein Fotomodel erklärte einst gegenüber einem Fotografen sowie einem Verlag gegen Zahlung eines entsprechenden Entgelts sein Einverständnis mit der Ablichtung bzw. Abbildung der von ihm angefertigten Aktaufnahmen in einem Biologieschulbuch.[989] Der Verlag hat sich wiederum die Rechte an den Bildern vom Fotografen gegen Zahlung einer entsprechenden Vergütung abtreten lassen. Im Anschluss hat der Verlag Geldmittel aufgewendet, um das Biologieschulbuch, in welchem das besagte Model unbekleidet abgebildet ist, zu publizieren und zu vermarkten. Einige Zeit später möchte das Model seine damals erteilte Einwilligung widerrufen und eine weitere Abbildung in der Folgeauflage des Schulbuchs unterbinden. Angenommen, die persönlichkeitsrechtlichen Belange des Models sprechen tatsächlich für eine Zulässigkeit des Widerrufs. Muss das Model seine damals erhaltene Vergütung zurückzahlen und wenn ja, in welcher Höhe? Korrespondiert die Höhe eines etwaigen Rückzahlungsanspruchs des Verlags mit der Länge, die er das Bildnis tatsächlich nutzen konnte? Und hat der Verlag gegen das Model einen Schadensersatzanspruch?

I. Anspruch auf Schadensersatz

1. Ersatz des materiellen Schadens

Beim Rückrufsrecht des Urhebers wegen gewandelter Überzeugungen hat dieser den Inhaber des zurückgerufenen Nutzungsrechts gemäß § 42 Abs. 3 S. 1 UrhG angemessen zu entschädigen. Die Höhe der Entschädigung wird in Satz 2 im Mindestmaß auf die Aufwendungen festgesetzt, die der Inhaber des Nutzungsrechts bis zur Erklärung des Rückrufs gemacht hat. Die Wirksamkeit des Rückrufs wird dabei an die Erstattung bzw. Sicherheitsleistung dieser Aufwendungen geknüpft, S. 3.

Fraglich ist, ob beim Widerruf einer Einwilligung nach § 22 S. 1 KUG eine analoge Anwendung dieser Vorschrift in Betracht kommt. Bekanntlich setzt eine Analogie eine planwidrige Regelungslücke und eine vergleichbare Interessenslage voraus. Von einer planwidrigen Regelungslücke kann in Anbetracht des Alters des Kunsturhebergesetzes, welches aus dem Jahr 1907 stammt, durchaus ausgegangen werden.

---

989 Angelehnt an BGH, Urt. v. 22.01.1985 – VI ZR 28/83, NJW 1985, 1617 (1619) – Humanbiologischer Schulunterricht.

Schwieriger zu beurteilen ist, ob dem Widerruf einer Einwilligung nach § 22 S. 1 KUG eine vergleichbare Interessenslage wie beim Rückrufsrecht des Urhebers wegen gewandelter Überzeugungen zugrunde liegt. Problematisch ist dabei, dass eine etwaige Entschädigungspflicht den Betroffenen davon abhalten könnte, sein Widerrufsrecht geltend zu machen. Er müsste also unter Umständen eine Verletzung des Persönlichkeitsrechts hinnehmen, weil er sich eine Entschädigungszahlung nicht leisten kann. Nach Ludyga kommt eine analoge Anwendung der Entschädigung nach § 42 Abs. 3 UrhG daher vor dem Hintergrund der „*Ausübung des Selbstbestimmungsrechts und der Bedeutung des Persönlichkeitsrechts*" mangels vergleichbarer Interessenslage nicht in Betracht.[990] Denn auf diese Weise würde die Verletzung des Persönlichkeitsrechts unter Umständen perpetuiert werden.[991]

Auch das AG Charlottenburg hat klargestellt, dass keine hinreichende Interessensidentität bestehe, da das Recht am eigenen Bild als Ausformung des verfassungsrechtlich garantieren allgemeinen Persönlichkeitsrechts einem stärkeren Schutz unterliege, als die im Urhebergesetz geschützten Rechte an Werken der Literatur, Wissenschaft und Kunst.[992] Zum Schutze des Selbstbestimmungsrechts dürfte dieses nicht durch die Verpflichtung zur Zahlung einer Entschädigung erschwert werden. Es komme lediglich der Ersatz des Vertrauensschadens in analoger Anwendung des § 122 BGB in Betracht.

Die Auffassung ist jedoch nicht ganz unumstritten. So finden sich in der Literatur auch Stimmen, die sich für eine analoge Anwendung des § 42 Abs. 3 UrhG aussprechen. Nach Frömming etwa habe der Widerrufende den Erklärungsempfänger gemäß § 42 Abs. 3 UrhG analog in angemessener Höhe zu entschädigen, was einen (wenn auch nicht vollen) Ausgleich im Sinne eines Schadensersatzes begründe.[993] Dieser erfasse zumindest einmal die angefallenen Produktionskosten für die entsprechenden Aufnahmen.[994] Es sei aber kein voller Ausgleich im Sinne eines Schadensersatzanspruchs zu zahlen.[995]

In der Tat ist es jedoch schwerlich mit der Bedeutung des Persönlichkeitsschutzes vereinbar, wenn die Wirksamkeit eines Widerrufs an die Erstattung

---

990 *Ludyga*, MMR 2017, 158; zum gleichen Ergebnis kommt ohne nähere Begründung auch *Wiebe*, in: Spindler/Schuster, Recht der Elektronischen Medien, § 42 UrhG Rn. 1 sowie *Götting*, in: Schricker/Loewenheim, Urheberrecht, § 22 KUG Rn. 41.

991 *Ludyga*, MMR 2017, 158.

992 AG Charlottenburg, 21.02.2002 – 204 C 574/01, ZUM-RD 2002, 221 (222).

993 *Frömming/Peters*, NJW 1996, 958.

994 *Frömming/Peters*, NJW 1996, 958; ebenso *Prinz/Peters*, Medienrecht, Rn. 840.

995 *Prinz/Peters*, Medienrecht, Rn. 840.

der Aufwendungen oder eine Sicherheitsleistung geknüpft werden würde, wie § 42 Abs. 3 S. 3 UrhG statuiert, der Widerruf bis dahin also schwebend unwirksam wäre. Ein Widerrufsrecht ohne Entschädigungspflicht würde aber andererseits die schutzwürdigen Interessen des Nutzungsberechtigten zu stark beeinträchtigen.

Gerecht kann damit allein eine Regelung sein, die das Widerrufsrecht auf der einen Seite nicht entwertet, auf der anderen aber auch den schutzwürdigen Interessen des Nutzungsberechtigten Rechnung trägt, diesem also nicht allein die nachteiligen Rechtsfolgen eines Widerrufs aufbürdet. Daher sollte sich die Höhe der zu leistenden angemessenen Entschädigung aufgrund einer Abwägung der Interessen der Beteiligten bestimmen. Die hier zu leistende Entschädigung muss mindestens die Aufwendungen des Inhabers des Nutzungsrechts decken.

2. Ersatz des Vertrauensschadens bei berechtigtem Widerruf

Der Anspruch auf Ersatz eines Vertrauensschadens spielt nach dem Widerruf einer Einwilligung im Rahmen des § 22 S. 1 KUG eine besondere Rolle, da nach vielfach vertretener Auffassung die Verpflichtung zur Zahlung einer Entschädigung angelehnt an § 42 Abs. 3 UrhG schon nicht in Betracht kommt.[996] Die Vorschrift des § 122 BGB ist demnach die einzige Möglichkeit, die nachteiligen finanziellen Auswirkungen des Widerrufs nicht allein dem Widerrufsgegner aufzubürden. Schon dieser Umstand spricht prinzipiell für eine liberale Anwendung der Norm auf derartige Fallgestaltungen.

§ 122 BGB gewährt dem Erklärungsgegner unabhängig von einem etwaigen Verschulden des Erklärenden einen Schadensersatzanspruch in Höhe des negativen Interesses, wenn die ihm gegenüber abgegebene Erklärung nach § 118 BGB nichtig, oder aufgrund der §§ 119, 120 BGB angefochten wurde. Die Vorschrift bezweckt damit den Schutz des Erklärungsgegners in seinem Vertrauen auf die Wirksamkeit einer Willenserklärung.[997]Auch wenn nach dem Gesetzeswortlaut die Haftung lediglich für die Fälle der §§ 118, 119, 120 BGB greift, kommt der ihr zu entnehmende Rechtsgedanke, nämlich die auf einem „Mangel der eigenen Sphäre" beruhende verschuldensunabhängige Vertrauenshaftung, für eine analoge Anwendung für den Widerruf einer Einwilligung nach § 22 S. 1 KUG in Betracht.[998] Denn der Einwilligungswiderruf kann auch gerade auf Fällen

996 Siehe nur AG Charlottenburg, Urt. v. 21.02.2002 – 204 C 574/01, ZUM-RD 2002, 221; *Schertz,* in: Götting/Schertz/Seitz, Handbuch Persönlichkeitsrecht, § 12 Rn. 42.

997 *Spindler* in: Spindler/Schuster, Recht der elektronischen Medien, § 122 BGB Rn. 1.

998 *Armbrüster,* in: MünchKomm BGB, § 122 Rn. 4.

beruhen, bei denen die Gründe für die Ungültigkeit einer Erklärung allein aus der Sphäre des Erklärenden herrührt.

Der Anspruch richtet sich auf den Ersatz des Vertrauensschadens, also des negativen Interesses. Der Ersatzberechtigte ist wirtschaftlich so zu stellen, wie er stehen würde, wenn er auf die Gültigkeit der Erklärung nicht vertraut hätte.[999] Umfasst sind damit etwa der Ersatz der anlässlich des Vertragsschlusses entstandenen Aufwendungen oder die Kosten der begonnenen Vertragsausführung oder auch entgangener Gewinn, wenn der Berechtigte im Vertrauen auf die Gültigkeit der Erklärung ein günstiges anderweitiges Angebot ausgeschlagen hat. Dagegen besteht ein Anspruch auf Ersatz des entgangenen Gewinns aus dem angefochtenen Geschäft denklogisch nicht.[1000]

II. Rückzahlung einer für die Einwilligung erhaltenen Vergütung

Für die vorliegende Arbeit ist vor allem relevant, welche Auswirkungen ein Einwilligungswiderruf hat, wenn die Einwilligung ursprünglich darauf abzielte, eine kommerzielle Verwertung des Bildnisses zu gestatten. Die Problematik stellt sich in besonderem Maße im Bereich von Werbeaufnahmen, für die das Model seinerzeit finanziell entlohnt worden ist.

Die Vergütungsleistung für ein Fotoshooting und die damit zusammenhängende Gestattung der Nutzung und Verwertung der Bildnisse ist ganz grundsätzlich eine Leistung des Widerrufsgegners, die er nicht nur nach § 812 BGB, sondern auch nach § 122 BGB zurückfordern kann.[1001] Allerdings scheint eine starre Anwendung dieser Regelung auf die Konstellation eines Einwilligungswiderrufs nach bereits (jahrelang) erfolgter Nutzung eines Bildnisses nicht recht zu passen. Denn das rechtmäßige Nutzendürfen für einen gewissen Zeitraum hat dem Widerrufsgegner Vorteile gewährt, die ihm auch nach erfolgtem Widerruf verbleiben, die ihm nicht mehr genommen werden können. Es erscheint unbillig, dem Widerrufenden eine vollständige Rückzahlungspflicht seiner Vergütung auch in den Fällen aufzubürden, in denen sein Bildnis zumindest für einen gewissen Zeitraum (gewinnbringend) rechtmäßig genutzt und verwertet werden durfte. Auf der anderen Seite muss berücksichtigt werden, dass sich die Höhe der gezahlten Vergütung an einem Wert orientiert haben wird, der sich auf eine zeitlich unbegrenzte Nutzung und Verwertung des Bildnisses bezog. Mit anderen Worten: Hätte der Widerrufsgegner vorher gewusst, dass er das Bildnis nicht für

---

999 BGH, Urt. v. 17.04.1984 – VI ZR 191/82, NJW 1984, 1950 f.

1000 *Wendtland*, in: BeckOK BGB, § 122 Rn. 7; *Mansel*, in: Jauernig, BGB, § 122 Rn. 3.

1001 *Dörner*, in: HK-BGB, § 122 Rn. 3; *Armbrüster*, in: MünchKomm BGB, § 122 Rn. 18.

unbegrenzte Zeit, sondern nur für einen gewissen Zeitraum nutzen darf, wäre die Vergütung geringer gewesen.

Grundsätzlich könnte eine angemessene Lösung durch eine ergänzende Vertragsauslegung erreicht werden.[1002] Durch eine solche könnte unter Berücksichtigung des Parteiwillens eine für den Einzelfall passende Vergütungsvereinbarung ermittelt werden (hypothetischer Parteiwille). Diese Möglichkeit besteht nicht nur, wenn von Anfang an keine Vergütungsvereinbarung getroffen worden ist, sondern auch bei nachträglich entstehenden Lücken.[1003] Ergänzungsmöglichkeiten stellen etwa eine Neuverhandlungspflicht oder eine Auslegung dar.[1004] Eine solche Möglichkeit ist dem deutschen Recht insbesondere im Bereich der Fotografie nicht wesensfremd, da etwa auch ein Fotograf von seinem Vertragspartner verlangen kann, den Vertrag nachträglich zu verändern, wenn die zunächst vereinbarte Vergütung als von Anfang an nicht angemessen zu erachten ist.[1005]

Angelehnt an die Anspruchsreduzierung des Pflichtteilergänzungsanspruchs bei Schenkungen im Erbrecht (§ 2325 Abs. 3 BGB) könnte aber auch eine Regelung geschaffen werden, nach welcher sich die Rückzahlung der Vergütung bemessend anhand der Jahre, die das Bildnis mit wirksamer Einwilligung genutzt wurde, reduziert.

1002 Siehe grundsätzlich zum Honorar von Models *Kötz/Gabriel-Jürgens,* Honorare und Recht für Models, Kapitel 1.6.

1003 *Mühe,* Vergütungsvereinbarungen, S. 83.

1004 *Mühe,* Vergütungsvereinbarungen, S. 83.

1005 BGHZ 193, 49; *Wagenknecht/Tölle,* Recht am Bild, S. 98.

Kapitel 5: Zusammenfassung in Thesen und Regelungsvorschlag

A) Grundsätzliche Anerkennung eines Regelungsbedürfnisses

Am Ende dieser Arbeit steht die Erkenntnis, dass ein Widerrufsrecht de lege ferenda korrespondierend mit der Einwilligung in Eingriffe in das Recht am eigenen Bild eine feste gesetzliche Grundlage im deutschen Rechtssystem finden muss.

Es kann nicht zutreffend sein, eine Widerrufbarkeit der Einwilligung nach § 22 S. 1 KUG schon allein deshalb pauschal zu versagen, weil hierfür eine gesetzliche Grundlage nicht besteht. Die aufrechterhaltenen Vorschriften im Kunsturhebergesetz gleichen einem übrig gebliebenen Torso und sind seit Jahren reformbedürftig. Es handelt sich um ein altes Gesetz, dessen Vorschriften dem heutigen modernen Leben kaum ausreichend Rechnung tragen. Die letzten Jahrzehnte haben neue Gefährdungen des Persönlichkeitsrechts mit sich gebracht, deren Ausmaß zum Zeitpunkt Inkrafttretens des Kunsturhebergesetzes wohl kaum absehbar waren. Nicht nur die Massenkommunikationsmittel Presse, Rundfunk, Fernsehen und Film dringend immer intensiver und weiter bis in die intimsten Sphären des Individuums vor und stellen Lebensschicksale des Einzelnen heraus. Auch in den Beziehungen der Menschen zueinander zeigt sich eine Tendenz, immer mehr private Details der Öffentlichkeit Preis zu geben.[1006] Zudem bestehen durch Fortschritte in der Technik vereinfachte Gelegenheiten und Möglichkeiten hierzu. Gerade im Hinblick auf das Recht am eigenen Bild ist die Gefährdungslage, beispielsweise durch Kameras in Smartphones, schlicht nicht mehr mit der Situation im Jahr 1907, also zum Zeitpunkt der Schaffung des Kunsturhebergesetzes, vergleichbar.

Die fehlende gesetzliche Regelung eines Widerrufsrechts hinsichtlich Einwilligungen in Eingriffe in das Recht am eigenen Bild führt zu erheblichen Rechtsunsicherheiten, was sich an der Vielzahl der divergierenden gerichtlichen Entscheidungen in der Praxis bemerkbar macht. Dabei ist nicht allein die dogmatische Herleitung oder Umsetzung eines Widerrufsrechts umstritten, sondern auch die Frage des „Wie" wird unterschiedlich gehandhabt. Dies kann im

1006 So schon *Hubmann*, Urheber-und Verlagsrecht, S. 1.

schlimmsten Fall dazu führen, dass der Betroffene aufgrund der uneindeutigen Rechtslage von der Möglichkeit eines Widerrufs keinen Gebrauch macht und die Verletzung seines Persönlichkeitsrechts gleichwohl hinnimmt.

Wenn es nun aber, und daran kann kein vernünftiger Zweifel bestehen, Aufgabe und Ziel einer jeden Rechtsordnung ist, das Zusammenleben der Menschen in einer möglichst allseits befriedigenden Harmonie zu gestalten und zu gewährleisten, so hat das Recht auch dafür Sorge zu tragen, dass der Schutz der Persönlichkeit umfassend gewährleistet wird.[1007] Die Analyse der Entscheidungen in der Rechtsprechung und die nicht einheitliche Beurteilung in der Literatur zur Problematik um die Widerruflichkeit der Einwilligung in Eingriffe in das Recht am eigenen Bild hat gezeigt, dass diesen Anforderungen bislang nicht ausreichend genüge getan ist. Die notwendige Konsequenz hieraus kann nur sein, dass ein Widerrufsrecht korrespondierend zur Einwilligung nach § 22 S. 1 KUG gesetzlich kodifiziert werden muss.

Aus dem Fehlen einer gesetzlichen Grundlage sowie einer gefestigten Rechtsprechungs- und Literaturmeinung resultiert eine hohe Rechtsunsicherheit sowohl für den, dessen Bildnis verwendet wird und nun den Widerruf einer zuvor erteilten Einwilligung begehrt, als auch für den Empfänger einer solchen Widerrufserklärung. Für beide Seiten ist es schwer zu prüfen und nachzuvollziehen, ob und inwieweit eine Verwendung des Bildmaterials (noch) erfolgen darf. So hat beispielsweise das LG Hamburg in einer Entscheidung geurteilt, dass trotz Verwendung des Bildmaterials nach einem wirksamen Widerruf von der Beklagten keine Geldentschädigung zu zahlen sei, da diese kein hinreichendes Verschulden treffen. Zwar habe die Beklagte unberechtigt den streitgegenständlichen Beitrag nach wirksam erklärten Widerruf ausgestrahlt, die dargelegten Grundsätze würden jedoch keine gefestigte Rechtsprechung darstellen. Daher sei ihr „*nicht im erheblichen Maße vorzuwerfen, wenn sie davon ausging, dass die erteilte Einwilligung Bestand haben würde*".[1008] Auch das BAG hat für die Situation, dass ein streitgegenständliches Video erst circa 2 Monate nach Zugang der Widerrufserklärung aus dem Internet genommen wurde, angeführt, dass dies „*im Hinblick auf die schwierige Rechtslage*" eine noch angemessene Reaktionszeit sei.[1009]

Widerrufsempfänger können nur schwer abschätzen, ob sie im Einzelfall zur Umsetzung des ihnen gegenüber erklärten Widerrufs verpflichtet sind. Bewerten

1007 Ebenso *Schwerdtner*, Das Persönlichkeitsrecht, S. 4.
1008 LG Hamburg, Urt. vom 21.01.2005 – 324 0 448/04, NJW-RR 2005, 1357.
1009 BAGE 150, 195.

sie die Rechtslage falsch, droht ihnen neben zivilrechtlichen Forderungen unter Umständen auch eine strafrechtliche Verfolgung. Konsequenterweise muss die Strafbarkeit nach § 33 KUG „wiederaufleben", wenn der Betroffene seine zunächst erteilte Einwilligung widerrufen hat. Denn dann liegen die Voraussetzungen für einen Tatbestandsausschluss oder die rechtfertigende Wirkung der Einwilligung nicht mehr vor. Damm/Rehbock empfehlen in Anbetracht dieser Risiken gar, das Bildmaterial nach Zugang einer Widerrufserklärung in jedem Fall nicht weiter zu verwenden.[1010]

B) Regelungsvorschlag/eigener Lösungsansatz

Die Anerkennung eines Bedürfnisses zur Normierung eines Widerrufsrechts ist nur der erste Schritt. In einem weiteren Schritt muss sorgfältig überlegt werden, in welchem gesetzlichen Rahmen und vor allem mit welchem Inhalt eine entsprechende Kodifizierung zielführend und zugleich interessensrecht ist.

I. Ort der gesetzlichen Verankerung

Eine naheliegende Lösung wäre es, den Widerruf der Einwilligung nach § 22 S. 1 KUG im Kunsturhebergesetz selbst zu normieren. Aber ist das torsoartige Kunsturhebergesetz hierfür wirklich der beste Rahmen?

Hahn hat bereits vor über 20 Jahren das Kunsturhebergesetz vor dem Hintergrund der eingetretenen grundlegenden, technischen, gesellschaftlichen und medialen Veränderungen als „*nicht mehr zu retten*" betitelt und gefordert „*das Gesetz gehöre ausrangiert*!".[1011] Tausch dagegen kommt in seiner Abhandlung aus dem Jahr 2016 zu der Einschätzung, dass das Kunsturhebergesetz nach wie vor den gebotenen Persönlichkeitsschutz bieten kann. Er sieht es vielmehr als eine Aufgabe der Rechtsprechung an, einheitliche Prinzipien hierzu aufzustellen.[1012]

Nach der hier vertretenen Auffassung ist die Normierung eines Widerrufsrechts eine gute Gelegenheit, das Kunsturhebergesetz, entsprechend Hahns Vorschlag, vollständig aufzugeben oder zumindest grundlegend zu erneuern. Hierfür spricht eine ganze Vielzahl von Gründen: Dogmatisch gehört das Recht am eigenen Bild bereits nicht ins Urheberrecht, sondern sollte zusammen mit dem allgemeinen Persönlichkeitsrecht eine gesetzliche Verankerung im allgemeinen Teil des Bürgerliches Gesetzbuchs finden. Bei dem Kunsturheberrechtsgesetz

---

1010 *Damm/Rehbock*, Widerruf, Rn. 182.

1011 *Hahn*, NJW 1997, 1348.

1012 *Tausch*, Persönlichkeitsrechtsverletzung, S. 234.

handelt es sich im Übrigen um ein altes Gesetz, schon die dort verwendete Sprache („öffentlich zur Schau stellen“) entspricht nicht mehr den heutigen (technischen) Gegebenheiten. Förster plädiert vor diesem Hintergrund insbesondere auch für die Etablierung von „internetfähigen“ Normen, die den technischen Möglichkeiten des Internets Rechnung tragen.[1013] Zudem ist die Herstellung von Personenaufnahmen nicht vom Anwendungsbereich des Kunsturhebergesetzes erfasst.[1014] Es erscheint gekünstelt, eine Aufteilung zwischen Herstellung sowie Verbreitung und öffentlicher Zurschaustellung vorzunehmen und diese Handlungsalternativen unterschiedlichen Gesetzen zu unterstellen. Das wird insbesondere problematisch, wenn Herstellung und Verbreitung zeitlich praktisch zusammenfallen, wie etwa bei Live Übertragungen im Fernsehen und dem Einsatz von Webcams.[1015] Im Übrigen ist das Verhältnis zur Datenschutzgrundverordnung nicht abschließend geklärt und lässt weiterhin Raum für Spekulationen. Sinnvoll erscheint es außerdem, gerade auch aufgrund des Umstands, dass das Internet weltweit genutzt wird und Persönlichkeitsschutz daher nicht auf Deutschland begrenzt werden kann, zumindest auf europäischer Ebene eine Harmonisierung und Vereinheitlichung anzustreben.[1016]

II. Notwendiger Inhalt eines zu kodifizierenden Widerrufsrechts

Damit bleibt zuletzt zu klären, welchen Inhalt ein zu kodifizierendes Recht auf Widerruf haben muss, um im Interesse aller Beteiligten eine angemessene und sachgerechte Lösung zu verkörpern. Es wird aufgrund der Vielzahl unterschiedlichster Fallgestaltungen nicht möglich sein, alle denkbaren Lebenssachverhalte zu erfassen. Persönlichkeitsschutz ist immer auch Selbstschutz und kann nicht allein durch Gesetze gewährleistet werden.[1017] Es geht in erster Linie um die Vermeidung von schwerwiegenden Einschnitten in künftige Entwicklungschancen einer Person und die Vermeidung von dauerhaften Stigmatisierungen und sozialen Ausgrenzungen. Ob eine solche schwerwiegende Beeinträchtigung des Persönlichkeitsrechts vorliegt und durch ein Recht zum Widerruf Abhilfe geschaffen werden muss, ist jeweils für den Einzelfall zu untersuchen. Die Verwendung von

---

1013 *Förster*, Neue jur. Internetpraxis, 7.

1014 Auch *Golla/Herbort*, GRUR 2015, 648 (654) sprechen sich dafür aus, dass das Kunsturhebergesetz um Herstellungs-und Besitztatbestände erweitert wird.

1015 Hierauf weist *Förster*, Neue jur. Internetpraxis, 7 (9) hin.

1016 So auch *Schertz*, NJW 2013, 721 (722).

1017 *Piltz*, Soziale Netzwerke, S. 275.

unbestimmten Rechtsbegriffen kann die hierzu notwendige Flexibilität, zumindest teilweise, gewährleisten.

Es erscheint darüber hinaus sinnvoll, eine Differenzierung zwischen zwei verschiedenen Widerrufsgründen vorzunehmen und an diese unterschiedliche Anforderungen zu stellen. Zum einen sollte ein Widerrufsrecht bei Überrumpelungs- und Drucksituationen, angelehnt an den Widerruf von außerhalb von Geschäftsräumen geschlossenen Verträgen §§ 312g Abs. 1, 355 BGB, normiert werden. Der Widerruf sollte hier ohne Begründung zulässig sein. Allerdings darf ein solches Recht zum Widerruf nur in zeitlich engen Grenzen zulässig sein. Denn der Einwilligungsempfänger muss im Hinblick auf etwaige Folgekosten der Bildnisverwertung über den dauerhaften Bestand der Einwilligung zeitnah Gewissheit haben. Die „Schnelllebigkeit" der Medienwelt rechtfertigt es dabei, ein solches Widerrufsrecht auf einen Zeitraum von nur 3-7 Tagen nach Wegfall der Drucksituation zu begrenzen.

Hiervon separat geregelt werden sollte das Widerrufsrecht wegen eines Wandels der inneren Einstellung und einer hieraus resultierenden schweren Persönlichkeitsrechtsverletzung bei Fortbestehen der Einwilligung. Ein solches Widerrufsrecht muss zum Schutze der Persönlichkeit zeitlich unbefristet möglich sein.

Eine mögliche Regelung könnte beispielsweise folgenden Wortlaut haben:[1018]

Abs. 1: Eine mit Rechtsbindungswillen erteilte Einwilligung ist grundsätzlich bindend. Ein Recht zum Widerruf besteht nur im Ausnahmefall.

lit. a: Ist die Einwilligung außerhalb von geschlossenen Geschäftsräumen erteilt worden, ist der Einwilligende berechtigt, innerhalb von 5 Tagen nach Ablauf des Tages der Erteilung den Widerruf seiner Einwilligung durch schriftliche Erklärung gegenüber dem Einwilligungsempfänger zu erklären. Der Widerruf muss keine Begründung enthalten. Zur Fristwahrung genügt die rechtzeitige Absendung des Widerrufs.

lit. b: Im Übrigen besteht ein Recht zum Widerruf nur, wenn die Weiterverwendung des Bildnisses für den Abgebildeten unter persönlichkeitsrechtlichen Gesichtspunkten unzumutbar erscheint. Der Widerruf hat schriftlich zu erfolgen und muss die Gründe darlegen, die seine Erklärung rechtfertigen.

1018 Dieser Regelungsvorschlag erfasst nicht den Widerruf einer Einwilligung in die Herstellung und den Widerruf des Einverständnisses mit der Verfügungsgewalt über das Bildnis und bezieht sich aufgrund der gegenwärtigen Gesetzeslage allein auf die Vorschrift des § 22 S. 1 KUG. Sollte die Herstellung der Bildaufnahme einheitlich mit der Verbreitung und sonstigen Verwendung geregelt werden, wofür die vorliegende Arbeit plädiert, wäre eine entsprechende Anpassung des Wortlauts vorzunehmen.

Abs. 2: Hat der Abgebildete für die Erklärung der Einwilligung seinerzeit eine Vergütung erhalten, ist diese vor einer entsprechenden Verwendung des Bildnisses durch den Einwilligungsempfänger vollständig zurück zu gewähren. Nach erfolgter Nutzung des Bildnisses reduziert sich der Anspruch auf Rückzahlung der Vergütung für jedes Jahr der Nutzung um 10 %. Den Parteien bleibt es unbenommen, eine Vergütungshöhe für den Fall des Widerrufs auch nachträglich festzulegen. Etwaige Schadensersatzansprüche des Einwilligungsempfängers bleiben hiervon unbenommen. Eine Rückzahlungspflicht besteht nicht, wenn der Grund des Widerrufs in der Sphäre des Einwilligungsempfängers liegt.

C. Zusammenfassung in Thesen

I.

Das Kunsturhebergesetz bleibt neben der Datenschutzgrundverordnung weiterhin anwendbar und wird von dieser nicht verdrängt. Die Widerruflichkeit einer Einwilligung in die Verbreitung und öffentliche Zurschaustellung eines Bildnisses richtet sich dementsprechend nicht nach Art. 7 Abs. 3 DSGVO. Etwas anderes gilt nur für die Einwilligung in die Herstellung und Verarbeitung von Bildnissen, da dies eine Verarbeitung personenbezogener Daten darstellt und solche Verhaltensweise gerade keine Regelung im Kunsturhebergesetz erfahren haben. Im Anwendungsbereich der Datenschutzgrundverordnung richtet sich der Widerruf einer Einwilligung in die Herstellung und Speicherung von Bildnissen dementsprechend nach den Bestimmungen der Datenschutzgrundverordnung.

II.

Die Einwilligung in das Herstellen einer Personenaufnahme erfasst regelmäßig das (konkludente) Einverständnis mit der Ausübung der Verfügungsgewalt über das betreffende Bildnis.

III.

Die Herstellung eines Bildnisses kann einen Eingriff in das allgemeine Persönlichkeitsrecht begründen, wenn auch eine spätere hypothetische Veröffentlichung des Bildnisses nicht rechtmäßig wäre. Im Anwendungsbereich der Datenschutzgrundverordnung und außerhalb von sondergesetzlichen Normierungen (etwa in Landesgesetzen) ist die Herstellung und Speicherung von Bildnissen jedoch ausschließlich an den Bestimmungen der Datenschutzgrundverordnung zu messen.

IV.

Das Recht am eigenen Bild ist als Ausprägung des allgemeinen Persönlichkeitsrechts verfassungsrechtlich durch Art. 1 Abs. 1, 2 Abs. 1 GG geschützt und kann zudem als Konkretisierung des Rechts auf informationelle Selbstbestimmung angesehen werden. Einwilligungen in Eingriffe in das Recht am eigenen Bild legitimieren somit Eingriffe in eine grundrechtlich geschützte Position.

V.

Durch und mit Bildnissen, insbesondere ihrer Verwendung durch Verbreitung und öffentlicher Zurschaustellung, können Grundrechte ausgeübt werden. Diese sind im Rahmen der Prüfung eines Widerrufsrechts mit in die Abwägung einzustellen.

VI.

Neue Medien und Technologien haben den Bildnisschutz vor neue Herausforderungen gestellt. In Anbetracht dessen ist das Bedürfnis nach einer Zuerkennung eines Widerrufsrechts größer als zum Zeitpunkt der Schaffung des Kunsturhebergesetzes im Jahr 1907.

VII.

Schutzgut des Rechts am eigenen Bild ist die menschliche Persönlichkeit. Geschützes Interesse ist dagegen das Selbstbestimmungsrecht des Einzelnen hinsichtlich der Publizierung und Verbreitung des eigenen Erscheinungsbildes.

VIII.

Die Persönlichkeit befindet sich in einem fortlaufenden Entwicklungsprozess. Selbst fundamentale Ansichten können sich im Laufe der Zeit wandeln. Bereits dieser Umstand kann ein Widerrufsrecht im Einzelfall erforderlich machen.

IX.

Bildern, wie Bildnissen, kommen eine starke Wirkungsweise und hohe Glaubwürdigkeit zu. Ihre Interpretation hängt auch vom jeweiligen Betrachter ab. Zudem sind Bildnisse immer einem Gesamtzusammenhang entrissen, der sich dem Betrachter nicht immer erschließt. Die Reaktionen von Mitmenschen infolge der Betrachtung eines Bildnisses sind demnach für den Einzelnen nicht immer von vornherein absehbar.

X.

Als Folge einer Einwilligungserteilung in die Veröffentlichung und Verbreitung eines Bildnisses können sich für den Abgebildeten empfindliche Nachteile, etwa psychische Belastungen, wie auch tatsächliche Konsequenzen, wie beispielsweise Nachteile im Berufsleben, ergeben. Daneben kann bereits die bloße Existenz eines Bildnisses und die Verfügungsgewalt eines anderen hierüber für den Abgebildeten risikobehaftet sein.

XI.

Das Recht am eigenen Bild ist ein Vermögensrecht im Sinne eines monistischen Verständnisses. Die Einwilligung kann daher auch kommerzielle Nutzung der vermögenswerten Bestandteile eines Bildnisses ermöglichen. Die Einwilligung ist dann die Erklärung, die eine vertragliche Bindung bewirkt. Daneben können Rechte am eigenen Bildnis auch übertragen werden. In diesem Fall handelt es sich um eine generelle Gestattung einer wirtschaftlichen Nutzbarmachung der vermögenswerten Komponente, mit der zugleich eine Einwilligung in sämtliche Veröffentlichungen und Verbreitungen des Bildnisses nach Maßgabe der einzelvertraglichen Beschränkungen erklärt wird.

XII.

Einwilligungserklärungen unterliegen einer enormen Diversität. Zu unterscheiden sind insbesondere die vertragliche und die isolierte Einwilligung. Daneben geben auch äußere Umstände, wie etwa das Vorliegen einer Druck- oder Überrumpelungssituation, der Einwilligung ihr bestimmtes Gepräge. Diese Aspekte sind bei der Beurteilung der Widerruflichkeit mit in die Interessensabwägung einzustellen.

XIII.

Es kann für diese Arbeit offenbleiben, ob die Einwilligung ein negatives Tatbestandsmerkmal, oder aber ein Rechtfertigungsgrund ist. Jedenfalls wirkt die Einwilligung nicht erst auf Rechtsfolgenseite.

XIV.

Nur die mit Rechtsbindungswillen erteilte Einwilligung ist eine rechtsgeschäftliche Willenserklärung. Im Übrigen handelt es sich bei der Einwilligung um eine Gefälligkeit des täglichen Lebens.

XV.

Vor dem Bestehen eines Widerrufsrechts muss stets geprüft werden, ob überhaupt eine wirksame Einwilligung in dem konkreten Umfang vorliegt. Zudem muss feststehen, dass die Einwilligung nicht durch den Eintritt einer auflösenden Bedingung, dem Vorliegen einer zeitlichen Befristung, oder einem sonstigen Grund erloschen ist.

XVI.

Die rechtsgeschäftliche Einwilligung kann wegen der vertraglichen Bindung als rechtlicher Nachteil nach der Theorie der Doppelzuständigkeit nur von dem Minderjährigen und seiner gesetzlichen Vertreter gemeinsam erklärt werden. Die ohne Rechtsbindungswillen erteilte Einwilligung ist als Gefälligkeit des täglichen Lebens dagegen auch ohne Zustimmung gesetzlicher Vertreter wirksam.

XVII.

Die Widerruflichkeit der Einwilligung nach § 22 S. 1 KUG ist streitig. Überwiegend wird ein Widerruf zum Schutz der Persönlichkeit zugelassen. Vor diesem Hintergrund wird ein Widerrufsrecht bei einem Wandel der inneren Einstellung oder dem Vorliegen eines wichtigen Grundes bejaht. Das Meinungsspektrum ist in den jeweiligen Einzelheiten vielfältig und führt zu Rechtsunsicherheit.

XVIII.

Der derzeitige rechtliche Rahmen lässt nur für bestimmte Erscheinungsformen der Einwilligung eine analoge Anwendung zu. Um einen umfassenden Rechtsschutz zu gewährleisten, ist die Kodifizierung eines Widerrufsrechts zwingend erforderlich.

XIX.

Der Widerruf ist eine einseitige empfangsbedürftige Willenserklärung, der Exnunc-Wirkung zukommt.

XX.

Die Rückzahlung einer geleisteten Vergütung sollte für den Fall, dass der Widerrufsgrund in der Sphäre des Widerrufenden liegt, zumindest teilweise erfolgen. Zur Bestimmung der Höhe bietet sich eine Anspruchsreduzierung mit Zeitablauf nach erbrechtlichem Vorbild an.

Literaturverzeichnis

Ahn, Byung Ha: Der vermögensrechtliche Zuweisungsgehalt des Persönlichkeitsrechts. Eine grundlagenorientierte Studie. Berlin 2009 (zugl. Diss. Trier 2008).

Ahrens, Claus: Persönlichkeitsrecht und Freiheit der Medienberichterstattung: Konfliktsituationen – Schutzansprüche – Verfahrensfragen. Berlin 2002.

Ahrens, Hans-Jürgen: Vermögensrechtliche Elemente postmortaler Persönlichkeitsrechte im Internationalen Privatrecht, in: Hans-Jürgen Ahrens (Hrsg.), Festschrift für Willi Erdmann zum 65. Geburtstag. Köln 2002, S. 3–17. [zitiert als: *Ahrens*, in: FS für Erdmann].

Alexander, Christian: Urheber- und persönlichkeitsrechtliche Fragen eines Rechts auf Rückzug aus der Öffentlichkeit, ZUM 2011, S. 382–389.

Amelung, Knut: Die Einwilligung in die Beeinträchtigung eines Grundrechtsgutes. Eine Untersuchung im Grenzbereich von Grundrechts-und Strafrechtsdogmatik. Berlin 1981.

Auer-Reinsdorff, Astrid/Conrad, Isabell (Hrsg.): Handbuch IT- und Datenschutzrecht. 3. Aufl., München 2019 [zitiert als: *Bearbeiter*, in: Auer-Reinsdorff/Conrad, Handbuch IT- und Datenschutzrecht].

Balthasar, Stephan: Der Schutz der Privatsphäre im Zivilrecht: Eine historisch-vergleichende Untersuchung zum deutschen, französischen und englischen Recht vom ius commune bis heute. Tübingen 2006 (zugl. Diss. Passau 2005).

Bartnik, Marcel: Der Bildnisschutz im deutschen und französischen Zivilrecht. Tübingen 2004 (zugl. Diss. Saarbrücken 2003).

Baston-Vogt, Marion: Der sachliche Schutzbereich des zivilrechtlichen allgemeinen Persönlichkeitsrechts. Tübingen 1997 (zugl. Diss. Bielefeld 1995/1996).

Bäumler, Helmut/Mutius von, Albert (Hrsg.): Anonymität im Internet. Grundlagen, Methoden und Tools zur Realisierung eines Grundrechts. Braunschweig 2003 [zitiert als: *Bearbeiter*, in: Bäumler, Anonymität].

Beater, Axel: Bildinformationen im Medienrecht, AfP 2005, S. 133–139.

Beater, Axel: Medienrecht. 2. Aufl., Tübingen 2015.

Becker, Carina: Das Recht auf Vergessenwerden. Tübingen 2019 (zugl. Diss Köln 2018).

Becker von, Bernhard: Können Bilder lügen?, AfP 2005 S. 247–251.

Beckert, Sandra Maria: Einwilligung und Einverständnis, JA 2013, S. 507–511.

Beck'scher Kommentar zum bürgerlichen Gesetzbuch, herausgegeben von Georg Bamberger, Herbert Roth, Wolfgang Hau und Roman Poseck. 53. Edition, Stand 01.02.2020, München [zitiert als *Bearbeiter*, in: BeckOK BGB].

Beck'scher Kommentar zum Grundgesetz, herausgegeben von Volker Epping und Christian Hillgruber. 42. Edition, Stand 01.12.2019, München [zitiert als: *Bearbeiter*, in: BeckOK GG].

Beck'scher Kommentar zum Informations-und Medienrecht, herausgegeben von Hubertus Geisdorf und Boris P. Paal. 26. Edition, Stand 01.11.2019, München [zitiert als: *Bearbeiter*, in: BeckOK Medienrecht].

Beck'scher Kommentar zum Urheberrecht, herausgegeben von Hartwig Ahlberg und Horst-Peter Götting. 26. Edition, Stand 15.10.2019, München [zitiert als: *Bearbeiter,* in BeckOK Urheberrecht].

Beck'scher Kommentar zur Zivilprozessordnung, herausgegeben von Volkert Vorwerk und Christian Wolf. 23. Edition, Stand 01.12.2016, München [zitiert als: *Bearbeiter,* in: BeckOK ZPO].

Benecke, Martina/Groß, Nadja: Das Recht am eigenen Bild im Arbeitsverhältnis. Voraussetzungen und rechtliche Probleme einer Einwilligung durch den Arbeitnehmer, NZA 2015, S. 833–839.

Benedikt, Kristin/Kranig, Thomas: DS-GVO und KUG-ein gespanntes Verhältnis: Ende des KUG nach 111 Jahren?, ZD 2019, S. 4–7.

Beuthien Volker/Schmölz Anton: Persönlichkeitsschutz durch Persönlichkeitsgüterrechte : Erlösherausgabe statt nur billige Entschädigung in Geld. München 1999.

Beuthien, Volker: Was ist vermögenswert? Die Persönlichkeit oder ihr Image?, NJW 2003, S. 1220–1222.

Beuthien, Volker: Vereitelt der Tod die Genugtuung? Zur Unvererblichkeit des Anspruchs auf Geldentschädigung für Persönlichkeitsrechtsverletzung, GRUR 2014, S. 957–960.

Boehme-Neßler, Volker: Unscharfes Recht: Überlegungen zur Relativierung des Rechts in der digitalisierten Welt. Berlin 2008 (zugl. Habil. Kassel 2008).

Boehme-Neßler, Volker: Bilderrecht. Die Macht der Bilder und die Ohnmacht des Rechts. Wie die Dominanz der Bilder im Alltag das Recht verändert. Berlin 2010.

Brändel, Oliver C: Das postmortale Persönlichkeitsrecht als Nachlassgegenstand, in: Hans-Jürgen Ahrens (Hrsg.), Festschrift für Willi Erdmann zum 65. Geburtstag. Köln 2002, S. 3–17. [zitiert als: *Brändel*, in: FS für Erdmann].

Brandt, Reinhard: Die Wirklichkeit des Bildes: Sehen und Erkennen – vom Spiegel zum Kunstbild. München 1999.

Brost, Lucas/Rodenbeck, Julian: Minderjährige in den Medien. Herausforderungen in alten und neuen Öffentlichkeiten, AfP 2016, S. 495–501.

Brox, Hans/Walker, Wolf-Dietrich: Allgemeiner Teil des BGB. 43. Aufl., München 2019.

Castendyk, Oliver: Neue Ansätze zum Problem der unbekannten Nutzungsart in § 31 Abs. 4 UrhG, ZUM 2002, S. 332–349.

Castendyk, Oliver (Hrsg.): Recht der Aufnahme, Gestaltung und Verwertung von Bildern. 2. Aufl., Berlin 2012 [zitiert als: *Bearbeiter*, in: Castendyk, Fotorecht).

Damm, Renate/Rehbock, Klaus: Widerruf, Unterlassung und Schadensersatz in den Medien. 3. Aufl., München 2008.

Dasch, Norbert: Die Einwilligung zum Eingriff in das Recht am eigenen Bilde. München 1990 (zugl. Diss. München 1990).

Daßbach, Christopher: Gefälligkeitsverhältnisse in der Fallbearbeitung, JA 2018, S. 575--581.

Däubler, Wolfgang: Anspruch auf Lizenzgebühr und Herausgabe des Verletzergewinns- atypische Formen des Schadensersatzes, Jus 1969, S. 49–54.

Di Fabio, Udo: Persönlichkeitsrechte im Kraftfeld der Medienwirkung. Zur ethischen Dimension der Medienfreiheit, AfP 1999, S. 126--132.

Dietrich, Nils: Eine Villa in Kenia. Zur deutschen Rechtsprechung zum Bildnisschutz, ZUM 2014, S. 661–666.

Dreier, Horst (Hrsg.): Grundgesetz. Kommentar. Band I: Präambel, Artikel 1–19. 3. Aufl., Tübingen 2013 [zitiert als: *Bearbeiter*, in: Dreier, GG].

Dreier, Thomas/Schulze,Gernot (Hrsg.): Urheberrechtsgesetz Kommentar. 6. Aufl., München 2018 [zitiert als: *Bearbeiter*, in: Dreier/Schulze, Urheberrechtsgesetz].

Dreyer, Gunda/Kotthoff, Jost/Meckel, Astrid/Hentsch, Christian-Henner (Hrsg.): Urheberrecht. 4. Aufl., Heidelberg 2018 [zitiert als: *Bearbeiter*, in: Dreyer/Kotthoff/Meckel/Hentsch, Urheberrecht].

Eglinski, Kristin: Bildberichterstattung im 21. Jahrhundert. Das Recht am eigenen Bild bei Kriminalberichtserstattungen. Ein Rechtsvergleich zum US-amerikanischen Recht. Frankfurt am Main 2017 (zugl. Diss. Marburg 2015).

Ehmann, Eugen/Selmayr, Martin (Hrsg.): Datenschutz-Grundverordnung. 2. Aufl., München 2018 [zitiert als: *Bearbeiter*, in: Ehmann/Selmayr, DSGVO].

Erichsen, Uwe/Kollhosser, Helmut/Welp, Jürgen (Hrsg.): Recht der Persönlichkeit. Münster 1996.

Erman Kommentar zum Bürgerlichen Gesetzbuch, herausgegeben von Harm Peter Westermann. Band 1, 15. Aufl., Münster 2017 [zitiert als: *Bearbeiter*, in: Erman, BGB].

Erman Kommentar zum Bürgerlichen Gesetzbuch, herausgegeben von Harm Peter Westermann. Band 2, 15. Aufl., Münster 2017 [zitiert als: *Bearbeiter*, in: Erman, BGB].

Ernst, Stefan: Die klauselmäßige Einwilligung bei Bildnisrechten, AfP 2015, S. 401–407.

Ernst, Stefan: Die Einwilligung nach der Datenschutzgrundverodnung. Anmerkungen zur Definition nach Art. 4 Nr. 11 DS-GVO, ZD 2017, S. 110–114.

Ernst-Moll, Jürgen: Das Recht am eigenen Bildnis – vor und vor allem nach dem Tode, GRUR 1996, S. 558-566.

Ersdiek, Gerhard: Der Regierungsentwurf zum Persönlichkeits-und Ehrenschutz, UFITA 29. Band, Heft ½ 1959, S. 1–15.

Fierdag, Hanno: Persönlichkeitsrechte in Zeiten des Web 2.0, in: Horst-Peter Götting und Anne Lauber-Rönsberg (Hrsg.): Aktuelle Entwicklungen im Persönlichkeitsrecht. Baden-Baden 2010.

Forkel, Hans: Gebundene Rechtsübertragungen. Köln 1977 (zugl. Habil. Erlangen, Nürnberg 1970).

Forkel, Hans: Lizenzen an Persönlichkeitsrechten durch gebundene Rechtsübertragung, GRUR 1988, S. 491–501.

Forkel, Hans: Das »Caroline-Urteil« aus Straßburg – richtungweisend für den Schutz auch der seelischen Unversehrtheit, ZUM 2005, S. 192–194.

Förster, Markus Philipp: Das Recht am eigenen Bild im Internet, Neue juristische Internetpraxis 2004, S. 7–15.

Freitag, Andreas: Die Nachahmung bekannter Persönlichkeiten in der Werbung, GRUR 1994, S. 345–349.

Frey, Dieter/Rudolph, Matthias: Verfügungen über unbekannte Nutzungsarten: Anmerkungen zum Regierungsentwurf des Zweiten Korbs, ZUM 2007, S. 13–23.

Friedrich, Andreas: Grundrechtlicher Persönlichkeitsschutz und europäische Privatsphärengarantie: Die Auswirkungen der Rechtsprechung des EGMR auf den Schutz der Persönlichkeit vor unerwünschten privaten Bildveröffentlichungen nach deutschem Recht. Baden-Baden 2009 (zugl. Diss. Leipzig 2008).

Fromlowitz, Patrick: Das Urheberpersönlichkeitsrecht und das allgemeine Persönlichkeitsrecht. Eine vergleichende Untersuchung unter besonderer Berücksichtigung der geschichtlichen Entwicklung, des Inhalts, des postmortalen Schutzes und der Übertragbarkeit. Frankfurt am Main 2014 (zugl. Diss Magdeburg 2013).

Frömming, Jens/Peters, Butz: Die Einwilligung im Medienrecht, NJW 1996, S. 958–962.

Gareis, Karl: Das Recht am menschlichen Körper, in: Alexander Ikinger (Hrsg.), Geschichte der Erde. Festschrift für Johann Theodor Schirmer, Münster 1998, S. 61–100.

Geerds, Friedrich: Einwilligung und Einverständnis des Verletzten im Strafrecht, Goltdammer`s Archiv für Strafrecht, herausgegeben von Heinrich Grützner, 1954, S. 262–269.

Gernhuber, Joachim: Die Erfüllung und ihre Surrogate sowie das Erlöschen der Schuldverhältnisse aus anderen Gründen. Tübingen 1994.

Gertzen, Anke Marie: Der strafrechtliche Schutz des Rechts am eigenen Bild. Göttingen 2009 (zugl. Diss. Kiel 2009).

Gierke von, Otto: Deutsches Privatrecht. Allgemeiner Teil. Band 1. 3. Aufl., unveränderter Nachdruck der 2. Aufl. von 1936, Leipzig 2010.

Gierschmann, Sybille/Schlender, Katharina/Stentzel, Rainer/Veil, Winfried (Hrsg.): Kommentar Datenschutz-Grundverordnung. Köln 2018 [zitiert als: *Bearbeiter*, in: Gierschmann/Schlender/Stentzel/Veil, DSGVO].

Gola, Peter (Hrsg.): DSGVO-Kommentar. 2.Aufl. München 2019 [zitiert als: *Bearbeiter*, in: Gola, DSGVO].

Golla, Sebastian J./Herbort, Nina Elisabeth: Zivilrechtlicher Bildnisschutz im Vorfeld von Weitergabe und Veröffentlichung, GRUR 2015, S. 648–654.

Götting, Horst-Peter: Persönlichkeitsrechte als Vermögensrechte. Tübingen 1995 (zugl. Habil. München 1993).

Götting, Horst-Peter: Die Vererblichkeit der vermögenswerten Bestandteile des Persönlichkeitsrechts – ein Meilenstein in der Rechtsprechung des BGH, NJW 2001, S. 585–587.

Götting, Horst-Peter: Sanktionen bei Verletzung des postmortalen Persönlichkeitsrechts, GRUR 2004, S. 801–808.

Götting, Horst-Peter: Perspektiven der Kommerzialisierung des Persönlichkeitsrechts, in: Horst-Peter Götting und Anne Lauber-Rönsberg (Hrsg.): Aktuelle Entwicklungen im Persönlichkeitsrecht. Baden-Baden 2010.

Götting, Horst Peter/Lauber-Rönsberg, Anne: Aktuelle Entwicklungen im Persönlichkeitsrecht. Baden-Baden 2010.

Götting, Horst Peter/Schertz, Christian/Seitz, Walter (Hrsg.): Handbuch Persönlichkeitsrecht. 2. Aufl., München 2019 [zitiert als: *Bearbeiter*, in: Götting/Schertz/Seitz, Handbuch Persönlichkeitsrecht].

Gounalakis, Georgios: Persönlichkeitsschutz und Geldersatz, AfP 1998, S. 10–25.

Gounalakis, Georgios/Rohde, Lars: Persönlichkeitsschutz im Internet: Grundlagen und Online-Spezifika. München 2002.

Gstrein, Oskar Josef: Die umfassende Verfügungsbefugnis über die eigenen Daten. Das „Recht auf Vergessenwerden" und seine konkrete Umsetzbarkeit, ZD 2012, S. 424–428.

Haertel, Kurt/Schiefler, Kurt (Hrsg.): Urheberrechtsgesetz und Gesetz über die Wahrnehmung von Urheberrechten und verwandten Schutzrechten. Köln 1967 [zitiert als: *Bearbeiter*, in: Haertel/Schiefler, Urheberrechtsgesetz].

Hahn, Bernhard: Das Recht am eigenen Bild – anders betrachtet, NJW 1997, S. 1348–1350.

Hansen, Hauke/Brechtel, Sandra: KUG vs. DS-GVO: Kann das KUG anwendbar bleiben? GRUR-Prax 2018, S. 369–370.

Härting, Niko: „Prangerwirkung" und „Zeitfaktor": 14 Thesen zu Meinungsfreiheit, Persönlichkeitsrechten und Datenschutz im Netz, CR 2009, S. 21–28.

Härting, Niko: Internetrecht. 6. Aufl., Köln 2017.

Heidenreich, Peter: Die Einwilligung Minderjähriger bei Eingriffen in das Recht am eigenen Bild und in sonstige Persönlichkeitsrechte, AfP 1970, S. 960–963.

Heitmann, Lutz: Der Schutz der materiellen Interessen an der eigenen Persönlichkeitssphäre durch subjektiv-private Rechte. Zugleich ein Beitrag zur Abgrenzung des allgemeinen Persönlichkeitsrechts. Hamburg 1963 (zugl. Diss. Hamburg 1963).

Helle, Jürgen: Die Einwilligung beim Recht am eigenen Bild, AfP 1985, S. 93–101.

Helle, Jürgen: Die Einwilligung zum Eingriff in das Recht am eigenen Bild, AfP 1990, S. 259–263.

Helle, Jürgen: Besondere Persönlichkeitsrechte im Privatrecht: das Recht am eigenen Bild, das Recht am gesprochenen Wort und der Schutz des geschriebenen Wortes. Tübingen 1991.

Helle, Jürgen: Das kommerzielle Persönlichkeitsrecht im Rechsverkehr, AfP 2013, S. 288–297.

Herbort, Nina Elisabeth: Digitale Bildnisse: objektbezogene Interessengeflechte zwischen Urhebern, Abgebildeten und Nutzern in der digital-vernetzen Kommunikation. Tübingen 2017 (zugl. Diss. Berlin 2015/2016).

Hoeren, Thomas: Anonymität im Web-Grundfragen und aktuelle Entwicklunen, ZRP 2010, S. 251–253.

Hörning, Nina: Das Recht am eigenen Bild und der Schutz prominenter Persönlichkeiten im deutschen und US-amerikanischen Recht. Hamburg 2012 (zugl. Diss. Köln 2011).

Hubmann, Heinrich: Der zivilrechtliche Schutz der Persönlichkeit gegen Indiskretion, JZ 1957, S. 521–528.

Hubmann, Heinrich: Das Persönlichkeitsrecht. 2. Aufl., Köln 1967.

Hubmann, Heinrich: Urheber- und Verlagsrecht: ein Studienbuch. 8. Aufl., München 1995.

Jarass, Hans D.: Das allgemeine Persönlichkeitsrecht im Grundgesetz, NJW 1989, S. 857–862.

Jarass, Hans D./Pieroth, Bodo (Hrsg.): Grundgesetz Kommentar. 15. Aufl., München 2018 [zitiert als: *Bearbeiter*, in: Jarass/Pieroth, GG].

Jauernig Kommentar zum bürgerlichen Gesetzbuch, herausgegeben von Rolf Stürner. 17. Aufl., München 2018 [zitiert als: *Bearbeiter*, in: Jauernig, BGB].

Jipp, Daniel: Die Berücksichtigung des Vorverhaltens einer Person bei der Abwägung zwischen dem Allgemeinen Persönlichkeitsrecht und Artikel 5 Absatz 1 GG. Baden-Baden 2017 (zugl. Diss. Frankfurt an der Oder 2017).

Jung, Alexander: Persönlichkeitsrechtliche Befugnisse nach dem Tode des Rechtsträgers, AfP 2005, S. 317–323.

Juris Praxiskommentar zum bürgerlichen Gesetzbuch, herausgegeben von Markus Junker, Roland Michael Beckmann und Helmut Rüßmann. Band 2: Schuldrecht. 7. Aufl., München 2014.

Kastl, Katrin: Das allgemeine Persönlichkeitsrecht: der Prozess seiner Anerkennung als „sonstiges Recht" im Sinne von § 823 Abs. 1 BGB. Ebelsbach 2004 (zugl. Diss. München 2003).

Kaulbach, Detlef: Die Einwilligung nach § 22 KUG, AcP 1971, S. 67–68.

Keyssner, Hugo: Das Recht am eigenen Bilde, Berlin 1896.

Kitz, Volker: Die unbekannte Nutzungsart im Gesamtsystem des urheberrechtlichen Interessensgefüges, GRUR 2006, S. 548–552.

Klass, Nadine: Die zivilrechtliche Einwilligung als Instrument zur Disposition über Persönlichkeitsrechte, AfP 2005, S. 507–518.

Klein, Florian: Personenbilder im Spannungsfeld von Datenschutzgrundverordnung und Kunsturhebergesetz. Frankfurt am Main 2017 (zugl. Diss. Münster 2017).

Klocke, Daniel Matthias: Erklärungsbewusstsein und Rechtsbindungswille- Willenserklärung und Rechtsgeschäft. Halle an der Saale 2014.

Koch, Frank A: Schutz der Persönlichkeit im Internet: spezifische Gefährdungen, ITRB 2011, S. 158–162.

Kodde, Claudia: Die „Pflicht zu Vergessen". „Recht auf Vergessenwerden" und Löschung im BDSG und DS-GVO, ZD 2013, S. 115–118.

Köhler, Helmut: BGB AT kompakt. 6. Aufl., München 2019.

Kohte, Wolfhard: Die rechtfertigende Einwilligung, AcP 1985, S. 105–161.

Koreng, Ansgar/Feldmann, Thorsten: Das „Recht auf Vergessen". Überlegungen zum Konflikt zwischen Datenschutz und Meinungsfreiheit, ZD 2012, S. 311–315.

Kötz, Daniel/Gabriel-Jürgens, Eva: Honorare und Recht für Models. Heidelberg 2014.

Kötz, Hein: Vertragsrecht. 2. Aufl., Tübingen 2012.

Krneta, Slavica: Kommerzielle Aspekte des Recht am eigenen Bild, GRUR Int. 1996, S. 298–306.

Krohm, Niclas: Abschied vom Schriftformgebot der Einwilligung- Lösungsvorschläge und künftige Anforderungen, ZD 2016, S. 368–373.

Krüger, Stefan/Wiencke, Julia: Bitte recht freundlich- Verhältnis zwischen KUG und DS-GVO: Herstellung und Veröffentlichung von Personenbildnissen nach Inkrafttreten der DS-GVO, MMR 2019, S. 76–80.

Kühling, Jürgen/Martini, Mario/Heberlein, Johanna/Kühl, Benjamin/Nink, David/Weinzierl, Quirin/Wenzel, Michael: Die Datenschutz-Grundverordnung und das nationale Recht: erste Überlegungen zum innerstaatlichen Regelungsbedarf. Speyer 2016.

Kutschera, Christoph: Zur Frage der Vererblichkeit des Anspruchs auf eine Geldentschädigung bei einer schweren Persönlichkeitsrechtsverletzung, AfP 2000, S. 147–149.

Landwehr, Wilfried: Das Recht am eigenen Bild. Winterthur 1955 (zugl. Diss Zürich).

Larenz, Karl: Anmerkung zu BGH, Urteil vom 14.02.1958 – I ZR 151/156, NJW 1958, S. 827–830.

Larenz, Karl: Lehrbuch des Schuldrechts. Band II. Halbband 2. Besonderer Teil. 13. Aufl., München 1993.

Lauber-Rönsberg, Anne/Hartlaub, Anneliese: Personenbildnisse im Spannungsfeld zwischen Äußerungs-und Datenschutzrecht, NJW 2017, S. 1057–1062.

Lerch, Hanna/Krause, Beate/Hotho, Andreas/Roßnagel, Alexander/Stumme, Gerd: Social Bookmarking-Systeme- die unbekannten Datensammler. Ungewollte personenbezogene Datenverarbeitung, MMR 2010, S. 454–458.

Libertus, Michael: Die Einwilligung als Voraussetzung für die Zulässigkeit von Bildaufnahmen und deren Verbreitung, ZUM 2007, S. 621–628.

Liedke, Bernd: Die Einwilligung im Datenschutzrecht: eine Untersuchung insesondere zur Einwilligung im Beschäftigungsverhältnis und zum Zwecke der Werbung. Edewecht 2012.

Lindner, Josef Franz: Der Rückrufanspruch als verfassungsrechtlich notwendige Kategorie des Medienprivatrechts, ZUM 2005, S. 203–212.

Löffler Kommentar zum Presserecht, herausgegeben von Klaus Sedelmeier. 6. Aufl., München 2015 [zitiert als: *Bearbeiter*, in: Löffler, Presserecht].

Ludyga, Hannes: Widerruf einer Einwilligung zur Verbreitung und Veröffentlichung von eigenen Bildnissen durch Dritte. Rechtliche Einordnung und Aspekte des Rechts auf Vergessenwerden, MMR 2017, S. 158–162.

Machtan, Lothar: Bismarcks Tod und Deutschlands Tränen: Reportage einer Tragödie. München 1998.

Magold, Hanns Arno: Personenmerchandising: der Schutz der Persona im Recht der USA und Deutschlands. Frankfurt am Main 1994 (zugl. Diss. Mannheim 1993).

Mann, Roger: Zur Rechtswidrigkeit der Herstellung von Lichtbildern, AfP 2013, S. 16–19.

Maunz Theodor/Dürig, Günter: Grundgesetz Kommentar, begründet von Theordor Maunz und Günter Dürig, herausgegeben von Roman Herzog, Matthias Herdegen, Rupert Scholz und Hans H. Klein. Band I: Art. 1–5. Loseblatt, Stand 88. Ergänzungslieferung 2019.

Mayer-Schönberger, Viktor: Useful Void, The Art of forgetting in the age of ubiquitious computing. KGS Working Paper No. RWP07-022, 2007.

ebd.: Delete: die Tugend des Vergessens in digitalen Zeiten. 3. Aufl., Wiesbaden 2015.

Medicus, Dieter/Petersen, Jens: Allgemeiner Teil des BGB. 11. Aufl., Heidelberg 2016.

Mestmäcker, Ernst-Joachim: Eingriffserwerb und Rechtsverletzung in der ungerechtfertigten Bereicherung, JZ 1958, S. 521–526.

Meyer, Julia: Identität und virtuelle Identität natürlicher Personen im Internet. Baden-Baden 2011 (zugl. Diss. Bochum 2009).

Milker, Jens: Die Umsetzung des „Rechts auf Vergessenwerden" im deutschen Recht. Der Datenschutz als Taktgeber für das Äußerungsrecht. Wiesbaden 2019 (zug. Diss. Mainz 2019).

Mugdan, Benno: Die gesamten Materialien zum Bürgerlichen Gesetzbuch für das deutsche Reich. Band 2., Recht der Schuldverhältnisse. Berlin 1899.

Mühe, Johannes: Folgen fehlender oder nichtiger Vergütungsvereinbarungen im Privatrecht. Hamburg 2009 (zugl. Diss. Marburg 2009).

Müller, Tobias: Konkurrenz von Einwilligungsberechtigten in der Neufassung des § 22 KUG. Zugleich Besprechung von OLG München ZUM 2001, 708, ZUM 2002, S. 202–205.

Müller, Ulrich: Die Verletzung des Persönlichkeitsrechts durch Bildnisveröffentlichung. Das „Recht am eigenen Bild" als untauglicher Versuch einer Konkretisierung des allgemeinen Persönlichkeitsrechts. Frankfurt am Main 1985 (zugl. Diss. Freiburg 1984).

Münchener Kommentar zum bürgerlichen Gesetzbuch, herausgegeben von Franz-Jürgen Säcker, Roland Rixecker, Hartmut Oetker und Bettina Limperg. Band 1. §§ 1–240 BGB, Allg. PersönlR, ProstG, AGG. 8. Aufl., München 2018 [zitiert als: *Bearbeiter*, in: MünchKomm BGB].

Münchener Kommentar zum bürgerlichen Gesetzbuch, herausgegeben von Franz-Jürgen Säcker, Roland Rixecker, Hartmut Oetker und Bettina Limperg. Band 2. §§ 241–310 BGB. 8. Aufl., München 2019 [zitiert als: *Bearbeiter*, in: MünchKomm BGB].

Münchener Kommentar zum bürgerlichen Gesetzbuch, herausgegeben von Franz-Jürgen Säcker, Roland Rixecker, Hartmut Oetker und Bettina Limperg. Band 3. §§ 311–432 BGB. 8. Aufl., München 2019 [zitiert als: *Bearbeiter*, in: MünchKomm BGB].

Münchener Kommentar zum bürgerlichen Gesetzbuch, herausgegeben von Franz-Jürgen Säcker, Roland Rixecker, Hartmut Oetker und Bettina Limperg. Band 6. §§ 631–704 BGB. 8. Aufl., München 2020 [zitiert als: *Bearbeiter*, in: MünchKomm BGB].

Münchener Kommentar zum Strafgesetzbuch, herausgegeben von Wolfgang Joecks und Klaus Miebach, Band 4. §§ 185–262. 3. Aufl., München 2017 [zitiert als: *Bearbeiter*, in: MünchKomm StGB].

Musielak, Joachim/Voit, Wolfgang (Hrsg.): Kommentar zur Zivilprozessordnung. 16. Aufl., München 2019 [zitiert als: *Bearbeiter*, in: Musielak/Voit, ZPO].

Neukamm, Katrin: Bildnisschutz in Europa: zugleich ein Beitrag zur Bedeutung der Verfassungsüberlieferungen der EU- Mitgliedstaaten und der EMRK für die Auslegung der Unionsgrundrechte. Berlin 2007 (zugl. Diss. Münster 2006/2007).

Neumann-Duesberg, Horst: Zum allgemeinen Persönlichkeitsrecht und zu den besonderen Persönlichkeitsrechten im Privatrecht, VersR 1991, S. 957.

Neumann-Klang, Sybille: Das Recht am eigenen Bild aus rechtsvergleichender Sicht. Frankfurt am Main 1999 (zugl. Diss. Saarbrücken 1998).

Neuner, Carl: Wesen und Arten der Privatrechtsverhältnisse: Eine civilist. Ausführung, nebst e Anh., d. Grundriss zu e. neuen System f. d. Darstellung d. Pandektenrechts enthaltend. Nachdruck der Ausg. v. 1866, Frankfurt am Main 1970.

Neuner, Jörg: Was ist eine Willenserklärung, JuS 2007, S. 881–888.

Neuner, Jörg: Der privatrechliche Schutz der Persönlichkeit, JuS 2015, S. 961–969.

Nolte, Norbert: Das Recht auf Vergessenwerden- mehr als nur ein Hype?, NJW 2014, S. 2238–2242.

Nomos Handkommentar zum bürgerlichen Gesetzbuch, herausgegeben von Reiner Schulze. 10. Aufl., München 2019 [zitiert als: *Bearbeiter*, in: HK-BGB].

Ohly, Ansgar: „Volenti non fit iniuria" – Die Einwilligung im Privatrecht. Tübingen 2002 (zugl. Habil. München 2001).

Ohly, Ansgar: Verändert das Internet unsere Vorstellung von Persönlichkeit und Persönlichkeitsrecht?, AfP 2011, S. 428–438.

Ohly, Ansgar: Zwölf Thesen zur Einwilligung im Internet, GRUR 2012, S. 983–992.

Ohrmann, Christoph: Der Schutz der Persönlichkeit in Online-Medien: Unter besonderer Berücksichtigung von Weblogs, Meinungsforen und Onlinearchiven. Frankfurt 2010 (zugl. Diss. Düsseldorf 2009).

Osiander, Daniela: Das Recht am eigenen Bild im allgemeinen Persönlichkeitsrecht – Aspekte für Medienwissenschaffende. Frankfurt am Main 1993.

Osterrieth, Albert/Marwitz, Bruno: Das Urheberrecht an Werken der bildenden Künste und der Photographie: Gesetz vom 09. Januar 1907 mit der Abänderung vom 22. Mai 1910, 2. Aufl., Berlin 1929.

Paal, Boris P/Pauly, Daniel A (Hrsg.): Datenschutz-Grundverordnung, Bundesdatenschutzgesetz. 2. Aufl., München 2018 [zitiert als: *Bearbeiter*, in: Paal/ Pauly, DSGVO, BDSG].

Pahlow, Louis: Von Müttern, Töchtern und Enkeln. Zu Rechtscharakter und Wirkung des urhebervertraglichen Rückrufs, GRUR 2010, 112–119.

Palandt Kommentar zum bürgerlichen Gesetzbuch, herausgegeben von Otto Palandt. 78 Aufl., München 2019 [zitiert als: *Bearbeiter*, in: Palandt, BGB].

Paschke, Marian/Berlit, Wolfgang/Meyer, Claus (Hrsg.): Hamburger Kommentar Gesamtes Medienrecht. 3. Aufl., Baden-Baden 2016.

Paschke, Marian/Busch, David-Alexander: Hinter den Kulissen des medienrechtlichen Rückrufanspruchs, NJW 2004, S. 2620–2628.

Peintinger, Stefan: Widerrufsrechte beim Erwerb digitaler Inhalter. Praxisvorschläge am Beispiel des Softwarekaufs unter Berücksichtigung von SaaS-Verträgen, MMR 2016, S. 3–8.

Pentz von, Vera: Ausgewählte Fragen des Medien- und Persönlichkeitsrechts im Lichte der aktuellen Rechtsprechung des VI. Zivilsenats, AfP 2014, S. 8–18.

Petershagen, Jörg: Der Schutz des Rechts am eigenen Bild vor Hyperlinks, NJW 2011, S. 705–708.

Peukert, Alexander: Persönlichkeitsbezogene Immaterialgüterrechte?, ZUM 2000, S. 710–721.

Pietzko, Joachim: Die Werbung mit dem Doppelgänger eines Prominenten, AfP 1988, S. 209–222.

Piltz, Carlo: Soziale Netzwerke im Internet- Eine Gefahr für das Persönlichkeitsrecht. Frankfurt am Main 2013 (zugl. Diss. Göttingen 2012).

Piltz, Carlo (Hrsg.): BDSG Praxiskommentar für die Wirtschaft. Frankfurt am Main 2018 [zitiert als: *Bearbeiter*, in: Piltz, BDSG].

Prantl, Heribert: Der journalistische Exklusivvertrag über Informationen aus der personalen Sphäre, AfP 1984, S. 17–22.

Prensky, Marc: Digital Natives, Digital Immigrants, MCB University Press, Vol. 9 No. 5, October 2001.

Prinz, Matthias: Geldentschädigung bei Persönlichkeitsrechtsverletzungen durch Medien, NJW 1996, S. 953-958.

Prinz, Matthias/Peters, Butz: Medienrecht: die zivilrechtlichen Ansprüche. München 1999.

Radlanski, Philip: Das Konzept der Einwilligung in der datenschutzrechtlichen Realität. Tübingen 2016 (zugl. Diss. Regensburg 2015).

Rauda, Christian: Der Rückruf wegen gewandelter Überzeugung nach § 42 UrhG – Von Web 2.0. aus dem Dornröschenschlaf geweckt?, GRUR 2010, S. 22–27.

Reber, Nikolaus: Marlene Dietrich- Eine Prozessgeschichte zu den ideellen und kommerziellen Bestandteilen des (postmortalen) Persönlichkeitsrechts, ZUM 2004, S. 708–715.

Reding, Viviane: Herausforderungen an den Datenschutz bis 2020: eine europäische Perspektive, ZD 2011, S. 1–2.

Reding, Viviane: Sieben Grundbausteine der europäischen Datenschutzreform, ZD 2012, S. 195–198.

Rehbock, Klaus/Mensch, Tina-Marianne: Neue Kriterien der Erkennbarkeit in Wort und Bild, in: Mann, Roger/Schmid, Jörg F (Hrsg.): Festschrift für Renate Damm zum 70. Geburtstag, Baden-Baden 2005 [zitiert: Rehbock/Mensch, in: FS für Damm].

Reinhardt, Rudolf: Das Persönlichkeitsrecht in der geltenden Rechtsordnung. Mannheim 1931.

Reinhardt, Rudolf: Der Streit um den Persönlichkeitsschutz nach dem Referentenentwurf des Bundesjustizministeriums, JZ 1959, S. 41–46.

Reuter, Wiebke/Schwarz, Johanna: Der Umgang mit Personenbildnissen nach Inkrafttreten der DSGVO, ZUM 2020, S. 31–38.

Riesenhuber, Karl: Das Prinzip der Selbstverantwortung: Grundlagen und Bedeutung im heutigen Privatrecht. Tübingen 2012.

Rietschel, Siegfried: Das Recht am eigenen Bilde, AcP 94 (1903), S. 142–196.

Rogosch, Patricia Maria: Die Einwilligung im Datenschutzrecht. Baden-Baden 2013 (zugl. Diss. Münster 2012).

Roßnagel, Alexander/Richter, Philipp/Nebel, Maxi: Besserer Internetdatenschutz für Europa. Vorschläge zur Spezifizierung der DS-GVO, ZD 2013, S. 103–108.

Ruppel, Oliver Christian: Der Bildnisschutz - Eine rechtsvergleichende Bestandsaufnahme aus der Sicht des deutschen Rechts. Frankfurt am Main 2001 (zugl. Diss. Pressburg 2000).

Russ, Christian: Verlagsgesetz. Kommentar. Köln 2014.

Ruttig, Markus: Der Anspruch auf Geldentschädigung bei Persönlichkeitsrechtsverletzungen. Kachelmann, Königskinder & Co.- eine Bestandsaufnahme der Rechtsprechung, AfP 2016, S. 110–114.

Sachs, Michael (Hrsg.): Grundgesetz Kommentar. 8. Aufl., München 2018. [zitiert als: *Bearbeiter*, in: Sachs, GG].

Sachs-Hombach, Klaus: Das Bild als kommunikatives Medium. Elemente einer allgemeinen Bildwissenschaft. 3. Auf., Köln 2013.

Savigny von, Friedrich Karl: System des heutigen römischen Rechts. Band 1. Erscheinungsdatum: 1840, Berlin/Boston Reprint 2012.

Schack, Haimo: Besprechung von Götting, Persönlichkeitsrechte als Vermögensrechte, AcP 1995, S. 594–600.

Schack, Haimo: Urheber- und Urhebervertragsrecht. 8. Aufl., Tübingen 2017.

Schenke, Wolf: Die Einwilligung des Verletzten im Zivilrecht: Unter besonderer Berücksichtigung ihrer Bedeutung bei Persönlichkeitsrechtsverletzungen. Erlangen-Nürnberg 1966 (zugl. Diss. Erlangen-Nürnberg 1966).

Schertz, Christian: Die Verfilmung tatsächlicher Ereignisse. Rechtliche Grenzen aus persönlichkeits- und urheberrechtlicher Sicht. Zugleich eine Erwiderung auf Eickmeier/Eickmeier, „die rechtlichen Grenzen des Doku-Dramas", ZUM 1998, S. 757–765.

Schertz, Christian: Die wirtschaftliche Nutzung von Bildnissen und Namen Prominenter. Eine Fallgruppenbildung zur Frage des Einwilligungserfordernisses bei den verschiedenen Erscheinungsformen der Nutzung von Abbildungen und Namen bekannter Persönlichkeiten, AfP 2000, S. 493–504.

Schertz, Christian: Der Schutz der Persönlichkeit vor heimlichen Bild-und Tonaufnahmen. Zugleich eine Anmerkung zum § 201a StGB, AfP 2005, S. 421–427.

Schertz, Christian: Der Schutz des Individuums in der modernen Mediengesellschaft, NJW 2013, S. 721–728.

Scheurle, Klaus-Dieter/Mayen, Thomas (Hrsg.): Telekommunikationsgesetz: Kommentar. 3. Aufl., München 2018 [zitiert als: *Bearbeiter*, in: Scheurle/Mayen, TKG].

Schimke, Anna: Rechtliche Rahmenbedingungen der Veröffentlichung von Kinderfotos im Netz durch Eltern, NZFam 2019, S. 851–857.

Schlechtriem, Peter: Bereicherung aus fremden Persönlichkeitsrecht, in: Robert Fischer (Hrsg.), Strukturen und Entwicklungen im Handels-, Gesellschafts-, und Wirtschaftsrecht: Festschrift für Wolfgang Hefermehl zum 70. Geburtstag am 18. September 1976. München 1976, S. 445–467.

Schmidt, Rolf: Bürgerliches Gesetzbuch – Allgemeiner Teil: Grundlagen des Zivilrechts/Methodik der Fallbearbeitung. 18. Aufl., Grasberg bei Bremen 2019.

Schnabel, Christoph: Das Recht am eigenen Bild und der Datenschutz, ZUM 2008, S. 657–662.

Schricker, Gerhard (Hrsg): Verlagsrecht Kommentar. 3. Aufl., München 2001 [zitiert als: *Bearbeiter*, in: Schricker, Verlagsrecht].

Schricker, Gerhard/Loewenheim, Ulrich (Hrsg.): Urheberrecht Kommentar. 5. Aufl., München 2017 [zitiert als: *Bearbeiter*, in: Schricker/Loewenheim, Urheberrecht].

Schulz, Martin: Ordnungen der Bilder. Eine Einführung in die Bildwissenschaft. 2. Aufl., München 2009.

Schwartmann, Rolf (Hrsg.): Praxishandbuch Medien-, IT-und Urheberrecht. 4. Aufl., Heidelberg 2018 [zitiert als: *Bearbeiter*, in: Schwartmann, Praxishandbuch].

Schwerdtner, Peter: Das Persönlichkeitsrecht in der deutschen Zivilrechtsordnung: offene Probleme einer juristischen Entdeckung. Berlin 1977.

Sedelmeier, Klaus: Persönlichkeitsrecht und Bildberichterstattung, AfP 1999, S. 450–454.

Seibel, Niklas: Die Bedeutung sozialer Netzwerke für zwischenmenschliche Beziehungen. München 2019 (zugl. Bachelorarbeit Marburg 2016).

Seifert, Fedor: Postmortaler Schutz des Persönlichkeitsrechts und Schadensersatz – Zugleich ein Streifzug durch die Geschichte des allgemeinen Persönlichkeitsrechts, NJW 1999, S. 1889–1897.

Seitz, Walter: Alles starrt auf Monica- Outing alla americaine Personenmerachandising, NJW 1999, S. 1940–1941.

Simitis, Spiros/Hornung, Gerrit/Spiecker Döhmann, Indra (Hrsg.): Datenschutzrecht: DSGVO mit BDSG. Baden-Baden 2019 [zitiert als: *Bearbeiter*, in: Simitis/Hornung/Spiecker Döhmann, DSGVO].

Simon, Jürgen: Das allgemeine Persönlichkeitsrecht und seine gewerblichen Erscheinungsformen: ein Entwicklungsprozeß, Berlin 1981 (zugl. Diss. Freiburg 1978).

Soehring, Jörg Peter/Hoene, Verena (Hrsg.): Presserecht: Recherche, Darstellung, Haftung im Recht der Presse, des Rundfunks und der neuen Medien. 6. Aufl., Köln 2019 [zitiert als: *Bearbeiter*, in: Soehring/Hoene, Presserecht].

Soergel, Theodor (Hrsg.): Bürgerliches Gesetzbuch mit Einführungsgesetz und Nebengesetzen, Kommentar. Band 2: Allgemeiner Teil 2: §§ 104–240 BGB. 13. Aufl., Stuttgart 1999 [zitiert als: *Bearbeiter*, in: Soergel, BGB].

Soergel, Theodor (Hrsg.): Bürgerliches Gesetzbuch mit Einführungsgesetz und Nebengesetzen, Kommentar. Band 5/1a: Schuldrecht 3/1a: §§ 311, 311a–c, 313, 314 BGB. 13. Aufl., Stuttgart 2014 [zitiert als: *Bearbeiter*, in: Soergel, BGB].

Soergel, Theodor (Hrsg.): Bürgerliches Gesetzbuch mit Einführungsgesetz und Nebengesetzen, Kommentar. Band 10: Schuldrecht 8: §§ 535–610 BGB. 13. Aufl., Stuttgart 2012 [zitiert als: *Bearbeiter*, in: Soergel, BGB].

Soppe, Martin: Datenverarbeitung zu journalistischen Zwecken- das datenschutzrechtliche Medienprivileg in der Verlagspraxis, ZUM 2019, S. 467–476.

Specht, Louisa: Daten als Gegenleistung- Verlangt die Digitalisierung nach einem neuen Vertragstypus?, JZ 2017, S. 763–770.

Spindler, Gerald/Schuster, Fabian (Hrsg.): Recht der elektronischen Medien. 4. Aufl., München 2019 [zitiert als: *Bearbeiter*, in: Spindler/Schuster, Recht der elektronischen Medien].

Spittka, Jan: Die Kommerzialisierung von Schadensersatz unter der DS-GVO, GRUR Prax 2019, S. 475–477.

Staudinger von, Julius (Begr.): Kommentar zum bürgerlichen Gesetzbuch. Buch 1: Allgemeiner Teil. §§ 90–124; §§ 130–133. Neubearbeitung, Berlin 2017 [zitiert als: *Bearbeiter*, in: Staudinger, BGB].

Staudinger von, Julius (Begr.): Kommentar zum bürgerlichen Gesetzbuch. Buch 2: Recht der Schuldverhältnisse §§ 397–432. Neubearbeitung, Berlin 2012 [zitiert als: *Bearbeiter*, in: Staudinger, BGB].

Staudinger von, Julius (Begr.): Kommentar zum bürgerlichen Gesetzbuch. Buch 2: Recht der Schuldverhältnisse/§§ 823 E-I, 824, 825 (Unerlaubte Handlungen I- Teilband 2) Neubearbeitung 2010 [zitiert als: *Bearbeiter*, in: Staudinger, BGB].

Stein, Friedrich/Jonas, Martin (Hrsg.): Zivilprozessordnung. Kommentar. Band 8: §§ 802a–915h. 23. Aufl., Tübingen 2017.

Steinhauer, Fabian: Das eigene Bild: Verfassungen der Bildrechtsdiskurse um 1900. Berlin 2013.

Sydow, Gernot (Hrsg.): Europäische Datenschutzgrundverordnung: Handkommentar. 2. Aufl., Baden-Baden 2018.

Tausch, Sebastian: Persönlichkeitsrechtsverletzungen durch die Veröffentlichung von Fotos im Internet: Rechtsanalyse anhand repräsentativer Beispiele. Baden-Baden 2016 (zugl. Diss. Bremen 2016).

Temuulen, Bataa: Das Recht am eigenen Bild: rechtshistorische Entwicklung, geschützte Interessen, Rechtscharakter und Rechtsschutz. Hamburg 2006 (zugl. Diss. Hamburg 2006).

Tölle, Antje G. I.: Das Schicksal intimer Bild-und Filmaufnahmen nach einem Beziehungsende- Zugleich Anmerkung zu BGH, Urteil vom 13. Oktober 2015 - VI ZR 271/14, ZUM 2016, S. 363–365.

Ullmann, Eike: Persönlichkeitsrechte in Lizenz? AfP 1999, S. 209–214.

Ulmer-Eilfort, Constanze/Obergfell, Eva I: Verlagsrecht: Kommentar. München 2013.

Ulrici, Bernhard: Geschäftsähnliche Handlungen, NJW 2003, S. 2053- 2056.

Ungern-Sternberg von, Joachim: Schlichte einseitige Einwilligung und treuwidrig widersprüchliches Verhalten des Urheberberechtigten bei Internetnutzungen, GRUR 2009, S. 369–375.

Ungern-Sternberg von, Joachim: Grundfragen des Klageantrags bei urheber-und wettbewerbsrechtlichen Unterlassungsklagen- Teil 1, GRUR 2011, S. 375–383.

Ulrici, Bernhard: Geschäftsähnliche Handlungen, NJW 2003, S. 2053–2056.

Unseld, Florian: Die Übertragbarkeit von Persönlichkeitsrechten, GRUR 2011, S. 982–988.

Verweyen, Urs: Pacta sunt servanca? Anmerkungen zu § 31a UrhG n. F., ZUM 2008, S. 217–220.

Vetter, Stefan: Das Recht am eigenen Bild Minderjähriger in sozialen Netzwerken, AfP 2017, S. 127–132.

Wagenknecht, Florian/Tölle, Dennis: Recht am Bild: Wegweiser zum Fotorecht für Fotografen und Kreative. 2. Aufl., Heidelberg 2015.

Wagner, Livia: Ein Recht auf Vergessenwerden im Internet. Frankfurt am Main 2018 (zugl. Diss. Bayreuth 2018).

Wanckel, Endress: Persönlichkeitsschutz in der heutigen Informationsgesellschaft: zugleich ein Beitrag zum Entwicklungsstand des allgemeinen Persönlichkeitsrechts. Frankfurt am Main 1999 (zugl. Diss. Hamburg 1998).

Wanckel, Endress: Foto-und Bildrecht. 5. Aufl., München 2017.

Wandtke, Artur: Doppelte Lizenzgebühr im Urheberrecht als Modell für den Vermögensschaden von Persönichkeitsrechtsverletzungen im Internet?, GRUR 2000, S. 942–950.

Wandtke, Artur-Axel: Ökonomischer Wert von persönlichen Daten. Diskussion des „Warencharakters" von Daten aus persönlichkeits-und urheberrechtlicher Sicht, MMR 2017, S. 6–12.

Wandtke Artur-Axel/Bullinger, Winfried (Hrsg.): Praxiskommentar zum Urheberrecht, 5. Aufl., München 2019 [zitiert als: *Bearbeiter*, in: Wandtke/Bullinger, Urheberrecht].

Weller, Marc-Philippe: Die Vertragstreue: Vertragsbindung- Naturalerfüllungsgrundsatz-Leistungstreue. Tübingen 2009 (zugl. Habil. Köln 2008).

Wenzel, Karl Egbert (Hrsg.): Das Recht der Wort-und Bildberichtserstattung. 6. Aufl., Köln 2018 [zitiert als: *Bearbeiter*, in: Wenzel, Bildberichterstattung].

Werba, Ulf: Die Willenserklärung ohne Willen. Berlin 2005 (zugl. Diss. Trier 2003/2004).

Westermann, Harry: Person und Persönlichkeit im Zivilrecht. Köln 1957.

Wimmers, Jörg/Schulz, Carsten: K&R Kommentar zu Urteil OLG München v. 29.04.2008 – 18 U 5645/07, K&R 2007, S. 533–535.

Wolf, Manfred/Neuner, Jörg: Allgemeiner Teil des Bürgerlichen Rechts. 11. Aufl., München 2016.

Wortmann, Florian: Die Vererblichkeit vermögensrechtlicher Bestandteile des Persönlichkeitsrechts. Berlin 2005 (zugl. Diss. Münster 2003/2004).

Ziebarth, Lennart/Elsaß, Lennart: Neue Maßstäbe für die Rechtmäßigkeit der Nutzung von Personenbildnissen in der Unternehmenskommunikation, ZUM 2018, S. 578–585.

Zitelmann, Ernst: Ausschluss der Widerrechtlichkeit, AcP 99 (1906), S. 1–130.

Zöller Kommentar zur Zivilprozessordnung, herausgegeben von Richard Zöller. 33. Aufl., Köln 2020 [zitiert als: *Bearbeiter*, in: Zöller, ZPO].

www.ingramcontent.com/pod-product-compliance
Ingram Content Group UK Ltd.
Pitfield, Milton Keynes, MK11 3LW, UK
UKHW021845290926
8980IPUK00005B/651

9 783631 848302